田の神石像・全記録

南九州の民間信仰

八木幸夫
Yagi Yukio

南方新社

発刊に当たって

　患者さん宅への往診中に、道路脇の畦道にぽつんと可愛らしい石像が立っているのに気が付き、一体これは何だろうと思いお年寄りに訪ねたところ、「あれは田の神様（タノカンサー）だよ」と教えてもらったのが7年ほど前のことである。

　日光を浴びながら下に広がる水田を、長年にわたり風雨に打たれても、まるで見守るかのように見渡しながら佇んでいるようにも思えた。この地域の農作業に従事している住民の心の頼りにされて祀られているのだと考えると、なぜか強い興味がわいてきた。それ以来機会あるごとに、診療の合間をみて土曜日の午後や日曜日を利用しながら、現在も写真を撮り資料作成を続けている。

　写真に収めた田の神石像を眺めていると、二つと同じものはなくていろんな種類があることに気が付いた。作成された時代や存在分布、また田の神石像の型分類やその時代的な背景などについて知りたくなり、各市町村の教育委員会に問い合わせを行い、観光パンフレットや資料集などの入手に奔走した。そのうちに「田の神石像は旧島津藩領の鹿児島県と小林市、えびの市、そして都城市などの宮崎県の一部にしか存在しないこと」を知り、その理由や当時の農民たちの生活状況などに興味を抱くようになった。最近では、市町村で田の神だけの資料集を作成したり、観光用のガイドブックを準備したりしているところもあり、特に個人所有や持ち回りの田の神の情報が得られて助けられている。しかしながら、風雨・風雪などの自然現象や廃仏毀釈、そして農地整理などで破壊または移設されているものも多く、また資料集なども盗難防止のために正確な田の神石像の存在場所を明かすものは限られていて、実際に出かけて田の神石像の存在場所にたどり着くのに大変な苦労を強いられるのが現状である。

　撮影した写真の枚数が膨大化していく中で、田の神石像の設置場所、製作年代、大きさや彩色の有無、被り物や着衣および持ち物などを含めた像型などについて整理を進めることになるが、特に像型については、地域によって分類方法などが大きく異なり、3人の先生方が書かれた書籍を参考にさせていただい

ている。その一つが田の神石像の作成にいたる時代的な背景について紹介された寺師三千夫先生の『サツマのタノカンサー』で、また田の神石像の時代的な分布と推移についてまとめられた小野重朗先生の『田の神サア百体』、そして宮崎県の田の神石像の起源や時代的な編成について記載された青山幹雄先生の『宮崎の田の神像』である。

　実際に田舎の水田地帯を回っていると、過疎化が思ったより進んでしまっていることに驚く。以前は、持ち回りの田の神を祀りながら、盛んに開かれていた田の神講もほとんどなくなり、田の神石像自体も何とかして守っていかないと、少しずつ姿を消しつつあるような気がする。大切な歴史的資料が消えるのは残念である。

　最後にいろんな地域で多くの方々に大変お世話になり、心から感謝しています。軽トラックでわざわざ現場まで連れて行ってくださったり、自宅の庭先に入れていただき丁寧に自慢の田の神石像を説明してくださいました。また、多くの教育委員会や歴史資料館の皆様も問い合わせの電話に応えてくださり、資料集のお世話をしてくださいました。この場をお借りして厚く感謝・御礼申し上げます。

2017年8月

著者

目次

発刊に当たって　1

語句説明　5

第1章　田の神石像総論　13

はじめに　15

A．田の神石像の歴史的背景と変遷について　17

B．田の神石像の型分類と体系について　21

　　Ⅰ．神像系の田の神石像　22

　　Ⅱ．仏像系の田の神石像　29

　　Ⅲ．その他の田の神像　40

　　Ⅳ．分類不能や混合(融合)型および興味深い田の神石像　46

C．まとめと考察　49

D．田の神石像の型と分布　53

E．イラストコーナー　56

第2章　宮崎県の田の神石像オールレビュー　77

Ⅰ．小林市の田の神石像　79	Ⅱ．えびの市の田の神石像　89
Ⅲ．都城市の田の神石像　99	Ⅳ．宮崎市の田の神石像　109
Ⅴ．東諸県郡の田の神石像　116	Ⅵ．西諸県郡の田の神石像　119
Ⅶ．北諸県郡の田の神石像　121	Ⅷ．児湯郡の田の神石像　124

第3章　鹿児島県の田の神石像オールレビュー　125

A．薩摩半島　127

Ⅰ．出水市・出水郡の田の神石像　127	Ⅱ．阿久根市の田の神石像　133
Ⅲ．薩摩川内市の田の神石像　137	Ⅳ．いちき串木野市の田の神石像　151

Ⅴ．日置市の田の神石像　156　　Ⅵ．南さつま市の田の神石像　162

Ⅶ．枕崎市の田の神石像　167　　Ⅷ．指宿市の田の神石像　169

Ⅸ．南九州市の田の神石像　172　　Ⅹ．鹿児島市の田の神石像　176

Ｂ．県央区　184

Ⅰ．霧島市の田の神石像　184　　Ⅱ．姶良市の田の神石像　193

Ⅲ．姶良郡の田の神石像　198　　Ⅳ．薩摩郡の田の神石像　204

Ⅴ．伊佐市の田の神石像　214

Ｃ．大隅半島　225

Ⅰ．曽於市の田の神石像　225　　Ⅱ．曽於郡の田の神石像　235

Ⅲ．肝属郡の田の神石像　237　　Ⅳ．志布志市の田の神石像　248

Ⅴ．鹿屋市の田の神石像　251　　Ⅵ．垂水市の田の神石像　259

Ｄ．その他　261

Ⅰ．熊毛郡屋久島町の田の神石像　261

資料　田の神石像・全記録　263

1章　宮崎県の田の神石像　265

1 小林市 265 ／ 2 えびの市 273 ／ 3 都城市 287 ／ 4 宮崎市 295 ／ 5 東諸県郡 301
／ 6 西諸県郡 303 ／ 7 北諸県郡 304 ／ 8 児湯郡 305

2章　鹿児島県の田の神石像　307

a. 薩摩半島 307

出水市・出水郡 307 ／阿久根市 317 ／薩摩川内市 319 ／いちき串木野市 351
／日置市 355 ／南さつま市 361 ／枕崎市 366 ／指宿市 367 ／南九州市 369 ／鹿児島市 372

b. 県央区 379

霧島市 379 ／姶良市 395 ／姶良郡 411 ／薩摩郡 415 ／伊佐市 421

c. 大隅半島 446

曽於市 446 ／曽於郡 460 ／肝属郡 461 ／志布志市 466
／鹿屋市 467 ／垂水市 474

d. その他 476

熊毛郡 476

参考文献 477

語句説明

衣冠束帯（いかんそくたい）：平安貴族の礼装で、朝廷に出仕する際の一番正式な格好が束帯で、冠、袍、袴そして石帯などで構成されている。衣冠はやはり朝廷に出仕する際の服装であるが、束帯を夜などのために簡略化したもので、冠、袍そして指貫で構成される。指貫は足首を紐で絞めた括り袴の事である。厳密に区別できないこともあり、衣冠束帯とまとめて記してある。

直衣（のうし）：高い位の男性の平常服で、衣冠と構成は似るが私的な分、色使いや文様が自由に選べて、おしゃれを楽しむことができた服である。冠もしくは烏帽子に袍と指貫で構成されており、正装の時は冠で平常は烏帽子を被り、参内にも着用できたとされる。

狩衣（かりぎぬ）：狩の際に着た狩猟用の麻布の衣服で、後に貴族の私服となったもので、烏帽子と狩衣、指貫で構成されている。

冠（かんむり）：朝廷に出仕するときの公式なユニフォームに付属する帽子で、奈良時代には律令で冠は「頭巾」と呼ばれていた。これは羅や縵という薄い布の袋で、4本の足がついており前2本で頭頂部を覆って結び、後ろ2本で冠の上から髻（ちょんまげ）を結んで固定して、後ろに長く垂れ下げている。

烏帽子（えぼし）：公家や仕える人たちの日常の被り物で、平安時代には羅でできている袋に漆を塗った丈の高いものであった。鎌倉時代以降は丈が低くなり、江戸時代には紙にしわを付けて漆を塗った箱型のものに変化している。

笏（しゃく）：束帯のときに威儀を正すために用いる長さ1尺2寸（約40cm）の板状のもので、礼服着用のときは象牙製を、束帯や袍袴のときは櫟製のものを用いている。田の神では男性のシンボルとして用いられることが多い。

シキ：蒸し物をする時に釜とセイロの間に挟むワラで編んだもので、縄の目が立派に見える甑のシキが原点である。大隅地方の旅僧型の田の神などでは、点状に模様がつけられた点彫りシキもあり、後に出水地方などでよく見かける笠冠型のシキなども作成されていく。

ワラヅト（藁苞）：納豆を作る時にワラの根っこのところをくくって、それから中に豆を入れて上の方がくくってあり、中が膨らんでいるもので、昔は握り飯などの食べ物を入れて背中に背負って山に出仕事や農作業に行っていた。ワラビットとも呼ぶ。

袴：直衣、狩衣、直垂などで履いているものを総称して袴と呼ぶ。その用途で多種多様にわたり、その時代、職業、身分などで変化し、さらに布地は木綿、紬、絹、織物、羅紗などがあり、模様も無地、柄、縞、格子など色目も各種ある。①切袴、②小袴、③細袴、④又しゃれ袴、⑤軽杉袴、⑥裁着け袴（相撲の行司や歌舞伎の裏方さん）、⑦差貫袴（指貫とも書く、狩衣、直衣の下にはく袴で裾が袋状になっており、組紐を通して足首のところで括るようになっている）、⑧大黒袴、⑨くくり袴（差貫袴は足首で紐を括るが、足の脹脛の上を紐で括った差貫より寸法が短く、白庁などがはく袴で、主に色目は白で生地は木綿が多い）、⑩平袴、⑪長袴、⑫道中袴（野袴）、⑬義経袴、⑭行燈袴、⑮表袴、⑯馬乗袴、⑰椀袋、⑱大口、⑲大口袴、⑳込大口など多種類におよぶ。

脚絆（きゃはん）：旅行や労働の時に向こうずねを保護するために使う。江戸時代の脚絆は、大別して京坂脚絆と江戸脚絆に分かれる。前者は一幅の布の下の方に襞を取って狭くしたもので、主に大津で作られたので大津脚絆ともいう。後者はふくらはぎに合わせて曲線をとったもの。これに対して手の甲を保護するものを手甲と呼ぶ。

法衣（ほうえ）：僧侶の服装は法衣という。正装用と略装用があり、前者では袖幅は手がすっぽり隠れるほど袖幅が広く大きいのに比べ、後者は普通の着物なみの寸法である。

布衣（ほい、ほうい）：日本の男性用着物の一種で、江戸幕府の制定した制服の一つ。幕府の典礼・儀式に旗本下位の者が着用する狩衣の一種であるが、特に無紋（紋様・地紋のない生地）のものである。

山伏（やまぶし）：奈良吉野山地の大峯山を代表に、大山（鳥取県）や羽黒山（山形県）など日本各地の霊山と呼ばれる山を踏破し、懺悔などの厳しい苦行を行って、山岳が持つ自然の霊力を身につけることを目的とする。山岳信仰の対象となる山岳のほとんどは、一般の人々の日常生活からはかけ離れた「他界」に属するものであり、山伏たちは山岳という他界に住んで山の霊力を体に吸収し、他界と現界をつなぐ者として自己を引き上げて、それらの霊力を人々に授ける存在とされていた。
　山伏は、頭に頭巾（ときん）と呼ばれる多角形の小さな帽子のようなものをつけ、手には錫杖と呼ばれる金属製の杖をもつ。袈裟と篠懸（すずかけ）という麻の法衣を身にまとう。山中での互いの連絡や合図のために、ほら貝を加工した楽器を持つ。山伏は神仏習合の影響が強く残る神社仏閣に所属する僧侶や神職がなることが多く、普段は社会人として働く在家の信者が、「講」を組織して修行の時だけ山伏になることも多い。

郷士（ごうし）：江戸時代の武士階級（士分）の下層に属した人々を指す。武士の身分のまま農業に従事した者や、武士の待遇を受けていた農民（地侍）を指す。平時は農業、戦時は軍事に従った。郷士は苗字帯刀を許され、農村では支配的身分であったが、城下士とは厳しく差別されていた。

阿弥陀如来：四十八願をかけて修行した末に悟りを開いて如来になった仏さんで、極楽といえば阿弥陀如来がおられる浄土のこと。他に釈迦如来、薬師如来、そして大日如来がある。

印相（いんぞう）：手の形や組み方を印相といって、特に密教では教理そのものを表現した重要な意味合いを持つとされている。

菩薩：仏教における一般的に成仏を求める（如来に成ろうとする）修行者のことで、後に菩薩は修行中ではあるが、教えに導くということで庶民の信仰対象ともなった。

僧：三宝の一つで、本来は仏教の戒律を守る男性出家者の比丘（びく）と女性出家者の比丘尼（びくに）の集団を指す。今日では僧伽に属する人々の意味の僧侶が転じて、個人を僧と呼ぶことが多いが、原義は僧とは戒師により親しく具足戒を授けられ、これを守る出家修行者たちの集団そのものを習合的に指すとされている。

大黒天（だいこくてん）：ヒンズー教のシヴァ神の化身であるマハーカラは、インド密教に取り入れられ、密教の伝来とともに日本に伝わっている。マハーとは大もしくは偉大を指し、カーラハは黒（暗黒）を意味するために大黒天と称される。その名の通り、青黒い身体に憤怒相をした護法善神である。日本では一般的に新田明神の大黒天像に代表されるように、神道の大国主と神仏習合した日本独自の神を指すことが多い。

光背（こうはい）：如来や菩薩は体から偉大な知恵の光を放つといわれ、この光は隅々まで届き、あらゆる生物を救うと考えられており、これを「後光」といい、この偉大な光を造形的に表したものである。仏像の全身から出る挙身光（きょしんこう）と頭から発する頭光（ずこう）がある。

宝珠（ほうじゅ）：地蔵菩薩や吉祥天などが持ち、財宝をもたらしたり、災いを除いたりするとされている。

宝剣（ほうけん）：不動明王などの明王や天が持つ煩悩を断ち切る知恵の力。

錫杖（しゃくじょう）：地蔵菩薩が六道をめぐる象徴として携帯するもの。

如意棒（にゅいぼう）：中国の伝奇小説「西遊記」にでてくる架空の道具で、この棒があると思いのままに事が進むといわれている。

托鉢（たくはつ）：元来は仏教やジャイナ教を含む古代インド宗教の出家者の修行形態の一つで、信者の家々を巡り生活に必要な最低限の食料などを乞うこと。歩きながら（連行）や街の辻に立つ（辻立ち）により、信者に功徳を積ませる修行である。

頭陀袋（ずだぶくろ）：頭陀とは仏教の僧侶が行う修行のことで、頭陀僧の頭陀行を行う僧侶が携帯用に用いた袋である。

薩摩藩：鹿児島藩ともいい、江戸時代に薩摩国（鹿児島県）全域、大隅国（鹿児島県）全域そして日向国（宮崎県）の一部を領有し、鹿児島に城を有した外様大藩で、藩主は島津氏である。

山岳仏教：平安時代に仏教の一派である密教（天台宗、真言宗）で行われるようになった。政治と結びつきの強かった奈良仏教などに反発して始まったが、日本古来の山岳信仰とも融合して急速に発展していくことになる。

一向宗：他者が浄土真宗の本願寺教団を呼ぶ呼び方。平安時代末期から鎌倉時代初期にかけて起こった浄土宗の開祖は法然である。南無阿弥陀仏と念仏を唱えれば、死後平等に極楽浄土に往生できるという専修念仏の教えが親鸞によって説かれ、浄土真宗に分かれているが、この「仏の前では皆平等」の庶民の宗教が、権力者には認め難かったとされている。加賀の国での加賀一向一揆や徳川家康時代の三河国一向一揆が知られている。

廃仏毀釈（はいぶつきしゃく）：仏教寺院・仏像・経巻を破損し、僧尼などの出家者や寺院などが受けていた特権を廃止し、神仏習合を廃止して神仏分離を推し進めた、明治維新後に発生した一連の動き。

田の神講：年貢米などの上納を強いられる農民たちの日常生活の中で、少しばかりの残った米や焼酎などを持ち寄って集まり、田の神を崇めながら同郷の人々と踊りながら、しばしの時を過ごした寄合。このとき舞われたのが

田の神舞と呼ばれ、鹿児島県の田の神舞神職型や宮崎県の農民型田の神舞として石像に刻まれている。

オットリ（おっ盗られ）田の神：豊作だった地方の田の神を盗んできて、その地域でも豊作になるように祀られ、2～3年経過すると米や焼酎などをお礼に添えて、盗んだ田の神を戻しに来た。お互いに理解できていて、以前は風習化していたようである。

庚申塔（こうしんとう）：道教の教えで人間の体内には、魂、魄、三尸の三つの霊が宿り、人が死ぬと魂は天に昇り、魄は地下に入り、三尸という悪い虫は宿主が死ぬと祭りなどで遊びまわる。そのため、三尸は早く宿主が死ぬのを待ち望んでいる。旧暦で60日に一回巡って来る庚申の日に、三尸は宿主の体内を抜け出して天に昇って宿主の日頃の行いを報告する役目も持っている。報告が悪いと寿命を短くされる。そして、三尸は翌朝、目が覚める前には戻っているという。庚申になる前の日から集団で徹夜すれば、この虫も体内から出られないと信じて、3年18回徹夜を続けた記念に建立されたのが庚申塔である。

道祖神（どうそしん）：形は自然石から男女が仲良くて手をつないだ姿、肩を組んだ姿、抱き合った姿、そして笏や扇を持ったり一人姿のものなど多彩で、道端に祀られている。ご利益は名の通り道を守る、いわゆる道中安全や村や町に邪気や悪霊が入るのを防ぐこと。男女一体の形は、夫婦円満や子孫繁栄および縁結びといわれている。中国にその原型があり、自分たちの土地を守る、いわゆる侵入者を防いだり、農耕社会なら害虫から作物を守る、いわゆる豊作を願うものである。また、生死の境目の意味もあり、日本神話にも登場する。

男性根：田の神石像は、稲作の豊作のみでなく子孫繁栄の神としても崇められており、特に笏やメシゲは男性の、お椀は女性のシンボルとされている。特に農民型の田の神石像では、後方から見ると男性のシンボルとしての男性根に見えるものが多い。

大隅型僧型：口は八の字に、目は細く眠るような顔立ちで、長袖の長衣を紐で結び前に長く垂らす。シキは背後に長く垂らして頭に被り、右手にメシゲ、左手に宝珠を持ち、瓢箪と木の葉の様なものを前腹部にぶら下げて二つの俵の上に立つ。大隅型僧型の複雑な形態をもつ代表的なもの。東串良町下伊倉の田の神（東串良町No.5）、肝付町塚崎の田の神（肝付町No.6）

僧型鍬苞型：シキを頭巾風に被り、長袖・長衣の着流しで袴を着けずに紐状の帯を前で結ぶ。長いヘラクワを杖代わりに両手で持ち、背中のシキの下にワラヅトを背負って、ワラヅトにはメシゲが挿してある。東串良町安留の田の神（東串良町No.11）、肝付町野崎の田の神（肝付町No.7、No.8）、吾平町八幡神社の田の神（吾平町No.2）、鹿屋市岡泉の田の神（鹿屋市鹿屋No.16）、吾平町麓の田の神（吾平町No.3）

第1章　田の神石像総論

はじめに

　江戸時代中期頃から、一般庶民の手で作られ始めたといわれる田の神石像（タノカンサァ）は、鹿児島県と宮崎県一部の旧薩摩藩領に分布しており、農耕神や生産の神、そして子孫繁栄などの神として建立され、祀られてきた。

　寺師三千夫先生は、1983年の『さつま今昔』のなかで田の神像の歴史的背景とその意義などについて詳細に記し、「薩摩のタノカンサァは神でもなく仏でもなく、農民庶民と同居して、苦楽を共にして何事もあきらめて微笑みし続けて、メシゲや椀を持ち扇子や団子を手に受けて、田を見守りながら踊り続ける平和像だ」と述べられている。また、小野重朗先生の『民俗神の系譜』は、1500体を超えるだろうと思われるこれらの田の神像を、仏像系と神像系に分けて、その分布や年代的な変遷などについて実例を示しながら詳細に紹介し、田の神像分布の全体像を把握するに大変貴重な資料となっている。宮崎県の田の神を時代的な背景にもふれながらまとめられた、青山幹雄先生の『宮崎の田の神像』も、宮崎県の田の神を知るうえでは重要である。

　旧薩摩藩領以外でも、比較的新しいものが宮崎県の一部、熊本県の水俣市および芦北北部にも数体あるとされる。鹿児島県北部の出水郡長島町には多くの田の神像が存在し、甑島と屋久島に3体ずつあり、種子島にも1体存在するといわれている。また旧薩摩藩領だけでなく、旧伊東藩領の宮崎県東諸県郡国富町にも数体の田の神が存在している。

　田の神石像の総数については、個人持ちや持ち回りの田の神像が多数あること、明治初期に行われた廃仏毀釈の影響や、年代の推移とともに道路や水田の改修や整備が進み、破損されてしまったものも多いことを考慮すると、正確に把握することは困難と思われるが、今もなお、かなりの数の田の神像が存在していると考えられる。私は7年ほど前から田の神石像を探索しているが、特に個人宅や持ち回りの田の神像については、個人宅や安置してある公民館などを訪問しても留守だったり、場合によっては迷惑がられたりすることも多く、なかなかうまくいかないのが現状である。

私の田の神石像の探索は、基本的に自分の目で写真に収めてデータを整理したものをファイルしていたが、最近になって各市町村の教育委員会などにより、史跡巡りなどに用いるため田の神石像の資料集が出版されるようになり、特に困難と思われた個人持ちや持ち回りの田の神像の存在を把握できるものも増えてきている。今回はこれらの資料集のものも別枠で記載し、宮崎県で400体、鹿児島県で1664体、総計2064体の田の神像の存在を把握できている。これらの他にも小林市の陰陽石の公園やえびの市の田の神銀座ロードでは、それぞれ100体ほどの田の神石像が存在しているが、今回はこれらのものは省略してある。個人持ちや持ち回りの田の神像について情報収集が無理なものは、資料集を参考にさせていただいている（テキストではB－という表示で紹介している）。

　今回「田の神石像・全記録―南九州の民間信仰―」としてまとめる機会を得たが、第1章は「田の神石像総論」、第2章は「宮崎県の田の神石像オールレビュー」、そして第3章は「鹿児島県の田の神石像オールレビュー」として編集している。

　なお今回使用した専門的な用語は、巻頭の「語句説明」で簡単に解説した。また写真では分かりにくい各種典型的な田の神石像を簡単にイラスト化したものは、本章末の「イラストコーナー」で、用いた参考文献は巻末「参考文献」に記載してあるので参考にして頂きたい。

A．田の神石像の歴史的背景と変遷について

　旧薩摩藩領における田の神石像の歴史的背景や変遷について、寺師三千夫先生は以下のように紹介されている。薩摩藩では藩の政策により、上納米の増収を目的に17世紀後半から開田が本格的となるが、耕作する農民たちは働く以上は少しでも生活に潤いを求めて、田の神講や庚申講を盛んに行っていくようになる。後世になると自分たちの思想や欲求をこめて仏教思想の地蔵などにヒントを得て、一つの田の神像の型が誕生する。一向宗厳禁体制の当時、このような田の神作成に大きく寄与したのは山伏であったのではないかと述べられている。当時の農民たちは寄り集まることすら禁止されていたが、講という組織を作りあげて互いに余った米や焼酎などを持ち寄り、田の神講で心のかよえる場を作っていたのであり、その意味で、「田の神像」は江戸庶民の姿と集団、そして経済力やその他民俗習慣を実証してくれる貴重な財産であると述べられている。

　一方『宮崎の田の神像』の著者の青山幹雄先生によると、宮崎県の田の神像は1700年頃の霧島連山の新燃岳の大噴火の降灰で、稲作が壊滅的な被害（米で8万石もの大損害）を受け、多くの人や家畜も死んで、農民たちは自分の住む家さえ喪失した。そのような悲惨

写真1－A　小林市野尻町三ケ野山菅原神社の武神像　　写真1－B　小林市野尻町三ケ野山菅原神社の武神像

写真2 さつま町紫尾井出原の仏像型　　写真3 霧島市横川町上之紫尾田の神職型座像胡座像

な状況から農民たちが立ち直ろうとして、火山の鎮静と稲の豊作を祈願し、まずは神像型（神官型）の田の神像が作成され、その後は地蔵型、農民型へと変遷していったと述べられている。そして小林市野尻町三ケ野山の菅原神社には、2体の仁王像様の後世の原型となるような武神像の田の神像（写真1－A、B）［イラスト1］（以下イラストは56ページのE.イラストコーナーを参照）があり、かなり以前から田の神像は作成されていたのではないかと記されている。

　作成年代が判明している最も古い田の神石像は、宝永2年（1705年）のさつま町紫尾井出原の仏像型（写真2）［イラスト2］とされ、紫尾山を中心とした山岳仏教を母胎に作成されたといわれている。しかしながら一説によると、霧島市横川町上之紫尾田の神職型座像胡座像（写真3）［イラスト3］は、正保元年（1644年）作ではないかともいわれており、そうなると神像型の田の神像の方が先に作られたことにもなる。

　同じ旧薩摩藩領のなかでも、宮崎県と鹿児島県では、田の神像作成・建立の時代的背景は大きく異なるものと私は考えている。実際、各地に赴いて田の神像の写真を撮り、その像の作成時代、建立場所、サイズや着色の有無および型の分類などを整理しているが、やはり地域によって「型の分類」の方法や呼び名が異なることに悩まされる。えびの市教育委員会出版の『田の神さあ』でも書かれているように、今後は共通した「型の分類」が強く望まれるが、私は小野重朗先生の神像系と仏像系の基本的な分類法を参考にして、両県に共通した「田の神像の型分類」を提唱したい（表1）。その主な内容は、紫尾山系の山岳仏教を母胎としての仏像系の田の神と、霧島連山の大噴火による災害に対す

18　第1章　田の神石像総論

表1　田の神石像の分類

A．神像系
　1．神像型
　　（1）武神像
　　（2）神像型立像
　　（3）神像型椅像
　　（4）神像型座像
　2．神職型
　　（1）神職型座像胡座像
　　（2）神舞神職型
　　（3）神職型座像
　　（4）神職型立像
　　（5）田の神舞神職型

B．仏像系
　1．仏像型（地蔵型）
　2．僧型立像（薩摩型）
　3．僧型立像（大隅型で、鍬持ちツト背負い型や瓢箪持ち型など含む）
　4．旅僧型（北薩摩型）
　5．旅僧型（大隅型）
　6．道祖神的並立型
　7．入来地方石碑型
　8．大黒天型

C．その他
　1．農民型（都城型、高岡型など含む）
　　（1）農民型立像
　　（2）農民型椅像
　　（3）農民型座像
　2．女性像
　3．夫婦像
　4．自然石
　5．その他（石碑、祠、樹木など）

D．混合（融合）型、分類不能なもの

る復興のシンボルとして作成された神像系の田の神が主流ではあるが、しかしながら両者のいずれにも該当しないものがある。特に都城市の都城型農民型や宮崎市に多く存在する高岡型農民型などの農民型や、伊佐市の厨子、そして自然石、石碑、祠などがそうであり、中には指宿市に見られるようなムクノキの樹木が田の神として崇められているものもある。

B．田の神石像の型分類と体系について

　田の神石像を、①神像型と②仏像型③その他に分類して、それぞれの田の神像の特徴や歴史的な背景などについてまとめてみたい。

　田の神（タノカンサァ）については、田の神石像だけでなく、地域によっては文政13年（1830年）の垂水市新城田中川内の庚申塔（写真4）や安永2年（1773年）の小林市野尻町東麓の六地蔵塔（写真5）などが田の神として祀られており、多くの自然石や石碑、祠、そして指宿市東方指宿神社のムクノキの樹木（写真6）や小林市の陰陽石などが田の神として崇められている地域もある。また田の神石像の置かれ方も、水田や道路沿いなどの自然の中にあるものから個人持ち、持ち回りのもの、そして歴史資料館や公民館などの中に保管されている場合など多彩である。

写真4　垂水市新城田中川内の庚申塔　　写真5　小林市野尻町東麓の六地蔵塔　　写真6　指宿市東方指宿神社のムクノキ

Ⅰ. 神像系の田の神石像

(1) 武神像：冒頭にも述べたように、神像型座像(神官型)の原型でないかと考えられる像で、小林市野尻町三ケ野山西原の菅原神社境内に2体対座して祀られている(写真1-A、B)。頭部は破損して被り物などなにもないが丸顔で、両手左右持ちで膝の上におき、力士風な風格で仁王様のように対で座っている。かなり古いものであると青山先生は力説されている。

(2) 神像型立像(神官型)：神像型の田の神石像には大まかに「立像」、半座位で腰掛けた姿の「椅像」(以下椅像と呼ぶ)、および正座姿の「座像」がある。神像型の立像では明和6年(1769年)の日置市東市来町養母(やぼ)の田の神(写真7)[イラスト4]があり、衣冠束帯の着衣で冠は纓(ひも)が背に長く垂れており、眉のつり上がった憤怒的な表情で顎鬚もみられる。地につくほどの長い袖の襞がのびのびと彫られて背後にも裾が長く垂れ、両手で胸の前で笏を持っている。県の有形民俗文化財に指定されている。また元文4年(1739年)の同じ東市来町荻の田の神(写真8)や寛延2年(1749年)の東市来町養母鉾之原(い かんそくたい)の田の神(写真9)も共に、纓の付いた冠を被り衣冠束帯にて両手で笏を持っている。このタイプの田の神は薩摩郡、日置市そして姶良市にも分布し

写真7　日置市東市来町養母の田の神

写真8　日置市東市来町荻の田の神

写真9　日置市東市来町養母鉾之原の田の神

て計14体あり、東市来町には4体あって最も古く、この地域が神像型立像の発祥の地とされている。

(3) **神像型椅像**；神像型椅像では、享保5年（1720年）の宮崎県小林市真方の新田馬場の田の神（写真10）［イラスト5］や享保9年（1724年）の宮崎市高崎町の谷川の田の神（写真11）および享保10年（1725年）の宮崎県えびの市の梅木の田の神（写真12）が代表的なものであり、衣冠束帯的な服装であるが冠の背後には纓がなく、腰掛の半座位の椅像で両側に振り広げた袖口の線が特徴的で、両手は膝の上に置くも穴を作ったり破損したりしている。木履を履くものもあり、すべてがどっしりと腰掛けている。神像型椅像の田の神は宮崎県に40体ほどあり、鹿児島県には伊佐市菱刈町にのみ10体ある。この種の田の神の源流は宮崎県の諸県地方で、享保年間の田の神は5体あり、どれも立派なものばかりで、この型の祖型と考えられている。鹿児島県では、伊佐市菱刈町の徳辺の田の神（写真13）や同じ菱刈町の堂山の田の神（写真14）も、衣冠束帯的な服装であるが、むしろ烏帽子と狩衣姿で冠には纓もついていない。ともに両手は膝の上で穴を作ったり、なにも持たなかったりして、宮崎県の神像型椅像と同様に木履を履いているものもあり、安定感のある椅像である。

(4) **神像型座像**；比較的小ぶりな神像型座像には、鹿児島県有形民俗文化財の明和9年（1772年）の湧水町吉松の般若寺の田の神（写真15）［イラスト6］

写真10　小林市真方新田馬場の田の神　　写真11　宮崎市高崎町谷川の田の神　　写真12　えびの市梅木の田の神

B．田の神石像の型分類と体系について　23

写真13　伊佐市菱刈町徳辺の田の神　　写真14　伊佐市菱刈町堂山の田の神　　写真15　湧水町吉松般若寺の田の神

があり、長い纓を背中に垂らした冠を被り両手を合わせて指の間に穴を膝の上で作り（笏をさすためと思われる）、端然とした姿態で着衣の線はみなきちんとした直線で作られている。このタイプの田の神は、宮崎県の諸県地方から伊佐市大口、伊佐市菱刈町および姶良市などに数百体分布するといわれており、伊佐市大口羽月(はつき)の鳥巣の田の神（年代不詳）など伊佐市大口で16体存在し、姶良市や霧島市および湧水町などで19体分布しているともいわれている。姶良市

写真16　姶良市加治木町上木田の田の神　　写真17　小林市野尻町東麓高都萬神社の田の神　　写真18　小林市野尻町三ケ野山の田の神

24　第1章　田の神石像総論

加治木町の明和4年（1767年）の上木田の田の神（写真16）や同じ加治木町の安永10年（1781年）の迫の田の神などが代表であるが、姶良市加治木町だけでこの型の田の神が7体あるといわれている。

　冠を被り袍を身に着けて三角や四角の角張った衣冠束帯の装束で、両手を組んで石で彫った笏やメシゲを持たせた小林市野尻町特有の「野尻型神像型座像」がある。享保18年（1733年）の野尻町東麓の高都萬神社の田の神（写真17）がその原型とされ、その後昭和年代になってからの比較的新しい年代の作品も多くみられている。昭和6年（1931年）の野尻町三ケ野山の田の神（写真18）［イラスト7］や昭和34年（1959年）の野尻町東麓陣原の田の神（写真19）などがある。

写真19　小林市野尻町東麓陣原の田の神

(5) **神職型座像胡座像**；霧島市横川町上之紫尾田の田の神（年代不詳であるが正保元年の1644年という説もある）（写真3）は、洞窟の中に鎮座しており着衣は衣冠で冠にも纓がついている。襞の多い袖の上衣に両手を合わせたところに穴があり笏持ちのためと思われる。相貌は神像らしい威厳がみられて全体的には神像型座像大型の田の神の系統を引くもので、この田の神は両足を組んで胡座をかいている。また肝属郡肝付町の乙田の石像（写真20）は布衣を付けた椅像で寛保2年（1742年）とかなり古く、両者ともに恐らく南大隅に多い神職型座像の正座や跌座の田の神に移行する姿ではないかと推測されている。

(6) **神舞神職型**；明和2年（1765年）の鹿屋市下高隈上別府の田の神（写真21）［イラスト8］は、神舞（カンメといい神楽のこと）を舞う神職を彫って田の神としたもので、烏帽子をつけた福相の顔は歯をみせて笑っており、袂の短い上衣に長い腰板の袴をつけている。右手は鈴を持つらし

写真20　肝付町乙田の田の神

B．田の神石像の型分類と体系について　25

く、左手は輪を作って穴があり幣などを差して持たせたのかも知れない。背部に突き出ているのは大きな御幣を2本腰に差しているもので調和のとれた形である。このような神舞神職型の腰をかがめた田の神は、鹿屋市北部の高隈地方に7体ほどあり、みな鈴を手にして腰をかがめ、その腰には竹に御幣をつけたもの2本を差しているとされている。

（7）**神職型座像**；（5）の神職型座像胡坐型から進展したものではないかと考えられ、片足を立てた跌座型と正座型がある。寛保3年（1743年）

写真21　鹿屋市下高隈上別府の田の神

で最も古く、鹿児島県有形民俗文化財の志布志市有明町野井倉の豊原の田の神（写真22）［イラスト9］がある。シキを頭巾風に被り、顔は大きくて直衣と指貫風の着衣で右足を立てた跌座の形で、右手にメシゲで左手に先の欠けたスリコギを持つ重厚な安定した座像である。他に延享元年（1744年）の同様な江蔵家の田の神がある。一方、正座型には年代不詳であるが曽於市大隅町月野の広津田の石像（写真23）［イラスト10］があり、頭巾のようにシキを被り右手に大きなメシゲを持ち左手には同じ大きなスリコギを真っ直ぐに立てて持つ、大隅特有の神職型座像メシゲ・スリコギ持ちの田の神である。このような田の神は曽於市や肝属郡などに30体ほどあるといわれる。

（8）**神職型立像**；肝属郡南大隅町の川北の田の神（写真24）［イラスト11］は享保16年

写真22　志布志市有明町野井倉豊原の田の神

写真23　曽於市大隅町月野広津田の神

（1731年）の作で、鹿児島県有形民俗文化財にも指定されており、頭巾風にシキを被り布衣と括り袴を身に着けて、右手にメシゲで左手にスリコギを逆八字に立てて持っている。この大隅型神職立像メシゲ・スリコギ持ちの田の神は、大隅半島に10体以上分布している。

一方薩摩半島では、享保13年（1728年）作の薩摩郡さつま町泊野市野の田の神（写真25）［イラスト12］や年代不詳であるが同泊野楠八重の田の神（写真26）そして、延享5年（1748年）作のさつま町求名中福良の田の神（写真27）などがあ

写真24　南大隅町川北の田の神

写真25　さつま町泊野市野の田の神

写真26　さつま町泊野楠八重の田の神

写真27　さつま町求名中福良の田の神

り、半座像の椅像で甑のシキを被り、広袖の左右に開いた上衣に裁着け袴を着けて紐を大きく結んで、左手に小さなメシゲを垂らして持っている。大隅半島のものとは異なっており、「奥薩摩型神像型立像」と呼びたい。

(9) 田の神舞神職型：神職が田の神講などで舞っているのを写し取ったもので、最も広く分布してその数も多いものと思われる。最も古いのは姶良市蒲生町の漆下の田の神（写真28）［イラスト13］で、享保3年（1718年）の作。

B．田の神石像の型分類と体系について　27

後ろに長く突き出たシキを被り、胸をはだけた上衣の長い袖がタスキで襷になり、長袴を着けて左膝を立て右足を後ろに引いて、両手で大きなメシゲを持っている。鹿児島県有形民俗文化財に指定されており、田植え姿をして田の神舞を舞う神職をモデルにしたもので、その原型的なものである。元文2年（1737年）の姶良市姶良の触田の田の神（写真29）［イラスト14］も、大きいシキを被って大きな丸い顔に下がり目で笑いの表情が良く表現され、右手にメシゲで左手に椀を持って動きのある躍動的な姿態である。同じ姶良市姶良の文化2年（1805年）作の西田の田の神（写真30）になると、シキを被り大きな顔はべそをかき、眼尻は下がって大きな鼻と膨れた頬で右手には柄の曲がったメシゲを持ち、より庶民的に感じられるようになっている。年代も新しくなり田の神の性格もだいぶ変化しているようである。ただし、このタイプの田の神石像の神体はあくまでも農民でなく神職である。

写真28　姶良市蒲生町漆下の田の神

写真29　姶良市姶良触田の田の神

写真30　姶良市姶良西田の田の神

Ⅱ．仏像系の田の神石像

(1) 仏像型（地蔵型）：薩摩郡さつま町の紫尾の田の神（写真2）が、仏像型として年号の知られているものでは宝永2年（1705年）で最も古いとされ、宝永8年（1711年）の鹿児島県有形民俗文化財の仏像型の薩摩川内市入来町副田中組の田の神（写真31）［イラスト15］が次ぐ。ともに地蔵を本地として田の神大明神としたもので、紫尾の田の神は頭部と前面も大きく損傷されているが、背中に袴の腰板があり、長い袴を着けて上衣には短い袖がついている。一方中組の田の神は、頭巾を肩から背を覆うように被り、顔の表情は仏像的であるが、長衣長袴を着けて背を曲げた立像で、袖は足元まで垂れて両手は欠けている。ともに背の屈んだ立像の姿がよく似ており、田の神石像の一つの原型と考えられる。ほかに正徳年号の3体が知られており、これら5体ともすべて仏像型で、紫尾山を中心とする山岳仏教を母胎として田の神信仰が形成されたことを裏付けている。なお年代に関しては前にも述べたように、霧島市横川町上之紫尾田の神職型座像の正保元年（1644年）とする説もあり、そうなるとさつま町の紫尾の田の神は当然のことながら二番目に古いものとなるがあまり大した問題ではないかも知れない。

写真31　薩摩川内市入来町副田中組の田の神

写真32　伊佐市大口山野平出水の田の神

写真33　霧島市溝辺町竹子の田の神

これらのほかに仏像型の田の神像として、鹿児島県有形民俗文化財の伊佐市大口山野の享保6年（1721年）の平出水の田の神（写真32）［イラスト16］があり、大日如来を彫って田の神として祀ったとされている。廃仏毀釈の難を逃れて地中に埋められて後に掘り出されたためにほとんど損傷がなく、冠を被った穏やかな顔立ちと衣の襞が複雑に重なった座像で、両手の指は大日の印を結んでいる。この地の人々が講を開き、真言宗の山伏が田の神は本来大日如来と教導していたものと思われる。同じような大日如来の田の神像が年代不詳ではあるが、霧島市溝辺町竹子にもある（写真33）。

（2）僧型立像（薩摩型）；最も古いのは享保2年（1717年）の日置市吹上町中田尻の田の神（写真34）で、ワラの編目が丁寧に刻まれたシキを肩まで被り、長い袖の上衣に二段に襞のついた裳状の袴を着けて、長い棒先が鍵状に曲がった原始的な鍬を持つ僧型立像鍬持ちの背の高い田の神像で、県有形民俗文化財に指定されている。この僧型立像鍬持ちの田の神は、薩摩半島の南さつま市金峰町や日置市吹上町などを中心に多くみられている。これらはさらに大隅半島に伝搬して、より優美な大隅僧型立像鍬持ちの田の神になっていったとされ非常に貴重な田の神像である。僧型立像鍬持ちの田の神像は、ほかに享保5年（1720年）の南さつま市金峰町池辺中の田の神（写真35）、享保8年（1723年）の鹿児島県有形民俗文化財の鹿児島市山田町の田の神（写真36）、享保17

写真34　日置市吹上町中田尻の田の神　　写真35　南さつま市金峰町池辺中の田の神　　写真36　鹿児島市山田町の田の神

年（1732年）の鹿児島県有形民俗文化財の南さつま市金峰町の宮崎の田の神（写真37）［イラスト17］、そして同じ金峰町の文化2年（1805年）の池辺の田の神がある。これらの中には背にワラヅト（藁苞）を背負ったものもある。ワラヅトとは、例えば納豆を作る時にワラの根っこのところをくくって、中に豆を入れて上の方をくくって中が膨らんでいるもので、このように物を包むようにしたワラのこと。昔は握り飯などの食べ物を入れて背中に背負って山仕事や農作業に行っていたといわれている。

　これとは持ち物が異なる僧型立像メシゲ持ちもあり、享保12年（1727年）の鹿児島県有形民俗文化財の鹿児島市松元町の入佐の田の神（写真38）や同じ松元町の宝暦3年（1753年）の牟田の田の神、寛政4年（1792年）の山陰の田の神、薩摩川内市の文政13年（1830年）の宮里の田の神がある。他に、両手でメシゲを持つものや持ち物のない田の神もある。ここで持ち物に関して少し気になる田の神像がある。南さつま市金峰町の享保17年（1732年）の2体の京田の石像（写真39）である。古いものが風化したので、それに模して新しい田の神を作ってあるが、2体は花状や葉状のものを持っている。これは衣や舟の網などの材料となる麻の葉と考えられており、田の神が「麻の神」としても崇められていたのかも知れない。

　薩摩半島の僧型立像にはこれらの長衣・長袴の立像のほかに、日置市吹上町

写真37　南さつま市金峰町宮崎の田の神

写真38　鹿児島市松元町入佐の田の神

写真39　南さつま市金峰町京田の田の神

B．田の神石像の型分類と体系について　31

写真40　日置市吹上町永吉の田の神　　写真41－Ａ　肝属郡肝付町野崎の田の神　　写真41－Ｂ　肝属郡肝付町野崎の田の神

の享保3年（1718年）の下与倉の田の神、文化4年（1807年）の上田尻の田の神、そして年代不詳ではあるが永吉の田の神（写真40）は、シキを被り短い上衣に裁着け袴をつけた異なった姿である。特にこの永吉の田の神は、前から見ると両足をくくっての裁着け袴であるが、背後からは袴腰のついた長袴であり、袴の時代的な変遷をうかがわせている。

写真42－Ａ　鹿屋市上野町岡泉の田の神　　写真42－Ｂ　鹿屋市上野町岡泉の田の神　　写真43　鹿屋市吾平町中福良の田の神

（3）僧型立像（大隅型）：薩摩半島僧型立像から大隅半島に伝搬して大隅半島の僧型立像が作られたということはすでに紹介したが、これらには僧型立像鍬持ちワラヅト負いと、それより新しい僧型立像瓢箪持ち、および僧型立像メシゲ・スリコギ持ちなどが知られている。僧型立像鍬持ちワラヅト負いは、大隅半島の肝属郡肝付町を中心に13体あるとされているが、ともに鹿児島県有形民俗文化財の肝属郡肝付町野崎の田の神（写真41−A、B）で、寛保3年（1743年）と明和8年（1771年）の作とされる2体がもっとも古くて代表的な田の神像である。ほかにも鹿屋市上野町の享和3年（1803年）岡泉の田の神（写真42−A、B）、肝属郡肝付町の天保7年（1836年）西横間の田の神、年代不詳であるが鹿屋市吾平町中福良の田の神（写真43）、南さつま市加世田の内山田の田の神、そして肝属郡東串良町の安留の田の神（写真44）［イラスト18］などがある。

その新型とされる僧型立像瓢箪持ちは、肝属郡高山野崎の延享2年（1745年）の塚崎の田の神（写真45）や、鹿児島県有形民俗文化財の肝属郡東串良町新川西の文化4年（1807年）の下伊倉の田の神（写真46）［イラスト19］があり、米俵の上に立って甑のシキを被り右手にメシゲで左手に宝珠を持ち、帯紐には大きな瓢箪と木の葉状の食器（盃とも考えられている）を下げており、山伏僧が家々を托鉢して回る姿をモデルにしたと思われている。これらのほかに

写真44　肝属郡東串良町安留の田の神

写真45　肝属郡高山野崎塚崎の田の神

写真46　肝属郡東串良町新川西下伊倉の田の神

B．田の神石像の型分類と体系について　33

も、年代不詳であるが鹿屋市吾平町上名の僧型立像メシゲ・スリコギ持ちの車田の田の神（写真47－A、B）がある。この像の傍らには小山、水の面には磨崖仏風の小仏像様のものが浮き彫りされている。また田の神の頭上にも胸元にも更に小さい仏像が付けてあり、この山水は修験道場としての山を示してその山から現れた効験あらたかな僧を田の神としたことを教えているものと思われる。

　僧型立像に風変わりで立派な田の神が、宮崎県小林市東方仲間にある。享保7年（1722年）作で、蓮葉冠を被り長袖の長衣の僧衣姿で指の間には穴があり、右手には御幣をかざして左手に竹製のメシゲのような杓子を持って立ち、台座には唐獅子が見事に彫刻されている（写真48）［イラスト20］。宮崎県では、僧型立像をほとんどみることはできないが、バラエティーに富んで歴史的な推移を知る上でも大変貴重であり、鹿児島県の田の神とは趣がかなり異なっている。

　(4) 旅僧型（北薩摩型）：大きな甑のシキを背後に垂らして被り、袖の長い上衣に裁着け袴をはき、像全体が紡錘形で首から頭陀袋を掛ける頭陀袋下げメシゲ持ち僧型立像の田の神で、一見するとペンギンの格好にも見える。北薩の出水市や阿久根市などに50体ほど知られている。天明5年（1785年）の出水市高尾野町柴引唐笠木の田の神（写真49）や出水市今釜町今中の田の神（写真50

写真47－A　鹿屋市吾平町上名車田の田の神　　写真47－B　鹿屋市吾平町上名車田の田の神　　写真48　宮崎県小林市東方仲間の田の神

写真49　出水市高尾野町柴引唐笠木の田の神　　写真50－A　出水市今釜町今中の田の神　　写真50－B　出水市今釜町今中の田の神

－A、B)、そして高尾野町大久保野平の田の神（写真51）［イラスト21］などがその代表であるが、メシゲを下げて持つのが特徴で18世紀末頃の作であるといわれている。北薩地方特有のこの田の神は、托鉢して回る姿をモデルにしたもので、裁着け袴が長袴に変わった旅僧型もある。寛延4年（1751年）の出水市高尾野町大久保浦の田の神（写真52）［イラスト22］や出水市武本小原下の石像（写真53）などがそのタイプである。

写真51　出水市高尾野町大久保野平の田の神　　写真52　出水市高尾野町大久保浦の田の神　　写真53　出水市武本小原下の田の神

(5) 旅僧型（大隅型）：シキの下に総髪がくっきり見えて、長い袖の上衣に裁着け袴姿の山伏的な修験者の僧が村々を托鉢して巡る姿をモデルにした田の神で、この頭陀袋・メシゲ・スリコギ持ちの大隅型の旅僧型田の神は肝属平野を中心にして肝属郡と鹿屋市に61体ほどあるといわれており、全部よく似ている。メシゲとスリコギは垂直に持ち、頭陀袋には宝珠の模様が施されている。大隅地方の新しい田の神の代表的な形として注目されている。古いものでは享保年間（1716～1736年）の鹿屋市上野町寺田の田の神（写真54）や、嘉永2年（1849年）の鹿屋市南町牟田畑の田の神（写真55）、そして江戸時代後期とされる吾平町大牟礼の田の神（写真56）などがある。年代不詳のものでは、市の有形民俗文化財である鹿屋市串良町有里の中甫木（ほのき）の田の神（写真57）、肝属郡東串良町岩弘中の田の神（写真58）［イラスト23］、そして鹿屋市獅子目町の田の神（写真59）などがあるが、基本的には総髪で点彫りシキを被り広袖上衣に裁着け袴姿で、右手にスリコギを持ち左手にメシゲを垂直に持って頭陀袋を下げる格好である。

　ここで珍しい旅僧型がある。昭和3年（1928年）の肝属郡肝付町馬場半下石（はんげいし）の田の神（写真60）［イラスト24］で、シキを頭巾風に被り長袖和服姿で右手にスリコギを左手にメシゲを持つ立像である。面白いのは右足に草履で左足に下駄を履いていること。町指定の有形民俗文化財に指定されているが、履物が

写真54　鹿屋市上野町寺田の田の神

写真55　鹿屋市南町牟田畑の田の神

写真56　鹿屋市吾平町大牟礼の田の神

写真57　鹿屋市串良町有里中甫木の田の神　　写真58　東串良町岩弘中の田の神　　写真59　鹿屋市獅子目町の田の神

異なるのは非常に珍しい。

(6) 道祖神的並立型；最も古いのは寛保3年（1743年）の薩摩川内市水引の湯原の田の神（写真61）［イラスト25］で、枠の上部に向かって右に日輪が、左に月輪が刻まれている。枠の中には男女2体の田の神が並立しており、向かって右側に烏帽子に袴姿で両手に閉じた扇子を持つ男性像が、左側には大きなシキを笠のように被り、袖の長い長衣を着流して、風化して定かではないがメシゲらしきものを持つ女性像が並立している。

天保12年（1841年）の薩摩川内市陽成町中麦妙徳寺の田の神（写真62）は、向かって左側の女神はシキを被り着物姿で右手にメシゲを持ち、右側の男神は陣笠を被り羽織袴姿で右手にキネを持ってい

写真60　肝付町馬場半下石の田の神　　写真61　薩摩川内市水引湯原の田の神

B．田の神石像の型分類と体系について　37

写真62　薩摩川内市陽成町中麦妙徳寺の田の神

る。これらの男女並立型の浮き彫り田の神は、本州の道祖神の男女並立像の影響を受けていると思われており、薩摩川内市やいちき串木野市などに33体ぐらいあるとされているが、中の2体（男神と女神）の被り物や衣、そして持ち物などが異なるものが多くて、見る目を楽しませてくれる。

　なお石像の上部に太陽と月が刻まれているが、天体的な信仰を対象にした「神体」は世界的に存在する。農作物を成長させる偉大なる日（太陽）の神に対する農人たちの感謝の気持ちや、人間の生死に関して不思議な思いを抱かせる月への敬虔な気持ちを表しているとされ、一般的に月は女性で太陽は男性を象徴する。山田慶晴氏は『川内市のアベック田の神石像』のなかで「川内市がアベック田の神石像の発祥地である」と述べられており、下野敏見氏は『田の神と森山の神』のなかで、一石双体の田の神が「塞の神をモデルに造られたものである」と紹介されているが、詳細は参考文献に譲りたい。

写真63－A　薩摩川内市入来町栗下の田の神

写真63－B　薩摩川内市入来町栗下の田の神

写真64　薩摩川内市入来町浦之名中須の田の神

(7) 入来地方石碑型：薩摩川内市入来町を中心に20体ほど存在するといわれており、最も古いのが明和6年（1769年）栗下の田の神（写真63－A、B）［イラスト26］で、帽子風にシキを被り長袖和服と裁着け袴姿で右手にメシゲ、左手に閉じた扇子を持つ姿が大きな舟石に浮き彫りされている。二番目に古いのが明和8年（1771年）鹿子田の石像で、大きな自然石に帽子風のシキを被り、袖のない仕事着風の上衣に襞のある裁着け袴をはき、右手にメシゲで左手に閉じた扇子を持っている。明治2年（1869年）の入来町浦之名中須の石像（写真64）も、帽子風にシキを被り長袖和服と裁着け袴姿で、右手にメシゲで左手にスリコギを持って立っている。

(8) 大黒天型：各地域で散発的にみかけるもので、頭巾を被りメシゲや稲穂を持って、ふっくらした耳を持ち米俵の上に立つものが多い。農民型や神像型との混合型もあり、霧島市国分重久の田の神（写真65）［イラスト27］は頭に頭巾を被り、袖の広い和服と袴姿でメシゲと稲穂を持ち、米俵の上に立っている。

写真65　霧島市国分重久の田の神

B．田の神石像の型分類と体系について

Ⅲ．その他の田の神像

　神像系や仏像系に分類できないものも数多くある。特に農民型や夫婦像であり、石碑などの石造物や自然石など多彩である。すでに述べているが、鹿児島県でよく見かける「田の神舞神職型」は、田の神を舞っている神職の姿を写し取ったものであり、神体は神職である。これに対し衣や姿格好から農民型と思われるものは「農民型」として分類している。宮崎県には、都城市の「農民型都城型」や宮崎市の「農民型高岡型」などその地方特有な農民型石像が存在しており興味深い。

　(1) 農民型；襦袢や股引きなどの野良着姿の男田の神石像が多く存在する。明和5年（1768年）の鹿児島県姶良市蒲生町下久徳(しもぎゅうとく)の田の神（写真66）［イラスト28］は、頭部に被り物はなく長袖和服に裁着け袴姿、右手にメシゲ、左手に椀を持つ立像で大きな舟型石に浮き彫りされている。石碑型の田の神として県の有形民俗文化財に指定されている。年代不詳であるが肝属郡東串良町池之原の田の神（写真67）［イラスト29］は、襦袢と股引きの野良着姿で右手にメシゲで左手にスリコギを持って、2個の米俵の上に立っている。昭和30年頃に盗難されるも3年後に戻ってきた「出会いさあの田の神」として知られてい

写真66　姶良市蒲生町下久徳の田の神　　写真67　東串良町池之原の田の神　　写真68　都城市穂満坊の田の神

る。

　宮崎県では地域で特徴的な2つのタイプの田の神石像がある。一つは享保年間（1716年～1736年）の都城市穂満坊の田の神（写真68）［イラスト30］で、大きなシキを被り広袖の着物に袴姿で右手にメシゲで左手に椀を持つ。何となく静かで明るい宮崎の空気をもっていると青山幹雄先生はコメントされている。広くてつかみどころのない盆地、包み込まれてしまうような大きさと広さ、そんな風光の中で人々が求めてきた優しさの表れかも知れない。一方、明治12年（1879年）の宮崎市高岡町下倉永の田の神（写真69）［イラスト31］

写真69　宮崎市高岡町下倉永の田の神

は、大きなシキを頭の後方にずらして被り（シキが仏像の光背の役）、中腰で体を少し前かがみにして着物と袴を履き、右手にメシゲを膝の上で持ち、左手は短い棒を持っている。袴で腰から下は安定しており、袴の裾から足指がわずかに出ている。このタイプは宮崎市などにも数多くみられている。なおこの高岡町では、江戸時代は神像型だけ作成されているのに、明治時代になるとこの型の農民型だけになるのも珍しい現象である。

写真70　西諸県郡高原町西麓の田の神

写真71　宮崎市高岡町上倉永の田の神

写真72　小林市野尻町紙谷東新町の田の神

B．田の神石像の型分類と体系について　41

写真73　小林市堤松元の田の神　　写真74　さつま町求名下狩宿の田の神　　写真75　薩摩川内市入来町副田下手の女性像

　これらの他にも西諸県郡高原町西麓の田の神（写真70）は嘉永3年（1850年）の作と伝えられているが、シキを被り野良着姿で両手に鍬を杖にしており、背中にはワラヅトを背負っている。鍬持ちのワラヅト背負いの田の神は、前述したように鹿児島県の大隅地方に多く存在しているが、宮崎県では珍しいものである。昭和15年（1940年）の宮崎市高岡町上倉永の田の神（写真71）は、シキを顎紐で縛り長袖和服と短いスカート状野良着姿、あどけない表情で左足を傾けた格好に座り、背中にワラヅトを背負っている。年代不詳であるが、小林市野尻町紙谷東新町の田の神（写真72）は、大きなシキを被り襦袢とズボンの野良着姿で右手にメシゲ、左手にスリコギを持ち、中腰で足袋を履いているが、野良で働く農夫の姿を表現したものと思われる。弘化3年（1846年）作と思われる小林市堤松元の石像（写真73）は、シキを被り広袖着物一枚を着て帯を前で結んで垂らし、右手はメシゲを右肩の後方に振りかざして、左手は桝を脇に抱えている。腰を低くして右向きに躍動的な農民型の田の神である。

写真76　さつま町中津川別野の田の神

42　第1章　田の神石像総論

写真77　湧水町川添池田の夫婦像　　写真78　えびの市大字原田麓の夫婦像

（2）**女性像**；その多くが薩摩郡や薩摩川内市に分布しているが、最も古いのは天明4年（1784年）の出水市平岩の田の神で、元禄袖の長衣を着て右手に大きな鏡様のメシゲを持ち、左手もごく小さくのぞかせて立膝の椅像である。薩摩郡さつま町求名下狩宿の田の神（写真74）［イラスト32］は年代不詳であるが、丸髷を結って羽織と袴姿で右手にメシゲを持つが左手は破損している。大きくて立派な女性像の田の神で、町の有形民俗文化財に指定されている。大正15年（1926年）の薩摩川内市入来町副田下手の女性像（写真75）［イラスト33］は、豊富な髪に肩までの頭巾を被り、長袖着物を着て右手にメシゲを持って左手は袖からわずかに指が見えている。着物の裾がめくれており大きな帯紐で腰を絞めた美人像である。昭和54年（1979年）の薩摩郡さつま町中津川別野の石像（写真76）は、パーマ状の豊富な髪を結って袖の広い羽織とモンペ姿で、右手にメシゲ、左手にスリコギを持つ女性像が、自然石に浮き彫りにされている。

写真79　えびの市榎田個人宅の自然石

（3）**夫婦像**；数は多くはないが各地で散見されており、ここでは2体のみ紹介したい。昭和28年（1953年）の姶良郡湧水町川添池田の夫婦像（写真77）は、男女とも長袖和服と袴姿の座位像で、男性像はシキを被り右手に椀、左手にキネを持

B．田の神石像の型分類と体系について　43

写真80　薩摩川内市水引町草道中の田の神　　写真81－A　薩摩川内市永利町山中の石像　　写真81－B　薩摩川内市永利町山中の石像

ち、女性像は右手にキネ、左手にメシゲを持っている。また、えびの市大字原田麓の夫婦像（写真78）［イラスト34］は、男性像はシキを被り長袖和服に右手にメシゲ、左手に飯盛り椀を持っている。女性像もシキを被り長袖和服で、右手にメシゲを持ち左手には椀を持っている。男性像は明治中期、女性像は江戸末期の作とされている。明治中期に隣の女性像だけでは寂しかろうと黒木金吉氏が寄贈されて今の格好になったといわれており、地区の人々には夫婦像として認められている。何とも人情味があふれる2体の田の神である。

（4）自然石：かなり多くの自然石が田の神として祀られているが、その分布は地域にかなり片寄っている。宮崎県のえびの市や鹿児島県の薩摩川内市などでは自然石の数がかなり多いが、これは個人では見つけることが困難な自然石の資料が、教育委員会などで組織的に作成されているのが影響しているものと思われる。

　自然石の3体について紹介する。えびの市榎田の個人宅敷地に祀られる立派な自然石（写真79）や、薩摩川内市水引町草道中の田の神（写真80）は、コンクリートの台の上に飾られて、横に「田神」の文字盤が立ててある。薩摩川内市永利町山中の石像（写真81－A、B）は、農耕牛の頭部の形をした自然石に鼻輪を通したとても珍しい田の神である。この他にも数多くの自然石が存在するが各論で紹介したい。

（5）その他：冒頭にも紹介したが、自然石の他にも石碑や祠そして厨子や樹木などが田の神として崇められているものがある。霧島市福山町佳例川の田の神（写真82）は、明治33年（1900年）の作で三角形の石碑であり、文字型で三

角形の田の神はこれ以外には見当たらない。石祠型では享保17年（1732年）の姶良市姶良黒瀬字宮ノ脇の田の神（写真83）があり、屋根のある珍しい石像である。

写真82　霧島市福山町佳例川の田の神

写真83　姶良市姶良黒瀬字宮ノ脇の田の神

B．田の神石像の型分類と体系について　45

Ⅳ. 分類不能や混合（融合）型および興味深い田の神石像

　上半身のみの胸像型や風化が強く判読不能なもの、廃仏毀釈で首から上がなく破損がひどいものなど、分類出来ない石像も多く存在しているが、歴史的に貴重なものもあり残念な気がしてならない。とくに宮崎県のえびの市や小林市の田の神には、神像型、仏像型、農民型そして大黒天型といった混合型が多くみられるのも興味深い。例えば年代不詳であるが小林市野尻町紙谷川内の田の神（写真84）［イラスト35］は、右手は輪握りで笏を持つ穴があり左手には宝珠を持ち、冠を被る形は神像系であるが地蔵みたいに耳が大きくて、神像系と地蔵型の混合型とされている。天保13年（1842年）の野尻町東麓吉村の田の神（写真85）は、大きな頭巾風のものを被り長袖和服にて両肩で2本のメシゲを持ち、両手は輪組で数珠を持っている。丸顔で大きな福耳を持ち、顔は大黒天様で仏像型と大黒天型の混合型とされる。江戸時代では大黒天は豊作の神として崇められていた。大正8年（1919年）の小林市真方土地改良事務所の田の神（写真86）は、袋頭巾を被り長袖和服で右手は膝の上で受け手を作り、左手には稲穂の束を持っている。着衣などから菩薩像を思わせるが、穏やかな顔立ちが印象的で僧型と農民型との混合型と思われる。

写真84　小林市野尻町紙谷川内の田の神

写真85　小林市野尻町東麓吉村の田の神

写真86　小林市真方土地改良事務所の田の神

一方、石像の作者でなければ分からないと思われるほど、どのタイプの田の神か判別できないものもあり、実際に文献で異なった型の石像として記載されているものもある。薩摩川内市宮里町の田の神（写真87）は、市の有形民俗文化財に指定されており、薩摩川内市の資料では農民型立像と紹介されているが（薩摩川内市No.70）、小野重朗氏の資料では僧型立像のメシゲ椀持ちの田の神石像とされている。この田の神は陣笠状の笠を被って顎紐で結び、袖の長い上衣に裁着け袴姿で右手にメシゲ、左手に椀を持つが、農民型か僧型か区分けするのは本当に悩ましい限りである。

写真87　薩摩川内市宮里町の田の神

また非常に興味深い田の神もある。霧島市横川町下ノ黒葛原の田の神（写真88）［イラスト36］は、頭にとんがり帽子を被り右手に刀剣（宝剣）を持ち左手は膝の上に置き、山伏の姿を田の神にしたのではないかと思われる。寛政10年（1798年）の薩摩郡さつま町中津川の田の神（写真89）［イラスト37］も、総髪の山伏姿で右手に如意棒を持ち左手は膝の上に置いている。薩摩川内市中村町の田の神（写真90）［イラスト38］は、長袖和服に裁着け袴姿で右手にメ

写真88　霧島市横川町下ノ黒葛原の田の神　　写真89　さつま町中津川の田の神　　写真90　薩摩川内市中村町の田の神

B．田の神石像の型分類と体系について　47

シゲ、左手に扇子を持つ郷士と考えられる。そして嘉永7年（1854年）の都城市山田町中霧島古江の田の神（写真91－A、B）［イラスト39］は、両手輪組の神像型と農民型の混合型であり、羽織と袴姿ながら頭髪が特徴的で、農民のシキがこの髪形に変化したともいわれている。

　最後に正徳4年（1714年）の薩摩川内市樋脇町の田の神（写真92）［イラスト40］は、鎧兜姿で右手に錫杖を持ち左手には棒状のものを持つ武士像である。

写真91－A　都城市山田町中霧島古江の田の神　　写真91－B　都城市山田町中霧島古江の田の神　　写真92　薩摩川内市樋脇町の田の神

C．まとめと考察

　田の神は、冬季には山に戻って山の神になり、春先には山から下りて来て五穀豊穣の田の神になるものとして長く崇められ続けてきた。確かに豊作を祈願しての田の神であることは当然であるが、一方で子孫繁栄の神様であることも間違いない。田の神の持つ笏やメシゲは男性の、椀などは女性のシンボルとして作成されており、特に農民型の石像などの多くが、後方から見ると男性根にみえるのも事実である。現在でも鹿児島県の鹿屋地方などでは、結婚式で重い田の神石像を男性たちがワラむしろで担ぎ、子孫繁栄を祈りながら祝福する習慣も残っている。

　田の神石像には大きく設置型と個人所有や持ち回りの二種類がある。設置型の田の神は、現在は農地改良などで公民館などに移設されているものも多いが、以前は水田が見渡せるような高台に祀られて、きっと稲穂の成長を見守っていたと思われる。一方で個人所有や持ち回りの田の神は小型のものが多く、個人宅の田の神は伝統的に引き継がれていき、持ち回りのものは田の神講などで祀られて、持ち回りで自宅や公民館などに飾られている。ただ田舎に行けば若者が少なく高齢者がほとんどであり、以前に行われていた田の神講もなくなり、持ち回りだった田の神が祠に収められて設置固定型になっていることも珍しくない。何となく寂しい時代の流れを感じることも多いのが現実である。

　ここで簡単に田の神像の時代的推移や、当時の主に農民たちの生活状況などについて、田の神石像を通して考えてみたい。一般的に田の神石像は、宝永2年（1705年）のさつま町紫尾井出原の仏像型（写真2）のものが最も古いとされ、最初に仏像型として作成されたと考えられているが、霧島市横川町上之紫尾田の神職型座像（写真3）の方がより古いのではないかとの異論があることは先に述べている。しかしながら、仏像型のものは、当初紫尾山系を中心にし

た山岳仏教を母胎に作成されたものと考えられており、一方の1700年頃の霧島連山の新燃岳の大噴火による農作物や農耕牛などの壊滅的な被害から、農民たちが立ち上がろうとして、神像型の田の神を作成したのではないかと青山幹雄先生は述べられている。そしてその原型として小林市野尻町三ケ野山の2体の仁王様の武神像（写真1－A、B）の存在を強調されている。恐らく同じ頃に、霧島連山を中心とした復興のシンボルとしての神像系と、山岳仏教を母胎とした仏像系の田の神が作られたのではないかと著者は考えている。

　ほとんどの田の神が旧薩摩藩領で作成されているが、17世紀後半から開田が本格的になり、藩は上納米の増収を掲げており、耕作する農民たちが余ったわずかの米を持って寄合をすることには、寛大であったのではないかと思われる。これには山伏たちの関与が大きかったのではないかといわれているが、実際に山伏や郷士の田の神石像も散見されている（写真88〜90）。この寄合では焼酎などのアルコールもふるまわれ、祀られたのが田の神石像とされている。この農民たちにとってしばしの休息の時間（田の神講）に、我先にと舞われたのが田の神舞である。このように当時の農民たちの生活の一場面を伺い知ることもできるのではないかと思われる。

　また、田の神石像を知るうえで重要な昔風の風習があったことを忘れてはならない。それは「オットイ田の神」であり、豊作であった地域の田の神をこっそり盗んできて、2〜3年後に豊作になったら米や焼酎などを供えて返しにいくというものである。最近になり田の神石像が心無い者に盗まれるということを紹介したが、石像が盗まれないようにコンクリートでがっちり固められたり、資料集でも存在場所が分からないように紹介されたりしているのをみると、侘しい限りである。

　田の神石像の歴史的な変遷について概略的にまとめてみたい。

　まず神像型については、宮崎県のえびの市、小林市、都城市および西と北諸県郡で大型の神像型椅像が作成され、年代が明確なものは享保5年（1720年）の宮崎県小林市真方の新田馬場の田の神石像（写真10）であるが、冒頭に述べたように、青山幹雄先生によるとこれらの田の神像の作成以前にその原型となる武神像（写真1－A、B）が存在するとされている。その後に伊佐地方や姶良郡湧水町などで比較的小型の神像型座像（写真15）のものが作られ始めたと

される。この神像型座像は、しばらくして姶良市加治木町上木田の田の神（写真16）など現在の姶良市を含む姶良地方に伝えられ、現在の日置市を含む日置地方を中心として日置市東市来町養母などの立像の神像型（写真7）の建立の契機になったと考えられる。

　一方、大隅半島東部では、明和2年（1765年）の鹿屋市下高隈上別府の神舞神職型（写真21）など鹿屋市高隈山地方を中心とした神舞神職型が古くから作成されているが、その後に神像型座像にシキを被せ、メシゲとスリコギを持たせた志布志市有明町野井倉などの神職型座像（写真22）が作られ、大隅半島南部では肝属郡南大隅町川北の神像型立像（写真24）の田の神像が考え出されている。同じころに薩摩郡周辺でも薩摩郡さつま町泊野市野などの神職型立像（写真25）が作成され始められている。そして神社の神舞や田の神講で田の神舞を舞う神職の姿をかたどった姶良市蒲生町漆などの田の神舞神職型（写真28）が考え出され、この田の神舞神職型は時代の流れに沿って変化に富み、大隅地方の旅僧型と並んで数多くのものが作成されている。

　仏像系では、薩摩半島中央部を中心として立位の僧型が建立されているが、これには長い袖を垂らした衣と襞のある長袴で鍬を持つ南さつま市金峰町の宮崎の田の神など（写真37）と、袂の短い上衣に裁着け袴姿であるが後方からみると袴腰がついて長袴姿の日置市吹上町永吉の田の神（写真40）の、大まかに二種類の田の神像が存在している。永吉の田の神は長袴から裁着け袴へ移行していくのを示しているのではないかとも考えられている。

　後にこれら僧型立像は大隅半島に伝えられ、やや遅れて大隅半島中心部、特に鹿屋市や肝属郡では、肝属郡肝付町野崎（写真41－A、B）などの僧型立像鍬持ちツト背負い型が作成され、さらに肝属郡東串良町新川西（写真46）などの僧型立像瓢箪持ちの新しいタイプの石像が作られていくことになる。

　旅僧型は、出水や阿久根地方を中心にした北薩摩と鹿屋・肝属郡周辺の大隅半島中部で、だいぶ遅れて18世紀後半になってから作成され始めている。大隅型では鹿屋市上野町寺田の石像（写真54）のように、点彫りシキを被り長袖和服に脚絆を巻いた裁着け袴姿で、宝珠の印が模様された頭陀袋を下げて、右手にスリコギで左手にメシゲを垂直に持つ独特の格好で、片足を前に出して托鉢に出かける姿を写し取っている。一方の北薩摩型では、出水市高尾野町大久保

野平の石像（写真51）などのように、シキを被り長袖上衣に裁着け袴姿で、右手に小さなメシゲを逆さまに持ち、後ろから見るとまるでペンギンの格好にもみえる特徴的な托鉢僧である。しかしながら北薩摩型はこれから時代が過ぎると、出水市武本小原下（写真53）などのように、裁着け袴が長袴に変化しており、さらに年代の新しいものでは、被り物もシキから笠冠に変化しており興味深い。

　ここで小野原重朗先生の田の神石像の詳細な分布を示した『民俗神の系譜』を参考にして頂くと、これらの時代的な流れがよく理解できる。そして先生の図を私なりに少しだけ改変させていただいたものを次頁以下の「田の神石像の型と分布」に紹介したい。神像型に武神像を加えて袋負い型を除き、女性像や混合型そして都城型と高岡型の農民像などはその他に入れて分類している。小野重朗先生の分類で出水市や阿久根市に存在する袋負い型は、比較的広範な地域でまれに目にすることができて、仏像型や神像型そして農民型でも見られるからである。

　最後に、田の神石像に関する新しい文献や資料は比較的少なく、特に宮崎県の田の神に関するものはなかなか目にすることができないのが現状である。今回、可能な限り、図書館に出かけたり、各市町村の教育委員会に問い合わせたりしながら、方々を駆けずり回って2000体を超える資料をまとめることができた。まだまだ個人持ちや持ち回りの田の神など、把握できていないものが多くあるものと考えている。最も古いとされる仏像型の田の神が作成されたのが1705年で、2年前の1703年は赤穂浪士46人が切腹した年でもある。江戸時代も徳川綱吉から家宣、そして家継に引き継がれ、1722年には幕府が新田開発を奨励したとされている。このような時代背景の中で、上納米の年貢で稲作を強いられながらも、同郷の人々と田の神石像を祀りながら、田の神講で舞って過ごせた瞬間が、唯一の息つくひと時であったと思われる。

　このように長年の風雪に耐え、過去の時代を偲ばせてくれる貴重な田の神石像が、一体でも多く守られていくことを切に願いながらペンをおきたい。

D．田の神石像の型と分布

神像系

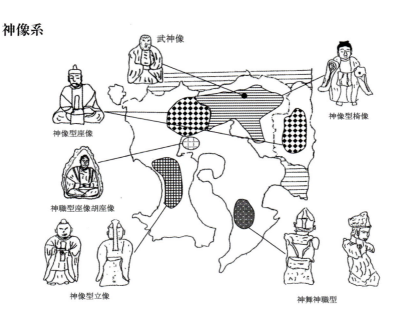

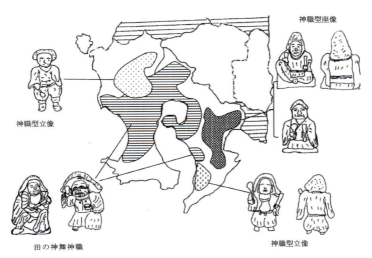

仏像系

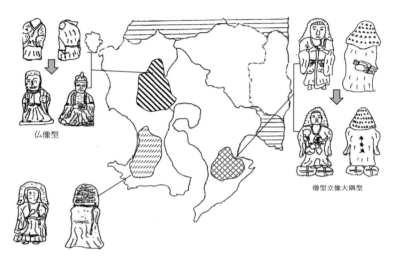

仏像型
僧型立像大隅型
僧型立像薩摩型

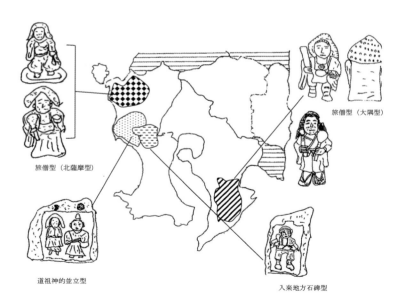

旅僧型（北薩摩型）
旅僧型（大隅型）
道祖神的並立型
入来地方石碑型

54　第1章　田の神石像総論

その他

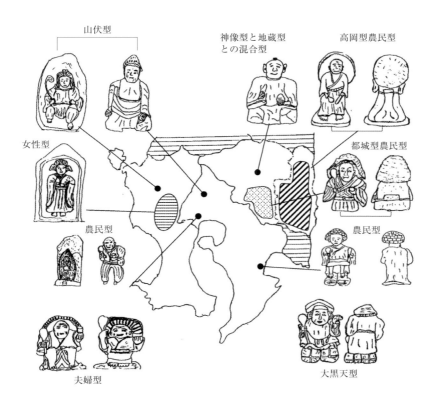

D．田の神石像の型と分布

E．イラストコーナー

（イラスト1）
武神像（神像型原型か）：菅原神社の田の神（延享2年、1745年）
小林市野尻町三ケ野山西原（小林市野尻町No.17）
頭部は破損して被り物など何もなく、両手は破損が強いが左右持ちで膝の上、丸顔で力士様の武神像である（55×48×24cm）。仁王のような2体の石像が対座しており、青山氏は神像型の原型ではないかと推測されている。

（イラスト2）
仏像型立像：紫尾の田の神（宝永2年、1705年）
薩摩郡さつま町紫尾井出原（さつま町旧鶴田町No.1）、町指定有形民俗文化財
頭部の3分の2くらいと右大腿部の一部が破損しているが、脚の部分は完全に残っており、袴の腰板が明確に確認できる。紫尾山を中心とした山岳仏教を母胎として田の神信仰が形成されたとされているが、これは仏像型立像で最古のもの（74×36×39cm）。

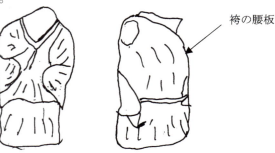

袴の腰板

（イラスト3）
神職型座像胡座像；紫尾田の田の神（年代不詳、正保元年、1644年の説もある）霧島市横川町上ノ紫尾田（霧島市横川町No.7）
冠を被り衣冠束帯にて両手輪組で穴がある胡座の座像で、高台の洞窟に祀られている。以前、紫尾田中郡の洞窟にあったものを、戦後に現在地に移設している。背面に「延享元年甲子十一月」と思われる年号と郷士数名が刻字され、年号については「正保元年」と読む説もある（60×65cm）。

（イラスト4）
神像型立像；養母(やぼ)の田の神（明和6年、1769年）
日置市東市来町養母（日置市東市来町No.1）、県指定有形民俗文化財
長い纓の着いた冠を被り、束帯姿で長い袖の襞(ひだ)が地に着くほどで、背後も裾が長く垂れて両手で胸の前で笏を持つ。顔は風化が強いが眉の吊り上がった憤怒相で、顎鬚を蓄えている（95×46×27cm）。

E．イラストコーナー　57

（イラスト5）

神像型椅像；新田場の田の神（享保5年、1720年）

小林市真方新田場（小林市No.21）、市指定有形民俗文化財

烏帽子を被り狩衣姿で両手は組まずに離れており、右手には持ち物はなく左手は破損している。麻沓(あさぐつ)を履き、どっしりと腰掛けている（100×70cm）。施主は本田権兵衛とされている。

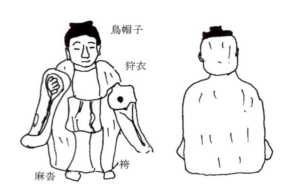

（イラスト6）

神像型座像；般若寺(はんにゃじ)の田の神（明和9年、1772年）

姶良郡湧水町般若寺（湧水町吉松No.15）、県指定有形民俗文化財

日枝神社鳥居横の高台に祀られ、纓の着いた冠を被り衣冠束帯の座像で、袖が角張り膝の上で両手輪組にして笏を持つ（76×56×34cm）

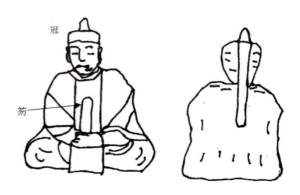

（イラスト7）
神像型座像、野尻型；三ケ野山の田の神（昭和6年、1931年）
小林市野尻町三ケ野山（小林市野尻町No.9）
纓の着いた冠を被り衣冠束帯であるが、三角や四角形の角張った装束にて両手でメシゲを持つ。享保18年（1733年）の野尻町東麓の高都萬(こうずま)神社の田の神を模範とした昭和時代の新しい作品である（51×48×32cm）。

（イラスト8）
神舞神職型；上別府の田の神（明和2年、1765年）
鹿屋市下高隈上別府（鹿屋市No.11）
烏帽子をつけた福相の顔は歯をみせて笑っており、袂の短い上衣に長い腰板の袴を着けている。右手は鈴を持ち左手は輪を作って穴があるが、幣などを差して持たせたのかも知れない。背部に突き出しているのは大きな御幣を2本腰に差しているもので、調和のとれた形である（65×25×26cm）。

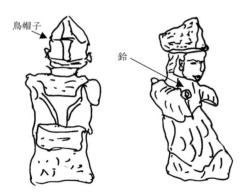

E．イラストコーナー　59

（イラスト9）

神職型座像、趺座型；豊原の田の神（寛保3年、1743年）
志布志市有明町野井倉豊原（志布志市No.5）、県指定有形民俗文化財
頭巾を被り、顔は大きくて直衣と指貫風の着衣で右足を立てた趺座の形で、右手にメシゲで左手に先の欠けたスリコギを垂直に立てて持つ（76×65×40cm）。

（イラスト10）

神職型座像、大隅型；広津田の田の神（年代不詳）
曽於市大隅町月野広津田（曽於市大隅町No.3）
頭巾を背に垂らして被り、長袖で幅の広い和服と袴姿、右手にメシゲで左手にスリコギを垂直に立てて持つ。丸彫りの田の神ではサイズは最大級で、大隅地方特有の神職型座像。盗まれないように、このようなビッグサイズにされたとか（140×70×40cm）。

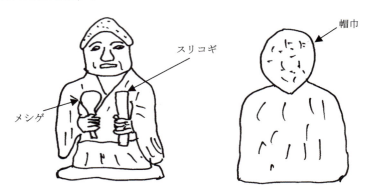

（イラスト11）
神職型立像、大隅型；川北の田の神（享保16年、1731年）
肝属郡南大隅町根占川北（南大隅町No.1）、県指定有形民俗文化財
シキを頭巾風に被り、布衣と括り袴姿で右手にメシゲ、左手にスリコギを逆八字に立てて持っている。台座に団子と餅を彫刻してあり、大隅では最古、県下では19番目に古いものである（82×55×30㎝）。

（イラスト12）
神職型立像、薩摩型；市野の田の神（享保13年、1728年）
薩摩郡さつま町泊野市野（さつま町No.32）、町指定有形民俗文化財
甑のシキを被り、左右に開いた上衣に裁着け袴を身に着けて前を紐で結び、片手で小さなメシゲを垂らして持っている。体全体が膨れてメシゲが小さいのが特徴である（74×40×38㎝）。

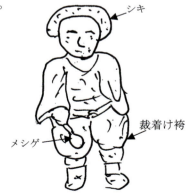

（イラスト13）

田の神舞神職型：漆下の田の神（享保3年、1718年）
姶良市蒲生町漆下（姶良市蒲生町No.2）、県指定有形民俗文化財
シキを被り、胸の開いた上衣にタスキ掛けの長袴姿、両手で大きなメシゲを持つ。壮大で豪快な彫りで、田の神舞神職型としては県内最古である（108×110×77㎝）。

（イラスト14）

田の神舞神職型：触田の田の神（元文2年、1737年）
姶良市触田稲荷神社境内（姶良市姶良町No.19）、市指定有形民俗文化財
大きなシキを被り、右手でメシゲを顔の横に振りあげて持ち左手には椀を持つ。布衣と袴姿でひざを曲げて、今にも踊り出しそう。躍動的な神職（神主）の立像である（94×76×42㎝）。

（イラスト15）
仏像型：中組の田の神（宝永8年、1711年）
薩摩川内市入来町副田中組（薩摩川内市No.25）、県指定有形民俗文化財
頭巾を肩から背を覆うように被り、顔の表情は仏像的で長衣長袴を着けて背を曲げた立像で、袖は足元まで垂れて両手は欠損している（71×37×33cm）。

（イラスト16）
仏像型座像：平出水の田の神（享保6年、1721年）
伊佐市大口山野平出水（伊佐市山野No.2）、県指定有形民俗文化財
大日如来の像を彫って田の神としたことが刻銘に記されており、廃仏毀釈の難を逃れるために地中に埋められて、後に掘り出したとされている。冠を被った穏やかな顔立ちと衣の襞が複雑に重なった座像で、両手の指は大日の「印」を結んでいる。大日如来を本地として御田の神として建立しているが、この地の人々が田の神の講を開き、真言宗の山伏が田の神は本来大日如来と教導していると考えられている（60×45cm）。

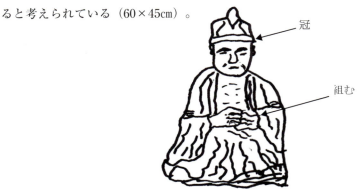

（イラスト17）
僧型立像、薩摩型；宮崎の田の神（享保17年、1732年）
南さつま市金峰町宮崎（南さつま市金峰町No.21）、県指定有形民俗文化財
ワラの編目が丁寧に刻まれたシキを被り、長い袖の上衣に二段に襞のついた裳状の袴を身に着けて、右手にメシゲ、左手に短い棒状のものを持っている（72×35×30cm）。

（イラスト18）
僧型立像、大隅型、鍬持ちツト負い型；安留の田の神（明和8年、1771年）
肝属郡東串良町安留（東串良町No.11）、町指定有形民俗文化財
点彫りシキを被り、長袖の長衣を着流して袴は着けていない。刃の部分が大きいヘラクワの長い柄の上部を両手で杖代わりにしておさえている。背にはメシゲを斜め十字に差したワラヅトを背負っている（82×36×30cm）。

（イラスト19）
僧型立像、大隅型、瓢箪持ち型：新川西の田の神（文化4年、1807年）
肝属郡東串良町新川西（東串良町No.5）、県指定有形民俗文化財
口は八の字に結び目は細く眠るような顔立ちで、袖長の長衣を紐で結び長く垂らしている。点彫りシキを背後に長く垂らして被り、右手にメシゲを持ち左手には宝珠を持つが、瓢箪と木の葉のような物（盃かも）を前腹部にぶら下げて2個の俵の上に立っている（120×42×34cm）。

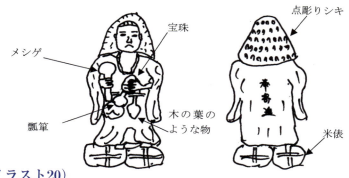

（イラスト20）
僧型立像；仲間の田の神（享保7年、1722年）
小林市東方仲間（小林市No.2）
蓮葉冠を被り長袖と長衣の僧衣姿で、指の間に穴があって右手に御幣をかざして、左手に竹製のメシゲ様の杓子を持つ。台座には唐獅子が立派に彫られており見るからに立派で目を惹かれる（123×57cm）。

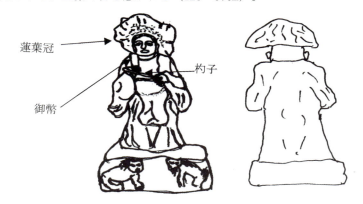

（イラスト21）
旅僧型、北薩摩型；野平の田の神（年代不詳）
出水市高尾野町大久保野平（出水市No.11）
大きなシキを被り、袖長上衣に裁着け袴姿で像全体が紡錘形。首から頭陀袋を下げて左手でメシゲを下げて持ち、右手に椀を持つが、風化が強くて顔の表情などは読み取れない。一見するとペンギンのようにも見える（63×34×30cm）。

（イラスト22）
旅僧型、北薩摩型；浦の田の神（寛延4年、1751年）
出水市高尾野町大久保浦（出水市No.91）、市指定有形民俗文化財
笠状のシキを被り長袖上衣に長袴姿で、首から頭陀袋を下げて右手にメシゲ、左手に椀を持つが、メシゲは立てて持ち長袴姿である（55×40×37cm）。

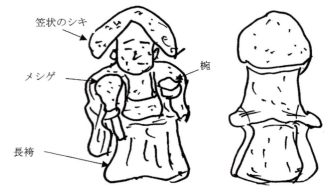

66　第1章　田の神石像総論

（イラスト23）
旅僧型、大隅型：岩弘中の田の神（年代不詳）
肝属郡東串良町岩弘中（東串良町No.1）
総髪で点彫りシキを被り、長袖上衣に脚絆を巻いた裁着け袴姿で頭陀袋を下げ、右手にスリコギで左手にメシゲを垂直に持って、左足を前に出し、托鉢に出かける僧侶の姿を写し取っている（82×40×35㎝）。

（イラスト24）
旅僧型、大隅型：半下石（はんげいし）の田の神（昭和3年、1928年）
肝属郡肝付町馬場半下石（錦江町No.4）、町指定有形民俗文化財
総髪でシキを肩まで長く被り、長袖和服で右手にスリコギ、左手にメシゲを立てて持ち、右足に草履、左足に下駄を履く、県下でも珍しい石像である（75×44×40㎝）。

（イラスト25）
道祖神的並立型：湯原の田の神（寛保3年、1743年）
薩摩川内市水引町湯原（薩摩川内市No.56）
風化しやすい凝灰岩質の前面に枠を作って浮き彫りにし、枠の上に向かって右に日輪、左側に月輪が彫ってある。枠の中には2体の田の神が並立しており、向かって右に男神が烏帽子を被り袴姿で、両手で扇子を閉じて持つ。左側に女神が大きなシキを笠のように被り、袖の長い長衣を着流している。手の持ち物は風化しているがメシゲと思われる（83×90×22cm）。

（イラスト26）
入来地方石碑型：栗下の田の神（明和6年、1769年）
薩摩川内市入来町浦之名栗下（薩摩川内市入来町No.18）
帽子状のシキを被り、長袖上衣に裁着け袴で、右手にメシゲ、左手には扇子を持って立っている姿が、大きな舟型石に浮き彫りされている。鮮やかに彩色されている（125×63×38cm）。

（イラスト27）
大黒天型（農民型との混合型）：重久の田の神（年代不詳）
霧島市国分重久（霧島市国分No.27）
頭に平型の頭巾を被り、袖の広い和服と袴姿で2個の俵の上に立っている。耳が大きく右手にメシゲを左手に稲穂の束を持っている。農民型と融合した大黒天と思われる（74×45cm）。

（イラスト28）
農民型：下久徳の田の神（明和5年、1768年）
姶良市蒲生町下久徳三池原（姶良市蒲生町No.7）、県指定有形民俗文化財
頭部に被り物はなく、長袖和服に袖を絞め括り裁着け袴姿で、右手にメシゲ、左手に椀を持つ立像が、大きな舟型石に浮き彫りされている。石碑型の田の神では県内最古である（130×70cm）。

（イラスト29）

農民型；池之原の田の神（年代不詳）

肝属郡東串良町池之原（東串良町No.2）

シキを被り、野良着姿で右手にメシゲ、左手にはスリコギを持って、2個の俵の上に立っているが、持ち物は垂直である。昭和30年頃に盗難され（オットラレ）たが、3年後に戻ってきた。「出会いさあの田の神」として祀られている（130×48×48cm）。

（イラスト30）

都城型農民型；穂満坊(ほまんぼう)の田の神（享保年間1716～1736年）

都城市高城町穂満坊（都城市高城町No.3）

大きな笠状のシキを被って、着物と袴姿で、右手にメシゲ、左手に椀を持つ立像で台座にセメント付けされている。この着物と袴姿、立位像、シキ、メシゲ、お椀持ちが都城型の特徴である。何となく静かで明るい宮崎の空気をもって、広くてつかみどころのない盆地に包み込まれてしまいそうな都城。そんな風光の中で人々が求めてきた優しさを表現しているのではないかと、青山先生は記されている（48×40×17cm）。

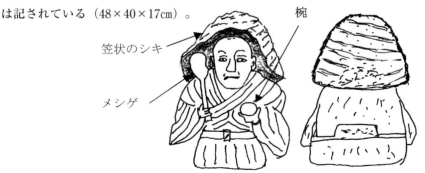

（イラスト31）
高岡型農民型；下倉永の田の神（明治12年、1879年）
宮崎市高岡町下倉永（宮崎市高岡町No.11）
大きなシキを頭の後方にずらして被り（シキが仏像の光背の役）、中腰で身体を少し前かがみにして着物と袴を履いている。右手にメシゲを膝の上で持ち、左手は短い棒を持ち、袴姿で腰から下は安定しており、袴の裾から足指がわずかに出ている。高岡町では、江戸時代は神像型だけなのに、明治時代になると農民型だけになるのも珍しいことである（130×70×50cm）。

（イラスト32）
女性像；下狩宿（しもかりじゅく）の田の神（年代不詳）
薩摩郡さつま町求名（ぐみょう）下狩宿（さつま町No.12）、町指定有形民俗文化財
丸髷（まるまげ）を結って、羽織と袴姿で右手にメシゲを持つが左手は破損している。女性の立位像が大きな舟型石に刻まれている（122×52×25cm）。

E．イラストコーナー　71

（イラスト33）
女性像；下手の田の神（大正15年、1926年）
薩摩川内市入来町副田下手（薩摩川内市No.28）
豊富な髪に肩までの頭巾を被り、長袖の着物を着て右手にメシゲを持ち、左手は袖からわずかに指が見えている。着物の裾がめくれており、大きな帯紐で腰を絞めた立位像である（83×40×35cm）。

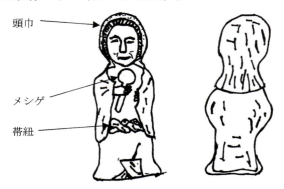

（イラスト34）
夫婦像；御内馬場の田の神（男神は明治中期、女神は江戸末期）
えびの市大字原田麓（えびの市No.86，87）
男神はシキを被り長袖和服姿で、右手にメシゲ、左手にはメシを盛った椀を持つ椅像である。女神もシキを被り長袖和服姿で、右手にメシゲ、左手には椀を持つ立位像である。明治中期に女神だけでは寂しいだろうと思って、黒木金吉氏が男神を寄贈され、現在では地区の人々は夫婦像として祀っているとか（男神55×35、女神63×39cm）。

（イラスト35）
神像型と地蔵型の混合型：紙谷川内の田の神（年代不詳）
小林市野尻町紙谷川内（小林市野尻町No.40）
冠を被り狩衣と袴姿の神像型であるが、耳が地蔵みたいに大きくて右手は輪握りで笏を持つ穴があり、左手には宝珠を持っている（40×33×20cm）。

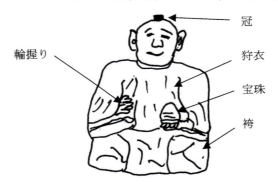

（イラスト36）
山伏型（僧型）；黒葛原の田の神（享保8年、1723年以降か）
霧島市横川町下ノ黒葛原（霧島市横川町No.5）、市指定有形民俗文化財
頭にはとんがり帽子みたいなものを被り、右手には刀剣らしきものを持ち、左手は膝の上で受け手をつくる。刀剣を持つことから基本的には神像型と思われるが、山伏型とも推測される。このあたりは享保8年頃に開墾されているので、それ以降の作ではないかと想像される（58×39cm）。

E．イラストコーナー　73

（イラスト37）
山伏型；武の田の神（寛政10年、1798年）
薩摩郡さつま町中津川武（さつま町No.8）
総髪の山伏姿が大きな舟石に浮き彫りされており、右手には如意棒を持ち左手は膝の上に置く。僧型の亜型かも知れない（100×70×33cm）。

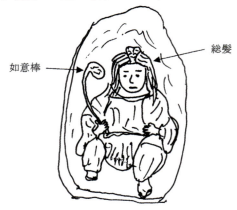

（イラスト38）
郷士型；正込公民館の田の神（年代不詳）
薩摩川内市中村町（薩摩川内市No.15）
帽子状のものを被り、長袖和服と脚絆を巻いた裁着け袴で右手にメシゲで左手には扇子を持つ像が、大きな舟型石に浮き彫りされている。武士と農民の両者の混合型ともいわれる（105×65×30cm）。

（イラスト39）
神像型と農民型の混合型；古江の田の神（嘉永7年、1854年）
都城市山田町中霧島古江（都城市山田町No.1）
両手輪組の神像型と農民型の混合型で、立位にて羽織と袴着用で、頭髪が特徴的。農民型のシキがこの髪形に変化したものといわれている。笏を持ち首から下は背石型になっており、以前に盗まれたおっ盗りの田の神（昭和41年に戻る）で、首が折れたのかセメント付けされている（94×50×33cm）。

（イラスト40）
鎧兜姿武士像；本庵の田の神（正徳4年、1714年）
薩摩川内市樋脇町塔之原本庵玉淵寺跡（薩摩川内市樋脇町No.2）
鎧兜姿で右手に錫杖、左手にも棒状の物を持つ。昭和57年に移設されたが、兜面の田の神は江戸時代にはないといわれている（74×42×25cm）。

第 2 章　宮崎県の田の神石像オールレビュー

宮崎県では、小林市で87体の田の神石像（旧小林市46体、野尻町41体）、え
びの市で156体、都城市で69体（旧都城市33体、高城町18体、山田町6体、高
崎町8体、山之口町4体）、宮崎市53体（旧宮崎市29体、高岡町23体、田野町1
体）、東諸県郡12体（国富町4体、綾町8体）、西諸県郡高原町10体、北諸県郡
三股町12体そして旧薩摩藩領ではないが児湯郡西米良村1体の総計400体であ
る。

Ⅰ．小林市の田の神石像

　小林市は宮崎県の南西部に位置し、市の北東部で熊本県に接しており、南西部では鹿児島県と隣接している。霧島連山の北東部にあたる。人口が4万6000人弱（2016年6月1日）で2006年3月20日に須木村と合併し、2010年3月23日に野尻町を編入している。この地域は当初は夷敵を討つための軍役所があったことから「夷守」の名で呼ばれており、天正4年（1576年）に小林村の小林城が島津氏に帰すると、小林城を中心に広く治世が行われるようになり、地名も「小林」になった。以下小林市（旧小林市）と野尻町の田の神像について紹介していく。

（1）小林市（旧小林市）；市の東方仲間に有名な陰陽石がある。性に関したものを集めた展示館もあり、性を呼び物にした観光地というイメージもある。元来、陰陽石は田の神や道祖神などと同じく生産や豊穣の神として、農民の素朴な信仰から生まれたものである。実際に農民型の田の神像を後方から見ると男性のシンボル（男性根）に見えるものが多いのも事実である。この陰陽石の公園内に、およそ百体の田の神石像が展示してあるが、今回はそのことだけを紹介してその分析については割愛する。

　小林市（旧小林市）には全部で46体の田の神石像があり、最も多いのが神像型で22体（座像19体、椅像2体、立像1体）、次いで農民型が10体（座像4体、椅像3体、立像3体）で、僧型（座像4体、立像1体）と自然石が5体ずつで、そして農民型と僧型の融合型、旅僧型、仏像立像、型不明がそれぞれ1体ずつである。

　神像型では享保5年（1720年）の真方新田場の田の神（写真1）が最も古くて威厳があり、小林市の有形民俗文化財に指定されている。烏帽子を被り狩衣姿で右手には持ち物はなく、左手は欠けて麻沓を履いている。享保7年（1722年）の細野南島田の田の神（写真2）と南西方堂田の石像（写真3）は、共に烏帽子を被り彩色鮮やかな狩衣姿で、前者は両手を胸に突き出しており、後者は長衣で両手は輪組である。享保10年（1725年）の細野桧坂の田の神（写真4）や安永2年（1773年）の真方字市谷の田の神（写真5）、そして安永年間の細

写真1　小林市真方新田場の田の神　　写真2　小林市細野南島田の田の神　　写真3　小林市南西方堂田の田の神

野内田の田の神（写真6）は共に古くて、衣冠束帯で両手を膝の上で組んでいる。同様に年代不詳であるが西方粥餅田(にしかたかゆもち)の田の神（写真7）は両手を組まずに膝の上に置いている。他にも昭和8年（1933年）の細野の田の神（写真8）、年代不詳の細野加治屋堂ノ本の田の神（写真9）および堤柏木ノ上の田の神（写真10）は白く塗られた顔や手に赤と黒色で彩色された装束を身に着けて、極めて目を惹かれて見ることに飽きない。

写真4　小林市細野桧坂の田の神　　写真5　小林市真方字市谷の田の神　　写真6　小林市細野内田の田の神

80　第2章 宮崎県の田の神石像オールレビュー

写真7　小林市西方粥餅田の田の神　　写真8　小林市細野の田の神　　写真9　小林市細野加治屋堂ノ本の田の神

　僧型では、享保7年（1722年）作、東方仲間の田の神（写真11）がよく知られており、蓮冠を被り右手に御幣で左手にはメシゲ様の杓子を持って、台座には向かい合った唐獅子が浮き彫りにされている。年代不詳であるが南西方字大出水の田の神（写真12）は笠冠を被り、僧衣で結跏趺坐座り両手は膝の上に置いている。大正8年（1919年）の真方の田の神（写真13）は袋頭巾を被り長袖和服姿で、右手は膝の上で受け手になり左手は稲穂束を掴んでいる。これは着

写真10　小林市堤柏木ノ上の田の神　　写真11　小林市東方仲間の田の神　　写真12　小林市南西方字大出水の田の神

Ⅰ．小林市の田の神石像　81

写真13　小林市真方の田の神　　写真14　小林市東方大丸の田の神　　写真15　小林市堤松元の田の神

衣などから菩薩像を思わせる穏やかな表情で、農民型と僧型との融合型であると紹介されている。

　年代不詳であるが、東方大丸の田の神（写真14）は、シキ様の笠を被り長袖和服に裁着け袴姿で簔を肩に掛けて左膝を立てて躍動的であり、おちょぼ口で団子鼻、長めの耳をした親しみやすい農民型立像で、後方からは男性根にみえる。弘化3年（1846年）の堤松元の田の神（写真15）はシキを被り広袖着物一枚着て、帯を前で結び垂らして右手にメシゲ、左手には桝を抱え、右肩後方にメシゲを振り上げている。腰から下は何も履かずに右を向き腰をかがめて、とても躍動的な農民型である。大正5年（1916年）の南西方芦川の田の神（写真16）は、笠を被り長袖和服で右手にメシゲ、左手には持ち物はなく胸に当てている。北西方調練場の田の神（写真17）は小さくて、広い水田の中で探すのに大変な苦労を強いられるが、両手あわせの僧衣で背石の左右の銘が故意に削除されており、明治初期の廃仏毀釈の際に除名したのではないかといわれている。歴史の流れを感じさせられる石像である。

(2) **野尻町**：神像型座像が23体と半数以上を占め、農民型が5体（立像3体、座像と椅像1体ずつ）、神像型の原型といわれる武神像と神像型と僧型の融合型が2体ずつ、そして1体ずつの地蔵型椅像、僧型座像、農民型と僧型の融合、神像型と地蔵型の融合型、僧型座像、仏像型、神像と僧型の融合型、六地蔵

写真16　小林市南西方芦川の田の神　　写真17　小林市北西方調練場の田の神　　写真18　小林市野尻町東麓高都萬神社の田の神

塔、自然石、そして不明の総計41体の田の神石像を確認できている。数多くの種類の石像と融合型がみられることや、野尻型と呼ばれる神像型座像が存在することが野尻地方の大きな特徴と言える。

　享保18年（1733年）の東麓高都萬(こうずま)神社の田の神（写真18）は、冠を被り衣冠束帯で両手を輪組して、祭りの際に笏かメシゲを挿すような穴が作られており、摩耗が強くて冠に纓が付いているか不明であるが、後の「野尻型神像座

写真19　小林市野尻町三ケ野山菅原神社の武神像　　写真20　小林市野尻町三ケ野山菅原神社の武神像　　写真21　小林市野尻町紙谷上の原の田の神

Ⅰ．小林市の田の神石像　83

写真22 小林市野尻町東麓本町の田の神

写真23 小林市野尻町三ケ野山水流平の田の神

写真24 小林市野尻町佐土原の田の神

像」の原型であるといわれている。また青山氏が「田の神石像の原型ではないか」と指摘されている2体の武神像（写真19、写真20）が三ケ野山菅原神社に祀られている。右側の石像は延享2年（1745年）作とされており、共に丸顔で両手は左右持ちで膝の上に置かれているが、顔の表情や頭部の被り物などは不明である。天保8年（1837年）の紙谷上の原の田の神（写真21）は、烏帽子を被り直衣姿で両手を輪組して膝の上に置いているが、袖口は丸みを帯びて

写真25 小林市野尻町釘松の田の神

写真26 小林市野尻町野々崎の田の神

写真27 小林市野尻町小坂の田の神

84　第2章 宮崎県の田の神石像オールレビュー

写真28　小林市野尻町東麓陣原の田の神　　写真29　小林市野尻町三ケ野山西原の田の神　　写真30　小林市野尻町東麓切畑の田の神

角張った袖口の野尻型神像型座像とは異なっている。年代不詳であるが東麓本町の田の神（写真22）も袖口は角張っておらず、かなり古い作の石像と思われる。

　ここで野尻型神像型座像について紹介するが、年代の判明している石像は、昭和6年（1931年）の三ケ野山水流平の田の神（写真23）、昭和11年（1936年）の佐土原の田の神（写真24）、昭和13年（1938年）の釘松の田の神（写真25）、昭和20年（1945年）の野々崎の田の神（写真26）、昭和26年（1951年）の小坂の田の神（写真27）、そして昭和34年（1959年）の東麓陣原の田の神（写真28）である。また年代不詳の石像では、三ケ野山西原の田の神（写真29）、東麓切畑の田の神（写真30）、三ケ野山大沢津の田の神（写真31）、紙谷今別府の田の神（写真32）がある。これらは東麓高都萬神社の田の神が原型とされ、昭和初期の比較的新しい時期に作成されている。両手を組んで男性のシンボルとされるメシゲや笏を持たせるものが多く、装束が三角や四角の角張った抽象的な表現になっていると紹介されている。

　野尻町では、ここでしか見られない六地蔵が田の神として祀られている。安永2年（1773年）の麓の六地蔵（写真33）で、六面のうち正面だけに童子地蔵を浮き彫りにして他の五面は梵字だけで代用している珍しいもので、野尻町にとって歴史も古くて大切な石塔になっている。紙谷川内の田の神（写真34）は

写真31　小林市野尻町三ケ野山大沢津の田の神　　写真32　小林市野尻町紙谷今別府の田の神　　写真33　小林市野尻町麓の六地蔵

年代不詳であるが、神像型と地蔵型の融合型と考えられている。右手は輪握りで笏を持つ穴があり、左手には宝珠を持ち、冠を被り、形は神像型であるが、耳が地蔵みたいに大きい。年代不詳の東麓大笹の田の神（写真35）は、顔は風化が強いがシキ風の被り物で長袖和服を身に着け、両手でおにぎりを持つ。下跡瀬の仏像型座像（写真36）は、頭巾を背に垂らして被り長袖のゆったりした着物で、両手で大きなメシゲを優勝旗のように持っている。天保13年（1842

写真34　小林市野尻町紙谷川内の田の神　　写真35　小林市野尻町東麓大笹の田の神　　写真36　小林市野尻町下跡瀬の田の神

写真37　小林市野尻町東麓吉村の田の神　　写真38　小林市野尻町三ケ野山相牟田の田の神　　写真39　小林市野尻町東麓東猿瀬下の田の神

年）の東麓吉村の田の神（写真37）は、大きな頭巾様の物を被り長袖和服で両肩に2本のメシゲを持ち、両手は輪組で数珠を持っている。丸顔で大きな福耳をしており顔は大黒天風である。大黒天は江戸時代では豊作の神として崇められていた。三ケ野山相牟田の田の神（写真38）は頭巾を被り、僧衣を着て両手で大きなメシゲを持っており、農民型と僧型の融合型とされている。

　最後に農民型について紹介する。昭和3年（1928年）の東麓東猿瀬下の田の神（写真39）と昭和23年（1948年）の大久保の田の神（写真40）は、共にシキを被り、長袖上衣や襦袢に裁着け袴姿で右手にメシゲ、左手にはスリコギを持って中腰で片足を前に出している。年代不詳の紙谷東新町の田の神（写真41）と三ケ野山大脇の田の神（写真42）も同じような格好をしており、鹿児島県での中身本体は布衣などを身に着けた神職像の田の神舞神職型とはかなり異なっている。

　小林市の田の神石像について簡単にまとめると、①神像型の特に座像が圧倒的に多くみられ、新田馬の田の神に代表されるように年代も古くて立派な大型の神像型椅像の田の神や、非常にバラエティーに富んだ神像型座像の石像が存在する、②神像型座像では高都萬神社の田の神を原型にして、作成年代が昭和初期の新しい野尻型神像型座像も多くみられ、歴史的な流れを知るうえで興味

Ⅰ．小林市の田の神石像　87

深い、③三ケ野山の2体の田の神石像は武神像であり、神像型の田の神の原型ともいわれている、④僧型では東方仲間の田の神のように蓮冠を被った立派な石像や、僧衣で結跏趺坐座りの石像、そして農民型との融合型など変化に富んだものがみられる、⑤神像型、僧型、農民型のそれぞれの融合型が多くあり、石像の型分類に非常に苦慮するものがある、そして⑥農民型も多くのスタイルの石像が存在するが、中腰で片足を前に出したりして、鹿児島県の本体が神職の田の神舞神職型と紛らわしいが、襦袢姿などから農民型に分類している、⑦野尻町では、ほかの地域ではみられない六地蔵塔が田の神として祀られている、などである。

写真40　小林市野尻町大久保の田の神

写真41　小林市野尻町紙谷東新町の田の神

写真42　小林市野尻町三ケ野山大脇の田の神

Ⅱ．えびの市の田の神石像

　えびの市は宮崎県の南西部に位置し、市の南部は霧島連山の火山や高原で形成され、北部は矢岳高原を形成している。市の中心部は加久藤盆地であり、人口2万人弱（2016年6月1日）で、昭和41年（1966年）に飯野町、加久藤町、そして真幸町が対等合併してえびの町になり、昭和45年（1970年）に市制施行後にえびの市が誕生している。

　えびの市は、街全体が田の神様の歓迎ムードに包まれている感がする。高速道路のえびの市案内板にも田の神が描かれており、高速道路インターの料金所にも多くの田の神様が迎え、資料館にも大きく非常に目を引く田の神様が並んでいる（写真1－A、B）。また百体以上の様々な田の神様で埋め尽くされている「田の神銀座ロード」（写真2－A、B）があるのには驚かされた。

　実際に田の神石像を写真撮影できたものは全部で115体であるが、えびの市の教育委員会出版の「田の神さあ」の資料に記載されているのは、そのほか41体（資料のB－1～B－41）あり、両方併せて156体について紹介する。

　えびの市で最も多いのが農民型（座像37体、椅像29体、立像

写真1－A　えびの市資料館　　写真1－B　えびの市資料館

写真2－A　えびの市田の神銀座ロード　　写真2－B　えびの市田の神銀座ロード

写真3　えびの市中島の田の神　　写真4　えびの市内竪中内竪の田の神　　写真5　えびの市中原田の石像

28)で94体存在し、次いで多いのが自然石で34体（内2体は夫婦石像）、そして神像型18体（座像16体、椅像2体）であり、僧型（座像2体、立像2体）と夫婦像（農民型）が2体ずつで、仏像型座像と地蔵型座像が各1体で型不明が4体であった。

　神像型を年代順にみていくと、最も古いのが享保9年（1724年）の中島の田の神（写真3）で、毛利七右衛門の作で狩衣姿をして両手は欠けるも輪組のようである。頭部は改作で被り物などは不明である。享保10年（1725年）の内竪中内竪の田の神（写真4）は、纓のない冠を被り衣冠束帯で両手は左右持ちで先は欠けているが、堂々として風格のある神像型椅像である。中原田の石像（写真5）は烏帽子を被り狩衣姿で享保年間の作とされ、両手は欠損して持ち物などは不明であるが、明治初期の廃仏毀釈の影響を受けているともいわれている。文政2年（1819年）の浦上浦の田の神（写真6）は冠を被り衣冠束帯で両手で笏を持つが、纓の有無については不明である。天明6年（1786年）作、水流の田の神（写真7）は菅原神社境内にあり、纓の付いた冠を被り衣冠束帯で、両手輪組にして笏を持つ穴がある。

一方新しいものでは、昭和62年（1987年）の坂元の田の神（写真8）や、平成3年（1997年）の池島の田の神（写真9）がある。坂元の田の神は、烏帽子を被り長袖和服で、両手は膝の上で右手は輪を作っている。池島の石像は、纓の付

写真6　えびの市浦上浦の田の神　写真7　えびの市水流の田の神　写真8　えびの市坂元の田の神

いた冠を被り衣冠束帯で袖が張り出して両手は輪組しており、黒紫色に着色され茅葺屋根に2体の自然石とともに祀られている。これらの自然石も古い田の神石像で、現在これら3体は、一緒に祀られている。

また年代不詳であるが、西川北の石像（写真10）は、烏帽子を被り狩衣姿で両手は輪組しているが、風化が強く顔の表情などは不明である。かなり古いものと思われる。

享保10年（1725年）の原田町の田の神（写真11）は、シキ様の笠を被り僧衣で持ち物などは不明であるが、廃仏毀釈の影響で頭部と両手は破損している。年代不詳であるが末永出水の2体の田の神（写真12－A）は変わっており、大きな岩の上に石祠が作られ

写真9　えびの市池島の田の神　写真10　えびの市西川北の田の神

Ⅱ．えびの市の田の神石像　91

写真11　えびの市原田町の田の神

写真12－A　えびの市末永出水の田の神

写真12－B　えびの市末永出水の田の神

て、地蔵型座像と農民型椅像の田の神が祀られている。地蔵型の田の神（写真12－B）は米俵の上で胡座をかいて両手は破損して持ち物は不明であるが、衣服にわずかに赤色が残っている。また色鮮やかな農民型の石像（写真12－C）は、シキを被り長袖和服で両手で瓢箪を立てて持ち右膝も立てている。

　ここから、えびの市では最も多い農民型の田の神石像について紹介する。最も古いのが天保10年（1839年）の下大河平堀浦の田の神（写真13）で、シキ様

写真12－C　えびの市末永出水の田の神

写真13　えびの市下大河平堀浦の田の神

写真14　えびの市島内下島内の田の神

92　第2章 宮崎県の田の神石像オールレビュー

写真15－A　えびの市原田大平の田の神　　写真15－B　えびの市原田大平の田の神　　写真16　えびの市中上江区の田の神

の笠を被り長袖和服と袴姿で右手にメシゲで左手に椀を持っているが、おっとい田の神で俵の上に立つ。明治20年（1887年）の島内下島内の田の神（写真14）は、三角形のしきを被り長袖和服と裁着け袴姿で右手にメシゲで左手にキネを持っており、シキと衣は鮮やかなベンガラ色に着色されている。明治43年（1930年）原田大平の石像（写真15－A、B）は、笠状のシキを被り広袖和服姿で右手にメシゲで左手に椀を持ち、背中に米俵2俵を背負っている。

写真17－A　えびの市大明寺人家の田の神　　写真17－B　えびの市大明寺人家の田の神　　写真18　えびの市大河平東久保原の田の神

Ⅱ．えびの市の田の神石像　93

大正時代の農民型について紹介する。大正元年（1912年）の中上江区の田の神（写真16）は、上半身を覆い尽くすような妙に大きなシキを被り、長袖和服で右手にメシゲで左手に椀を持って米俵の上に座っている。大正2年（1913年）の大明寺の人家にある田の神（写真17－A、B）は、シキ様の笠を被り長袖和服で両足が見えており、右手にメシゲで左手には椀を持ち、背中に米俵を背負っている。持ち主でこの家のご主人は、何回も出展したことがあり自慢の田の神だと自負されていた。大正8年（1919年）の大河平東久保原の石像（写真18）は、シキ様の笠を被り長袖和服袴姿で右手にメシゲ、左手に飯盛り椀を持っている。昌明寺吉田温泉の田の神（写真19）は、大正時代に他の地域からおっとってきたものであると紹介されており、以前に棚田を背景にＴＶの田の神サミットに出演して、「日石」の宣伝にも用いられている。また大正時代初期の作といわれる島内下島内の田の神（写真20）は、シキを被り野良着姿で前紐を結び、右手にスリコギで左手にメシゲを持っている。

　昭和時代の田の神について述べる。昭和2年（1927年）の中浦末原宅の石像（写真21）は、三角形のシキを被り長袖上衣と袴姿で、右手にメシゲ、左手にキネを持って、子供たちの交通安全にも寄与している格好である。昭和32年（1957年）の湯田萩原の田の神（写真22－A、B）は、屋根付きのポスト状のものに小さな箱に入れた持ち回りの田の神であったそうである。色彩が鮮やか

写真19　えびの市昌明寺吉田温泉の田の神

写真20　えびの市島内下島内の田の神

写真21　えびの市中浦末原宅の田の神

写真22－A　えびの市湯田萩原の田の神　　写真22－B　えびの市湯田萩原の田の神　　写真23　えびの市水流の田の神

で、徳留氏の厄払いの際に作成されていると、資料には紹介されている。昭和初期に作成されたといわれる水流の石像（写真23）は、笠状のしきを被り妙に大きいメシゲとキネを持っており、奇妙な感じがする。その他年代不詳で風変りな田の神がある。ダルマ状の自然石の松原の田の神（写真24）は、白と黒そして赤と茶色の塗料でうまく描かれている。上上江の田の神（写真25）は江戸中期の作といわれており、シキを被り和服で持ち物は風化が強く不明である

写真24　えびの市松原の田の神　　写真25　えびの市上上江の田の神　　写真26　えびの市西上江の田の神

Ⅱ．えびの市の田の神石像　95

写真27－A　えびの市資料館の田の神　　写真27－B　えびの市資料館の田の神　　写真28　えびの市浦下浦の田の神

が、田の神舞を踊る有り様をそのまま写しており、野性味のある傑作とされている。上江西上江の石像（写真26）は年代不詳で、大きなシキを被り長袖和服姿で両手は袖の中か見当たらない。

　ここで、鹿児島県では田の神舞神職型とされる石像に似ている農民型の、いわゆる田の神舞姿の3体の石像について紹介する。現在は市の資料館の保存されている文政13年（1830年）の田の神（写真27－A、B）は、市の有形民俗文化財に指定されており、シキを被り長袖和服と袴姿で右手にメシゲで左手に飯盛り椀を持って踊っている。年代不詳ではあるが浦下浦の2体の田の神（写真28、写真29）も、シキを被り長袖和服と袴姿で襷がけして、両手でメシゲを持って片足を前に出して今にも踊り出しそうである。

　この他に2体セットの田の神像について紹介する。八幡東原田の田の神（写真30）では向かって左側の石像は、弘化4年（1847年）の作で、シキを被り長袖和服、右手にメシゲで左手に椀を持ち、米俵2俵を背負って大黒天を習合しているらしい。右側は江戸末期の作風で同様な格好をしているが、持ち回りの田の神だったようで田の神の原点であるとされている。白、赤、黒そして茶色で鮮やかに彩られている。一方原田麓の2体（写真31）は、共にシキを被り長袖和服、右手にメシゲで左手に椀を持っており、黒木氏が女神だけでは寂しいだろうと思い男神を寄贈したと記されている。江戸時代の夫婦像で鮮やかに彩

96　第2章　宮崎県の田の神石像オールレビュー

りされている。

　市の田の神のシンボルともされている明治元年（1868年）作の末永の田の神（写真32－A、B）がある。赤と白そして黒色で鮮やかに彩色されてシキを被り、長袖和服で右手にメシゲで左手に椀を立てて持ち、何回かおっとり田の神に遭遇したために屋根付きの家に祀られている。またえびの市は自然石の田の神が多い所でもある。年代不詳ではあるが西郷の田の神（写真33）や榎田の石像（写真34）は、何とな

写真29　えびの市浦下浦の田の神

写真30　えびの市八幡東原田の田の神

写真31　えびの市原田麓の2体の田の神

写真32－A　えびの市末永の田の神

写真32－B　えびの市末永の田の神

写真33　えびの市西郷の田の神

Ⅱ．えびの市の田の神石像　97

くおごそかで威厳のある素晴らしい田の神である。そして昭和32年（1957年）の前田の2体の自然石（写真35）は夫婦石であり、「田の男神」と「田の女神」と刻銘されている。

写真34　えびの市榎田の石像

写真35　えびの市前田の2体の自然石

Ⅲ．都城市の田の神石像

　都城市は宮崎県の南西端に位置し、総人口約16万4000人強（2016年6月1日）で、宮崎県では宮崎市に次ぎ第2の人口を擁する主要都市である。かつて薩摩藩領であったため、鹿児島の文化を色濃く残しており、市域中央をほぼ南北に大淀川が流れて、西は霧島山地で東は鰐塚山地に囲まれ、2006年1月1日に都城市と三股町を除く北諸県郡の4町（高城町、山田町、高崎町、山之口町）が新設合併して、現在の都城市が誕生した。

　以下に、都城市都城（旧都城市）、高城町、山田町、高崎町、そして山之口町の田の神石像について紹介していく。

　ここで概論的な話題になるが、宮崎県と鹿児島県の田の神石像の分類と型の名称が、同じ石像でも研究者によって異なることがあり、えびの市教育委員会発行の『田の神さあ』でも、名称の統一化が望まれると記している。大まかに宮崎県の神官型、地蔵型、農民型は、鹿児島県ではそれぞれ神像型、仏像型、田の神舞神職型と呼ばれていると紹介されている。しかしながら、鹿児島県の田の神舞神職型は、祭りで神職が田の神舞を舞っている姿を写し取ったものとされており、都城市横市町馬場の田の神（写真1）や梅北町西生寺の田の

写真1　都城市横市町馬場の田の神

写真2　都城市梅北町西生寺の田の神

写真3　都城市高城町穂満坊の田の神

神（写真2）も、布衣などを身に着けて鹿児島県と同様に田の神舞神職型である。また宮崎県には、この地方独特の「都城型農民型」の田の神石像がある。高城町穂満坊(ほまんぼう)の田の神（写真3）や都城市乙房町馬場の田の神（写真4－A、B）がそれで、大きなシキを被り着物と袴姿、右手にメシゲ、左手に椀を持つ田の神で、青山幹雄氏は「何となく静かで明るい宮崎の空気をもち、広くてつかみどころのない盆地、包み込まれてしまうような大きさと広さ、そんな風光の中で人々が求めてきた優しさが表現されているのでは」と紹介されており、これらは明らかに田の神舞神職型ではなく、本体は農民型であると思われる。

（1）都城市都城（旧都城市）；33体の田の神像を確認できている。最も多いのは神像型で12体、次いで都城型農民像3体を含む農民型が8体で、田の神舞神職型4体を含む神職型が5体、他に仏像型、大黒天型、自然石がそれぞれ1体ずつある。残り7体は型が不明である。破損や移設などで不明なものが多いのは残念であるが（特に川東墓地のもの）、石像の種類はかなりバラエティーに富んでいる。

神像型では、宝暦元年（1751年）の上水流町の神像型座像（写真5）が最も古く、上半身のみで纓のない冠を被り衣冠束帯で両手を合わせているが、非常に珍しい。年代は不詳であるが、岩満町巣立の田の神（写真6）も立派な神像型座像であり、住民の方の話では向かいの家から3回移転してきたとの話であ

写真4－A　都城市乙房町馬場の田の神

写真4－B　都城市乙房町馬場の田の神

写真5　都城市上水流町の神像型座像

100　第2章 宮崎県の田の神石像オールレビュー

写真6　都城市岩満町巣立田の神　　写真7　都城市下川東町川東墓地の田の神　　写真8　都城市下水流町の田の神

る。下川東町川東墓地の田の神（写真7）も纓のない冠を被り、衣冠束帯で両手を輪組して笏を入れるような穴がある。小さな目をした庶民的で親しみやすい顔である。農民型には3体の都城型があることはすでに紹介しているが、下水流町の田の神（写真8）や嘉永4年（1851年）作の高木町西高木の田の神（写真9－A、B）も同じタイプの田の神であり、後者のシキは分厚い兜で、後方から見ると男性根である。

写真9－A　都城市高木町西高木の田の神　　写真9－B　都城市高木町西高木の田の神　　写真10　都城市横市町加治屋大明神の田の神

Ⅲ．都城市の田の神石像　101

写真11　都城市野々美谷町森田の田の神　　写真12－A　都城市上東町の大黒天型　　写真12－B　都城市上東町の大黒天型

　田の神舞神職型はすでに2体紹介しているが、安永年間（1772～1781年）作で上半身のみの横市町加治屋大明神の田の神（写真10）は、コンクリートに埋没して持ち物などは不明であるが、優しそうな目が正倉院の天平美人を思わせる石像である。また野々美谷町森田の田の神（写真11）は、襦袢に裁着け袴で裸足姿であり、当初は神職型より農民型ではないかと考えていた。上東町の大黒天型（写真12－A、B）は、大黒頭巾を被り袖の広い羽織姿で、右手にメシゲ、左手は稲穂を肩に掛けて持って、ふくよかな耳で口を開けて笑っている。そして関之尾町の珍しい仏像型の田の神（写真13－A、B）は、大きな舟型石に立位の仏像型が浮き彫りにされている。頭巾を被り広袖長衣を身に着け、両手で大きなメシゲを優勝旗

写真13－A　都城市関之尾町の仏像型の田の神　　写真13－B　都城市関之尾町の仏像型の田の神

のように持っている。

(2) 都城市高城町；町の資料には18体が紹介されているが、17体を実際に写真に収めることができている。（残り1体は人家の庭先にあることは確認できたが、現在は住んでおられなくて実写できていない）。最も多いのが神像型（座像9体と椅像3体）で、次いで

写真14　都城市高城町石山新市の田の神

都城型農民型4体があり、神像型と農民型の融合型と大黒天型がそれぞれ1体ずつであった。

　神像型のうち最も古いのは、宝暦元年（1751年）の石山新市の2体が並ぶ田の神（写真14）で、ともに衣冠束帯で両手は輪組、廃仏毀釈の影響か頭部は欠落している。向かって左は座像で右は椅像である。また、鮮やかな赤色で彩色されてひときわ目を引かれる立派な神像型座像が2体ある。市指定の有形民俗文化財の桜木の将軍神社の田の神（写真15）と文政12年（1829年）の桜木横手菅原神社入口の田の神（写真16）である。纓のない冠を被り袖広の袍と袴姿、両手輪組で笏を持つと思われる穴が作られている。石山片前（かたまえ）の田の神（写真17）は大きくて立派な神像型椅像で、やはり纓のない冠を被り、広袖の袍と

写真15　都城市高城町桜木将軍神社の田の神　　写真16　都城市高城町桜木横手菅原神社の田の神　　写真17　都城市高城町石山片前の田の神

写真18　都城市高城町石山香禅寺の田の神　　写真19　都城市高城町石山萩原の田の神　　写真20　都城市高城町有水豊広の田の神

袴を身に着け、両手は組まずに膝の上に置いている。大正5年（1916年）作と思われる石山香禅寺(こうぜんじ)の田の神（写真18）は、両手は輪組にした神像型座像である。

　農民型は4体すべてが都城型農民型であり、穂満坊の田の神はすでに紹介している。他に弘化4年（1847年）作といわれる石山萩原の田の神（写真19）と有水豊広の田の神（写真20）が、このタイプのものである。また寛政7年（1795年）有水七瀬谷の田の神（写真21）も都城型農民型と考えられるが、持ち物が逆であり少し変わっている。

　他に昭和8年（1933年）の有水上星原の大黒天型の田の神（写真22）は、頭部に平たい頭巾を被り長袖和服で右手にメシゲを持ち、

写真21　都城市高城町有水七瀬谷の田の神　　写真22　都城市高城町有水上星原の田の神

左手で稲穂を肩に掛けている。また四家雀ヶ野の田の神（写真23）は、頭巾を被り長袖和服で右手に棒状のものを持ち、左手には杯様のものを持っているが、典型的な神像型ではなくて農民型に近いのではないかともいわれている。

（3）**都城市山田町**；神像型椅像が1体、神像と農民型の融合型が3体、僧型（立像と椅像が1体）計6体ある。嘉永7年（1854年）作の中霧島古江の神像と農民型の融合型（写真24－A、B）は、髪をちょんまげ風に結い、羽織と長袴姿の両手輪組に笏をもつスタイルで、農民型のシキがこの髪型に変化したのではないかとも推測されている。

写真23　都城市高城町四家雀ヶ野の田の神

今までに遭遇したことのない特徴的な田の神で、大切に布の着物が着せられており、田の神の中で最も大切にされているものの一つであるとも紹介されている。同町池之原の田の神（写真25）も作成年代とタイプは一緒で、下是位川内の人家の庭にも存在している。他に一風変わった大正6年（1917年）の古江の田の神（写真26）は、総髪で円盤状のシキを被り、袖広羽織と袴姿、右手にメシゲ、左手に数珠を持っている。同じ僧型立像の下中の田の神（写真27）は、

写真24－A　都城市山田町中霧島古江の田の神　　写真24－B　都城市山田町中霧島古江の田の神　　写真25　都城市山田町池之原の田の神

写真26　都城市山田町古江の田の神

写真27　都城市山田町下中の田の神

写真28　都城市山田町田中の田の神

面長の顔に分厚いシキを被り、ほろ袖羽織と袴姿で両手は輪組である。田中の田の神（写真28）は、衣冠束帯で両手は膝の上に置く神像型椅像の田の神である。

　（4）都城市高崎町；僧型1体を除いてはすべて神像型（椅像3体と座像が4体）である。ほとんどが神像型であり、中でも享保9年（1724年）の前田谷川の田の神（写真29）は、纓のない冠を被り衣冠束帯風で右手は欠け、左手は輪

写真29　都城市高崎町前田谷川の田の神

写真30　都城市高崎町大牟田牟礼水流の田の神

写真31　都城市高崎町大牟田鍋の田の神

写真32　都城市高崎町江平炭床の田の神　　写真33　都城市高崎町縄瀬共和の田の神　　写真34　都城市山之口町永野の田の神

を作り、どっしりとした風格がある。宮崎市に模造品まで飾られている。

　他にも宝暦11年（1761年）の大牟田牟礼水流の田の神（写真30）、大牟田鍋の田の神（写真31）、宝暦14年（1764年）の江平炭床の田の神（写真32）、そして上半身のみの天明5年（1785年）の縄瀬共和の田の神（写真33）は、いずれも纓のない冠を被り衣冠束帯で両手を組んでいる。年代的にも古いものが多く、谷川の田の神の享保9年（1724年）を筆頭に、ほとんどが1700年代の作成である。

（5）都城市山之口町；神像型が2体、色鮮やかな都城型農民型立像が1体、そして自然石1体の計4体しかなく、すべて製作年代は不明である。本当にこれだけしかないのか悩んでいるが、永野の田の神（写真34）は頭部が改作ながら、衣冠束

写真35　都城市山之口町冨吉桑原の自然石　　写真36　都城市山之口町冨吉桑原の田の神

Ⅲ．都城市の田の神石像　107

帯で両手は組んでいる。冨吉桑原の自然石（写真35）は、凹凸の強い珍しい石である。同じ桑原の都城型農民型（写真36）は、シキを被り長袖上衣に袴姿で、右手にメシゲ、左手に椀を持ち、鮮やかな色彩が施されている。

Ⅳ. 宮崎市の田の神石像

　宮崎市は宮崎県南東部に位置する県庁所在地であり、2016年6月1日現在の人口約40万人の中核都市である。フェニックス・シーガイア・リゾート、青島、プロ野球・プロサッカーキャンプといった数多くの観光資源を持つ観光都市でもある。

　室町時代の1551年（天文20年）に、太田七朗左衛門忠延が大淀川右岸の城ヶ崎に町を開いた。それ以外の土地は農村であり、各藩の飛び地や天領が複雑に入り組んでいた。佐土原は佐土原藩、高岡は薩摩藩の外城、清武は飫肥藩清武郷として栄えていたが、1871年の廃藩置県で美々津県と都城県が誕生し、1873年に美々津県と都城県東部が合併、宮崎郡上別府村に県庁を置き宮崎県が誕生した。

　翌1877年に西南戦争が勃発すると、旧士族はこぞって薩摩士族の西郷隆盛一派に加わり、敗戦によって経済も混乱した。1879年には旧宮崎県が宮崎、那珂、諸県、児湯、臼杵の5郡に分けられて、宮崎支所は廃止され、宮崎郡と那珂郡の郡庁となっている。

　1883年、川越進らによる分県運動で宮崎県が復活すると、再び宮崎県庁が置かれ1889年の町村制施行で宮崎町が誕生し後に宮崎市となる。2006年1月1日に田野町、佐土原町および高岡町が一緒に宮崎市に編入合併されている。

（1）宮崎市；宮崎市で実際に写真に収めることができたのは総計29体であるが、そのほとんどの22体が高岡型

写真1－A　宮崎市池内町前吾田の田の神

写真1－B　宮崎市池内町前吾田の田の神

の農民型である。そのほか3体の神像型座像と2体の角柱文字碑、そして1体ずつの石祠と自然石文字碑がある。

　高岡型農民型は、作成年代が不詳のものもあるが、判明しているものは比較的新しく明治時代以降のものである。この高岡型農民型は、シキを後方にずらして仏像の光背様に被り、長袖和服と袴姿で右手メシゲと左手スリコギを膝の上に置くという特徴的な格好をしている。年代がわかっているのは、昭和11年（1936年）の宮崎市池内町前吾田の田の神（写真1－A、B）で、特に下半身は地衣が付いて、腰板の袴を履いて後方からは男性根に見える。年代不詳のものでは、破損が強く首がセメント付けされている大字跡江の田の神（写真2）、古城町山之城八坂神社の田の神（写真3－A、B）、そしてお腹がふっくらとした大字浮田の田の神（写真4）などがある。

　神像型座像では年代不詳の大字有田の田の神（写真5）があり、烏帽子と狩衣姿で両手を膝の上で組んでいる。その他小松上小松の角柱文字彫の田の神（写真6）は、明治時代の作といわれて「田之神」と刻銘され、明治41年（1908年）の大字細江彦野の自然石（写真7）は、「奉納御田乃尊　明治四十一年三月」と刻まれている。

(2) 高岡町：以前は宮崎県の中央部に位置し、東諸県郡の政治の中心地として出先機関の集中する要所であったが、2006年1月に田野町や佐土原町ととも

写真2　宮崎市大字跡江の田の神

写真3－A　宮崎市古城町山之城八坂神社の田の神

写真3－B　宮崎市古城町山之城八坂神社の田の神

110　第2章 宮崎県の田の神石像オールレビュー

写真4　宮崎市大字浮田の田の神　　写真5　宮崎市大字有田の田の神　　写真6　宮崎市小松上小松の角柱文字彫の田の神

　に宮崎市に編入合併されている。人口は1万2000人強（2005年12月1日現在）で、町の中央を東西に大淀川が流れて、それを挟むように全体的に低めの山地が広がっている。

　高岡町では全部で23体の田の神石像を確認できているが、神像型座像が15体と最も多く、農民型5体、石碑型2体そして僧型1体である。最も特徴的なのは、年代の古いものはすべて神像型であり、農民型は明治時代以降の新しいも

写真7　宮崎市大字細江彦野の自然石　　写真8－A　宮崎市高岡町五町柚木崎の田の神　　写真8－B　宮崎市高岡町五町柚木崎の田の神

Ⅳ．宮崎市の田の神石像　111

写真9-A 宮崎市高岡町浦之名田の平の田の神

写真9-B 宮崎市高岡町浦之名田の平の田の神

のである。
　神像型座像で年代が判明しているものは、元文2年（1737年）の五町柚木崎の田の神（写真8-A、B）で、烏帽子を被った狩衣姿、膝の上で両手を組んでおり、両袖が張り出して角張ってみえる。また、嘉永年間（1848～1854年）の浦之名田の平の田の神（写真9-A、B）は、纓の着いた冠を被り衣冠束帯で両手は輪組しているが、やはり袖が張り出して角張ってみえる。風化が強くかなり古そうであるが、紙谷の田の神（写真10）は冠を被り衣冠束帯、両手は輪組で笏を挿すと思われる穴がある。年代不詳の高浜の田の

写真10 宮崎市高岡町紙谷の田の神

写真11 宮崎市高岡町高浜の田の神

神（写真11）は、纓のついた冠を被り衣冠束帯で右手に笏、左手に宝珠を持つが、全身が白く塗られて墨で線が描かれている。浦之名の田の神（写真12）と浦之名面早流の田の神（写真13）も共に年代不詳であり、衣冠束帯で両手輪組、袖の張り出した座像である。
　花見城ヶ峰には2体の石祠に祀られた田の神（写真14、15）がある。笏を持つ座像で、このような石祠は、鹿児島県肝属郡肝付町の北方や南方

（旧高山町）にもみられる。高浜の田の神（写真16）は袖の張り出しなどはなく、全身が白色で黒い線で薩摩藩の印などが描かれている。

高岡町にはとても特徴的な農民型石像があり、高岡型農民型と称されており、先に述べた宮崎市などに数多くみられる。

写真12　宮崎市高岡町浦之名の田の神

写真13　宮崎市高岡町浦之名面早流の田の神

宮崎市でも紹介したように、この高岡型農民型は、シキを後方にずらして仏像の光背様に被り、長袖和服と袴姿で右手のメシゲと左手のスリコギを膝の上に置くという特徴的な格好をしている。明治12年（1879年）の下倉永の田の神（写真17）は、これらの中でも最も大きくて古いものである。上倉永寺迫の田の神（写真18－Ａ、Ｂ）は、昭和25年（1950年）作で新しいが、やはり格好が

写真14　宮崎市高岡町花見城ケ峰の田の神

写真15　宮崎市高岡町花見城ケ峰の田の神

写真16　宮崎市高岡町高浜の田の神

Ⅳ．宮崎市の田の神石像　113

写真17　宮崎市高岡町下倉永の田の神　　写真18－A　宮崎市高岡町上倉永寺迫の田の神　　写真18－B　宮崎市高岡町上倉永寺迫の田の神

少し変わっており、後方からみると男性根である。昭和15年（1940年）の上倉永の田の神（写真19－A、B）は、シキを顎紐で被り長袖和服とスカート状のものを履き、右手にメシゲ、左手は椀を持ち、あどけない顔で背にワラヅトを背負っている。安永6年（1777年）の上倉永高野西の田の神（写真20）は、頭を丸めて僧衣に両手輪組で笏状のものを持って、座禅を組んでいるようにみえる。僧型座像と思われるが、この地域では僧型は珍しいとされている。

最後に明治31年（1898年）の三蔵原石像（写真21）は、文字碑で「田の神明治三十一年旧二月吉日」と刻銘された石碑型の田の神である。

（3）**田野町**：田野町は2006年1月1日に、隣接する佐土原町、高岡町とともに宮崎市に合併特例区となり、2011

写真19－A　宮崎市高岡町上倉永の田の神　　写真19－B　宮崎市高岡町上倉永の田の神

年1月1日に地域自治区に移行している。2005年12月1日現在の人口は1万1570人である。田野町には、乙野崎の神像型座像(写真22)1体のみで、両手で笏を持って座っており、以前、高岡町から持ってきたものとのことである。

写真20　宮崎市高岡町上倉永高野西の田の神　　写真21　宮崎市高岡町三蔵原の石像　　写真22　宮崎市田野町乙野崎の神像型座像

Ⅴ．東諸県郡国富町、綾町の田の神石像

(1) 国富町；国富町は宮崎県の中部に位置し、2016年6月1日現在で約2万人弱の町で、農業と先端産業の町である。江戸時代から、本庄川を利用した水運による物資の集散地として栄えたが、本庄地区は延岡藩の飛地で後に天領となり、木脇地区が高鍋藩飛び地、八代地区は薩摩藩高岡外城だった。町村制施行により、1889年5月1日に現在の町域にあたる東諸県郡本庄村、八代村および木脇村が発足した。1956年9月30日に本庄町と八代村が対等合併して国富町が誕生し、翌年には木脇村を編入している。

さて、国富町には4体の田の神石像があり、高岡型の農民型椅像2体と大黒天型と神像型座像が1体ずつである。年代不詳であるが塚原(つかばる)の田の神（写真1－A、B）は、シキを被り長袖上衣に長袴姿で、右手にスリコギ、左手にメシゲを持つ典型的な高岡型農民型である。文政10年（1827年）の大字森永の石像（写真2）は、耳が大きくて冠烏帽子を被り、長袖和服と袴姿で両手は膝の上、2個の米俵の上に立つ大黒天型である。そして大字田尻上田尻の田の神（写真3）は、烏帽子を被り狩衣姿で、右手に笏、左手は宝珠を持つ神像型座像である。

写真1－A　東諸県郡国富町塚原の田の神　　写真1－B　東諸県郡国富町塚原の田の神　　写真2　東諸県郡国富町大字森永の田の神

写真3　東諸県郡国富町大字田尻上田尻の田の神

　国富町は、八代地区が薩摩藩と関連性があったことから、田の神が存在するようになったものと思われる。

　(2) 綾町；綾町は宮崎県の中西部に位置し、人口は2016年6月1日現在で7257人である。有機農業や照葉樹林の町として知られ、自然の中で人間らしい生活を求めて全国各地から移住者が多い。奈良時代から日向国の交通の要所であり、鎌倉時代から戦国時代までは伊東氏、江戸時代には薩摩藩領になって島津氏が統治している。外城制度では北俣・南俣が綾郷、入野が高岡郷に属している。1932年10月1日に東諸県郡綾村が町政を施行した。

　綾町では、正確に把握して写真に収めることができたのは8体で、そのうち5体を神像型座像が占めており、角柱文字彫が2体、高岡型農民型が1体であった。神社が多いことと神像型の像が多いことに、何か関連性があるのかは分からない。神像型座像で年代が判明しているものはなく、南俣元宮神社の田の神（写真4）は纓のついた冠を被り、衣冠束帯で右手に笏、左手には宝珠と思われる三角形のものを持つ。南俣四枝の田の神（写真5）は、冠を被り衣冠束帯で両手を膝の上に置く浮き彫り像である。入野の石像（写真6）も冠を被り衣冠束帯であるが、両手を膝の上で組んでいる。南俣大将軍神社の田の神（写真7）は、衣冠束帯で右手に笏、左手には三角形のものを持つ。

　南俣四枝には唯一高岡型農民型がある（写

写真4　東諸県郡綾町南俣元宮神社の田の神

写真5　東諸県郡綾町南俣四枝の田の神

Ⅴ．東諸県郡国富町、綾町の田の神石像　117

真8）。そして弘化3年（1846年）作の入野の入野神社の石像（写真9）は、角柱文字彫型で「御田神」の文字が刻まれて屋根状に石が載せられている。明治11年（1878年）の南町八坂神社の田の神（写真10）は、「田神」の文字が彫られた角柱文字碑である。

写真6　東諸県郡綾町入野の田の神

写真7　東諸県郡綾町南俣大将軍神社の田の神

写真8　東諸県郡綾町南俣四枝の田の神

写真9　東諸県郡綾町入野入野神社の石像

写真10　東諸県郡綾町南町八坂神社の田の神

VI. 西諸県郡高原町の田の神石像

　宮崎県南西部の町で、西諸県郡に属し天孫降臨神話のふる里として知られている。人口は9200人弱（2016年6月1日現在）で、高千穂の峰を含む霧島火山群の麓に位置し、町全体の半分が高原地帯で、半分が山林で占められている。

　高原町の田の神石像は全部で10体を確認できている。内訳は神像型と農民型が半分ずつで、神像型は椅像が2体、座像が3体である。農民型は西麓村中のワラヅトを背負い両手で鍬を持つ、鹿児島県の大隅半島で多く見られる型のものがあり、その由来に興味がもたれる。享保9年（1724年）の広原字井出の上の田の神（写真1）は、纓のない冠を被る衣冠束帯姿、両手組で笏を持つ穴がある。年代不詳であるが蒲牟田高松の田の神（写真2）は烏帽子を被り、狩衣姿で両手は離れて膝の上に置かれ袖は角張っている。

　農民型の田の神では、嘉永3年（1850年）の西麓並木の田の神（写真3）はシキをあみだ（阿弥陀如来風）に被り、長袖和服袴姿で右手にメシゲで左手は持ち物はなし。先述したように同じ年代作の村中の石像（写真4）は、シキを被り長袖上衣に裁着け袴姿で両手で鍬を持ち、背にワラヅトを背負っている。このタイプの石像は大隅半島でよく見かけるもので、その由来について知りたい

写真1　西諸県郡高原町広原字井出の上の田の神

写真2　西諸県郡高原町蒲牟田高松の田の神

写真3　西諸県郡高原町西麓並木の田の神

ものである。新しいものでは、昭和6年（1931年）作ではないかと思われる蒲牟田小塚の石像がある。シキ様の笠を被り、長袖和服と袴姿で右手にメシゲ、左手に桝を膝の上に置く。赤と白で鮮やかに彩られている。終わりに年代不詳であるが、西麓梅ヶ久保の田の神（写真6）はシキを被り、長袖上衣に裁着け袴姿で、右手にメシゲ、左手には棒状のものを持って、右足を前に出して躍動的である。

写真4　西諸県郡高原町村中の田の神

写真5　西諸県郡高原町蒲牟田小塚の田の神

写真6　西諸県郡高原町西麓梅ヶ久保の田の神

Ⅶ. 北諸県郡三股町の田の神石像

　三股町は宮崎県中央部に位置し、西側は都城盆地で東側は鰐塚山地に囲まれて、市街地は西に隣接する都城市と一体化している。2016年6月1日現在で人口は約2万5000人である。

　三股町では全部で12体の田の神石像を確認できている。最も多いのが神像型の5体（座像4体、椅像1体）で、次いで農民型3体（座像1体、立像2体）、そして僧型2体（座像と椅像）と自然石が2体ずつである。

　樺山天神の神像型椅像の田の神（写真1）は、年代は不詳であるが纓のない冠を被り、衣冠束帯で両手は衣から出ていないが、風格のある立派な石像である。蓼池の神像型座像（写真2）は、烏帽子を被り肩衣掛けての狩衣姿で、両手輪組で穴はなく、色彩豊かである。餅原迫間の田の神（写真3）は、やはり烏帽子を被り狩衣姿の両手で笏を持つ、とても優雅な石像である。また餅原徳桝の田の神（写真4）や蓼池城下の田の神（写真5）は纓のない冠を被り肩衣の衣冠束帯、両手輪組である。袖が角張っており色彩豊かである。

　一方、蓼池岩下の田の神（写真6）は、黒い茶帽子を被り赤の羽織に青の肌着を着け、両手輪組で座禅を組んでいる。明治8年（1875年）作の樺山上小石

写真1　北諸県郡三股町樺山天神の田の神

写真2　北諸県郡三股町蓼池の田の神

写真3　北諸県郡三股町餅原迫間の田の神

写真4　北諸県郡三股町餅原徳桝の田の神

写真5　北諸県郡三股町蓼池城下の田の神

写真6　北諸県郡三股町蓼池岩下の田の神

の田の神（写真7）は、まんじゅう笠を被り広袖和服で右手にメシゲで左手に椀を持っている。長田田上の田の神（写真8）は、シキを被り長袖上衣に裁着け袴姿で、右手にメシゲを持ち左手に椀を持つ。この田の神は女神で大変厳しく、「盗めば祟りがある」として盗まれなかったと紹介されている。長田三戸口の田の神（写真9）は、風化が激しく詳細は不明であるが、シキを被る農民型の田の神が浮き彫りされている。終戦の頃までは赤飯などをお供えしていた

写真7　北諸県郡三股町樺山上小石の田の神

写真8　北諸県郡三股町長田田上の田の神

写真9　北諸県郡三股町長田三戸口の田の神

とのこと。イボの神としても崇められている。

　三股町では12体と多くはないが、やはり神像型が多くを占めている。1体は
椅像の大きくて立派な石像であり、座像の4体も烏帽子や狩衣姿で色彩も豊か
で印象的である。農民型の3体も特徴的で、盗難への祟りやイボの神など興味
深いものである。

Ⅷ. 児湯郡西米良村の田の神石像

　西米良村は、宮崎県の西部に位置する児湯郡に属し、2016年6月1日現在で1087人の最も総人口の少ない自治体である。15世紀初頭に菊池氏の末裔とされる米良氏が米良山に移住し、領主として支配する。米良氏は、明治維新後菊池氏に改姓している。米良山は元和年間（1615～1624年）に人吉藩の属地とされ、廃藩置県（1871年）の際に人吉県（のちに八代県、球磨郡の一部扱い）となり、1872年に美々津県（宮崎県の前身）児湯郡に移管されている。こうした歴史的背景から、米良地方は宮崎県（日向国）の他地域よりも、熊本県（肥後国）球磨地方との結びつきが強い。

　さて、西米良村での田の神石像（写真1）は1体のみで、平たい笠型冠を被り長袖上衣に長袴姿の僧型立像であるが、これは出水市で多くみられるものである。ここで二つの疑問が残るが、一つは旧薩摩藩とは歴史的に全く関連性のないこの地域に、なぜ田の神石像が存在するのか、もう一つは出水市に多いこの僧型立像が、なぜここに存在するのかということである。この田の神の台石に「浜砂某84才　建立」とあるが、これらの疑問を解く鍵になるのかも知れない。

写真1　児湯郡西米良村小川の田の神

第 3 章　鹿児島県の田の神石像オールレビュー

鹿児島県は広範囲のため、A薩摩半島、B県央区、C大隅半島、Dその他に分けてまとめてある。

　薩摩半島では出水市で94体、出水郡長島町で22体、阿久根市で24体、薩摩川内市で379体、いちき串木野市で40体、日置市で50体、南さつま市で35体、枕崎市で3体、指宿市で14体、南九州市で24体、鹿児島市で78体の計763体である。

　県央区では霧島市で156体、姶良市で157体、姶良郡湧水町で33体、薩摩郡さつま町で56体、そして伊佐市で240体の計642体。

　大隅半島では曽於市で134体、曽於郡大崎町で6体、肝属郡で38体、志布志市で8体、鹿屋市で55体、そして垂水市で15体の計256体。

　その他の熊毛郡屋久島町で3体であり、鹿児島県では総計1664体である。

A．薩摩半島

Ⅰ．出水市・出水郡長島町の田の神石像

(1) 出水市；鹿児島県北西部に位置し、2006年（平成18年3月13日）に旧出水市、野田町および高尾野町が新設合併している。2006年3月現在の人口は約5万5500人で、九州新幹線の停車駅があり、冬季のツルの渡来地としてよく知られている。

さて出水市では、全部で94体の田の神石像を写真に収めることができている。農民型1体と自然石の2体、および4体の型不明を除いては87体すべて僧型であり、その半数以上が頭陀袋を頭から下げて片足を前に踏み出した托鉢姿の旅僧型である。ほとんどの田の神石像が僧型であることは、この北薩摩の出水地方の大きな特徴である。

写真1　出水市高尾野町大久保浦の田の神　　写真2　出水市高尾野町柴引唐笠木の田の神　　写真3　出水市高尾野町大久保野平の田の神

作成年代の判明している田の神では、寛延4年（1751年）の高尾野町大久保浦の長袴姿の旅僧型（写真1）が最も古いとされている。面長顔でシキを被り広袖上衣に長袴姿、右手にメシゲ、左手には椀を持ち首から頭陀袋を下げている。一方で天明5年（1785年）の柴引唐笠木の裁着け袴姿の旅僧型（写真2）は、風化が強いがシキを被り広袖上衣に裁着け袴で、首から頭陀袋を下げて右手にメシゲ、左手に椀を持った形跡がある。同様に年代不詳であるが、高尾野町大久保野平の田の神（写真3）は、厚いシキを被り、広袖上衣に裁着け袴で頭陀袋を下げて、左手に大きなメシゲを下げて持つが右手は欠損している。今釜今中の田の神（写真4）も、大きなシキを背後に被り、裁着け袴姿で首から頭陀袋を下げて右手でメシゲを下に向けて持っている。

　長袴姿で頭陀袋を下げている旅僧型の田の神石像は多く存在するが、年代不詳の武本小原下（おばるしも）の田の神（写真5）は、面長顔でシキを被り、広袖上衣に長袴姿で頭陀袋を下げて紐で結び、右手でメシゲを下に向けて持ち、左手は椀を持っている。政所上屋（うえや）の僧型立像の田の神（写真6）は頭陀袋はなく、笠型冠を被り広袖上衣に長袴姿にて右手にメシゲ、左手に飯盛り椀を持っている。

　これらの僧型立像や旅僧型の田の神をみていると、被り物がシキから笠状冠、袴が裁着け袴から長袴、そしてメシゲを下げて持ったりする持ち物の変化など興味がもたれる。これらの「北薩摩の僧型の田の神石像」は、大まかに

写真4　出水市今釜今中の田の神

写真5　出水市武本小原下の田の神

写真6　出水市政所上屋の田の神

二種類に分けられる。一つはシキを深く被り長袖上衣に裁着け袴姿で、首から頭陀袋を下げてメシゲを下に向けて持つものと、もう一つはシキや笠型冠を被り長袴姿でメシゲや椀を持つもので、頭陀袋は持ったり持たなかったりしている。前者の裁着け袴姿のものがより古いものと考えられており、日置市などでみられる僧型の田の神が、長袴姿から裁着け袴に変化しているのとは逆になる。

　ここで出水市指定の有形民俗文化財について紹介する。高尾野町大久保浦の田の神の他に5体あり、それぞれについて説明したい。野田町下名屋地の僧型立像（写真7）は年代不詳であるが、自然石の上部を大きなシキのように彫り込んで、頭を丸めて長袖上衣に裁着け袴姿で右手にメシゲ、左手に椀を持ち、両足をのぞかせて後方から見ると男性根である。野田町下名中郡の田の神（写真8）は、やはり年代不詳であるが角柱浮き彫りの旅僧型であり、頭を丸めて広袖の羽織状の僧衣で、首から頭陀袋を下げて右手にメシゲ、左手に飯盛り椀を持って両足をのぞかせている。大正13年（1924年）の作ではといわれている野田町上名天神の田の神（写真9）は、四角いシキを被り広袖上衣に長袴姿で、右手にメシゲを持ち左手に椀を持つ僧型立像である。同じ上名下特手の田の神（写真10）は、シキを被り広袖上衣に頭陀袋を下げて裁着け袴姿、右手にメシゲ、左手にスリコギを持つ旅僧型で、後方からは男性根の姿である。上名久木野の田の神（写真11）は、シキを被り頭陀袋を下げて広袖上衣に長袴姿

写真7　出水市野田町下名屋地の田の神　　写真8　出水市野田町下名中郡の田の神　　写真9　出水市野田町上名天神の田の神

A．薩摩半島　Ⅰ．出水市・出水郡長島町の田の神石像　129

写真10　出水市野田町上名下特手の田の神　　写真11　出水市野田町上名久木野の田の神　　写真12　出水市高尾野町江内浦窪の田の神

で、右手にメシゲ、左手にキネを持ち背中に袋状のものを背負っている。

　出水市では神像型の田の神を探すことはできなかったが、唯一農民型立像の田の神を写真に収めることができた。高尾野町江内浦窪の集落センター敷地に並ぶ1体である。大正15年（1926年）の笠型冠で長袴姿の僧型立像（写真12）と並んでいる明治31年（1898年）の農民型立像（写真13）で、シキを被り広袖上衣に袴姿で右手にメシゲを持ち、左手には椀を持って素足で立っている。地元の人の話では、耕地整理の時に2体一緒にここに移設して祀ってあるとのことである。

　最後に、今回の出水市を中心とした「北薩摩型の旅僧型」は、身に着けているシキと袴の種類で、ある程度歴史的な推移を知ることができる。作成年代が古いものは袴が裁着け袴であり、後になると長袴に変化していくようで、頭に被るシキの種類も、年代の古いものは厚いシキを肩まで被るが、年代が新しくなると円盤状の冠が変化したと考えられる笠型冠になっている。一方、やはり僧型が多くを占める大隅半島では、「北薩摩型の旅僧型」とは大きく異なっている。この「大隅型

写真13　出水市高尾野町江内浦窪の田の神

の旅僧型」は、宝珠の文様のある頭陀袋を首から下げて、広袖上衣に裁着け袴で脚絆を巻き、メシゲや椀を持つ托鉢姿のものが多い。明らかに異なっており、非常に興味がもたれるところである。

(2) 出水郡長島町：2006年に東町と長島町が合併してできた出水郡長島町は、総人口1万人強で、歴史的に熊本県（肥後藩）と鹿児島県（薩摩藩）の双方から影響を受けている。今回の探索では22体の田の神石像を写真に収めることが出来たが、郷土史には「長島町の田の神は島内各地に存在するが、ほとんどが江戸中期の作のもので、ほとんどの神体は石像で田の畦に祀られている。六月田植えの後で各戸から赤飯と焼酎を持って参拝する」と紹介されている。

　黒之瀬戸大橋を渡り、東側の道路を北上すると旧東町の道路左側高台に、金色の大きな山門の田の神像が目に飛び込んでくる（写真14）。これは3～4年ほど前に地元で造形物として作成されたものとのこと。島を一周する形で田の神石像の写真を撮っているが、像型が判明したものでは、僧型8体、地蔵型7体、椅像の農民型2体、それぞれ1体ずつの田の神舞神職型、巫女の女性型、そして大黒天型、および型不明2体である。

　僧型や地蔵型の仏像系のものがほとんどで、巫女の女性像と大黒天型は珍しい。年代不詳の平尾の若い女性の巫女像は、乙女髪で長袖着物に脛甲を付け、前裾を膝までたくしあげている。そして7～8個の団子か握り飯を風呂敷に包み

写真14　出水郡長島町山門の田の神　　写真15　出水郡長島町平尾の女性の巫女像　　写真16　出水郡長島町平尾の田の神

背負っているようであり、右手に手鏡を持ち、左手は手掌を上にして膝に置いているが、持ち物は不明である（写真15）。「田之神さあ探訪」では、この像は若い女性か巫女といわれており、涸れることのない女性の体液と、水田に必要な水を同様に見立てて、生産の根源を「水」に込めているといわれていると紹介されている。同じ平尾の僧型座像は平成17年の新しい作品で、背にもたれるおおきなシキを被り、僧衣で右手にメシゲ、左手に宝珠を持ち、頭を右に傾けてとても和やかな表情の石像である（写真16）。川内の地蔵型座像の田の神は、宝暦4年（1754年）の古い作品で、蓮華台の上に頭を丸めて僧衣姿で、両手前組みで宝珠を持ち座っている（写真17）。唐隈の地蔵型6体は（写真18）、頭部の欠損したものがあり、すべて胴体にエプロンがしてあり、着物や持ち物などは調査できていない。これらの唐隈の石像は田圃の整備や用地変更に伴う移転により一カ所に集められたものである。

写真17　出水郡長島町川内の田の神

写真18　出水郡長島町唐隈の地蔵型6体

Ⅱ. 阿久根市の田の神石像

阿久根市は鹿児島県北西部に位置し、2016年10月1日現在で人口約2万1000人の古くから漁港として栄えた市である。1952年(昭和27年)に市制を施行して阿久根市となった。ともに田の神石像の数や種類が豊富な出水市や薩摩川内市と隣接しており、田の神石像も

写真1－A　阿久根市山下久保土橋の田の神

写真1－B　阿久根市山下久保土橋の田の神

いろいろな影響を受けていることが想像され、興味深い地域である。ただ実際に回ってみると、もう今は姿を消した田の神も多く、残念な気がしてならない。

写真に収めることができたのは24体で、僧型が12体で半分を占め、角柱浮き彫りと仏像型、および自然石が2体ずつ、祠型と自然石浮き彫りが1体ずつ、残り4体は型不明であった。

僧型では4体が袋負い型で、北薩摩型の旅僧型が3体、5体は僧型立像である。

天明7年(1787年)の山下久保土橋の田の神(写真1－A、B)

写真2－A　阿久根市鶴川内栫の田の神

写真2－B　阿久根市鶴川内栫の田の神

A．薩摩半島　Ⅱ．阿久根市の田の神石像　133

は、笠状のシキを被り広袖上衣に長袴姿で、右手にメシゲで左手では米袋を肩に背負い、顔が白く塗られている。この袋負い型はこの地域に特徴的で多くみられる。他にも安政2年（1855年）の鶴川内栫の田の神（写真2－A、B）や、年代不詳であるが同じ宮原の

写真3－A　阿久根市鶴川内宮原の田の神　　写真3－B　阿久根市鶴川内宮原の田の神

石像（写真3－A、B）なども僧型立像袋負い型である。一方明治37年（1904年）の多田内田の田の神（写真4）と大正11年（1922年）の多田丸内の田の神（写真5）は、袋負い型ではないが笠冠を被り広袖上衣に袴姿で、右手にメシゲを持ち左手には椀を持っているが、両者は見た目が変わっており、前者は両足を覗かせている。また共に年代不詳であるが、脇本瀬之浦下の田の神（写真6）と鶴川内田代の石像（写真7－A、B）は風化が強いが、シキを被り広袖上

写真4　阿久根市多田内田の田の神　　写真5　阿久根市多田丸内の田の神　　写真6　阿久根市脇本瀬之浦下の田の神

衣に裁着け袴姿でメシゲを下げて持つ。出水市で多くみられた北薩摩型の旅僧型であり、頭から頭陀袋を下げている。

変わった祠型の田の神もあり、弘化5年（1848年）の折口永田の田の神（写真8－A、B）は、中に型不明の小さな田の神が収

写真7－A　阿久根市鶴川内田代の田の神　　写真7－B　阿久根市鶴川内田代の田の神

められている。明治45年（1912年）の脇本桐野下の田の神（写真9）は、角柱に神像型座像が浮き彫りされており、上には立派な屋根が載せられている。年代不詳であるが脇本瀬之浦下の石像（写真10）は、角柱に女性像が浮き彫りされて、やはり立派な屋根石が載せられている。折口永田の田の神（写真11）は、メシゲとキネを持った女性像が自然石に浮き彫りされている。

簡単に阿久根市の田の神石像についてまとめると、①多くが僧型で占められており、この地域で特徴的であると紹介されている袋負い型がみられる、②小野重朗先生は、この袋負い型を別な型の田の神として分類し、出水市や長島町などに存在すると紹介されているが、他の地域でもこの袋負い型は散見され、僧型のみならず神像型や農民型に

写真8－A　阿久根市折口永田の田の神　　写真8－B　阿久根市折口永田の田の神

もみられるので、ここでは特別に「袋負い型」とは分類していない、③出水市に多くみられる頭陀袋を下げ、広袖上衣に裁着け袴でメシゲを逆さに持つ「北薩摩型旅僧型」がこの地域でもみられるが、隣接した地域のせいではないかと考えられる、④この地域で特徴的なものと思われる、立派な屋根付きの角柱浮き彫りもあり、神像型座像や女性像が浮き彫りされている、などである。

写真9　阿久根市脇本桐野下の田の神　　写真10　阿久根市脇本瀬之浦下の田の神　　写真11　阿久根市折口永田の田の神

Ⅲ. 薩摩川内市の田の神石像

　薩摩川内市は鹿児島県の北西部に位置する都市で、2016年6月現在で人口が約9万5500人で、県内で最大の面積を有し北薩地区の中心を占めている。2004年（平成16年）に川内市、樋脇町、入来町、東郷町、祁答院町、里村、上甑村、下甑村、および鹿島村が新設合併して現在の市政が施行されている。川内平野を九州で2番目の流域面積を誇る一級河川の川内川が流れ、九州新幹線の開通後には、高層マンションの建設や全国チェーン店の出店などが相次いでいる。

　旧川内市を含めて現在の薩摩川内市で、実際に写真に収めることができた田の神は169体で、個人持ちや持ち回りの田の神のために存在場所を把握することができず、薩摩川内市川内歴史資料館発行の『川内の田の神』を参考にしてまとめたものが、別に210体ある。これら総計379体の田の神石像が確認できたのは、川内市歴史資料館発行の資料集に、旧川内市の広大な地域の田の神石像について、詳細に所在が記録されているからである。実際に一個人が訪問しても大変な苦労を強いられることが多く、特に自然石や個人持ち、持ち回りの田の神石像を探すのは大変困難である。市の努力に心から敬意を表したい。

写真1－A　薩摩川内市水引町湯原の田の神　　写真1－B　薩摩川内市水引町湯原の田の神　　写真1－C　薩摩川内市水引町湯原の田の神

(1) 薩摩川内市（旧川内市）：実際に写真に収めることができたのは111体で資料集による210体と合わせると321体となる。最も多いのが自然石で94体あり、類する自然石文字彫り11体、角柱文字彫り9体、石碑型2体、石殿型2体である。次に多いのが農民型で64体、以下僧型41体、道祖神的並立型男女像30体、女性像20体、神像型9体、大黒天型8体、田の神舞神職型6体、郷士型4体、入来地方石碑型と一石双体単体彫りが2体ずつ、そして袋負い型、男性像、地蔵型、一石双体浮き彫りおよび磨崖双体浮き彫りが各1体ずつ認められている。また型不明のものは12体あった。

この地域に特徴的な田の神石像が2種類ある。

一つは30体の道祖神的並立型で一石双体の男女像を浮き彫りにしたものである。最も古いのが寛保3年（1743年）の薩摩川内市水引町湯原の田の神（写真1－A）で、向かって右側の男神は紋付袴と羽織姿の薩摩郷士で烏帽子を被り、右手に扇子、左手におにぎりを持ち（写真1－B）、左側の女神は長袖着物姿でシキを被り右手にメシゲ、左手に椀を持っている（写真1－C）。石像全体のサイズも83×90×23センチと比較的大きいものである。嘉永5年（1852年）の陽成町本川柿田の田の神（写真2）のように、石像の上部に太陽と月が刻まれたものもある。天体を信仰対象にした「神体」は世界的に存在し、農作物を成長させる偉大なる日（太陽）の神に対する農人たちの感謝の気持ちや、人間の生死に関して不思議な思いを抱かせる月への敬虔な気持ちを表している。また、一般的に月は女性で、太陽は男性を象徴するとされている。

この他にも、天保12年（1841年）の陽

写真2　薩摩川内市陽成町本川柿田の田の神

写真3　薩摩川内市陽成町牧迫の田の神

成町牧迫の田の神（写真3）と、同じ年代作成の陽成町中麦妙徳寺の田の神（写真4）、市の有形民俗文化財指定の宮里町の田の神（写真5）がある。年代不詳であるが水引月屋の田の神（写真6）は、男女別々に枠の中に収められた大変珍しいものである。既述したが、山田慶晴氏は『川内市のアベック田の神石像』の中で「川内市がアベック田の神石像の発祥地である」と述べられており、また

写真4　薩摩川内市陽成町中麦妙徳寺の田の神

下野敏見氏は『田の神と森山の神』の中で、一石双体の田の神は「塞の神をモデルに造られたものである」と紹介されている。

　二つ目は一石双体丸彫りの男女像である。網津町井上の2体の田の神（写真7－A）は、天保11年（1840年）作といわれるが、一つの石に2体の男女像が丸彫りされており、左側の女性像はシキを被り長袖着物姿にて両手でメシゲを持って素足で立っている（写真7－B）。一方、男性像は頭部が欠損しているが、長袖和服と袴姿で右手にスリコギで左手にメシゲ持って素足で立っている（写真7－C）。資料集によると、寄田山之口には、大きな磨崖双体浮き彫りもあるという。

　これらの他にも薩摩川内市には多くの種類の田の神石像が存在しており、その一つに郷士型がある。嘉永5年（1852年）の陽成町本川柿田の田の神（写真8）もその型であり、持ち回りの田の神から固定式になったもので、笠を被り羽織・袴

写真5　薩摩川内市宮里町の田の神

写真6　薩摩川内市水引月屋の田の神

写真7－A　薩摩川内市網津町井上の田の神

写真7－B　薩摩川内市網津町井上の田の神

写真7－C　薩摩川内市網津町井上の田の神

姿で右手にキネで左手におにぎりを持っている。年代不詳であるが中村町正込の田の神（写真9）も浮き彫りの郷土型であり、帽子状のものを被り長袖和服に裁着け袴姿で、右手にメシゲ、左手に扇子を持って立っている。他に陽成町都合の袋負い型の田の神（写真10－A、10－B）がある。年代不詳であるが、僧型と思われ、シキを被り長袖上衣に袴姿で右手にメシゲ、左背中に袋を背負い左手で紐を握っている。

　神像型でも一風変わった田の神がある。文化2年（1805年）の歴史資料館の庭に祀られた神像型立像（写真11）で、中国の道士風の冠を被り、地に着くような袖の長い羽織と袴姿で、右手にメシゲ、左手は袖口を掴んでいる。

　年代不詳であるが、水引町草道下の田の神（写真12）は、入来地方でみられる入来地方石碑型である。僧侶風

写真8　薩摩川内市陽成町本川柿田の田の神

写真9　薩摩川内市中村町正込の田の神

で帽子を被り着物姿で、右手にメシゲ、左手におにぎりを持っている。顔面は破損が強く表情などは分からないが、素足で足指をのぞかせている。

　数は少ないが各地で見られる大黒天型を2体紹介したい。一体は万延元年（1860年）の楠元町の田の神（写真

写真10－A　薩摩川内市陽成町都合の田の神　　写真10－B　薩摩川内市陽成町都合の田の神

13）で、2メートル近い大きな自然石に浮き彫りにされて、帽子を被り着物を着て右手にメシゲ、左手に小槌を持って2俵の米俵に立っている。4年に一度、牛祭りの際に化粧をしているとのことである。もう一体は中村町飯母の田の神（写真14）で、年代不詳であるが、持ち回りから固定されたもので、シキを被り長袖上衣に袴姿で右手に小槌、左手にメシゲを持ち頬紅をつけて、4個の米俵の上に立っている。

写真11　薩摩川内市歴史資料館の田の神　　写真12　薩摩川内市水引町草道下の田の神　　写真13　薩摩川内市楠元町の田の神

A．薩摩半島　Ⅲ．薩摩川内市の田の神石像　141

写真14　薩摩川内市中村町飯母の田の神　　写真15　薩摩川内市陽成町中麦の田の神　　写真16　薩摩川内市青山町の個人宅の田の神

　女性像が多いのもこの地域の特徴でもある。年代不詳であるが陽成町中麦の田の神（写真15）は、日本髪を結い着物姿で右手にメシゲを持つが、左手の持ち物は欠落している。個人で祀ってあり探すのに苦労したが、話では一時頭部がなかったのを山田氏が整復されたとのことである。

　農民型も数多く見られている。年代不詳であるが青山町の自宅の床の間に祀られている田の神（写真16）がある。シキを被り広袖上衣に股引きを着て、右手にメシゲ、左手には飯盛り椀を持ち、頬紅をつけて大切に祀られていた。

　最後に、市の有形民俗文化財に指定されている宮里町の田の神群について紹介したい。一カ所に4体まとめて祀られており、右から2番目の道祖神的並立型男女像について

写真17　薩摩川内市宮里町の田の神　　写真18　薩摩川内市宮里町の田の神

はすでに紹介しているが（写真5）、他に僧型椅像（写真17）と僧型立像（写真18）、そして1体の農民型立像（写真19）が祀られている。これらは明治末期の耕地整理の際に現在地にまとめて移設されている。特に写真18の僧型立像は、陣笠状のシキを顎紐で結び広袖上衣に裁着け袴姿で右手にメシゲ、左手に椀を持っている。ある資料では農民型立像と紹介されている。またこの地域でのみみられる農耕牛の頭部の形をした自然石に

写真19　薩摩川内市宮里町の田の神

写真20　薩摩川内市永利町山中の田の神

鼻輪を通した永利町山中の田の神（写真20）があり大変珍しい。

(2) 薩摩川内市入来町：入来地方ではすべてで23体の田の神石像を実写できている。最も多いのが入来地方石碑型で15体あり、次に仏像型と田の神舞神職型が2体ずつで、女性像立像、農民型立像、自然石、角柱浮き彫りがそれぞれ1体ずつである。入来地方石碑型が多くを占め、県指定の有形民俗文化財の仏像型立像があり、美しい女性像がみられることなどがこの地域の特徴かと思われる。

多くを占める入来地方石碑型で年代が明らかなもので最も古い

写真21－A　薩摩川内市入来町浦之名栗下の田の神

写真21－B　薩摩川内市入来町浦之名栗下の田の神

のが、明和6年（1769年）の浦之名栗下の田の神（写真21－A、B）で、大きな舟型石にシキを被り長袖上衣と裁着け袴姿、右手にメシゲ、左手に扇子を持っている。次に文化5年（1808年）の浦之名市野々の田の神（写真22）がある。シキを被り長袖上衣に裁着け

写真22　薩摩川内市入来町浦之名市野々の田の神

写真23　薩摩川内市入来町浦之名中須の田の神

袴姿で右手にメシゲ、左手は腰紐を掴んでいる。また、明治2年（1869年）の浦之名中須の田の神（写真23）も大きな舟型石に僧侶風の姿が浮き彫りにされている。シキを被り長袖上衣に裁着け袴姿で右手にメシゲ、左手にスリコギを持って立っている。県の指定有形民俗文化財の宝永8年（1711年）の副田中組の田の神（写真24－A、B）は、肩までの頭巾を被り僧衣の腰を紐で結び、両手は欠損し風化が強く顔の表情などは不明であるが、台座に地蔵菩薩を意味する梵字「力」が刻銘されている。

写真24－A　薩摩川内市入来町副田中組の田の神

写真24－B　薩摩川内市入来町副田中組の田の神

ここで2体の田の神舞神職型を紹介するが、一体は元文2年（1737年）の浦之名松下田の田の神（写真25－A、B）である。甑のシキを被り長袖上衣に裁着け袴姿で、背石に寄りかかりながら右手でメシゲを顔の横に

144　第3章　鹿児島県の田の神石像オールレビュー

掲げて持ち、左手は腰紐を掴んだ格好で後方から見ると男性根であり、生産と増産の古代からの信仰を表現しているといわれている。もう一体は宝暦4年（1754年）作で浦之名池頭竹原田の田の神（写真26）である。大きなシキを被り長袖上衣に裁着け袴姿、右手にスリコギ、左手は腰紐に当てている。右足を前に出して躍動的な感じもする。

写真25－A　薩摩川内市入来町浦之名松下田の田の神　　写真25－B　薩摩川内市入来町浦之名松下田の田の神

　大正15年（1926年）の入来町副田下手の田の神石像（写真27）は豊富な髪に肩までの頭巾を被り、長袖着物姿で右手にメシゲを持ち、着物の裾がめくれ上がり別嬪さんと称賛されている。既に述べた通りにこの地域で女性像（女田の神）が多いこともこの地域の特徴であるが、興味深いことに下野敏見氏は、

写真26　薩摩川内市入来町浦之名池頭竹原田の田の神　　写真27　薩摩川内市入来町副田下手の田の神　　写真28　薩摩川内市東郷町ジャンボサイズの田の神

写真29　薩摩川内市東郷町ジャンボサイズと5体の可愛い田の神

「女田の神は先行した一石双体の田の神からやがて女神が分離独立して女の田の神になったのでは」と推測されているのである。先に述べた道祖神的並立型の一石双体男女像が多いことからも納得できる。

(3) 薩摩川内市東郷町；えびの市から寄贈されたものを含めてジャンボサイズの2体の神像型座像（写真28）があり、これと並んで3体の田の神石像が道路沿いに並んでいる。そして、やはりジャンボサイズの農民型座像とその前に5体の可愛い田の神が並び（写真29）、えびの市京町の田の神銀座が思い出された次第である。

　全部で11体の田の神石像を写真に収めているが、その内訳は農民型が4体（立像2、椅像1、座像2）、僧型4体（立像3、椅像1）、神像型座像2体、そして大黒天立像1体であった。最も古いものは東郷町山田の玉田の田の神石像で、大きな自然石に頭部の笠が特徴的に彫られている。なおえびの市から寄贈されたものも含めたジャンボサイズの3体は平成10年（1998年）の作成である。

　年代不詳であるが斧淵の僧型立像の田の神（写真30）は、シキを被り総髪で長袖上衣に袴姿で、右手は欠損しているが左手には宝珠を持っている。穴野鳥丸の僧型立像（写真31）も同様で、元は持ち回りであったが総髪で笠型冠を被り長袖上衣に袴姿で両手は欠損している。明和7年（1770年）の山田の田の神（写真32）は、町内で

写真30　薩摩川内市東郷町斧淵の田の神

写真31　薩摩川内市東郷町穴野鳥丸の田の神

最も古く、笠を被り長袖上衣に裁着け袴姿で持ち物などは不明であるが、市の有形民俗文化財に指定されている。穴野上の田の神（写真33－A、B）は、総髪で帽子を被り広袖上衣に袴姿で、右手に小槌、左手にはメシゲを持ち、2俵の米俵の上に立っている。後方からは男性根(ししね)に見える。

(4) 薩摩川内市祁答院町；実写できたのは12体で、僧型が6体（椅像5体、立像が1体）と最も多く、次いで農民型2体（立像と椅像が1体ずつ）、田の神舞神職型、地蔵型立像、自然石そして型不明がそれぞれ1体である。

　天明2年（1782年）の繭牟田大坪の田の神舞神職型（写真34－A、B）は、一部欠けたシキを被り袂のある上衣に襞のある長袴を着けて、右手にメシゲ、左手は欠けて持ち物は不明。顔はひどい下がり目で、口はその逆に端が上がって滑稽な顔立ちである。後方からみると太いタスキを掛けているのがよく分かり、顔立ちのおかしさやメシゲの柄の曲がり、袴の襞のゆがみなど、田の神舞を面白く庶民的に表現している。年代不詳であるが繭牟田麓東の地蔵型立像（写真35）は、シキと左顔面は破損しているが、右手にメシゲを持った浮き彫り像である。

　寛政3年（1791年）の下手菊池田(きくちだ)の田の神（写真36）は、大きなシキを光背のように被り広袖上衣に裁着け袴姿で、右手にメシゲ、左手は指で輪をつくり仏像型のようでもある。年代不詳であるが、下手大村岩下の僧型立像（写真

写真32　薩摩川内市東郷町山田の田の神　　写真33－A　薩摩川内市東郷町穴野上の田の神　　写真33－B　薩摩川内市東郷町穴野上の田の神

A．薩摩半島　Ⅲ．薩摩川内市の田の神石像　147

写真34－A　薩摩川内市祁答院町藺牟田大坪の田の神　　写真34－B　薩摩川内市祁答院町藺牟田大坪の田の神　　写真35　薩摩川内市祁答院町藺牟田麓東の田の神

37）は、頭を丸めて大きなシキを光背のように被り、広袖上衣に裁着け袴姿で右手にメシゲを持ち、左手は指で輪をつくっている。

(5) 薩摩川内市樋脇町；僧型4体（座像1体、立像3体）、農民型3体（座像1体、立像2体）、自然石文字彫り3体、そして自然石と鎧兜姿武士像がそれぞれ1体ずつを写真に収めることができている。

　僧型と農民型ともに浮き彫りの石像が多いのもこの地域の特徴である。その中で、最も古い正徳4年（1714年）の塔之原本庵(もとあん)の鎧兜姿武士像型（写真38－A、B）は、鎧兜姿で右手に錫杖みたいな棒状のものを持ち、損傷の少ない立派な像で、昭和57年に現在地に移設されている。鎧兜のものは江戸時代では他にはないとされており、大変貴

写真36　薩摩川内市祁答院町下手菊池田の田の神　　写真37　薩摩川内市祁答院町下手大村岩下の田の神

148　第3章 鹿児島県の田の神石像オールレビュー

重な田の神石像である。また古いものでは、市比野向湯（むかいゆ）の享保15年（1730年）の自然石文字彫り（写真39）や塔之原弥地山（ねじやま）の市有形民俗文化財で寛政2年（1790年）作の農民型立像（写真40－A、B）がある。大きなキノコ状のシキを被り着物に股引き姿で、右手

写真38－A 薩摩川内市樋脇町塔之原本庵の鎧兜姿武士像型　　写真38－B 薩摩川内市樋脇町塔之原本庵の鎧兜姿武士像型

にメシゲ、左手に扇子を持ち、後方からは、よく見られる男性根である。

　他に年代不詳ではあるが、塔之原牟礼の田の神（写真41）は詩公帽子（しこうもうす）風のものを被り風変わりな僧型立像。塔之原三島の田の神（写真42）は総髪の僧衣袴姿で両手を合わせて座っている。ともに立派な田の神石像である。

　薩摩川内市の田の神石像の特徴について簡単にまとめると、①約20種類もの

写真39 薩摩川内市樋脇町市比野向湯の自然石文字彫り　　写真40－A 薩摩川内市樋脇町塔之原弥地山の田の神　　写真40－B 薩摩川内市樋脇町塔之原弥地山の田の神

A．薩摩半島　Ⅲ．薩摩川内市の田の神石像　149

いろんなタイプの田の神石像が存在するが、川内歴史資料館作成の詳細な資料により、個人ではなかなか把握できない自然石や個人持ち、持ち回りの田の神が詳細に記録されていること、②神像型や農民型および田の神舞神職型などもある程度存在するが、この地域に特有な道祖神的並立型の一石双体男女像や入来地方石碑型が存在すること、③女田の神の女性像が比較的多くみられるが、これは道祖神的並立型の一石双体男女像から分離独立したことも推測されて歴史的に興味がひかれること、④数は少ないが、他の地域でもみられる郷士型や大黒天型、袋負い型など、珍しいものが存在すること、⑤農耕牛の形をした自然石に鼻輪を通したこの地域独特の田の神もみられ、地域住民の稲作中心の生活や歴史的な流れを感じさせられる、などである。

写真41　薩摩川内市樋脇町塔之原牟礼の田の神　　写真42　薩摩川内市樋脇町塔之原三島の田の神

Ⅳ．いちき串木野市の田の神石像

いちき串木野市は鹿児島県西部に位置し、2016年10月1日現在で人口2万8871人、遠洋漁業で栄えた町である。北東部には霊山冠嶽(かんむりだけ)があり、北部には金の産出で知られた三井串木野鉱山がある。2005年に串木野市と日置郡市来町が合併していちき串木野市となり、同時に市制を制定している。

いちき串木野市では、実際に写真に収めた32体と資料による8体の総計40体についてまとめることができた。最も多いのが道祖神的並立型男女像で11体、田の神舞神職型10体、農民型立像6体、神像型立像5体そして僧型立像と自然石が2体ずつあり、他に1体の男女並立型と型不明が3体ある。

最も多い道祖神的並立型男女像では、それぞれ衣類や持ち物などが異なり興味を惹かれる。大正13年（1924年）の薩摩山の田の神（写真1）、文久2年（1862年）の上名(かみみょう)の田の神（写真2）、同じ年代の生野福薗(いくの)の田の神（写真3）と生野下石の田の神（写真4）、年代不詳の冠岳岩下の田の神（写真5）、生福生野の田の神（写真6）がある。髪を束ねて留袖姿で手振り錫杖を持つ女神と、顎紐のある笠を被り長袖上衣に差袴(さしこ)や裁着け袴(たっつけはかま)姿でメシゲと椀を持つ男神が並ぶものが多い。しかし中には万延元年（1860年）の河内(かわち)の田の神（写真7）や、

写真1　いちき串木野市薩摩山の田の神

写真2　いちき串木野市上名の田の神

写真3　いちき串木野市生野福薗の田の神

A．薩摩半島　Ⅳ．いちき串木野市の田の神石像　151

明治38年（1905年）の羽島土川の田の神（写真8）のように、男神が冠を被ったり笏を持ったりして神像型立像の格好をしているものもある。ちなみに錫杖とは、僧や修験者が持つ頭部に環の付いた杖であり、僧が持つ十八法具で仏像系の流れを汲むものである。

立派な神像型立像もいくつか存在している。延享4年（1747年）の生福坂下の神像型立像（写真9）もその一つで、纓のある冠を被り衣冠姿の両手笏持ち、顎鬚をたくわえて威厳のある格好をして立っている。他にも延享4年（1747年）の河原の田の神

写真4　いちき串木野市生野下石の田の神

写真5　いちき串木野市冠岳岩下の田の神

写真6　いちき串木野市生福生野の田の神

写真7　いちき串木野市河内の田の神

（写真10）や元文3年（1738年）生野下石野の田の神（写真11）など立派な神像型立像がある。市来農芸高校の実習田傍らには、風変わりな浮き彫りの神像型（写真12）がある。下は土に埋もれているが、中国の道士風な冠を被り、束帯姿をして両手で笏を持っている。

一方、田の神舞神職型には、まず天保13年（1842年）の生野下石野の田の神（写真13）がある。左に傾いたシキを被り広袖上衣に袴姿で、右手にメシゲを立てて持ち左

写真8　いちき串木野市羽島土川の田の神

写真9　いちき串木野市生福坂下の田の神

写真10　いちき串木野市河原の田の神

手に椀を持って、今にも踊り出しそうである。また明治7年（1874年）の川上中組の田の神（写真14）は大きな台石の上に立ち、顎紐のある肩までの大きなシキを被り広袖上衣に裁着け袴姿で、右手にメシゲを持ち左手に椀を持っている。他にも年代不詳であるが、生福大六野の田の神（写真15）や、川上小手前の田の神（写真16）など、立派な田の神舞神職型の石像が存在している。

2体の像が同じ台石で繋がれ、丸彫りされた男女並立型の石像もある。文久2

写真11　いちき串木野市生野下石野の田の神

写真12　いちき串木野市市来農芸高校実習田の田の神

写真13　いちき串木野市生野下石野の田の神

A．薩摩半島　Ⅳ．いちき串木野市の田の神石像　153

写真14　いちき串木野市川上中組の田の神　　写真15　いちき串木野市生福大六野の田の神　　写真16　いちき串木野市川上小手前の田の神

年（1862年）の袴田の田の神石像（写真17）である。この丸彫り二神並立の田の神は、薩摩川内市の網津町にももう一例あるが、大変珍しいものである。左側は頭にシキを被り右手にメシゲ、左手に小さな椀を持つ女神の僧型立像であり、右側は背後に纓が垂れて両手で笏を持つ神職型の男神である。仏像系と神像系の田の神石像が一緒に並んでいることが興味深い。

　この地域における田の神石像の特徴を簡単にまとめてみると、①薩摩川内市に隣接していることもあり、道祖神的並立型男女像が多い。この石像は仏像系由来とされているが、この地域のものは衣類や持ち物など多彩で、仏像系のものや神像系のものが混在しているものもある、②珍しい二神並立の男女像があり、年代は古いが立派な石像で女神の僧型と両手で笏を持つ男神の神職像と、やはり仏像系と神像系が混在している、③古くて威厳のある立派な神像型立像や、今にも踊り出しそうな表情豊かな田の神舞神職型、僧型など多彩な種類の田の神石像が存在している、など

写真17　いちき串木野市袴田の田の神

154　第3章 鹿児島県の田の神石像オールレビュー

である。
　ただし、地域によっては住宅の開発が進んでおり、享保11年（1726年）の麓入来家の僧型立像の田の神（写真18）のように、水田近くにあったものを個人宅に移設したものや、地元の住民に尋ねても所在がつかめない田の神もいくつかあり、少し残念な気がした。今後はできる限り現存する田の神石像が無事に残されていくことを願うばかりである。なお、この入来家の田の神は、年代も古く、総髪の面長顔で天刻のシキを被り、長袖上衣に襞のある長袴姿で、右手に錫杖を持ち左手は衣に当てている立派な石像である。

写真18　いちき串木野市麓
入来家の田の神

V. 日置市の田の神石像

　鹿児島県薩摩半島の中西部に位置し、西部の吹上浜は日本三大砂丘の一つ。2016年10月1日現在で人口は4万8947人である。鹿児島市のベッドタウンとして発展している。薩摩焼の歴史とも深い関わりがある地域で、現在でも旧東市来町美山(みやま)地区に窯元が集中し、陶器の街として広く知られている。2005年5月1日に、日置郡の伊集院町、東市来町、日吉町、そして吹上町が新設合併して市制が発足している。

(1) 日置市東市来町：田の神舞神職型が9体、次いで神像型立像が4体、そして僧型立像と型不明が1体ずつの計15体を写真に収めている。これらの中で2体は県指定有形民俗文化財であり、その1体が元養母(もとやぼ)の明和6年（1769年）の神像型立像（写真1）である。纓のある冠を被り衣冠束帯で笏を持ち、眉の吊り上がった憤怒相で顎鬚をたくわえており、神像型立像の発祥、原型であるといわれている。他に神像型立像は、元文4年（1739年）の荻の田の神（写真2）と、寛延2年（1749年）の養母鉾之原の田の神（写真3）の古くて立派な石像がある。ともに纓のある冠で、衣冠の着衣の両手で笏を持つ立像である。荻の田の神は県下最古の神像型立像であり、県の有形民俗文化財の指定候補にもなった

写真1　日置市東市来町元養母の田の神　　写真2　日置市東市来町荻の田の神　　写真3　日置市東市来町養母鉾之原の田の神

らしいが、洪水で流されて首が折れ、セメントで補修されたため却下されたとのこと。

もう1体の文化財は、湯

写真5　日置市東市来町堀内の田の神

写真4　日置市東市来町湯田の田の神

田の元文4年（1739年）の田の神舞神職型（写真4）であり、大きな笠状のシキを被り表情豊かな笑顔で、右手のメシゲは笠の上にのせ、左手は椀を持つ。くくり袴姿で、後方からは長袴姿であり、長袴から短袴への過渡期を示しているとされる。この他に安永6年（1777年）と弘化5年（1848年）の2体の堀内の田の神石像（写真5）があり、共に大きな自然石に浮き彫りされた立派な田の神舞神職型である。

(2) 日置市日吉町：僧型立像と田の神舞神職型が2体ずつあり、仏像型、自然石、型不明がそれぞれ1体ずつの計7体を実写できている。宝永7年（1710年）の山田の僧型立像（写真6）は、県内でも二番目に古い石像であり、背中から腰までかかる大きなシキを被り、長袖上衣に袴姿で右手が欠けているものの左手に椀を持ち素足で立っている。扇尾（おおぎ）の田の神舞神職型（写真7）は笑顔で頭を丸めてシキを被り、長袖上衣にくくり袴姿で右手にメシゲ、左手は破損している。吉利の鬼丸神社には昭和2年（1927年）の文字彫り自然石（写真8）があり、正面に「田之神」と刻銘してある。宝暦7年（1757年）の笠ヶ野（かさごの）の仏像型立像の田の神（写真9）は、大きな自然石にシキを被り地に届くような僧衣を纏い、地蔵の持つ錫杖とメシゲを持つ

写真6　日置市日吉町山田の田の神

写真7　日置市日吉町扇尾の田の神　　写真8　日置市日吉町吉利鬼丸神社の文字彫り自然石　　写真9　日置市日吉町笠ヶ野の田の神

姿が彫ってある。

　(3) 日置市伊集院町：実写できた11体のうち最も多いのが僧型で、立像が3体、上半身のみの胸像が2体あり、次いで田の神舞神職型が4体、道祖神的並立型男女像と石碑型が1体ずつみられる。安永2年（1773年）の飯牟礼の田の神舞神職型（写真10）は、シキを被り長袖上衣に裁着け袴姿で右手にメシゲ、左手に椀を持ち、背中にワラヅトを背負い左足を一歩前に出している。元文7年

写真10　日置市伊集院町飯牟礼の田の神　　写真11　日置市伊集院町下谷口の田の神　　写真12　日置市伊集院町清藤の田の神

158　第3章　鹿児島県の田の神石像オールレビュー

写真13　日置市伊集院町清藤の田の神

写真14　日置市伊集院町寺脇の田の神

（1742年）の下谷口の田の神（写真11）も、シキを被り長袖上衣に裁着け袴姿で右手にメシゲ、左手に椀を持ち、右足を前に出して背にワラツトを背負っている。

清藤には3体の僧型の田の神が並んでいる。両脇の上半身のみの石像は、共に点刻のシキを被り、面長顔でワラツトを背負っているが、右側（写真12）は総髪である。中央の僧型立像（写真13）はかなり古いものと思われ、笠状のシキを被って長衣と長袴姿で右手にメシゲを持ち、左手には細長い鍬を持っている。

寺脇の僧型立像（写真14）は笠状の後方に長い珍しいシキを被り、長袖上衣に袴姿で右手にメシゲを持ち左手に椀を持っている。残念なことに、同町寺脇の道祖神的並立型男女像（写真15）は摩耗が激しく、かなり以前のものと思われる。

（4）日置市吹上町；僧型が12体（立像11体、椅像1体）と最も多く、次いで旅僧型が3体、自然石と型不明が1体ずつの計17体を写真に収めている。自然石と型不明の1体ずつを除けばすべて僧型の立像で、やはりこの地域の特徴を反映しているものと考えられる。享保2年（1717年）の中田尻の僧型立像（写真16）は県指定有形民俗文化財であり、肩までのシキを頭巾風に被り長袖上衣に襞の付いた長袴姿で、右手に小さなメシゲを持ち、左手には鍵状に曲がった原始的な鍬を持って、水波雲竜紋の3段の台石の上に立つ。また享保8

写真15　日置市伊集院町寺脇の田の神

写真16　日置市吹上町中田尻の田の神　　写真17　日置市吹上町花熟里の田の神　　写真18　日置市吹上町小野の田の神

年（1723年）の花熟里の僧型立像の田の神（写真17）は、頭巾が肩まで垂れさがり、長い袖の上衣に襞の多い長袴を着けて、左手に一束の稲穂を持ち右手には尖りのある宝珠らしき物を持っている。この他にも蓮弁や雲竜紋の台石に立つ僧型の田の神石像は多く、寛延3年（1750年）の小野の僧型立像（写真18）や、年代不詳であるが永吉下草田の旅僧型（写真19）と、入来の僧型立像（写真20）などである。これもこの地方の特徴である。

　永吉下草田の石像には興味深いことがある。この石像は前方から見ると裁着け袴であるが、後方から見ると背面に袴腰のつく長袴姿で種類が異なる。長袴から裁着け袴などへの変遷を伺い知ることができる。

　ここで日置市全体の田の神石像について簡

写真19　日置市吹上町永吉下草田の田の神　　写真20　日置市吹上町入来の田の神

160　第3章　鹿児島県の田の神石像オールレビュー

単にまとめると、①神像型、僧型、田の神舞神職型などの多くの種類の田の神石像がみられるが、それぞれのタイプの立派な県指定有形民俗文化財が3体存在している、②元養母の神像型立像の田の神に代表されるように、神像型立像の発祥の地である、③中田尻の僧型立像の田の神に代表されるように、襞のある長袴の僧型立像の発祥の地でもある。持ち物で稲や麻を持つものは、メシゲや鍬を持つものより古い年代の作である、④湯田の田の神舞神職型の田の神は、表情豊かで今にも踊り出しそうであるが、着けている袴は前方からは裁着け袴で後方からは長袴姿であり、長袴から短袴への転換を示しているものと考えられている、⑤特に吹上地方では、蓮弁や水波雲竜紋様の台石に立つ石像が多く、背にワラヅトを背負うものも多くみられた、などである。歴史的にみても非常に貴重な田の神石像の宝庫である。

Ⅵ. 南さつま市の田の神石像

　南さつま市は鹿児島県薩摩半島南西部に位置し、人口が約3万1000人の市で2005年、加世田市、笠沙町、大浦町、坊津町、金峰町が合併して成立した。太平洋戦争末期には最後の特攻隊出撃基地の万世(ばんせい)飛行場があり、最近では吹上浜砂丘を舞台に「砂の祭典」などが開催されている。

(1) 南さつま市金峰町：実際に写真に収められた田の神石像は21体で、すべてが僧型立像であり（うち1体は旅僧型と思われる）、このような地域は他に類をみない。県の有形民俗文化財に指定されている享保17年（1732年）の宮崎の田の神（写真1）は、頭巾風のシキを被り袖の長い長衣、長袴をつけて、右手にメシゲを持ち左手にはカギ状の鍬を持っている。僧型立像メシゲ鍬持ち型の田の神石像の典型例である。大野京田(きょうでん)の2体の田の神（写真2）も、やはりシキを頭巾風に被り袖長の長衣と長袴姿で、両手で麻の葉を持つ非常に珍しいものである。この像は麻の田の神であったと考えられており、麻は漁業で用いる網の材料でもあることから、漁業で生計を立てている地域柄からも納得できる。作成年代も享保16年（1731年）とかなり古いものであるが、もう1体（写真3）は古くなりすぎたので模造して作成したと記されているが、持ち物が珍

写真1　南さつま市金峰町宮崎の田の神

写真2　南さつま市金峰町大野京田の田の神

写真3　南さつま市金峰町大野京田の田の神

しいことから貴重な文化財とされている。

　享保5年（1720年）の池辺中の僧型立像（写真4）は、キャップ状のシキを被り長袖僧衣に長袴姿で右手に鍬を左手にメシゲを持ち、右肩にワラツトを背負い帯紐を前に長く垂らしている。安永6年（1777年）の中津野の旅僧型（写真5）は、頭巾風の大きなシキを被り僧衣と裁着け袴姿で、右手にメシゲで左手に茶碗を持ち蓮弁台の上に立ち、後方からは男性根にみえる。

　これらより少し新しいものになると、寛政12年（1800年）の浦乃名の僧型立像（写真6）や文化10年（1813年）の白川中の僧型立像（写真7）

写真4　南さつま市金峰町池辺中の田の神

は、面長顔でシキを被り長袖上衣に長袴姿で右手に鍬、左手にメシゲを持って、背にワラツトを背負い後方から見ると男性根である。嘉永4年（1851年）の池辺塩屋堀の僧型立像（写真8）は、シキを被り長袖上衣に長袴姿で帯紐を前に長く垂らし、両手でメシゲを持ち背にワラツトを背負っている。この地域の多くの田の神が波や蓮弁台の上に立っているのも特徴である。

写真5　南さつま市金峰町中津野の田の神

写真6　南さつま市金峰町浦乃名の田の神

写真7　南さつま市金峰町白川中の田の神

(2) 南さつま市加世田：13体の田の神石像を実写できているが、比較的新しい衣冠束帯の神像型座像と、大きなシキを被りくくり袴姿の田の神舞神職型がそれぞれ1体あり、他の10体は僧型、残り1体は型不明である。やはり多くは僧型であることが、この地域の大きな特徴である。頭陀袋を下げた旅僧型や大隅半島で特異的にみられる鍬持ちの僧型立像、そしてワラヅトを背負うものが多くみられる。

昭和4年（1929年）の村原の神像型座像（写真9）は、纓のついた冠を被り衣冠束帯で2俵の米俵の上に座っている。衣には○に十の字の文様が施されており、米俵の上に作られる石像は大黒天型の田の神がほとんどであり、神像系と仏像系がミックスされた極めて珍しいものである。この像と並んで頭部欠損のため笠石が載せられた僧型立像（写真10）が祀られている。長袖長衣の僧衣を着て両手でメシゲを持っているが、これらは共に島津久逸公墓跡碑のある場所に存在する。安永7年（1778年）の唐仁原万世慰霊塔公園の頭部のない僧型立像（写真11）は、長袴の僧衣で右手に錫杖で左手にメシゲを持ち、背にワラヅトを背負うが足は上と下に分かれて、下の足は亀のもので亀に乗っているようにもみえる。

嘉永2年（1849年）の益山中小路の僧型椅像の田の神（写真12）は、シキを被り長袖上衣に短袴姿で右手にメシゲ、左手はワラヅトを持って右肩から斜

写真8　南さつま市金峰町池辺塩屋堀の田の神

写真9　南さつま市加世田村原の田の神

写真10　南さつま市加世田村原の田の神

写真11　南さつま市加世田唐仁原万世慰霊塔公園の田の神　　写真12　南さつま市加世田益山中小路の田の神　　写真13　南さつま市加世田地頭所塘池の田の神

めに背負い、膝から下は素足を出して米俵2俵を描いた台座に腰かけている。文化年間（1804〜1818年）の地頭所塘池（ともいけ）の僧型立像（写真13）は、シキを被り長袖僧衣姿で右手にメシゲ、左手に大きい鍬を持ち、背にワラヅトを背負って素足で立っている。年代不詳であるが内布（うちぬの）の旅僧型の田の神（写真14）は、シキを被り長衣に短袴姿で持ち物は不明であるが大きな頭陀袋を首から下げている。年代不詳であるが、津貫千河上（ひごかみ）の田の神（写真15）は唯一の田の神舞神職

写真14　南さつま市加世田内布の田の神　　写真15　南さつま市加世田津貫千河上の田の神　　写真16　南さつま市笠沙町赤生木の田の神

A．薩摩半島　Ⅵ．南さつま市の田の神石像　165

型であり、大きなシキを被り長袖上衣に裁着け袴姿で右手にメシゲを高くかざしている。

（3）南さつま市笠沙町：赤生木の僧型の田の神（写真16）の1体しかなく、シキを被り長袖上衣に袴姿で、右手にスリコギ、左手にメシゲを持ち、右肩から裟裟がけにワラヅトを背負っている。

Ⅶ．枕崎市の田の神石像

　鹿児島県薩摩半島南西部に位置し、東シナ海に面しており人口は約2万5000人の市であり、主な産業は水産業。以前は「台風銀座」と呼ばれていたが、現在はあまり台風の通過はない。狭い山間の水田を利用して稲作が行われてきたが、田の神像はわずか3体しか存在しないが、すべて市の有形民俗文化財に指定されている。

　3体のうち、2体はシキを被り袴姿で右手にメシゲ、左手に椀を持つ田の神舞神職型で、もう1体は廃仏毀釈のせいか頭部はなく僧型立像である。いずれもかなり古いものばかりであるが、特に小園の田の神は作成年代が推定で1710年頃と資料には記載されている。もし事実であれば田の神舞神職型がすでにこの時期に存在したことになり、どうしても疑問をもってしまうが、大変貴重な文化財であることにはかわりない。

　1800年代推定の田布川町の田の神（写真1）は、シキを被り長袖上衣に裁着け袴姿で、右手はメシゲを顔の横に高く掲げて持ち、左手は椀を持って素足で立つ舞神職型の石像である。1700年頃と推定される桜山町小園の田の神舞神職型（写真2）は、帽子状のシキを被り広袖上衣に腰板の袴姿で、右手に一部

写真1　枕崎市田布川町の田の神　　写真2　枕崎市桜山町小園の田の神　　写真3　枕崎市茅野町の田の神

A．薩摩半島　Ⅶ．枕崎市の田の神石像　167

欠けたメシゲを、左手には椀を持って左足を前に出している。茅野町の僧型立像の田の神（写真3）は、頭部は欠損し袖広上衣に腰板の袴姿で右手は欠け左手に椀を持ち、背にワラヅトを背負い裸足で立つ。頭部がないのは廃仏毀釈によるものと思われるが残念でならない。

Ⅷ. 指宿市の田の神石像

指宿市は薩摩半島の南端に位置し、豊富な湯量を誇る温泉がある観光地として全国的に知られ、2016年10月1日現在で人口4万1235人の市である。2006年（平成18年）に山川町および開聞町と新設合併して新たに指宿市が誕生している。鹿児島湾と東シナ海に面し、市の中央部に池田湖と鰻池があり、南西部に開聞岳がそびえている。

(1) 指宿市指宿；指宿では12体の田の神石像を写真に収めることができている。最も多いのが神職型の6体で（立位4体と椅像2体）、次いで農民型の椅像2体、ムクノキの1体もある（3体は型不明）。神職型が多いのと、他の地域ではみられないムクノキの樹木が田の神として祀られているのは驚かされる。

岩本上西の大きい神職型（写真1）は、帽子状のシキを被り襞のある長袖上衣に袴姿で両手にメシゲを持つが、背にはワラヅトというよりは大きな袋を背負っている。池田仮屋の田の神（写真2）は、笠状のシキを被り長袖上衣に袴で大盛り飯の椀を持ち、池田石嶺の田の神（写真3）はシキを被り長袖上衣に袴姿で背にワラヅトを背負っている。同じ神職型の東方木ノ下の田の神（写真4）は、シキを被り襷がけの長袖上衣に裁着け袴姿で、右手にメシゲを持って

写真1　指宿市岩本上西の田の神

写真2　指宿市池田仮屋の田の神

写真3　指宿市池田石嶺の田の神

写真4　指宿市東方木ノ下の田の神　　写真5　指宿市池田新永吉の田の神　　写真6　指宿市西方中川公民館の田の神

いる。

　農民型は、池田新永吉の田の神（写真5）で、細長のシキを被り短袖上衣に股引の野良姿の両手でメシゲを持っているが、顔が非常に大きいのが特徴である。西方中川公民館の田の神（写真6）も同様である。この地域の最大の特徴は、ムクノキの樹木が田の神（写真7）として祀られていることである。樹齢が300年の樹高21.1メートル、幹周り3.1メートルの大きな樹木で、市の有形民俗文化財に指定されている。

（2）指宿市山川；山川では成川に2体並んだ立派な田の神像がみられる。ともに神職型の立像で溶結凝灰岩で作られ、明るい黄色風に見える。向かって左（写真8）は、欠けたシキを被り襷がけの長袖上衣に裁着け袴姿で

写真7　指宿市東方ムクノキの田の神　　写真8　指宿市山川成川の田の神

170　第3章　鹿児島県の田の神石像オールレビュー

右手にメシゲを持ち、左手に飯盛り椀を持って背に2俵の袋を背負っている。右側（写真9）は、明和8年（1771年）作の古い田の神で、やはりシキを被り襷がけの短袖の上衣に裁着け袴を身に着けて、右手に小さなメシゲを持ち左手には団子風のものを載せている。

　指宿市の田の神の特徴を簡単にまとめると、①多くが神職型であり、山川成川には明和8年の古くて立派な田の神石像が祀られている、②岩本上西の田の神は神職型であるが、阿久根市などで見かける袋負い型も存在している、③東方指宿神社には、非常に珍しいムクノキの樹木が田の神として祀られている、などである。

写真9　指宿市山川成川の田の神

Ⅸ．南九州市の田の神石像

　南九州市は、鹿児島県薩摩半島の南部に位置し、2017年10月1日で人口が3万6000人強で、2007年12月に知覧町、川辺町、そして頴娃町が合併して市制が施行されている。南薩摩大地に広がる茶畑は県内製茶業の中心地であり、観光でも知覧特攻平和会館や川辺町の清水岩屋の磨崖仏などがある。

　(1) 南九州市知覧町；総計10体の田の神を写真に収めることができている。すべてが市の有形民俗文化財に指定されているが、作成年代が判明しているものはない。7体が僧型（内1体は旅僧型）であり、残る3体は風化が強く石像の型は不明である。長里樋与上（とよかん）の田の神（写真1）は、シキを被り長袖上衣に裁着け袴姿で右手にメシゲ、左手に椀を持ち、背にワラツトを背負うが、後方から見ると長袴姿であり男性根風にもみえる。瀬世（せせ）の田の神（写真2）も同様であるが、前からは両手でスリコギを持ち裁着け袴姿であるが、後方からはやはり長袴姿にみえる。東別府浮辺（うけべ）の田の神（写真3）は一風変わっており、面長顔で頭を丸めて右手にメシゲ、左手に手鍬をもち、背にはワラツトを背負っている。

写真1　南九州市知覧町長里樋与上の田の神　　写真2　南九州市知覧町瀬世の田の神　　写真3　南九州市知覧町東別府浮辺の田の神

(2) 南九州市川辺町；全部で8体を実写できているが、知覧町に比べて種類が多く、4体の僧型に、1体ずつの神像型、大黒天型、祠型、そして自然石がある。僧型はすべての作成年代がほぼ判明している。永田の大きくて立派な田の神（写真4）は享保9年（1724年）の作で、シキを被り長袖上衣に袴姿、右手に鍬で左手にメシゲを持ち、背にワラツトを背負って後方からは男性根にみえる。高田城下の大黒天型立像（写真5）は明治25年（1892年）作で、帽子を被り長袖上衣に袴姿、右手に小槌、左手には福袋を持って2俵の米俵の上に立っている。平成20年に盗難にあうが、新聞等で報道されると元の場所に返されたという。野間里の伊勢神社境内の祠型（写真6）や清水水元神社境内の自然石（写真7）は、嘉永5年（1852年）のものとされ、風格のある立派な自然石である。また、神殿上里の田の神（写真8）と神殿下里の田の神（写真9）は共に僧型で、前者は享和2年（1802年）作、笠状のシキを被り長袖上衣、右手にメシゲで左手におにぎりを持って背にワラツトを背負っている。後者は寛政7年（1795年）のもので、頭を丸めて袖長上衣に袴姿で両手は膝の上に置く。もともとは庚申塔であるが、田の神としても祀られている。

(3) 南九州市頴娃町；計6体の田の神石像を写真に収めているが、農民型3体、田の神舞神職型2体そして僧型1体である。牧之内牧渕別府の田の神（写真10）はシキを被り、長袖上衣に右手に鍬、左手は逆さにメシゲを持ち、背にワ

写真4　南九州市川辺町永田の田の神

写真5　南九州市川辺町高田城下の大黒天型立像

写真6　南九州市川辺町野間里伊勢神社境内の祠型

写真7　南九州市川辺町清水水元神社境内の自然石　写真8　南九州市川辺町神殿上里の田の神　写真9　南九州市川辺町神殿下里の田の神

ラヅトを背負っている。同じ牧渕別府の田の神（写真11）は、背中までの笠を被り股引きの野良着姿で、左手には鍬を持ち背にはワラヅトを背負っている。股引きの野良着姿は農民型と分類したい。牧之内佃の田の神（写真12）は文化13年（1816年）の作で、被り物は破損が強いが、持ち物などは同様で農民型に分類したい。

　牧之内南春向の田の神（写真13）と弘化4年（1847年）の御領の田の神（写

写真10　南九州市穎娃町牧之内牧渕別府の田の神　写真11　南九州市穎娃町牧之内牧渕別府の田の神　写真12　南九州市穎娃町牧之内佃の田の神

真14)は、共に田の神舞神職型で、大きなシキを被り布衣と括り袴姿、右手は鍬、左手にはメシゲを持って顔横に立てている。特に御領の田の神の台座には石工の名が刻まれてあり、当時の社会構造を窺うことができると紹介されている。

写真13　南九州市穎娃町牧之内南春向の田の神　写真14　南九州市穎娃町御領の田の神

最後に郡山下の田の神(写真15)は、明治中期のものと紹介されており、笠冠を被り長袖上衣に股引きの野良着姿で、右手に鍬、左手にメシゲを持って裸足で立っている。背にはワラツトというよりは細長い袋を背負っており、右肩に刻銘されている。

南九州市の田の神について簡単にまとめると、①知覧町と川辺町では僧型が多く、穎娃町では神職型が多いが、穎娃町は神職型の多い指宿市に近い地理的な影響があるかも知れない、②川辺町では他に神像型、大黒天型、祠型、自然石とバラエティーに富んでいたが、以前は庚申塔として建立されたものもある、③穎娃町御領の田の神は、台座に庄屋、名主、名頭、石工の名が刻まれており、当時の社会構造を窺い知ることができる貴重なものである、などである。

写真15　南九州市穎娃町郡山下の田の神

Ⅹ．鹿児島市の田の神石像

　鹿児島市は2017年5月1日現在、人口が59万7906人で鹿児島県中西部に位置し、鹿児島県と宮崎県を範囲とする南九州の拠点都市である。政治・経済・文化・交通の中心地として、古くは薩摩藩90万石の城下町として栄えてきた。

　1889年4月1日に日本で最初に市制を施行した31市の一つで、現在は福岡市、北九州市、熊本市に次いで九州第4位の人口を有している。九州新幹線全面開通により、福岡都市圏と短時間で結ばれるようになり、その経済的効果などが期待されている。2007年に鹿児島市が定めた「かごしま都市マスタープラン」では、中央地域、谷山地域、伊敷地域、吉野地域、桜島地域、吉田地域、喜入地域、松元地域、そして郡山地域の区分により、地域・地区を定義している。

　鹿児島市で実際に写真に収めることができたのは66体で、参考資料の12体と合わせると計78体になる。最も多いのが旅僧型を含む僧型で33体（座像6体、椅像2体、立像17体、旅僧型8体）で、次いで田の神舞神職型が24体、そして農民型10体（座像3体、椅像6体、立像1体）、神像型座像が1体、自然石文字彫りと石祠型が3体ずつで型不明が4体であった。

　僧型で最も古いのが享保6年（1721年）の谷山中央5丁目の田の神（写真1）

写真1　鹿児島市谷山中央5丁目の田の神　　写真2　鹿児島市山田町の田の神　　写真3　鹿児島市谷山7丁目入来の田の神

176　第3章　鹿児島県の田の神石像オールレビュー

で、厚い大きなシキを頭巾風に被り袖の長い衣に長袴姿で、右手にメシゲのようなもの、左手には金剛杖を持っている。次に古いのが享保8年（1723年）の山田町の田の神（写真2）で、頭巾風の大きなシキを被り長袖上衣に袴腰のない長袴で、右手にメシゲ、左手には金剛杖を持っている。雲竜紋の台座に立ち、県の有形民俗文化財に指定されている。享保11年（1726年）の谷山7丁目入来の田の神（写真3）は、大きなシキを肩まで被り長袖上衣に長袴姿で右手にメシゲ、左手にはスリコギを持っている。やはり雲竜紋の台座に立ち、市の有形民俗文化財に指定されている。

　星ヶ峯3丁目第3公園の田の神（写真4）は宝暦12年（1762年）の作で、大隅半島でよく見かける旅僧型。シキを被り、長袖上衣に脚絆を巻いた裁着け袴姿で、右手はメシゲを顔横に掲げ、左手は椀を持ち頭陀袋を下げている。風化が強く顔の表情などは判別できない。安永10年（1781年）の五ヶ別府町川口の田の神（写真5）は、大きなシキを被り長袖上衣に長袴姿、右手にメシゲ、左手は不明（椀？）であるが、メシゲを顔横に掲げており市の有形民俗文化財に指定されている。寛政12年（1800年）の宇宿町中間梶原迫の田の神（写真6）は、総髪で肩まで被る大きなシキに長袖衣装と長袴姿で、右手にメシゲ、左手に椀を持っている。これも市の有形民俗文化財に指定されている。江戸中期から後期の作といわれている山下町黎明館の屋外展示場の田の神（写真7）は、

写真4　鹿児島市星ヶ峯3丁目第3公園の田の神　　写真5　鹿児島市五ヶ別府町川口の田の神　　写真6　鹿児島市宇宿町中間梶原迫の田の神

厚い大きなシキを被り長袖着物と袴姿で襷を掛けて、右手にメシゲ、左手に椀を持ちワラヅトを背負っている。薩摩川内市尾白町から昭和45年に寄贈されたもの。

中山町滝の下の田の神（写真8）は享保年間の作といわれている。大きなシキを被り長袖上衣に長袴姿で右手にメシゲ、左手は棒状のものを持ち、市の有形民俗文化財に指定されている。棒状の物は金剛杖か錫杖と考えられている。

年代不詳のものでは、喜入町生見帖池（ぬくみちょういけ）の田の神（写真9）がある。風化が強く古い作の石像と思われるが、シキを肩まで被り広袖上衣に襞のある長袴（裳）を着けて、右手にメシゲ、左手に椀を持っている。上福元町諏訪の南方神社の田の神（写真10）は、丸い半円形のシキを被り長袖上衣に長袴姿で、右手には羽子板状のメシゲを持ち、左手にはメシ盛り椀を持っており、少し異様な雰囲気を感じる。下荒田の荒田八幡の田の神（写真11）は面長の顔に顎鬚を蓄え、陣笠様のシキを被り僧衣で右手にメシゲ、左手に椀を持ち、釜を前に据えている。喜入町生見の田の神（写真12）は頭頂部に穴のあいたシキを被り、胸をはだけた衣を着けて右手に大きなメシゲを顔横に掲げて左手は膝の上に置いている。草牟田の鹿児島神社の田の神（写真13-A、B）は総髪でシキを被り、長袖上衣に袴姿で右手に椀を持ち、左手は袋を背中に背負っている。

田の神舞神職型も数多くみられるが、年代が判明しているものでは享保8年

写真7　鹿児島市山下町黎明館の田の神

写真8　鹿児島市中山町滝の下の田の神

写真9　鹿児島市喜入町生見帖池の田の神

写真10　鹿児島市上福元町諏訪南方神社の田の神

写真11　鹿児島市下荒田荒田八幡の田の神

写真12　鹿児島市喜入町生見の田の神

（1723年）の皆与志町中組の田の神（写真14）が最も古く、大きなシキを被り布衣に括り袴で右手にメシゲを顔横に掲げて左手は椀を持っている。山田町札下の田の神（写真15）は享保12年（1727年）の作で、甑のシキを頭巾風に被り、顎鬚を蓄えて長袴姿で右手は欠けて左手には椀を持っている。正方形の台座2枚に八角形の台座と雲竜紋の台座があり、市の有形民俗文化財に指定されている。元文元年（1736年）の郡山町上園の田の神（写真16）は、大きな甑の

写真13－A　鹿児島市草牟田鹿児島神社の田の神

写真13－B　鹿児島市草牟田鹿児島神社の田の神

写真14　鹿児島市皆与志町中組の田の神

シキを被り布衣と裁着け袴で右手にメシゲで左手に椀を持っている。市の有形民俗文化財に指定されている。同じく元文元年（1736年）の喜入町旧籠の田の神（写真17）はシキを被り、長袖上衣に裁着け袴姿で右手にメシゲ、左手にはスリコギを持っている。

　県指定有形民俗文化財の寛保元年（1741年）の川上町の田の神（写真18）は、笠の様に大きなシキを被り狩衣風の上衣と裁着け袴姿で、右手にメシゲで左手にはスリコギを持っている。宝暦3年（1753年）の花尾町茄子（なすび）の田の神（写真19）は、膨らんだ頬に笑顔の眉目で口を開き、裁着け袴姿、右手に柄だけのメシゲ、左手にスリコギを持っており、市の有形民俗文化財に指定されている。宝暦6年（1756年）の谷山中央6丁目の市の有形民俗文化財の田の神（写真20）は、大きなシキを阿弥陀に被り狩衣風の上衣に指貫風の姿で、右手にメシゲで左手に椀を持っている。安永2年（1773年）の薬師2丁目の田の神（写真21－A、B）は、笠状のシキを被り左右に振り分けた上衣に裁着け袴姿で、右手は椀を高く揚げて左手は膝の上、大きな自然石に浮き彫りされている。花尾町大平には、安永7年（1778年）の作で、四角柱の3面に田の神舞神職型が浮き彫りにされた、田の神と早馬神が一体型となった珍しい形式（写真22）が見られる。同じ安永7年作の武1丁目の田の神（写真23）は、肩まで被る大きなシキで狩衣風の上衣と裁着け袴姿で右手を高く掲げ、左手に椀を持ち右足を挙げて

写真15　鹿児島市山田町札下の田の神

写真16　鹿児島市郡山町上園の田の神

写真17　鹿児島市喜入町旧麓の田の神

写真18　鹿児島市川上町の田の神　　写真19　鹿児島市花尾町茄子の田の神　　写真20　鹿児島市谷山中央6丁目の田の神

いる。同じ年代の作で大きな自然石に浮き彫りの伊敷町6丁目新村の石像（写真24）は、大きなシキを被り広袖上衣に裁着け袴で右手にメシゲで左手に椀を持っている。

　寛政12年（1800年）の伊敷7丁目の田の神（写真25）は、大きなシキを被り広袖上衣に裁着け袴姿で右手にメシゲで左手に椀を持ち、脚絆を巻いて腰に蓑を纏っている。文化13年（1816年）の坂元町川添の田の神（写真26）は、肩ま

写真21－A　鹿児島市薬師2丁目の田の神　　写真21－B　鹿児島市薬師2丁目の田の神　　写真22　鹿児島市花尾町大平の田の神

A．薩摩半島　Ⅹ．鹿児島市の田の神石像　181

写真23　鹿児島市武1丁目の田の神　　写真24　鹿児島市伊敷町6丁目新村の田の神　　写真25　鹿児島市伊敷7丁目の田の神

で被る大きなシキを被り広袖上衣に裁着け袴、右手にメシゲ、左手は握り飯様のものを持つ。吉田町東佐多浦東下(ひがしもと)の田の神（写真27）は、編目のついた大きなシキを被り長袖上衣に長袴姿で右手はメシゲを顔横に掲げて持ち、左手は椀を持っており市の有形民俗文化財に指定され、元文2年（1737）年頃の古い年代の作ではないかとされている。郡元町鹿児島大学キャンパスの田の神（写真28）は、昭和4年（1929年）の比較的新しいもので、編目の菅笠を顎紐で結ん

写真26　鹿児島市坂元町川添の田の神　　写真27　鹿児島市吉田町東佐多浦東下の田の神　　写真28　鹿児島市郡元町鹿児島大学の田の神

でいる丸い顔のあどけない表情。右手に鈴、左手には以前にはメシゲを持っていたが、背中はタスキ掛けで今にも踊り出しそうな格好である。年代不詳であるが岡之原花野の田の神（写真29）は、シキを被り襞のある上衣で胡座をかいて座り、右手は挙げて左手は帯紐を掴んでいる。

　唯一の神像型座像は宝暦8年（1758年）の喜入町前之原鈴の田の神（写真30）であり、廃仏毀釈の影響か頭部はなく衣冠束帯で両手は輪組で膝の上に置いている。享保21年（1736年）の吉田町西佐多浦鵜木の田の神（写真31）は、大きな自然石に文字が彫られている。

写真29　鹿児島市岡之原花野の田の神

写真30　鹿児島市喜入町前之原鈴の田の神

写真31　鹿児島市吉田町西佐多浦鵜木の田の神

B．県央区

I．霧島市の田の神石像

　霧島市は鹿児島県本土の中央部に位置し、2005年11月7日に平成の大合併により、国分市と姶良郡溝辺町、横川町、牧園町、霧島町、隼人町、福山町の1市6町が合併して誕生している。鹿児島県で2番目の人口を有しており（2016年10月1日現在で12万5490人）、薩摩地方と大隅地方そして宮崎県を結ぶ交通の要所となっている。鹿児島空港の開港や九州自動車道の開通などにより、国分隼人テクノポリスの指定を受けて、京セラやソニーなどのハイテク産業が発展し続けている。

　霧島連山や温泉郷の観光名所も多く、鹿児島神宮、上野原遺跡、福山の黒酢、全国有数の焼酎や黒豚など豊富な食物もよく知られている。

写真1　霧島市国分上之段の田の神　　写真2　霧島市国分口輪野の田の神　　写真3　霧島市国分重久剣之宇都の田の神

(1) 霧島市国分：実際に写真に収めることができた33体と資料集の3体を合わせて36体の田の神について表にしてある。半数以上の20体が田の神舞神職型であり、次いで神像型座像が5体、文字彫り記念碑と自然石文字彫り、型不明が3体ずつで、頭陀袋を下げた旅僧型と米俵に立つ大黒天型立像が各1体みられている。

最も多い田の神舞神職型は、作成年代が不詳なものや保存状態の良くないものが多く、比較的破損の少ないものは、明治20年（1887年）の上之段の田の神（写真1）、昭和7（1932年）年の口輪野の田の神（写真2）、昭和11年（1936年）の重久剣之宇都（けんのうと）の田の神（写真3）、そして昭和31年（1956年）の上小川森ノ木の田の神石像（写真4）などである。多くがシキを被り広袖上衣に袴姿で、メシゲや椀を持ち表情豊かで躍動的である。特に剣之宇都の田の神はシキを被り背面は腰まで帯紐を垂らして短袖上衣を着て、左手にメシゲで右手に鈴を立てて持ち、膝を立てて今にも舞い出しそうな姿である。年代不詳のものでも湊の田の神舞神職型（写真5）は、大きなシキを被り穏やかな表情で広袖上衣に裁着け袴を着けて、大きなメシゲを持って右膝を立てて今にも踊り出しそうである。川内鎮守（かわうちちんじゅお）尾橋付近の田の神石像（写真6）は、シキを被り広袖上衣に袴姿で、右手にメシゲ、左手には椀を持って、お腹の出た正々堂々たる格好をしている。

写真4　霧島市国分上小川森ノ木の田の神　　写真5　霧島市国分湊の田の神　　写真6　霧島市国分川内鎮守小橋付近の田の神

写真7　霧島市国分重久公民館の田の神

写真8　霧島市国分湊の田の神

写真9　霧島市国分松木小鳥神社の田の神

珍しいものに、年代不詳であるが重久公民館の大黒天型立像の田の神（写真7）があり、烏帽子の上にシキを被り長袖上衣に袴姿で、右手にメシゲ、左手に稲束を持って2俵の米俵の上に立っている。風化が強いが江戸末期の作と推定される湊の旅僧型（写真8）は、シキを被り広袖上衣に袴姿で、持ち物は不明であるが、胸に頭陀袋を下げており、この地方では大変珍しい。松木の小鳥神社に祀られている2体の神像型座像（写真9）は、廃仏毀釈により頭部が欠損しており、残念でならない。

（2）霧島市牧園町：実写できた14体と資料集の18体の計32体についてまとめてある。田の神舞神職型が22体と多くを占め、神像型座像と自然石文字彫りが4体ずつ、記念碑文字彫りと型不明が1体ずつである。この地域の特徴はやはり田の神舞神職型がかなり多いことである。しかしながら、享保20年（1735年）の持松竪神神社の神像型座像（写真10）がある。衣冠束帯で両手を膝の上においた石像で、霧島市の有形民俗文化財に指定されている。また文政4年（1821年）の万膳府鳥（まんぜんふとり）の田の神（写真11）は、大きな自

写真10　霧島市牧園町持松竪神神社の田の神

写真11　霧島市牧園町万膳府鳥の田の神　　写真12　霧島市牧園町宿窪田島田の田の神　　写真13　霧島市牧園町高千穂栗川の田の神

然石に蓑笠をつけて両手で大きなメシゲを持ち、片脚を胡座に組んだ田の神が浮き彫りされ、上部には別の笠状の石が載せられている。胡座に組んだ像は珍しく、神像型との混合型ではないかともいわれている。大正4年（1915年）の宿窪田島田の田の神（写真12）は、蓑笠を被り左手に大きなメシゲ、右手は稲穂を肩にかけた姿が大きな柱状の石に浮き彫りされている。

市指定の有形民俗文化財である高千穂栗川の自然石文字彫りの田の神（写真13）は、辿り着くのに大変な苦労を要する雑木林の小高い丘にあり、周りには水田はあるが、なぜここに設置されたのか不思議な思いがする。中津川溝口には宝暦12年（1762年）のかなり古い自然石文字彫りの田の神（写真14）があり、「御田之神」と刻銘さ

写真14　霧島市牧園町中津川溝口の田の神　　写真15　霧島市横川町紫尾田の田の神

写真16　霧島市横川町上ノ古城の田の神

れている。

(3) 霧島市横川町：実際に写真に収められた18体と資料集の22体の計40体についてまとめることができている。最も多いのがやはり田の神舞神職型の20体で、次いで神像型座像が7体、神職型5体（座像3体、椅像1体、立像1体）、僧型座像4体、そして山伏座像、仏像型座像、地蔵型座像、型不明のそれぞれ1体ずつである。この地域では半数が田の神舞神職型であるが、享保元年（1716年）の紫尾田の田の神（写真15）は神職型座像の胡座であり、大型の神像型の田の神から大隅半島にみられる神職型安座像への移行形とされており、歴史的な流れを知るうえで貴重である。また作成年代についても正保元年（1644年）ではないかともされており、もし事実であればこの田の神が年代的には最も古いものとなり非常に興味深い。

　他に神職型は4体あるが、享和3年（1803年）の上ノ古城(ふるじょう)の神職型座像（写真16）は霧島市の有形民俗文化財に指定されており、三角形の烏帽子を被り着衣は衣冠で両手は前にて輪握り姿で、大きな舟型石に浮き彫りされている。

　神像型座像も7体みられるが、下ノ大出水(おおでみず)の2体の神像型座像の田の神（写真17）は年代不詳ではあるが大変珍しいものである。シラス崖に彫られており、左側は烏帽子を被り、衣冠束帯で両手を膝上で組み、右側は冠を被り衣冠束帯でやはり膝上で手を組んでいる。享保8年（1723年）の中ノ黒葛原の山伏型座像の田の神（写真18）は、霧島市の有形民俗文化財に指定されており、頭にとんがり帽子様のものを被り、右手に剣らしきものを持ち、左手は膝の上に置く珍しいものである。招魂社(しょうこんしゃ)内崖淵に祀られている仏像型座像

写真17　霧島市横川町下ノ大出水の田の神

写真18　霧島市横川町中ノ黒葛原の田の神

写真19　霧島市横川町招魂社内崖淵の田の神

写真20　霧島市隼人町鹿児島神宮境内の田の神

写真21　霧島市隼人町小浜馬場の田の神

（胡座）（写真19）は、帽子を被り僧衣を纏い、両手を前で合わせて胡座をかいて座り、堂々とした体格とおおらかな笑顔である。

(4) 霧島市隼人町：実写できた28体と資料集の3体の計31体について表にまとめてある。半数以上の17体が田の神舞神職型であり、次いで自然石文字彫りと型不明が5体ずつで、神像型座像、石塔型、石塔型文字彫りおよび石碑型がそれぞれ1体ずつみられている。天明元年（1781年）作で県指定有形民俗文化財の鹿児島神宮境内の田の神（写真20）は、大きなシキを被り布衣にくくり袴姿で、右手はメシゲを顔の横に振りかざし、左手は飯椀を抱えるように持っている。顔は翁面に似て顎鬚をたくわえ、右足を少し前に踏み

写真22　霧島市隼人町松永小鹿野の田の神

出して今にも踊り出しそうである。年代不詳であるが小浜馬場には半円形の自然石に浮き彫りした一風変わった田の神舞神職型の田の神（写真21）がある。シキを被り長袖上衣に袴姿で、体を右に傾けて両手でメシゲを持っている。

この他、古いものでは享保16年（1731年）の松永小鹿野の田の神（写真22）がある。シキを肩まで被り布衣に袴姿型で、右手に大きなメシゲを立てて持ち左手は椀を持った痕跡がある。

写真23　霧島市隼人町松永宇都公民館の田の神

写真24　霧島市隼人町松永石関橋付近の田の神

他の地方ではあまりみられない珍しいタイプのものに、大正5年（1916年）の松永宇都公民館の5体の田の神（写真23）や、同じ松永石関橋付近の2体の田の神石像（写真24）などがある。また小浜埒や小浜早鈴神社の田の神は、やはり廃仏

写真25　霧島市溝辺町竹子宮脇の田の神

写真26　霧島市溝辺町石原溝辺館の田の神

写真27　霧島市溝辺町祝儀園の田の神

毀釈により頭部は欠損している。

(5) 霧島市溝辺町；7体すべてを写真に収めている。田の神舞神職型と僧型（椅像1体と立像1体）がそれぞれ2体で、大日如来の仏像型および農民型立像、型不明のそれぞれ1体である。竹子宮脇の市指定有形民俗文化財の大日如来像（写真25）は、頭髪を結い上げて頭部に宝冠を被り、右手にメシゲを持ち、左手は膝の上に置いて胡座をかいている。もう1体の石原溝辺館の農民型立像（写真26）は、シキを被り野良着姿で右手にメシゲ、左手にスリコギを持って裸足で立っている。庚申講と田の神が結びついて貴重なものと紹介されている。

　宝暦12年（1762年）の祝儀園(しゅうぎぞの)の田の神（写真27）は、兜のようにシキを被り長袖上衣に袴姿で右手にメシゲを持ち左手は膝の上においている。玉利の元文4年（1739年）の僧型椅像の田の神（写真28）は、総髪で胸を開け広げた長袖上衣に長袴姿で、右手にメシゲを持ち左手は膝の上においている。石井口の民家の庭に祀られている田の神（写真29）は、笠状のシキを被り長袖上衣に袴姿で左手にメシゲを持ち右手には錫杖を持っており、大変珍しいものと資料集では紹介されている。

(6) 霧島市霧島町；田口の田の神舞神職型（写真30）を1体のみ写真に収めた。資料集では、田の神舞神職型1体と石碑型2体を確認できている。

写真28　霧島市溝辺町玉利の田の神　　写真29　霧島市溝辺町石井口民家の田の神　　写真30　霧島市霧島町田口の田の神

(7) 霧島市福山町：9体すべてを実写できている。田の神舞神職型、神像型座像、そして型不明がそれぞれ2体ずつあり、仏像型立像、石碑型、型不明の各1体である。寛政12年（1800年）の比曽木野大屋敷の神像型座像（写真31）も頭部は改作であり、宮崎県から持ってきたと伝えられている。また、明治33年（1900年）の佳例川の石碑型の田の神（写真32）は三角形をしており、県内でも大変珍しいものである。地元の前田盛善氏が改田したときに建立されている。

　霧島市の田の神石像の特徴を簡単にまとめると、①県指定の有形民俗文化財である隼人町の田の神をはじめ、田の神舞神職型が多くを占めている、②神像型座像も多くみられるが、中には廃仏毀釈により首から上がないものも散見され、このこと自体が歴史的には興味深いが、やはり残忍なことであり、残念でならない、③歴史的に非常に興味深い横川町の神職型座像（胡座）は、製作年代に異論もあり、後に大隅半島神職型安座像への移行形とされており、歴史的に大変貴重である、④その他、珍しい山伏型や一風変わった石碑型そして記念碑や自然石のものも比較的多く、大隅半島でよく見かける頭陀袋下げの旅僧型や、数は少ないが各地でよく見かける大黒天型など非常に多彩である。

写真31　霧島市福山町比曽木野大屋敷の田の神　　写真32　霧島市福山町佳例川の田の神

Ⅱ. 姶良市の田の神石像

　姶良市は鹿児島県中央部に位置し、南東側の一部が鹿児島湾に面し、西側から思川、別府川、網掛川、日木山川の4つの河川が流れている。南部平野は鹿児島市のベッドタウンとして現在も人口が増加しており、大型店舗が立ち並ぶ交通の要所としても重要な地域である。

　平成の大合併に際して、加治木町、姶良町、蒲生町の3町合併が検討されるも、住民投票で不成立となった経緯があるが、2007年に再度合併協議会が設置され、2010年3月に新市名を「姶良市」として発足することが決定されている。2016年10月1日現在、人口は7万5665人で、県内で過疎化が進む状況の中で繁栄が期待されている。

（1）姶良市加治木町：実際に写真に収めた25体と資料による46体の総計71体の田の神石像についてまとめてある。田の神舞神職型が54体と多くを占め、次に神像型座像が9体、神職型座像、僧型座像そして石碑型がそれぞれ1体ずつで、型不明が5体であった。

　多くを占める田の神舞神職型の中で、天保年間（1830〜1843年）作の日木山里（ひきやまさと）の田の神（写真1）は姶良市指定の有形民俗文化財であり、甑のシキを被って襷がけの衣と袴を着け、笑顔の目口鼻が巧みに描かれて今にも踊り出しそうである。木田の公民館に祀られている2体の田の神（写真2）も、被り物や衣、持ち物などがいろいろあり、表現豊かな顔やお腹が出ていて（満腹の表現）、今にも踊り出しそ

写真1　姶良市加治木町日木山里の田の神　　写真2　姶良市加治木町木田公民館の田の神

うで見飽きることがない。

　一方、神像型は10体ほどあり、上木田の明和4年（1767年）の神像型座像（写真3）は県の有形民俗文化財に指定されている。顔は柔和で端正な顔立ちであり、衣冠束帯で纓のある冠を被り、両手輪組で笏を持つ穴があって、両袖は左右に跳ね上がっている。他にも安永10年（1781年）の小山田迫の田の神（写真4）の様な立派な神像型座像がいくつかあるが、寛保元年（1741年）の菖蒲谷の神像型座像の田の神（写真5）のように、廃仏毀釈によって頭部が欠損しているものがあり残念である。

写真3　姶良市加治木町上木田の田の神

（2）姶良市姶良町；実写できた35体と資料集による37体の総計72体についてまとめてある。最も多いのがやはり田の神舞神職型で52体あり、次いで神像型座像が9体、椅像の女性型、仏像型座像、地蔵型座像、農民型と男性像の椅像、祠型、および自然石の各1体がみられ、型不明4体であった。これら72体のうち、市の詳細な資料集作成により38体の持ち回りの田の神についても収録できている。

　ほとんどが田の神舞神職型であるが、中でも文化2年（1805年）下名西田の田の神（写真6）は、シキを被り鬢の多い袴姿で襷を掛けて、眼尻の下がったユーモラスな顔で、右手に曲がったメシゲを振りかざして左手はシキの下に当てている。代表的な田

写真4　姶良市加治木町小山田迫の田の神

写真5　姶良市加治木町菖蒲谷の田の神

写真6　姶良市姶良町下名西田の田の神　　写真7　姶良市姶良町触田の田の神　　写真8　姶良市姶良町寺師字二又黒葛野の田の神

の神舞神職型の石像として姶良市の有形民俗文化財に指定されている。天文2年（1737年）の触田の田の神舞神職型（写真7）や、寺師字二又黒葛野の田の神舞神職型（写真8）は、大きなシキを被って布衣と袴姿の神職姿で、右手でメシゲを顔の横に振り上げて左手で椀を持ち、左膝を曲げて今にも踊り出しそうであり、市指定有形民俗文化財として祀られている。江戸時代後期の宮島町福岡家の田の神（写真9）、木津志堂崎の田の神（写真10）や木津志宮ノ前の田の神（写真11）

写真9　姶良市姶良町宮島町福岡家の田の神　　写真10　姶良市姶良町木津志堂崎の田の神

も、突き出した大きな顔に頭巾風にシキを被り、上衣を襷がけにして両手でメシゲを持って飯をすくう恰好をしたり、両手で大きなメシゲを立てた膝の上に持ったりして躍動的である。これらすべてが市の有形民俗文化財に指定されている。

正徳2年（1712年）の西餅田の神像型座像（写真12）も市の有形民俗文化財であり、烏帽子を被り束帯姿で両手を輪組にして笏を持っている。顎鬚があり憤怒の表情で威厳のある姿である。

（3）姶良市蒲生町；実際に写真に収めた14体が確認されている。

写真11　姶良市姶良町木津志宮ノ前の田の神　　写真12　姶良市姶良町西餅田の田の神

最も多いのが8体の田の神舞神職型で、山伏修行僧、農作業姿の農民型、自然石と自然石文字彫りのそれぞれ1体、そして2体の型不明がみられている。多くを田の神舞神職型が占めているのは同じであるが、立派な2体の県指定有形民俗文化財がある。

　一体は漆下の享保3年（1718年）の田の神舞神職型（写真13）で、シキを被り胸をはだけ襷がけの上衣に袴姿で、立て膝にして両手で大きなメシゲを斜めに持ち、田植え姿をして田の神舞を舞う神職をモデルにしている。古さからこの型の原始的なもので県内最古のものである。もう一体は、下久徳三池原の浮き彫り農作業姿の農民型立像田の神（写真14）で、頭を丸めて袂のない上衣とズボン状の裁着け袴の農作業姿

写真13　姶良市蒲生町漆下の田の神　　写真14　姶良市蒲生町下久徳三池原の田の神

で、右手にメシゲ、左手に椀を持つも共に損じている。石碑型の田の神では県内最古である。久末迫畠田の元文4年（1739年）の山伏修行僧の田の神（写真15）は、甑の平たいシキを被って彫の深い顔で頭から肩にかけて長い総髪、胸から腹まではだけた上衣に裁着け袴、背にワラヅトを背負っている。年代も古く大変貴重な田の神石像である。

　県指定の有形民俗文化財3体を有する姶良市の田の神石像について簡単にまとめると、①蒲生町漆の田の神に代表されるような田の神舞神職型が、霧島市と同様に多くを占めていること、②この地域の田の神舞神職型は、姶良町西田や触田の石像のように、布衣や袴姿、非常にユーモラスな表情で、今にも踊り出しそうである、③加治木町上木田の田の神に代表される神像型座像も多く見られるが、これらは宮崎県に多い少し大型の神像型椅像とは異なっている、④蒲生町下久徳の田の神は農民型立像を浮き彫りしたもので、石碑型の田の神では県内最古のものである、⑤これらの他にも山伏修行僧や女性型、地蔵型など珍しいものがある、⑥市の詳細な資料で多くの持ち回りの田の神が検索できており、やはり田の神舞神職型がその多くを占めている。

写真15　姶良市蒲生町久末迫畠田の田の神

Ⅲ．姶良郡湧水町の田の神石像

　姶良郡湧水町は鹿児島県の北部内陸地域に位置し、2016年10月現在で人口が1万82人である。2005年3月に吉松町と栗野町が対等合併して湧水町が誕生している。九州山地と霧島連山に囲まれた盆地で、多雨で、夏と冬、昼夜の寒暖の差が激しいことで知られている。

写真1　湧水町般若寺の田の神

写真2　湧水町恒次二渡の田の神

　日本名水百選の霧島山麓丸池湧水、日本棚田百選の幸田(こうだ)の棚田、そして疎水百選の筒羽野の疎水など観光スポットも多い。

　さて湧水町では33体の田の神を写真に収めることができている。最も多いのが農民型13体（座像6体、椅像3体、立像4体）で、神像型は4体ですべて座像であり、1体の僧型座像

写真3　湧水町鶴丸原口前の田の神

写真4－A　湧水町鶴丸原口後の田の神

と2体の女性像（座像と胸像）があり、2組の農民型夫婦像4体もみられている。その他自然石文字彫り2

体、自然石5体、石碑型と型不明が1体ずつみられている。

神像型では、明和9年（1772年）の般若寺の田の神（写真1）が最も古く、長い纓を背中に垂らした冠を被り衣冠束帯にて両手で笏を持つ。着衣の線が直線的で端然とした姿勢を保っており、県指定の有形民俗文化財になっている。年代不詳であるが恒次二渡の田の神（写真2）は、衣冠束帯にて両手輪組で真っ赤な全身を包むエプロンが掛けられている。鶴丸原口前の田の神（写真3）は纓のある冠を被り衣冠束帯で両手は輪組で穴はない。同じ原口後の石像（写真4－A、B）は纓のない冠を被り衣冠束帯で両手は別々に膝の上に置いてる。隣の祠には山の神（写真4－C）が祀られており大変興味深い。写真5は北方真中馬場の女性像であり、頭部は御高祖頭巾を被り長袖和服と袴姿で、右手にメシゲ、左手に椀を持っている。江戸中期の作といわれており、町の有形民俗文化財に指定されている。

農民型では、寛保4年（1744年）の木場水窪の田の神（写真6）が最も古く、

写真4－B　湧水町鶴丸原口後の田の神

写真4－C　湧水町鶴丸原口後の山の神

写真5　湧水町北方真中馬場の女性像

写真6　湧水町木場水窪の田の神

写真7-Ａ　湧水町鶴丸の田の神

写真7-Ｂ　湧水町鶴丸の田の神

写真8　湧水町米永上原恒次植村の田の神

写真9　湧水町北方本村の田の神

シキを被り長袖上衣に裁着け袴姿で、右手にメシゲ、左手にキネを持っている。次に古いのが安政7年（1860年）の鶴丸の田の神（写真7-Ａ、Ｂ）で、三角形の笠を被り広袖上衣に裁着け袴姿、右手にメシゲで左手に米びつを持っている。横から見ると後方がしっぽみたいな背石で支えられている。米永上原恒次植村の石像（写真8）は年代不詳である。シキを被り長袖和服姿で、両手でメシゲを持って口紅が赤く塗られている。北方本村の田の神（写真9）も、シキを被り長袖

写真10-Ａ　湧水町米永会田の田の神

写真10-Ｂ　湧水町米永会田の田の神

写真11　湧水町幸田大牟礼の田の神　　写真12　湧水町川西四ツ枝前の田の神　　写真13　湧水町川西四ツ枝後の田の神

上衣に裁着け袴姿で右手にメシゲ、左手に椀を持っている。同じく年代不詳であるが、米永会田の田の神（写真10－A、B）は、シキを被り長袖上衣に長袴姿、右手にメシゲで左手にスリコギを持ち、腰掛けているが後方からは男性根にみえる。

　幸田大牟礼の田の神（写真11）は大正12年（1923年）作で、シキを被り長袖上衣に長袴姿で、右手にメシゲで左手に椀を持っている。昭和5年（1930年）の川西四ツ枝前の田の神（写真12）は、シキを被り長袖上衣と袴姿で、右手にメシゲで左手にスリコギを持つ。また昭和6年（1931年）の川西四ツ枝後の田の神（写真13）と、昭和7年（1932年）の川西松山の石像（写真14）はそっくりで、同じ石工の宮田初の作とされている。シキ

写真14　湧水町川西松山の田の神

写真15　湧水町米光会田の田の神

B．県央区　Ⅲ．姶良郡湧水町の田の神石像　201

写真16　湧水町米光馬場迫の田の神

写真17　湧水町川添池田の田の神

を被り広袖上衣に裁着け袴姿で、右手にメシゲで左手に飯盛り椀を持っている。

　年代不詳の米光会田の石像（写真15）は、向かって左側が農民型で、右側は僧型と思われる。農民型はシキを被り長袖上衣とズボン姿、右手にメシゲで左手にスリコギを持っている。僧型は三角形の帽子に僧衣、やはり右手にメシゲで左手にスリコギを持つ。米光馬場迫の田の神（写真16）と川添池田の石像（写真17）は、ともに農民型夫婦像で、シキや帽子を被りメシゲやスリコギなどを持っている。

　最後に、上川添の自然石文字彫り（写真18）は文化13年（1816年）のもので、「御田神」の文字が刻銘されている。天保7年（1836年）の鶴丸亀鶴園の石碑（写真19）や、年代不詳ではあるが川西陣前の自然石の田の神（写真20）、中津川古川の自然石文字彫り（写真21）も立派な石像である。

　湧水町の田の神石像について簡単にまとめると、①農民型が最も多いが、かなり古い年代のものもあり、また持ち物や彩色が多彩で、当時の農民の生活状況を垣間見ることができる、②県の有形民

写真18　湧水町上川添の自然石文字彫り

写真19　湧水町鶴丸亀鶴園の石碑

俗文化財の般若寺の神像型座像があり、年代も古く他の3体とともに歴史的に興味深い、③他に堂々とした女性像や2組の夫婦像などもみられている、④自然石や石碑なども存在し、年代も古く歴史的にも興味深い文字彫りの自然石もある、などである。

写真20　湧水町川西陣前の自然石　　写真21　湧水町中津川古川の自然石文字彫り

Ⅳ．薩摩郡さつま町の田の神石像

　さつま町は、鹿児島県北部の内陸地域に位置する町で、2005年3月22日に宮之城町、鶴田町、薩摩町が対等合併して誕生した。薩摩郡に属して県内の町村では最大の人口を有し、2016年10月1日現在で2万1900人である。宮之城温泉や紫尾温泉、宗功寺公園、観音滝公園や北薩広域公園などの観光スポットがある。

　実際に写真に収めることができた田の神石像は、旧宮之城町で34体、旧鶴田町で6体、旧薩摩町で16体の総計56体である。これらの中で最も多いのは、農民型で19体（座像3体、椅像8体、立像8体）、次に女性像が9体（椅像2体、立像7体）、神職型6体（椅像1体と立像5体）、僧型5体（座像3体、椅像1体、立像1体）、仏像型3体（座像2体、立像1体）と地蔵型3体（座像1体、立像2体）で、田の神舞神職型、旅僧型、尼僧型立像、そして山伏型椅像のそれぞれ1体ずつ、石碑型と自然石が2体ずつ、型不明も3体あった。

　さつま町でやはり最初に紹介しなければならないのは、宝永2年（1705年）のさつま町紫尾井出原の田の神（写真1－A、B）である。作成年代が判明しているものでは最も古い田の神とされており、仏像型（地蔵型）立像の石像で

写真1－A　さつま町紫尾井出原の田の神

写真1－B　さつま町紫尾井出原の田の神

写真2　さつま町泊野宮田上の田の神

写真3－A　さつま町泊野宮田上の田の神　　写真3－B　さつま町泊野宮田上の田の神

ある。頭部の三分の二程度と右腕の一部が破壊されているが、脚部は完全に残っており袴の腰板がはっきりと見られる。紫尾山を中心とした山岳仏教を母胎として田の神信仰が形成されたといわれているが、その歴史的な経緯を知る上でも非常に貴重な田の神である。

　以下、年代が古い順に仏像系の田の神について述べていく。さつま町泊野宮田上のお堂前の敷地に2体の田の神が祀られている。向かって左の地蔵型の石像（写真2）は明和5年（1768年）のものといわれており、シキを被り頭を丸めて僧衣姿で、右手に椀を左手にはメシゲを持った像が、高さ148cmの大きな板石に浮き彫りにされている。向かって右は明和7年（1770年）の仏像型座像（写真3－A、B）であり、頭髪があり光背をかざして袖の広い羽織姿で、右手にメシゲ、左手には宝珠を持っている。光背を持つ田の神は大変珍しくて飛天光みたいである。

　僧型については、寛政2年（1790年）の柏原の田の神（写真4－A、B）がある。小さな笠を被り広袖上衣に裁着け袴姿で、右手にメシゲで左手は穴を

写真4－A　さつま町柏原の田の神　　写真4－B　さつま町柏原の田の神

写真5 さつま町内小川田の田の神

作って腰掛けている。文化13年（1816年）の内小川田の田の神（写真5）は尼僧型で、長髪に笠を被り長袖羽織と裁着け袴姿で脚絆を巻き、右手に椀で左手にメシゲを持っている。頬と口紅が塗られて、微笑みを浮かべて胸下でワラヅトが掛けてある。年代不詳のもので泊野大平の田の神（写真6）は、出水市でよく見られる旅僧型で、頭を丸めてシキを被り、広袖上衣に裁着け袴姿にて、右手でメシゲを下げて持ち左手に椀を持っている。広橋の石像（写真7）は年代不詳であるが、やはり頭を丸めて光背があり広袖上衣に袴姿にて、右手にメシゲで左手は椀を持っている。新しいものでは、平成15年（2003年）の二渡の田の神（写真8）があり、笠を被り法衣と袴姿にて右手にメシゲで左手に宝珠を持ち、足を組んで座っている。また寛政10年（1798年）の中津川武の田の神（写真9）は、総髪の山伏像で広袖上衣に裁着け袴姿で、右手に如意棒を持ち左手は膝の上に置いた浮き彫り像で大変珍しい石像である。

次に神職型の田の神について紹介する。この地方に特徴的で、南大隅地方の

写真6 さつま町泊野大平の田の神

写真7 さつま町広橋の田の神

写真8 さつま町二渡の田の神

写真9　さつま町中津川武の田の神　　写真10－A　さつま町泊野市野の田の神　　写真10－B　さつま町泊野市野の田の神

　メシゲとスリコギを立てて持つ神職型立像とは異なり、広袖上衣に裁着け袴姿で小さ目なメシゲを下にして持つ神職型立像で「奥薩摩の神職型立像メシゲ持ち」と呼びたい。享保13年（1728年）の泊野市野の田の神（写真10－A、B）は、笠状のシキを被り広袖上衣に裁着け袴姿で、紐を大きく結んでふっくらとした感じがある。延享5年（1748年）の求名中福良の田の神（写真11－A、B）も同様な格好である。上瞼を閉じかげんにしたおだやかな表情で庶民的で

写真11－A　さつま町求名中福良の田の神　　写真11－B　さつま町求名中福良の田の神　　写真12　さつま町泊野楠八重の田の神

写真13　さつま町山崎上の田の神

写真14　さつま町広橋の田の神

写真15　さつま町白男川中間の田の神

ある。年代不詳であるが泊野楠八重(くすばえ)の田の神（写真12）も同様で、庶民的な眼尻を下げた丸顔は田の神の農民的な性格を表しているといわれている。一方、寛政5年（1793年）の山崎上の田の神（写真13）は、神職型の女官の石像であり、頭を丸めてシキを被り直衣で後ろに大きな裾が垂れており、右手にメシゲで左手は輪を作っている。端正な顔立ちで左足を前に出している。年代不詳であるが広橋の石像（写真14）は、破損したシキを被り布衣に裁着け袴姿で、右手は欠損で左手は輪を作っている田の神舞神職型である。白男川中間の石像（写真15）も年代不詳であるが、大きな笠を被り法衣で括り袴を身に着けて、右手は破損しているが左手に椀を持っている。

　さつま町は女性像が多いのも大きな特徴であるが、最も古いのは湯田旧塘池(ふるともいけ)の田の神（写真16－A、B）で、宝暦8年（1758年）作といわれている。大きな自然石に髪があり、羽織と袴姿の女性が両手でメシゲを持つ像が浮き彫りにされている。安永5年（1776年）の二渡須杭(すくい)の田の神（写真17）は、大きな舟型石に頭髪があり羽織と袴姿、右手に錫杖のようなものを持ち、左手には宝珠を持つ女性像が浮き彫りにされている。文化2年（1805年）の虎居大角(とらいおおすみ)の浮き彫り像（写真18－A、B）は、櫛をさした丸髷(まるまげ)で長袖和服とモンペ姿であるが両手は欠損している。天保2年（1831年）の中津川弓之尾下の田の神（写真

写真16－A　さつま町湯田旧塘池の田の神

写真16－B　さつま町湯田旧塘池の田の神

写真17　さつま町二渡須杭の田の神

19）は、結髪があり羽織と裁着け袴姿にて両手でメシゲを持つ女性像が、大きな自然石に浮き彫りされている。昭和5年（1930年）と新しい中津川別野の石像（写真20）は、結髪があり羽織と裁着け袴姿にて右手にメシゲで左手にスリコギを持っており、像全体がベンガラ色で彩色されて頬紅が塗られている。

写真18－A　さつま町虎居大角の田の神

写真18－B　さつま町虎居大角の田の神

　これからは年代不詳であるが、柊野柊野下の田の神（写真21）は丸髷を結い長袖羽織と袴姿で、右手にメシゲを持ち左手は欠落している。求名下狩宿（ぐみょうしもかりじゅく）の田の神（写真22）もほとんど同様な石像で、大きな舟型石に浮き彫りにされている。丸髷の田の神は非常に珍しく、先ほどの虎居大角の田の神と柊野下の田の神、およびこの下狩宿の田の神の3体のみである。時吉の石像（写真23）は風

写真19　さつま町中津川弓之尾下の田の神　　写真20　さつま町中津川別野の田の神　　写真21　さつま町柊野柊野下の田の神

化が強く判然としないが、大きな舟型石に豊富な髪があり羽織と袴姿で、右手に椀を持ち左手には錫杖のようなものを持っている。

　これらの女性像はすべて舟型石に浮き彫りされたものであるが、1体だけ単体浮き彫りの女性像がある。永野薬師の石像（写真24）がそれで、シキ状の笠を被り広袖羽織と裁着け袴にて右手にメシゲ、左手には穴がある。

　次に農民型について年代順に紹介したい。最も古いのが宝暦2年（1752年）

写真22　さつま町求名下狩宿の田の神　　写真23　さつま町時吉の田の神　　写真24　さつま町永野薬師の田の神

写真25　さつま町泊野高峰の田の神

写真26　さつま町鶴田大角の田の神

写真27　さつま町永野吉川の田の神

の泊野高峰の田の神（写真25）で、シキを被り長袖和服と裁着け袴姿で右手と顔は破損して、左手は顔の横にあてがっている。明治初期の廃仏毀釈の影響を受けたといわれている。明和2年（1765年）の鶴田大角の田の神（写真26）は、一部損壊したシキを被り広袖上衣に裁着け袴姿で、右手にメシゲ、左手は損壊している。明治初期の永野吉川の田の神（写真27）は笠を被り、裸足で長袖和服とズボン姿で右手にメシゲ、左手はキネを持って草履の紐まで詳細に描いてある。

以下は年代不詳であるが、永野池山の田の神（写真28）は頭巾を被り長袖和服に木靴を履き、右手にメシゲで左手は椀を持っている。柊野の石像（写真29）はシキを被り野良着で、右手には穴があり左手は破損し、裸足で腰掛けた姿が浮き彫

写真28　さつま町永野池山の田の神

写真29　さつま町柊野の田の神

写真30　さつま町泊野宮田の田の神　　写真31　さつま町虎居一ツ木の田の神　　写真32　さつま町黒島の田の神

りにされている。泊野宮田の田の神（写真30）は、笠を被り長袖和服にて右手にメシゲで左手にはキネを持ち、胸には袋を下げている。一瞬僧型の頭陀袋かと思ったが、袋を下げた農民型とした。虎居一ツ木の石像（写真31）は笠を後方にずらして被り、広袖上衣に括り袴に脚絆を巻いて、右手にメシゲを持って左手は輪を作っている。黒島の田の神（写真32）はかなり古そうであるが、シキを被り広袖和服に裁着け袴を身に着けて右手にメシゲ、左手にはスリコギを持っている。白男川中間の田の神（写真33）は、シキを被り長袖着物姿で、右手にメシゲ、左手に椀を持つ。最後に舟木の田の神（写真34）は、大きな笠を被り長袖和服に裁着け袴と脚絆姿で、右手にメシゲ、左手には椀を持っている。

写真33　さつま町白男川中間の田の神　　写真34　さつま町舟木の田の神

さつま町の田の神石像について簡単にまとめると、①年代が判明している田の神で最も古いとされる宝永2年（1705年）の紫尾井出原の仏像型（地蔵型）の田の神があり、歴史的には紫尾山を中心とした山岳仏教を母胎として田の神信仰が形成されたといわれている、②他にも仏像型や地蔵型のものがあり、手に宝珠を持ち光背を有する飛天光のようなものや、尼僧型や出水地方でよく見かける旅僧型、そして山伏型などもみられている、③この地域に特徴的な広袖上衣に裁着け袴姿で小さなメシゲを持つふっくらした感じの奥薩摩の神職型立像メシゲ持ちが存在する、④特に大きな自然石に浮き彫りされた女性像が多いのも特徴で、丸髷の髪結いなど珍しいものがみられて当時の生活状況が垣間見られる、⑤結構古い農民型も存在しており、当時の農民の生活の様子を伺うことができ、また彩色されたものが多くて見る人を楽しませてくれる、などである。

Ⅴ．伊佐市の田の神石像

　伊佐市は鹿児島県北部に位置し、2016年6月1日現在で人口が約2万6500人。伊佐米の名で知られる県内でも屈指の米どころである。また金の産出では、世界でも有数の高品位を誇る菱刈鉱山がある。「平成の大合併」の動きにあわせて、2000年代初頭に大口市と菱刈町で合併協議会を立ち上げ「伊佐市」とすることを決定するも、住民投票で否定された。2006年8月、再度合併協議会を立ち上げ2008年1月30日に「伊佐市」が誕生している。

　さて、田の神石像の分析は、詳細な伊佐市郷土史編さん委員会作成の『伊佐の田之神さあ』に従って、山野地区、大口地区、羽月地区、曽木・針持地区、本城地区、菱刈地区の順に資料の整理を行っている。この中で、実際に出かけて写真に収められた田の神石像96体と、個人持ちや持ち回りの田の神のために写真撮影が出来ず、資料集をもとに解析した144体（B－1からB－144）を合わせると合計240体となる。これほど多くの田の神石像が現存することになるが、これも「米どころ伊佐市」ならではと納得できる。

　地区ごとに表に田の神石像を型別に示してある。神像型68体（座像62体と椅像6体）、農民型123体（座像61体、椅像30体、立像31体、胸像のみ1体で、うち米袋負い型の農民型立像8体を含む）、僧型22体（座像16体、椅像5体、立像1体、うち米袋負い型の僧型座像2体を含む）、そして大黒天型2体（座像と立像）と夫婦立像が2組の4体、尼僧型座像、大日如来の仏像型、地蔵型座像および神仏型立像が1体ずつである。その他自然石や自然石文字彫り13体、厨子2体や掛け軸1体など多彩である。

　特に最も多い農民型は、個人所有や持ち回りの田の神が多く、また珍しい米袋負い型が8体みられる。次に多いのが神像型で68体、そして僧型22体でうち2体の珍しい米袋負い型がみられている。非常に種類の多い田の神石像に出会えたことに感謝している。

　神像型では、菱刈南浦本城南方神社境内の天明元年（1781年）の田の神（写真1）が最も古く、纓のない冠を被り衣冠束帯にて両手輪組で袖は張り出している。次の11体（写真2～12）は、資料では江戸期の作と紹介されている。菱

写真1　伊佐市菱刈南浦本城南方神社境内の田の神　　写真2　伊佐市菱刈前目の田の神　　写真3　伊佐市菱刈前目の田の神

刈地区前目の田の神（写真2）は纓のない小さな冠を被り衣冠束帯にて両手輪組で笏を持つ穴があり、袖は左右に跳ね上げて衣は黒とベンガラ色で鮮やかに彩色されている。同じ菱刈町前目の石像（写真3）も同様であるが、両手は膝の上で顔以外はベンガラ色である。菱刈町川北の田の神（写真4）は纓のない冠を被り衣冠束帯で両手輪組であるが穴はなく、冠は黒色で束帯は水色、衣と袴は灰色で立派に彩色されている。菱刈町田中の石像（写真5）は彩色が

写真4　伊佐市菱刈川北の田の神　　写真5　伊佐市菱刈田中の田の神　　写真6　伊佐市菱刈下名の田の神

なく古く見えるが、両手に持ち物はなく膝の上に置いている。菱刈町下名の田の神（写真6）も同様な格好をして台座ともベンガラ色に彩色されているが、台座には子供たちが硬い石で叩いてとりもちを作った跡がある。菱刈町下手仁王の田の神（写真7）は纓の付い

写真7　伊佐市菱刈下手仁王の田の神

写真8　伊佐市大口小川内前田の田の神

た冠を被り、衣冠束帯で両手は膝の上、右手に団子、左手は輪を作っており、一風変わった石像である。小川内前田の石像（写真8）は、烏帽子を被り狩衣姿で右手に持ち物はなく左手は輪を作っている。平出水の田の神（写真9）は纓の付いた冠を被り、衣冠束帯で両手に持ち物はないが、膝の上に置いて上に玉石がのせてある。下木原の田の神（写真10）は風化が強いが、纓の付いた冠を被り衣冠束帯で、右手は輪を作り左手には団子を持っている。菱刈南浦柳

写真9　伊佐市大口平出水の田の神

写真10　伊佐市大口下木原の田の神

写真11　伊佐市菱刈南浦柳野の田の神

写真12　伊佐市大口曽木下馬場の田の神　　写真13　伊佐市菱刈川南舟津田の田の神　　写真14　伊佐市大口牛尾奈良野の田の神

野の田の神（写真11）は冠については不明であるが、衣冠束帯にて両手で笏を持つが両袖は角張っている。自然石に浮き彫りされて背面は自然石のままである。そして曽木下馬場の田の神（写真12）は纓の付いた冠を被り衣冠束帯で、両手は膝の上、左手には団子を持っている。

次に、菱刈川南町舟津田の石像（写真13）は明治後期の作といわれ、纓のない冠を被り衣冠束帯で、膝の上の両手は輪組している。昭和10年（1935年）の牛尾奈良野の石像（写真14）は少し風変わりで、顎紐のある帽子を被り長袖上衣に袴姿で、右手にメシゲを持ち、左手には椀を持っているが、神像型として紹介されており、水溜矢四朗氏が熊本県天草で刻石したものを自治会に寄贈したとされている。昭和33年

写真15－A　伊佐市菱刈町共進の田の神　　写真15－B　伊佐市菱刈町共進の田の神

写真16　伊佐市大口平泉王城の田の神　　写真17　伊佐市菱刈下手の田の神　　写真18　伊佐市菱刈徳辺楠本の田の神

（1958年）の菱刈町共進の田の神（写真15-A、B）は、纓のない冠を被り衣冠束帯にて両手輪組で穴はないが、正々堂々とした風格で両袖と背に島津藩の文様が描かれている。

　享保6年（1721年）の大口平泉王城の田の神（写真16）は県指定の有形民俗文化財であるが、冠を被り穏やかな顔立ちで衣の襞が複雑に重なり、両手の指は印を結ぶ仏像型大日如来像である。大日如来像を彫って田の神として祀ったことは刻銘に明らかに記されており、廃仏毀釈の難を避けて地中に埋めてあったのを後に掘り出したために、損傷はほとんどみられない。ほか僧型では享保16年（1731年）菱刈町下手の田の神（写真17）があり、頭巾を被り長袖上衣の僧衣で右手に扇子を持ち、左手には餅を持って衣はベンガラ色に鮮やかに装飾されている。江戸期の作とされる僧型には、菱刈町徳辺楠本の田の神（写真18）があり、やはり頭巾を肩まで被り長袖上衣の僧衣で両手は膝の上で持ち物はない。菱刈町川北麓中の石像（写真19）は光背と笠を被り長袖上衣に袴姿で、右手にメシゲ、左手に椀を持つ像が浮き彫

写真19　伊佐市菱刈川北麓中の石像

218　第3章　鹿児島県の田の神石像オールレビュー

写真20　伊佐市大口下木原上中の田の神　　写真21　伊佐市大口曽木中央の田の神　　写真22　伊佐市大口曽木上牟田の田の神

りにされている。大口下木原上中の田の神（写真20）は大正5年（1916年）の作で、帽子を被り僧衣で右手にメシゲ、左手に椀を持っている。

　農民型では江戸期の作とされる6体をまず紹介する。大口曽木中央の田の神（写真21）はシキを被り長袖上衣に裁着け袴姿で、右手にメシゲ、左手に椀を持ちひさし様にせり出した大きな岩の下に祀られている。同じ上牟田の石像（写真22）は大きなシキを被り長袖上衣に袴姿で、右手にメシゲ、左手に椀を持っている。菱刈町下手の田の神（写真23）は、同じ格好の石像が自然石に浮き彫りされて、中はベンガラ色で彩色されている。菱刈町花北の石像（写真24）も自然石に浮き彫りされているが、風化が強く広袖上衣に袴姿で、右手にメシゲ、左手に椀を持っている。大口曽木諏訪の田の神

写真23　伊佐市菱刈下手の田の神　　写真24　伊佐市菱刈花北の田の神

写真25　伊佐市大口曽木諏訪の田の神　　写真26　伊佐市菱刈市山上市山の田の神　　写真27　伊佐市菱刈南浦爪ノ峰の田の神

（写真25）は大きなシキを被り、長袖上衣に袴姿にて右手にメシゲで左手に持ち物はないが両足がみえている。菱刈町市山上市山の石像（写真26）はシキを被り長袖上衣でお腹が出ており、農民型の妊婦像と紹介されており、顔以外は赤色で彩色されている。菱刈南浦爪ノ峰の田の神（写真27）は、シキを被り長袖上衣に裁着け袴姿で右手にメシゲ、左手に椀を持つ。

菱刈町市山下市山の石像（写真28－A、B）は石祠に収められて、シキを被り長袖上衣、右手にメシゲで左手に椀を持っている。この2体とも明治後期の作といわれている。大口原田平田の石像（写真29）は、右手にメシゲで左手に椀を持っている。後方からは男性根に見える。大口木ノ氏の田の神（写真30）は、明治44年（1911年）のも

写真28－A　伊佐市菱刈市山下市山の田の神　　写真28－B　伊佐市菱刈市山下市山の田の神

写真29　伊佐市大口原田平田の田の神　　写真30　伊佐市大口木ノ氏の田の神　　写真31　伊佐市大口下青木の田の神

ので同じ格好の石像である。明治45年（1912年）の大口下青木の田の神（写真31）はシキを被り広袖上衣に袴姿で、右手にメシゲで左手に椀を持ち米袋を背負っている。

　大口原田西原の田の神（写真32－A、B）と、大口上青木の石像（写真33－A、B）、そして大口里小水流の田の神（写真34－A、B）は、3体ともシキを被り広袖上衣に袴姿で、右手に鎌で左手には稲穂を持って大きな米袋を背負っている。昭和61年（1986年）の大口上青木更生の田の神（写真35）は珍しい木製で、シキを被り長袖上衣に袴姿で右手にメシゲ、左手に握り飯を持っている。平成11年（1999年）の菱刈町重留重留東の田の神（写真36）は、妙に顔が大きくてアンバランスな感じを受ける

写真32－A　伊佐市大口原田西原の田の神　　写真32－B　伊佐市大口原田西原の田の神

写真33-A　伊佐市大口上青木の田の神　　写真33-B　伊佐市大口上青木の田の神

が、シキを被り長袖上衣に袴姿で右手にメシゲ、左手に椀を持っている。平成24年（2012年）の菱刈南浦小川添（こがわせ）の石像（写真37）は、シキを被り半袖上衣に袴姿で、右手にメシゲ、左手に椀を持って落ち着いた表情をしている。

これらの他のタイプの田の神について紹介する。まずは天保14年（1843年）の南浦本城宇都の田の神（写真38）で、シキを被り長袖上衣で俵の上に座り、右手にメシゲで左手に椀と小槌を持っている。明治27年（1894年）の菱刈荒田の石像（写真39）は、笠を被り広袖上衣に長袴姿で、右手にメシゲ、左手に椀を持っている。ともに大黒天型の田の神である。

江戸末期の作とされる大口篠原陣の尾の田の神（写真40）は、向かって左が男神で右が女神であるが、ともにシキを被り衣冠束帯で男神は両手を膝の上で、女神の方は持ち物はない。この共に神像型の夫婦像は大変珍しいものである。明治41年（1908年）の菱刈南浦永池の夫婦像（写真41）も珍しいもので、共にシキを被り長袖上衣に袴姿で、向かって左側は女神で右手に急須を持っており、右側は男神で右手に椀で左

写真34-A　伊佐市大口里小水流の田の神　　写真34-B　伊佐市大口里小水流の田の神

写真35　伊佐市大口上青木更生の田の神　　写真36　伊佐市菱刈重留重留東の田の神　　写真37　伊佐市菱刈南浦小川添の田の神

手には大黒天の槌を持っている。2像1体の田の神はこの石像のみである。

　享保13年（1728年）の菱刈町田中の田の神（写真42）は文字彫りの角柱石で年代が古く、豊受姫神社境内にあって田の神と庚申塔を合わせたものとされている。安永10年（1781年）の菱刈町下手前目の石像（写真43）は、自然石に棒を持つ神官の姿が以前はあったようであるが、現在は風化が強く判然としない。そして大口篠原瓦部石の田の神（写真44）は、篠原ガラドンの田の神と呼ばれてガラッパ除けや農耕神として崇められたが、現在は田の神として祀られている。

　ここで伊佐市の田の神石像の特徴について簡単にまとめてみるが、伊佐市は詳細な資料集もあり、かなり実態に合った分析ができたと考えられる。①県指定有形民俗文化財の平出水王城の大日如来像をはじめ、多くの

写真38　伊佐市菱刈南浦本城宇都の田の神　　写真39　伊佐市菱刈荒田の田の神

種類の田の神像がみられるが、資料によると他の地域では見られない掛け軸や厨子など珍しいものがある、②この地域で

写真40　伊佐市大口篠原陣の尾の夫婦像

最も数が多いのは農民型で、古い年代から昭和や平成に作成された新しいものもあり、ここでしか存在しない2像1体の田の神や妊婦像があり、個人所有や持ち回りの田の神ではその多くが農民型である、③阿久根地方などで比較的みられる米袋負い型が、農民型8体と僧型に2体ずつあり、その地域的な関連性について興味がもたれる、④神像型でも数は少ないが椅像型の比較的大きいものや、座像の小型の石像があり、また神像型同士の珍しい夫婦像がみられる、⑤文字彫りや線刻の角柱や自然石の年代的にかなり古くて歴史的に貴重なものや、ガラッパ除けなど庶民の意識と生活を想起させるものがある、などである。

写真41　伊佐市菱刈南浦永池の夫婦像

写真42　伊佐市菱刈田中の田の神

写真43　伊佐市菱刈下手前目の田の神

写真44　伊佐市大口篠原瓦部石の田の神

C．大隅半島

Ⅰ．曽於市の田の神石像

　曽於市は、鹿児島県大隅半島の北部に位置する市で、2005年7月1日に曽於郡の末吉町、財部町、大隅町が合併して誕生している。2016年10月1日現在で人口が3万5868人、畜産や畑作を中心とした農業が盛んな地域である。県指定無形民俗文化財となっている弥五郎どんの浜下りや、道の駅おおすみ弥五郎伝説の里などの名所がある。

　曽於市では、実際に写真に収めた石像65体と資料集で確認できた69体の計134体についてまとめることができている。その内訳は大隅町で39体、財部町で46体、末吉町で49体である。最も多いのが農民型の53体（座像29体、椅像2体、立像19体、胸像のみ3体）で、僧型31体（座像13体、椅像1体、立像15体、田の神舞像2体）、田の神舞神職型が15体、神像型6体（座像5体、椅像1体）、田の神一家4体、女性像立像3体、神職型座像大隅型、祠堂型自然石がそれぞれ2体ずつ、地蔵型座像と石柱型文字彫りが1体ずつ、残り14体は型不明である。

　明和2年（1765年）

写真1－A　曽於市大隅町入角の田の神　　写真1－B　曽於市大隅町入角の田の神

の大隅町入角(いりずみ)の田の神（写真1－A、B）は、笠状のシキを被り布衣に括り袴姿で右手にメシゲ、左手に椀を持ち、右足を前に出して躍動的な田の神舞神職型である。末吉町深川南山中顕彰館の明和6年（1769年）の田の神（写真2－A、B）

写真2－A　曽於市末吉町深川南山中顕彰館の田の神　　写真2－B　曽於市末吉町深川南山中顕彰館の田の神

は、同様な格好でメシゲを頭上に掲げており、やはり躍動的である。末吉町深川堂園の安永6年（1777年）の石像（写真3－A、B）は、笠状のシキを被り布衣に裁着け袴姿で、右手にメシゲ、左手に椀を持ち、左足を前に出しているが右膝に穴があり花瓶になっている。この3体はすべて後方からは男性根に見える。

　文化8年（1811年）の財部町北原刈原田の田の神（写真4）と、嘉永5年（1852年）の末吉町歴史民俗資料館内の石像（写真5）も、顔の表情が豊かでメシゲを手で持ち、今にも踊り出しそうである。年代不詳であるが末吉町南之郷富田の田の神（写真6）は山中顕彰館の石像と似ており、メシゲを掲げて踊っているようである。他に同じ南

写真3－A　曽於市末吉町深川堂園の田の神　　写真3－B　曽於市末吉町深川堂園の田の神

写真4　曽於市財部町北原刈原田の田の神

写真5　曽於市末吉町歴史民俗資料館内の田の神

写真6　曽於市末吉町南之郷富田の田の神

之郷檍(あおき)の田の神（写真7）や、財部町閉山田(とじやまだ)の田の神（写真8）も田の神舞神職型と考えられる。

　大隅地方に特有な神職型座像大隅型の田の神が2体ある。弘化4年（1847年）頃の大隅町月野広津田(ひろつだ)の石像（写真9－A、B）と、元治2年（1865年）の大隅町大谷中大谷の田の神（写真10）である。頭巾を背に垂らして広袖和服に袴姿で右手にメシゲで左手にスリコギを持つ像を丸彫りしてある。

　神像型は6体ある。大隅町須田木下須田木の田の神（写真11）は宝暦4年（1754年）の作で、頭部は丸石で代用されている。衣冠束帯で右手に穴があり曽於市では最も古い像である。安政2年（1855年）の財部町下財部吉ヶ谷の石像（写真12）は、烏帽子を被り

写真7　曽於市末吉町南之郷檍の田の神

写真8　曽於市財部町閉山田の田の神

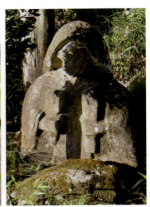

写真9−A　曽於市大隅町月野広津田の田の神　　写真9−B　曽於市大隅町月野広津田の田の神　　写真10　曽於市大隅町大谷中大谷の田の神

羽織袴姿にて両手で宝珠を持ち蓮の台座に座っている。財部町北俣谷川内の田の神（写真13）は纓のついた冠の衣冠束帯姿、両手は輪組で笏を持つ穴がある。財部町南俣飯野の石像（写真14）は、風化が強いが烏帽子を被り狩衣姿にて両手輪組で彩色はない。

　僧型は31体ある。年代不詳であるが財部町南俣の田の神（写真15）は頭を丸めて笠を被り、両手は破損、持ち物など不明である。顔に赤の着色あり。末吉

写真11　曽於市大隅町須田木下須田木の田の神　　写真12　曽於市財部町下財部吉ヶ谷の田の神　　写真13　曽於市財部町北俣谷川内の田の神

228　第3章　鹿児島県の田の神石像オールレビュー

写真14　曽於市財部町南俣飯野の田の神　　写真15　曽於市財部町南俣の田の神　　写真16　曽於市末吉町南之郷富田の田の神

町南之郷富田の石像（写真16）は網目線刻の笠を被り、長袖羽織に長衣姿で両手は欠損している。網目線刻の笠は珍しく、末吉町No.13（巻末の表）の石像によく似ている。大隅町月野川久保の田の神（写真17）は明治39年（1906年）作で、頭巾を被り長袖上衣に袴姿で、右手にメシゲ、左手にスリコギを持ち、目、鼻、口がはっきり彫ってある。持ち物は垂直で、大隅地方に特有な神職型座像と持ち方が同じである。大隅町恒吉野崎の平成16年（2004年）作の田の神（写真18）は、笠を被り羽織袴姿で右手にメシゲ、左手に飯盛り椀を持つ可愛らしい地蔵型座像である。

最も多い農民型について、年代が判明しているものから紹介したい。安永9年（1780年）の財部町大川原の田の神（写真19－A、B）は、自然石と

写真17　曽於市大隅町月野川久保の田の神　　写真18　曽於市大隅町恒吉野崎の田の神

C．大隅半島　Ⅰ．曽於市の田の神石像　229

並んで祀られており、笠を被り長袖和服と裁着け袴姿で、右手にメシゲ、左手に椀を持っている。昔から彩色する風習があるとのことで、白

写真19－A　曽於市財部町大川原の田の神

写真19－B　曽於市財部町大川原の田の神

と青、ベンガラなどで鮮やかに彩色が施されている。財部町南俣郷土館内の寛政2年（1790年）の田の神（写真20）は、廃仏毀釈の影響か顔は破壊されて表情は不明であるが、シキを被り長袖上衣に袴姿で、右手に鈴、左手にメシゲを持っている。同じ郷土館の明治32年（1899年）の石像（写真21）は、笠を被り顔は温和で眉、鼻、口、目は明瞭であり、胡座をかいている。大正9年（1917年）の財部町下財部赤坂の石像（写真22）は、シキを被り長袖和服と裁着け袴姿で、右手にメシゲ、左手に稲穂を持っている。昭和5年（1930年）の財部町南俣新田の大きな石像（写真23－A、B）は、甑のシキを被り長袖上衣

写真20　曽於市財部町南俣郷土館内の田の神

写真21　曽於市財部町南俣郷土館内の田の神

写真22　曽於市財部町下財部赤坂の田の神

写真23－A　曽於市財部町南俣新田の田の神　　写真23－B　曽於市財部町南俣新田の田の神　　写真24　曽於市大隅町荒谷大迫の田の神

に袴姿で右手にメシゲ、左手に飯盛り椀を静かに持っており、後方からは男性根に見える。昭和46年（1971年）の大隅町荒谷大迫の田の神（写真24）は立派な甑のシキを被り、野良着姿で右手にメシゲ、左手にスリコギを持っており、親しみやすい顔をしている。平成8年（1996年）の大隅町弥五郎の里の田の神（写真25）は、シキを被り長袖上衣に袴姿で、右手にメシゲ、左手にスリコギを持ち、頭部と笠がセメント付けされている。

　ここで年代不詳の石像を紹介する。財部町南俣南の田の神（写真26）はシキを被り長袖和服に袴姿で、右手にメシゲの柄を持つが左手は不明で地衣が強く着いている。末吉町諏訪方猪之川内の田の神（写真27）は、欠けたシキを被り胸の開けた上衣にズボン姿で、

写真25　曽於市大隅町弥五郎の里の田の神　　写真26　曽於市財部町南俣南の田の神

C．大隅半島　Ⅰ．曽於市の田の神石像　231

写真27　曽於市末吉町諏訪方猪之川内の田の神　　写真28　曽於市財部町下財部踊橋の田の神

右手にメシゲ、左手に椀を持ち腹部の帯に十字がある。財部町下財部踊橋の田の神（写真28）は大きな笠を被り、右手にメシゲで左手に稲穂を持って縦縞模様の蓑を纏う珍しい恰好の石像である。

大隅町須田木下須田木には女性の農民型の田の神（写真29－A、B）がある。髪がありシキを被り着物姿で、右手にメシゲ、左手に稲穂を持ち裸足で立っている。何故か後方からは男性根に見える。財部町下財部川内の田の神（写真30）は、シキを被り半袖上衣に袴姿で、右手にメシゲ、左手に椀を持っている。盗難防止のために鉄製の柵が設けられている。財部町北俣浦興禅寺の田の神（写真31）は笠を被り長袖和服で、右手にメシゲ、左手に柴の束を結んだ縄を持ち俵の上に座っている。柴の束を背負った田の神は非常に珍しい。

財部町南俣平野の祠堂型の田の神（写真32）は、文政5年（1822年）の作である。平野地区は五神講（山の神、田の神、馬頭観音、火の神、水神）があり、春は里に下りて田の神になり収穫後は山に戻って山の神になると言い伝えら

写真29－A　曽於市大隅町須田木下須田木の田の神　　写真29－B　曽於市大隅町須田木下須田木の田の神

写真30　曽於市財部町下財部川内の田の神

写真31　曽於市財部町北俣浦興禅寺の田の神

写真32　曽於市財部町南俣平野の祠堂型の田の神

れている。

　大隅町の岩川弥五郎の伝説の里には、平成8年に川崎工業から寄贈された興味深い田の神石像群がある。4体の田の神石像が並んでおり（写真33）、初めはなに像か分からなかったが、説明では写真34が本家の田の神で、写真35が長男、写真36が女の子とのこと。そして右端には、なんと河童の石像（写真37）が並んでいる。頭に皿水、右手に日傘、左手にはフクベ（酒入り）を持ち、背中に甲羅がある。山の神として創設されており、やはり春には山を下りて田の神になると言い伝えられているそうである。

　曽於市の田の神石像の特徴について簡単にまとめると、①大隅

写真33　曽於市大隅町岩川弥五郎の伝説の里の田の神

写真34　曽於市大隅町岩川弥五郎の伝説の里、本家の田の神

C．大隅半島　I．曽於市の田の神石像　233

地方に特有な2体の神職型座像大隅型が存在すること、②笠を被り布衣と袴姿で、メシゲを振りかざして躍動的な田の神舞神職型が15体と多くみられること、③僧型も31体と多いが、笠が網目線刻といった珍しいものがあり、神職でなく僧侶の田の神舞の石像が2体存在すること、④農民型が最も多いが、被り物や衣、持ち物などが多彩であり見飽きることはない、⑤大隅町弥五郎の伝説の里には田の神一家の石像群がある。河童の石像が山の神として一緒に祀られており興味深い、などである。

写真35　曽於市大隅町岩川弥五郎の伝説の里、長男　　写真36　曽於市大隅町岩川弥五郎の伝説の里、女の子　　写真37　曽於市大隅町岩川弥五郎の伝説の里、河童

Ⅱ．曽於郡大崎町の田の神石像

曽於郡は鹿児島県（大隅半島）の郡で大崎町のみで成り立っている。平成の大合併で周囲は曽於市、志布志市、鹿屋市が誕生または拡大して隣接したが、合併することなく現在に至っている。2016年10月1日で人口は1万3017人である。

写真1－A　大崎町井俣田中の田の神

写真1－B　大崎町井俣田中の田の神

大崎町では、6体の田の神を写真に収めることができている。内訳は農民型3体（座像1体、立像2体）と、田の神舞神職型、旅僧型、僧型立像のそれぞれ1体ずつである。

写真2－A　大崎町井俣田中の田の神

写真2－B　大崎町井俣田中の田の神

大崎町井俣田中の田の神（写真1－A、B）は年代不詳であるが、シキを背中まで頭巾風に被り布衣と括り袴姿で、右手にメシゲ、左手に鈴を持って、踊り出しそうな田の神舞神職型である。先祖代々から受け継がれており、市に有形民俗文化財に指定されて

C．大隅半島　Ⅱ．曽於郡大崎町の田の神石像　235

いる。白色と群青色で鮮やかに彩色されている。同じ井俣田中の文化11年（1814年）の田の神（写真2-A、B）は、シキを背中まで被り僧衣をまとい、右手にスリコギで左手にメシゲを持ち、右足を前に出して托鉢に出かけるような姿で立っている。野方曲の石像

写真3-A　大崎町野方曲の田の神

写真3-B　大崎町野方曲の田の神

（写真3-A、B）は、シキを被り胸開きの長袖和服と袴姿で、右手にメシゲ、左手にスリコギを持っている。

　持留上持留の昭和11年（1936年）の田の神（写真4）は、甑のシキを被り長袖和服姿にて右手でメシゲを持つも左手は不明である。

写真4　大崎町持留上持留の田の神

Ⅲ. 肝属郡肝付町、東串良町、錦江町、南大隅町の田の神石像

肝属郡は、2016年10月1日現在で人口が3万7004人、東串良町、肝付町、錦江町、南大隅町の4町から構成されている。東串良町を除く3町は、平成の大合併で新しく生まれた町である。2005年3月22日に大根占町と田代町が合併して錦江町が発足し、同年3月31日に根占町と佐多町が合併して南大隅町ができ、同年7月1日に内之浦町と高山町が合併して肝付町が誕生している。

写真1－A　肝付町野崎の田の神

肝属郡4町で写真に収められたのは38体で、僧型では僧型立像鍬持ちツト背負い型が4体、僧型立像瓢箪持ち型が3体、旅僧型が14体（内13体は大隅型）、僧型立像が1体である。他に2体の神像型（座像と椅像）、神職型が8体（座像2体と立像6体）、そして農民型が6体（座像1体、椅像3体、立像2体）であった。この地域の特徴としては、僧型がもっとも多く、特に大隅型が多いことであり、他にも鍬持ちツト背負い型や、瓢箪持ち型など、特徴的な像が存在することである。かなり古いものと思われる神像型や、胡座をかいて持ち物を垂直に持つ大隅型の神職型座像、そしてこの地域に特徴的な神職型立像も多く存在している。

まずは、僧型立像鍬持ちツト背負い型について紹介したい。肝付町野崎の2体の田の神

写真1－B　肝付町野崎の田の神

写真1－C　肝付町野崎の田の神

写真2－A　東串良町安留の田の神　　写真2－B　東串良町安留の田の神　　写真3　肝付町野崎塚崎の田の神

　（写真1－A、B、C）は県指定有形民俗文化財であり、向かって右の石像は寛保3年（1743年）と古く、左側は明和8年（1771年）の作である。長袖・長衣の着流しで袴を着けずに紐状の帯で前を結い、鍬の柄を立てて背のシキの下にワラヅトを背負ってメシゲを挿している。明和8年（1771年）の東串良町安留の田の神（写真2－A、B）も同様で、総髪にシキを被り長袖・長衣で前を帯状の紐で結び、両手でヘラクワの柄を杖代わりに持って立ち、背にメシゲを挿したワラヅトを背負っている。延享3年（1746年）の肝付町野崎塚崎の田の神（写真3）は、僧型立像瓢箪持ち型の田の神で、総髪でシキは長く背に垂らして広袖和服に袴姿で、右手にメシゲで左手に宝珠を持って、瓢箪と木の葉状のものを前腹部に下げている。

写真4－A　東串良町新川西の田の神　　写真4－B　東串良町新川西の田の神

写真5－A　肝付町野崎津曲の田の神　　写真5－B　肝付町野崎津曲の田の神　　写真6　東串良町川西の田の神

目は細く眠るような穏やかな顔立ちで次の東串良新川西の石像と似ているが、木の葉状のものは盃ではないかという説もある。文化4年（1807年）の東串良町新川西の田の神（写真4－A、B）は県指定有形民俗文化財であり、総髪で点彫りシキを長く背に垂らして長袖上衣に袴姿で、右手にメシゲ、左手に宝珠を持って瓢箪と木の葉状のものを下げて、米俵の上に立っている。口は八の字で目は細く眠るような穏やかな表情である。明治30年（1897年）の肝付町野崎

写真7　肝付町新富本城下の田の神　　写真8　肝付町宮下南宮下の田の神　　写真9　肝付町新富花牟礼の田の神

津曲の田の神（写真5－A、B）も同様で、後から模造して作成されたものと思われる。明治36年（1903年）の東串良町川西の石像（写真6）は、一見大隅型の旅僧型に見えるが瓢箪と木の葉状のものをぶら下げており、やはり後で面白く模造したのではないかと考えられる。

写真10－A　東串良町川西唐仁の田の神

写真10－B　東串良町川西唐仁の田の神

　ここからは、この地域に多い旅僧型大隅型の田の神について述べる。最も古いのは安永6年（1777年）の肝付町新富本城下の田の神（写真7）で、総髪で点彫りシキを被り広袖和服に裁着け袴姿、脚絆を巻き、右手にスリコギを垂直に持って左手はメシゲを水平に持っている。また、宝珠のマークの入った頭陀袋を頭から下げて片足を前に出し、僧侶が托鉢に出かける様子を写し取った

写真11－A　東串良町川東の田の神

写真11－B　東串良町川東の田の神

ものと思われる。慶應4年（1868年）の肝付町宮下南宮下の田の神（写真8）や、明治14年（1881年）の肝付町新富花牟礼の石像（写真9）は、同様な格好をした大隅型の旅僧型であるが、これらには頭陀袋がみられない。また明治30年（1897年）頃の東串良町川西

写真12－A　肝付町宮下下宮下の田の神　　写真12－B　肝付町宮下下宮下の田の神　　写真13－A　東串良町岩弘岩弘中の田の神

の唐仁の田の神（写真10－A、B）と、明治42年（1909年）の東串良町川東の田の神（写真11－A、B）は、宝珠印の入った頭陀袋を下げた大隅型旅僧型である。

　年代不詳の大隅型旅僧型について紹介する。肝付町宮下下宮下の田の神（写真12－A、B）、東串良町岩弘岩弘中の石像（写真13－A、B）、そして肝付町波見波見下の田の神（写真14－A、B）は、点彫りシキを被り同様な格好で

写真13－B　東串良町岩弘岩弘中の田の神　　写真14－A　肝付町波見波見下の田の神　　写真14－B　肝付町波見波見下の田の神

写真15　肝付町新富の田の神　　写真16　肝付町新富の田の神　　写真17－A　錦江町馬場半下石の田の神

スリコギとメシゲを持ち、頭陀袋を下げているが、背石で石像を支えているのが分かる。肝付町新富の2体の田の神（写真15、写真16）は頭陀袋を下げていない。錦江町馬場半下石（はんげいし）の田の神（写真17－A、B）は昭和3年（1928年）に作られたものである。総髪でシキを被り長袖和服袴姿、右手にメシゲで左手にもメシゲを持つが、右足は草履で左足は下駄を履いており、履物が左右で異なるのは非常に珍しいものである。

　次に2体の神像型について紹介したい。肝付町南方（旧高山町）には4体の石祠の田の神がある。すべて同じ型の石像かと思われたが、実は異なった3種類の田の神が存在している。寛保2年（1742年）の肝付町南方乙田の石像（写真18）は、欠けたシキを被り布衣を身に着けて両

写真17－B　錦江町馬場半下石の田の神　　写真18　肝付町南方乙田の田の神

写真19　肝付町南方小野の田の神　　写真20－A　肝付町南方大平見の田の神　　写真20－B　肝付町南方大平見の田の神

膝を前に出して腰掛け、右手にはメシゲらしきものを持ち、左手の持ち物は不明である。小野重朗先生は「この石像はシキを被り布衣を着けて片足を趺座にして、メシゲとスリコギを垂直に持つ大隅型神職型座像の原型とも推測される」と述べている（『田の神サア百体』）。また年代不詳であるが、肝付町南方小野の田の神（写真19）は、被り物が不明で狩衣姿で右手にメシゲ、左手にスリコギを垂直に持っている。

　次に神職型について述べていく。まずは、宝暦4年（1754年）の肝付町南方大平見の田の神（写真20－A、B）。被り物は不明であるが布衣と裁着け袴姿で、右手にメシゲ、左手にスリコギを垂直に持って、胡座をかいて座っている。顔面と頭部がまっ黒である

写真21－A　肝付町北方の田の神　　写真21－B　肝付町北方の田の神

C．大隅半島　Ⅲ．肝属郡肝付町、東串良町、錦江町、南大隅町の田の神石像　　243

写真22　南大隅町根占の田の神

写真23－A　錦江町福祉センターの田の神

写真23－B　錦江町福祉センターの田の神

が、自然現象ではないかともいわれている。最も古い大隅型神職型座像であると思われる。年代不詳であるが肝付町北方の石像（写真21－A、B）も全く同様な格好と持ち物である。

　この地方に特徴的で多く存在する神職型立像では、享保16年（1731年）の南大隅町根占の田の神（写真22）が最も古く、県の有形民俗文化財に指定されている。シキを被り布衣に括り袴姿で、右手にメシゲ、左手にスリコギを持って立っている。台座には団子と餅が刻まれており、県下のすべての田の神の中で19番目に古いとされている。安永2年（1773年）の錦江町福祉センターの田の神（写真23－A、B）や、安永6年（1777年）の錦江町神川の石像（写真24－A、B）、そして明確

写真24－A　錦江町神川の田の神

写真24－B　錦江町神川の田の神

ではないが享保年間の作ではないかといわれる錦江町馬場の田の神（写真25－A、B）も、すべて同様な神職型立像で、「南大隅型の神職型立像」と称されている。また年代不詳のものでは、錦江町田代川原の田の神（写真26－A、B）や、錦江町城元の石像（写真27）がある。

写真25－A　錦江町馬場の田の神

写真25－B　錦江町馬場の田の神

最後に農民型を見ていく。年代不詳であるが、東串良町池之原の田の神（写真28）は、「出会いさあの田の神」で知られている。シキを被り野良着姿で、右手にメシゲで左手にスリコギを持ち、裸足で米俵2俵の上に立って背にワラヅトを背負っている。昭和30年頃に盗まれて、昭和33年3月に戻ってきたとされている。

他にふんどし姿と考えられる比較的新しい農民型椅像がある。明治31年（1898年）の東串良町川東永峯の田の神（写真29）と、南大隅町横別府栗之脇の石像（写真30）である。年代不詳の南大隅町馬籠川田代の石像（写真31）は、風化が激しいが、シキを被り羽織袴

写真26－A　錦江町田代川原の田の神

写真26－B　錦江町田代川原の田の神

C．大隅半島　Ⅲ．肝属郡肝付町、東串良町、錦江町、南大隅町の田の神石像　245

姿、裸足の農民像が浮き彫りにされている。

肝属郡の田の神石像は38体とそれ程多くはないが、歴史的には大変貴重なものが存在している。簡単にまとめると、①僧型が最も多く、その中に県指定有形民俗文化財でもある僧型立像鍬持ちツト背

写真27　錦江町城元の田の神　　写真28　東串良町池之原の田の神

負い型や僧型立像瓢箪持ち型など、大変貴重で見るからに興味深い石像が存在している、②僧が托鉢する姿を映した旅僧型が多く存在しているが、点彫りシキを被りスリコギを立ててメシゲを水平に持つ大隅型がほとんどで、1体のみ持ち物を垂直に立てて持ち、履物が草履と下駄と異なる風変わりな旅僧型もみられた、③旧高山町には4体の石祠に祀られた田の神があり（2体ずつの神像型と神職型）、神職型は持ち物を垂直に持って胡座をかいて座っており、大隅型

写真29　東串良町川東永峯の田の神　　写真30　南大隅町横別府栗之脇の田の神　　写真31　南大隅町馬籠川田代の田の神

神職型座像（胡座かき）の原型である、④この地域に特徴的な神職型座像大隅型も存在し、県の有形民俗文化財に指定されているものもある。やはり持ち物はメシゲとスリコギで、ともに垂直に立てて持っている、⑤数は少ないが農民型もみられ、盗まれて帰ってきた「オットイ田の神」「出会いさあの田の神」や、一風変わったふんどし姿のものもみられた、などである。

Ⅳ．志布志市の田の神石像

志布志市は鹿児島県東部の市で、2006年1月1日に曽於郡志布志町と松山町、そして有明町が合併して誕生した。市の東側は志布志湾に面して、国の中核国際港湾である志布志港が整備されている。2016年10月1日現在、人口3万1159人。

志布志市では8体の

写真1－Ａ　志布志市有明町蓬原野井倉豊原の田の神

写真1－Ｂ　志布志市有明町蓬原野井倉豊原の田の神

田の神石像を写真に収めることができている。神職型座像が5体で、すべてがメシゲとスリコギを立てて持つ大隅型であり、他に田の神舞神職型、僧型座像および農民型立像がそれぞれ1体ずつである。

写真2　志布志市有明町蓬原中野の田の神

写真3－Ａ　志布志市志布志町内之倉森山の田の神

写真3－Ｂ　志布志市志布志町内之倉森山の田の神

寛保3年（1743年）の有明町蓬原野井倉豊原の田の神（写真1－A、B）は、頭巾を被り布衣と袴姿で、右手にメシゲで左手にスリコギを垂直に立てて持ち、右足を上げて胡座をかいている（趺座）。県指定有形民俗文化財であり、このような格好をした神職型

写真4－A　志布志市有明町野井倉高吉の田の神

写真4－B　志布志市有明町野井倉高吉の田の神

座像は大隅型と呼ばれている。宝暦3年（1753年）の有明町蓬原中野の田の神（写真2）も同様で、市の有形民俗文化財に指定されている。弘化4年（1847年）の志布志町内之倉森山の石像（写真3－A、B）は、かなり大きくて、頭を丸めて面長顔に笠状のシキを被り広袖上衣に袴姿で、趺座ではないが持ち物を垂直に立てて持っている。

　年代不詳であるが、有明町野井倉高吉の田の神（写真4－A、B）は、笠を

写真5　志布志市有明町蓬原中野の田の神

写真6－A　志布志市有明町蓬原宇都の田の神

写真6－B　志布志市有明町蓬原宇都の田の神

被り長袖上衣に裁着け袴姿で襷を掛けて、右手に鈴で左手にはメシゲを持ち、背には帯状の紐を下げて、あたかも神楽で舞っているようにもみえる。安永5年（1776年）の有明町蓬原中野の田の神（写真5）は、総髪で笠状のシキを被り広袖上衣に袴姿にて両手で大きなメシゲを持っているが、かなり古い僧型座像と思われる。大正10年（1921年）の有明町蓬原宇都の田の神（写真6－A、B）は、シキを背まで被り長袖上衣に野良着姿で、右手にメシゲ、左手にスリコギを持って裸足で立っている。

　志布志市では8体のみであるが簡単にまとめると、①多くが神職型座像で、すべてメシゲとスリコギを立てて持つ大隅型であり、県指定有形民俗文化財の豊原の田の神がある、②鈴を持ってあたかも神楽を舞っているような田の神舞神職型が存在する、③他にも年代の古い僧型座像や野良着姿の農民型もみられる、などである。

Ｖ．鹿屋市の田の神石像

　鹿屋市は、大隅半島の中央部に位置し、2016年10月1日現在で10万3239人の街で、2006年に鹿屋市、輝北町、串良町、そして吾平町が合併して誕生している。市の北西部には高隈山が、そして南東部には肝属山地（国見山地）が連なり、両山地の間には笠野原台地と鹿屋原台地などのシラス台地があり、市の中央部を流れる肝属川の沖積平野を中心に肝属平野が広がっている。鹿屋市では実際に写真に収められたのは54体で、資料集の1体を合わせて55体についてまとめることができている。内訳は多い順に、田の神舞神職型14体、旅僧型13体、神舞神職型と農民型が6体ずつ、僧型立像鍬持ちッㇳ負い型3体、女性型、僧型座像、神職型座像、胸像のみの神職型、石祠型がそれぞれ1体、残り8体は型不明である。

　この地域でまず紹介しなければならないのは、特に高隈地域周辺に散在して他の地域では見られない神舞神職型である。明和2年（1765年）の下高隈上別府の田の神（写真1－Ａ、Ｂ）は、烏帽子を被り袂の短い上衣に長い腰板の袴姿で、右手は破損して左手は穴を作っている。福相の顔は歯を見せて笑っており、着物は薄い赤茶色で通常は右手に鈴を持つとされている。江戸時代の

写真1－Ａ　鹿屋市下高隈上別府の田の神　　写真1－Ｂ　鹿屋市下高隈上別府の田の神　　写真2　鹿屋市上高隈鶴の田の神

作と推定される上高隈鶴の田の神（写真2）も、烏帽子を被り広袖上衣に長袴姿で腰をかがめて立っているが、持ち物は不明である。この神舞神職型は6体と述べたが、現在では風化が強く詳細は不明なNo.3（巻末の表）とNo.4（同）も鹿屋バラ園では複製されて、神

写真3－A　鹿屋市上高隈中津神社の田の神
写真3－B　鹿屋市上高隈中津神社の田の神

舞神職型と紹介されている。恐らく作成年代がかなり古いもので、以前は多く存在していたのではないかと思われる。

　上高隈中津神社の田の神（写真3－A、B）は年代不詳であるが、同様に烏帽子を被り羽織・袴姿で背中は襷掛けで、両手でその襷を掴んでいる。彩色が鮮やかな田の神舞神職型である。寛延4年（1751年）の野里町山下の田の神（写真4－A、B）は、シキを頭巾風に背中に垂らして被り布衣に括り袴姿で、右手にメシゲ、左手に鈴を持っており、県の有形民俗文化財に指定されている。大隅地方にはこのようなメシゲと鈴持ちの田の神舞神職型が8体あるとも紹介されている。年代不詳であるが上野町寺田の石像（写真5）も同様な田の神舞神職型であり、ふっくらと

写真4－A　鹿屋市野里町山下の田の神
写真4－B　鹿屋市野里町山下の田の神

写真5　鹿屋市上野町寺田の石像

写真6-A　鹿屋市串良町有里中郷の田の神

写真6-B　鹿屋市串良町有里中郷の田の神

したお腹と括り袴の両下肢が印象的で、満腹に食事がとれたことを想像して作成されたのかも知れない。

　これらとは対照的に、スリコギとメシゲを持つ田の神舞神職型が存在する。天保5年（1834年）の串良町有里中郷の田の神（写真6-A、B）は、笠状にシキを被り広袖上衣に裁着け袴で、右手にスリコギを左手にはメシゲを持ち右膝を立てている。年代不詳であるが輝北町宮園の田の神（写真7）は、シキを被

写真7　鹿屋市輝北町宮園の田の神

写真8　鹿屋市輝北町谷田中福良の田の神

写真9　鹿屋市輝北町諏訪原の田の神

C．大隅半島　Ⅴ．鹿屋市の田の神石像　253

り長袖長衣を着けて帯紐を前で結び、右手に持ち物はなく左手にスリコギを持ち、肩蓑を掛けて首前で結び、顔をゆがめている。市の有形民俗文化財に指定されている。輝北町谷田中福良の田の神（写真8）も市指定の有形民俗文化財で、甑のシキを被り広袖上衣に裁

写真10　鹿屋市輝北町下平房の田の神　　写真11　鹿屋市吾平町上名中福良の田の神

着け袴姿で、右手にスリコギ、左手にメシゲを持っている。輝北町諏訪原の石像（写真9）は、甑のシキを被り長袖和服に襞のある袴姿で、右手にスリコギ、左手に椀を持って微笑んでいる。同じ輝北町下平房の田の神（写真10）は、笠状のシキを被り広袖上衣に袴姿で、右手は破損しているが、左手にメシゲを持ち、顔を横にして微笑んでいる。

　ここで3体の僧型立像鍬持ちツト負いについて紹介する。明和8年（1771年）の吾平町上名中福良の田の神（写真11）と、享和3年（1803年）の上野町岡泉の田の神（写真12－A、B）であるが、総髪でシキを頭巾風に被り両手でヘラクワを杖にして、大きな袖の着物を着流して長い帯の紐を垂らしており、背中にメシゲを挿したワラヅ

写真12－A　鹿屋市上野町岡泉の田の神　　写真12－B　鹿屋市上野町岡泉の田の神

写真13　鹿屋市吾平町麓の田の神

写真14　鹿屋市吾平町下名真角の田の神

写真15－A　鹿屋市串良町岡崎上の田の神

トを背負っている。年代不詳の吾平町麓の石像（写真13）は見た雰囲気が異なるが、基本的には同様な格好をしている。これらの僧型立像鍬持ちツト負い型の田の神は、大隅半島の南部地域の肝属郡にも多くみられている。

　この地域には、独特なタイプの旅僧型の田の神が存在する。年代が判明しているものでは、安永4年（1775年）の吾平町下名真角の田の神（写真14）、文化2年（1805年）の串良町岡崎上の田の神（写真15－A、B）、嘉永2年（1849

写真15－B　鹿屋市串良町岡崎上の田の神

写真16－A　鹿屋市南町の田の神

写真16－B　鹿屋市南町の田の神

C．大隅半島　Ⅴ．鹿屋市の田の神石像　255

年）の南町の田の神（写真16－A、B）、享保年間の上野町寺田の田の神（写真17）、そして江戸後期の吾平町大牟礼の石像（写真18）などがある。これらはすべてが総髪で点彫りシキを被り、広袖上衣に裁着け袴姿でスリコギとメシゲを直角に持ち、片足を前に出

写真17　鹿屋市上野町寺田の田の神

写真18　鹿屋市吾平町大牟礼の田の神

して托鉢に出かける姿を表現したもので、頭陀袋を胸に下げたものが多く大隅型の旅僧型と呼ばれている。

　一方、少し風変わりな石像もある。年代不詳であるが吾平町上名車田の田の神（写真19－A、B）は、渦巻き模様のシキを頭巾風に被り袖長上衣に裁着け袴姿で、右手にスリコギ、左手にはメシゲを持って、頭部とその横の山水にも仏像が刻んである。この山水の石像は僧侶達の修験道の修行の場を表現しているとされる。同じ上名の苫野の田の神（写真20）も、僧型の座像であるが頭部のシキに小仏像が刻んであり、珍しいものである。

　これらの他の年代不詳の大隅型旅僧型の田の神について紹介する。輝北町下平房の田の神

写真19－A　鹿屋市吾平町上名車田の田の神

写真19－B　鹿屋市吾平町上名車田の田の神

写真20　鹿屋市平町上名苫野の田の神　　写真21　鹿屋市輝北町下平房の田の神　　写真22　鹿屋市串良町有里中甫木の田の神

（写真21）、串良町有里中甫木（ほのき）の田の神（写真22）、串良町上小原中山の田の神（写真23）、そして獅子目町の田の神（写真24－A、B）などがある。

　最後に数は少ないが、その他の田の神について紹介したい。明治24年（1891年）作の串良町上小原中山の田の神（写真25）は、丸いシキを被り長袖上衣の野良着姿で、右手にメシゲで左手にはスリコギを立てて持っている。年代不詳の吾平町麓の田の神（写真26）は、髪を結って着物姿で、右手に大きなメ

写真23　鹿屋市串良町上小原中山の田の神　　写真24－A　鹿屋市獅子目町の田の神　　写真24－B　鹿屋市獅子目町の田の神

C．大隅半島　Ⅴ．鹿屋市の田の神石像　257

シゲ、左手にはおむすびを持つ女性像である。そして串良町細山田山郷下の石像（写真27）は、水神様にもみえるが、地元の人の話では田の神とのことである。

写真25　鹿屋市串良町上小原中山の田の神　　写真26　鹿屋市吾平町麓の田の神　　写真27　鹿屋市串良町細山田山郷下の石像

Ⅵ. 垂水市の田の神石像

　垂水市は、鹿児島県大隅半島の西部、桜島に接する市で、2015年の人口は1万5520人。西側は錦江湾に面して南北に長い地域である。垂水市の南側の平地は比較的広く、北側は海沿いで狭く急斜面になっている。北側にはまさか田の神はないものと想像していたが、以前はこの狭い急斜面の平地は水田として稲作がされていたと聞き驚いたしだいである。

　資料やインターネット情報では、全部で15体の田の神像があるとされており、自分の足で訪ねたが、どうしても1体（資料のB－1）は探し出すことが困難であった。ただ地域住民の方は大変やさしい人ばかりで、急斜面の山奥にわざわざ案内して下さったりして本当に感謝している。この1体は洪水などの大災害のあった地域にあり、もしかしたら既に破損している可能性も否定できない。15体の内訳は田の神舞神職型が5体、神像型座像、僧型座像、庚申像が1体ずつで、7体は型不明である。

　最も数が多い田の神舞神職型では、天明2年（1782年）の田神原田の石像（写真1）がある。頭巾風にシキを被り布衣に裁着け袴姿で、右手にメシゲ、左手に椀を持ち、右足を立てている。年代不詳であるが中俣脇田の田の神（写

写真1　垂水市田神原田の田の神　　写真2　垂水市中俣脇田の田の神　　写真3　垂水市田神田上城入口の田の神

真2）も同様な格好で、右手は欠損しているが左手に椀を持ち右足を前に出している。田神田上城入口の石像（写真3）は、シキを被り布衣に裁着け袴姿で、右手にメシゲで左手に鈴を持っている。垂水市では最も古いとされている新城神貫神社の田の神は、享保19年（1734年）の作で破損がひどく、型などは不明で残念である。

　牛根麓（長松）の田の神（写真4）は年代不詳であるが、総髪でシキを頭巾風に被り、長袖和服と袴姿にて両手で大きなメシゲを持っている。文政13年（1830年）の新城田中川内の石像（写真5－A、B）は庚申像（カネサッドン）であり、左右3本ずつの手があり、宝剣や宝棒などを持ち、足で邪悪なあまのじゃくを踏みつけた像が描かれている。

　垂水市の田の神像については、市の教育委員会等で田の神1号から12号まで整理されて、その保存への取り組みには頭が下がるが、残念ながら破損されたものが多く、半数近くが型の判別不能である。しかしながら、かなり年代の古い田の神舞神職型や、他の地域ではほとんどみられない庚申像などがあり興味が惹かれる。

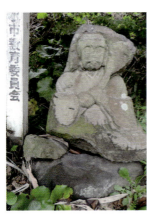  

写真4　垂水市牛根麓（長松）の田の神　　写真5－A　垂水市新城田中川内の石像　　写真5－B　垂水市新城田中川内の石像

D. その他

Ⅰ. 熊毛郡屋久島町の田の神石像

　熊毛郡に属する屋久島町は、鹿児島県では奄美大島に次いで二番目に大きな島である。島の90％が森林で、島の中央部の宮之浦岳を含む屋久杉自生森や西部林道付近など、島の面積の21％がユネスコの世界遺産に登録されている。このような水田の少ない屋久島でも、3体の田の神石像を写真に収めることができた。3体とも南九州薩摩藩の系統を引くもので、うち2体は鹿児島から運んできたものといわれている。1体は僧型立像で2体は農民型で立像と椅像である。すべてが島の南側にある。

　尾之間の僧型立像（写真1）は、総髪でシキを被り広袖上衣に裁着け袴姿で、右手にメシゲを持ち左手は不明で、首はセメント付けされている。鹿児島で作ったものを持ってきたとされている。平内の田の神（写真2）は、セメント製で上着を着て両足を出して腰掛けている。湯泊の田の神（写真3）は、一部欠けたシキを被り長袖上衣に袴姿で、右手にスリコギを持ち左手にはメシゲを持っている。この田の神は、現

写真1　屋久島町尾之間の田の神

写真2　屋久島町平内の田の神

在は高台の大変な藪の中に祀られているが、明治の頃に、加治木町出身の森左衛門という人が鹿児島から盗んできたともいわれている。3体とも作成年代は不詳であるが、平内の田の神の農民型椅像はセメントで作られており、比較的新しいと思われる。

写真3　屋久島町湯泊の田の神

となると屋久島町には田の神石像を祀る風習はなかったように思われるが、屋久島町南に位置する小島には「田の神山」と称する森があることが紹介されている。田の近くの丘に自然石が立てて祀られており、秋には新米のおにぎりや餅を供えて感謝するという種子・屋久の熊毛郡にだけある珍しい信仰形態で、江戸時代後期以来のものとされている。屋久島町に1カ所と種子島北部に13カ所あるといわれている。

もっと南の奄美や沖縄の琉球文化圏では、田の神という言葉はない。田んぼ（水田）は「田袋」、そこで育つ稲を「稲魂」といって、その初穂を3本刈って家に迎えてその米粒3粒を古米に混ぜ炊いていただく儀礼を奄美では「シキュマ」といい、沖縄では「シチュマ」と呼んでいる。この地域では「田」の神の意識はなく、「稲」そのものに魂があるという穀霊信仰が中心となっているようである。

やはり、実際に現地に足を運んで探索してみると、田の神石像だけでなく、さらに歴史的に奥深く、興味ある事実にふれることができる。

資料　田の神石像・全記録

1章　宮崎県の田の神石像

1-1 小林市の田の神石像

番　号 撮影日	住　所 置場所	製作年月日	像型・形態	サイズcm	持ち物	彩色	祠	その他
No.　1 平成26年04月20日	小林市細野西町 カクイックス敷地	不詳	農民型 立位	52 × 30 × 18	シキ被り長袖和服と長袴姿で右手にメシゲ左手椀持つ	彩色なし。 後方からは男性根	□有 ☒無 単体彫り 農民型立像	退職の西園さんが出水か川内から5年位前に購入
No.　2 平成25年07月14日	小林市東方仲間 道路沿い高台	享保7年(1722年)	僧型 立位 蓮葉冠は唯一	123 × 57 ×	蓮葉冠を被り右手御幣左手メシゲ様の杓子を持つ	衣服・帽子は濃い紅色。顔は白で目鼻は黒色	☒有 □無 単体彫り 僧型立像	向かい合った唐獅子が浮き座の上に立つ
No.　3 平成26年07月14日	小林市東方大丸 道路沿いの水田	不詳	農民型 椅像	76 × 34 ×	シキ様笠被り長袖和服に裁着け袴姿で蓑を肩かて左膝立てる	後方からは男性根。 彩色なし	□有 ☒無 単体彫り 農民型椅像	開田記念で作られ、おちょぼ口で団子鼻、長い耳あり
No.　4 平成25年07月14日	小林市大字南西方堂田 孝ノ子公民館	享保7年(1722年)	神像型立像 立位	142 × 63 ×	烏帽子被り袖広の狩衣風の長衣着て両手輪組で穴なし	顔は白く、衣は赤色(衣のタイプが不明)	☒有 □無 単体彫り 神像型立像	神像と地蔵像の混合型の錯覚気える。足元は埋め込まれる
No.　5 平成26年04月20日	小林市細野南島田 道路沿い	享保7年(1722年)	神像型座像 座位	76 × 62 × 46	烏帽子被り狩衣姿で両手を胸に突き出す	烏帽子・眉は黒色で口・袍は赤色	☒有 □無 単体彫り 神像型座像	小林市では古い田の神でこの辺では辻の堂があった
No.　6 平成26年04月20日	小林市堤柏木ノ上 道路沿い	不詳	神像型座像 座位	57 × 50 × 50	頭部は改作で被り物不明。狩衣姿で両手輪組で穴なし	頭部・手は白で髪・眉・目は黒色。唇・袍は赤色	□有 □無 単体彫り 神像型座像	以前は頭頂が破損して、頭巾は不詳だった
No.　7 平成26年04月29日	小林市堤松元の上 道路沿い高台	弘化3年(1846年)(刻印あるも一部不鮮明)	農民型 椅像	76 × 60 × 36	シキ被り広袖着物で帯を前で結び右手メシゲ左手桝を脇横に	彩色なし	□有 ☒無 単体彫り 農民型椅像	腰から下は履かず右向き腰を低め躍動的
No.　8 平成26年04月20日	小林市細野 道路沿い	不詳	自然石	86 × 110 ×	なし	田の神と白文字で刻まれている	□有 ☒無 自然石	
No.　9 平成26年04月29日	小林市北西方粥餅田 道路沿い	不詳	神像型座像 座位	83 × 60 × 38	烏帽子被り狩衣姿右手丸い団子状の物左手物を握る形	彩色なし	□有 ☒無 単体彫り 神像型座像	左手は元は笏を持ってい た？北西方橋谷から移設
No.　10 平成26年04月29日	小林市北西方牟田原 道路沿い	不詳	農民型 立位	45 × 23 × 15	シキを被り長袖上衣にズボンの野良着姿で両手でメシゲ	彩色なし	□有 ☒無 単体彫り 農民型立像	後方からは男性根。資料にはなく年代不詳
No.　11 平成26年04月29日	小林市北西方大久保牟田原 道路沿い	不詳	神像型座像 座位	80 × 50 × 40	頭部改作被り物不明、両手上下に合わせ穴あり。着衣神主風	袍と袴は朱色	☒有 □無 単体彫り 神像型座像	頭部は着色なく後年作である昭和45～46年頃現在地に
No.　12 平成26年04月29日	小林市南西方鬼塚人参場 水田	昭和3～4年頃(所有者の話)	農民型 座位	70 × 40 × 40	両手・欠落し、冠物は頭巾で風化が強く顔は摩耗する	彩色なし。首はセメント付け	□有 ☒無 単体彫り 農民型座像	粗削りで素朴な造り。広い田にぽつんと立つ風情あり

1-1 小林市の田の神石像　265

番号 撮影日	住所 置場所	製作年月日	像型・形態	サイズcm	持ち物	彩色	祠	その他
No. 13 平成26年04月29日	小林市南西方大出水 道路沿い	享保10年(1725年)	神像型座像 座位	92 × 73 × 45	頭部は改作。被り物不明。狩衣姿両手膝の上。顔は仁王様	彩色なし	□有 ⊠無 単体彫り 神像型像	頭部は仁王像で冠物珍しい。頭部は後で付けた?
No. 14 平成26年04月29日	小林市南西方字大出水 道路沿い	不詳	僧型 座位	56 × 50 ×	笠を被り僧衣で、結跏趺坐。両手膝の上	衣が薄茶色	⊠有 □無 単体彫り 僧型座像	柔和な表情で結跏趺坐
No. 15 平成26年04月29日	小林市南西方 水田	不詳	自然石	84 × 25 × 38	なし	彩色なし	□有 ⊠無 自然石	水田の脇道でようやく見つける
No. 16 平成26年04月29日	小林市南西方芹川 水田	大正5年(1916年)	農民型 座位	60 × 35 ×	笠を被り長袖和服で右手メシゲ左手持ち物なく胸に当てる	顔・手・メシゲは白色で衣は朱色	⊠有 □無 単体彫り 農民型像	昭和43年現在の場所に移設
No. 17 平成26年04月29日	小林市南西方今別府 道路沿い	享保16年(1731年)	神像型座像 座位	64 × 59 × 33	烏帽子を被り狩衣姿で両手輪組で穴あり。顔やや風化	衣は薄い朱色	⊠有 □無 単体彫り 神像型像	鼻と両手輪組の部分をセメントで補修。風格ある座像
No. 18 平成26年04月29日	小林市南西方字芹川 道路沿い	不詳	僧型 座位	69 × 47 × 40	笠を被り、長袖和服で右手メシゲ左手膝上で受ける	衣はベンガラ色で顔は損傷左の指先は欠落	□有 ⊠無 単体彫り 僧型座像	胸に南無阿弥陀仏とあり神でありながら仏を思わせる
No. 19 平成26年05月06日	小林市北西方 道路沿い	不詳	神像型座像 座位	69 × 50 ×	縷に着いた冠を被り、衣冠束帯で両手輪組で笏を持つ	顔は白色で冠・袍は朱色	⊠有 □無 単体彫り 神像型像	コンクリートの祠に保護され保存良好
No. 20 平成26年05月06日	小林市北西方 水田	明治33年(1900年)	農民型 立位	46 × 19 ×	シキを被り、長袖和服で右手メシゲ左手桶を垂直に持つ	彩色なし	⊠有 □無 単体彫り 農民型像	この地を開田した際当主の三代前の岡原十郎氏が建立
No. 21 平成26年05月06日	小林市真方新田場 道路沿い	享保5年(1720年) 宮崎市に模造品あり	神像型椅像 椅像	100 × 70 × 市有形民俗文化財	烏帽子被り狩衣姿で右手持ち物なく左手欠損。麻苔間	袍と袴は薄紫色で顔と右手は白色	□有 ⊠無 浮き彫り 神像型椅像	穏やかな顔立ちで台座に古い彫刻で異彩を放つ傑作
No. 22 平成26年05月06日	小林市真方土地改良事務所 事務所敷地内	大正8年(1919年)	農民型と僧型の融合 座位	86 × 57 ×	袋頭巾被り長袖和服で右手の上に受手、左手は稲穂の束	頭に黒の袋頭巾。衣は赤色で顔・手は白色	□有 ⊠無 単体彫り 農民型僧型融合	着衣などから菩薩像を思わせる。穏やかな顔立ち
No. 23 平成26年05月06日	小林市水流迫野間 水田	不詳	神像型座像 座位	57 × 60 × 40	一部かけた烏帽子被り狩衣姿で両手を膝上に置くも欠損	顔は白で頭髪、首から下の全面は黒。袍は赤	□有 ⊠無 単体彫り 神像型像	頭巾のような物を被り神官の衣を着ている
No. 24 平成26年05月06日	小林市細野今坊 道路沿い	明治22年(1889年)	農民型 椅像	60 × 33 × 23	シキ被り野良着姿で右手メシゲ左手椀。両足着物から出る	衣のふちが黒く塗ってある	⊠有 □無 単体彫り 農民型椅像	田園の中にあり。風化は少しある

番号 撮影日	住所 置場所	製作年月日	像型・形態	サイズcm	持ち物	彩色	祠	その他
No. 25 平成26年05月06日	小林市細野桧板 水田の道路沿い	享保10年(1725年)	神像型座像 座位	80 × 75 ×	纓の付いた冠を被り衣冠束帯で両手で笏を持つ	冠は黒で袍・袴は海老茶色。白のストライプ入る	□有 ☒無 単体彫り 神像型座像	余り風化はなし
No. 26 平成26年05月06日	小林市細野内田 道路沿い	安永年号の物	神像型座像 座位	100 × 55 ×	纓の付いた冠を被り、衣冠束帯で両手で笏を持つ	顔が白で冠・袍は黒	□有 ☒無 単体彫り 神像型座像	風化ひどくセメント補修多く顔もセメントで昭和初期改作
No. 27 平成26年11月16日	小林市真方字中島 人家の高台の庭	文政9年(1826年)以降か (古老の話)	僧型 座位	64 × 40 ×	笠を被り、右手メシゲで左手に錫杖こしきを被る	衣は薄い朱色	□有 ☒無 単体彫り 僧型座像	以前は道路沿いに転がっていた物を、現在の地に移設
No. 28 平成26年11月16日	小林市真方字市谷 高台	安永2年(1773年)	神像型座像 座位	77 × 80 × 34	纓の付いた冠を被り、衣冠束帯で両手輪組で穴あり	袍・冠は朱色で顔に白くおしろい	☒有 □無 単体彫り 神像型座像	5周してようやく見つける。散歩している方が教えてくれる
No. 29 平成26年11月16日	小林市真方字向江馬場 畑の道路沿い	不詳	神像型座像 座位	63 × 54 × 44	烏帽子被り狩衣と袴で右手大メシゲ左手開いて膝の上	袍は朱塗りで冠は黒色。顔におしろい化粧	☒有 □無 単体彫り 神像型座像	木造の丈夫な祠に安置、保存良好
No. 30 平成26年05月06日	小林市須木鳥田町夏木 岩屋内	不詳	神像型座像 座位	41 × 40 × 25	烏帽子様のもの被り、狩衣姿で両手輪組で穴なし	顔・手は白で足は黒。袍は赤に、真ん中が黄色	□有 ☒無 神像型座像	以前は両手でメシゲを持ち着色はあずき色だった
No. 31 平成26年11月23日	小林市須木 道路沿い高台	不詳	旅僧型 立位	90 × 46 × 27	シキを被り頭陀袋下げ長袴で右手メシゲ高く挙げ左手不明	彩色なし	□有 ☒無 単体彫り 旅僧型 長袴	道路をはさみ(32)がある。資料化。風化が強い
No. 32 平成26年11月23日	小林市須木 道路沿い	不詳	自然石	× ×	なし	彩色なし	□有 ☒無 自然石	地元の方の話では、道路整備で現在の所に移転
No. 33 平成26年11月23日	小林市水流迫字下ノ平 公民館敷地内	昭和8年(1933年)	神像型座像 座位	58 × 48 × 33	纓の付いた冠被り衣冠束帯で両手輪組でシゲ持つ穴あり	顔・手は白。目・口・帽子・袍の中央は黒で衣は赤	☒有 □無 単体彫り 神像型座像	大きな祠に他の神と並ぶ。ほとんど欠損していない
No. 34 平成26年11月23日	小林市東方小字木場 道路沿い高台	不詳	神像型座像 座位	81 × 66 ×	烏帽子を被り、狩衣姿で両手輪組で穴なし	顔・手は白で目・眉は黒。袍は朱色	□有 ☒無 単体彫り 神像型座像	探すのに大変な苦労。地元の青年団が清掃している
No. 35 平成26年11月23日	小林市堤字楠牟礼 道路沿い	享保9年(1724年)	僧型 座位	70 × 60 × 50	僧衣で頭巾様のものを被る。両手ナシゲの上で持ち物は不明	彩色なし	□有 ☒無 単体彫り 僧型座像	道路拡張により用水路が埋められる。頭部の欠損あり
No. 36 平成26年11月23日	小林市細野字岡原尾山 秋葉神社境内	不詳	神像型椅像 椅像	62 × 63 ×	冠を被り衣冠束帯で両膝の上で持ち物は不詳	口・袍は朱色。顔は白で目は黒	☒有 □無 単体彫り 神像型椅像	木造の祠に他の諸神とともに安置

1-1 小林市の田の神石像　267

番 号 撮影日	住 所 置場所	製作年月日	像型・形態	サイズcm	持ち物	彩色	祠	その他
No. 37 平成26年12月21日	小林市細野小字 上岡 道路沿い	昭和8年(1933年)	神像型座像 座位	67 × 56 ×	烏帽子を被り狩衣姿で、右手メシゲ左手不詳	顔・メシゲ・両手は白色で袍は朱色、目・眉は黒	☒有 ☐無 単体彫り 神像型座像	頭部に割れた跡があり補修してある
No. 38 平成26年11月23日	小林市南西方 小字熊迫 建屋の中	不詳	神像型座像 座位	79 × 78 ×	烏帽子を被り狩衣姿で、両手輪組	袍・袴は赤色	☐有 ☒無 単体彫り 神像型座像	近隣の方より鉄塔下の建屋との事。施錠にて確認のみ
No. 39 平成26年12月21日	小林市細野加治 屋堂ノ本 加治屋墓地の北	不詳であるが、享保10年より以前のものと思われる	神像型座像 座位	71 × 62 × 30	纓の付いた冠を被り衣冠束帯で両手輪組で石あり	顔は白。袍は朱色で冠は黒	☐有 ☐無 単体彫り 神像型座像	祠があるために風化は進んでいない
No. 40 平成26年12月21日	小林市千谷原 道路沿い	不詳	不明 座位	24 × 22 × 12	頭部なく両手組みで持ち物はなし。腕はセメント付け	彩色なし	☒有 ☐無 単体彫り 不明	風化と補修が著しく神像型と思われるが地蔵型と混合?
No. 41 平成26年12月21日	小林市南西方下 木場観請岡 水田、右側	不詳	自然石	60 × 54 × 40	なし	彩色なし	☐有 ☒無 自然石	親切な近所の方に車に乗せて案内して頂き発見する
No. 42 平成26年12月21日	小林市南西方下 木場観請岡 水田左側	不詳	自然石	63 × 34 × 27	なし	彩色なし	☐有 ☒無 自然石	親切な近所の方に車に乗せて案内して頂き発見する
No. 43 平成26年12月21日	小林市南西方 窪田刈目 畑の一角	明治39年(1906年)	農民型 座位	36 × 21 × 18	シキを被り、長袖和服で右手はメシゲで左手はお椀	彩色なし。石神初次郎と神田喜次郎が奉納者	☐有 ☒無 農民型座像	親切な方に案内。前は木造の祠に。後方からは男性根
No. 44 平成26年12月21日	小林市南西方立 野 道路沿い	不詳	神像型座像 座位	55 × 50 × 35	烏帽子被り狩衣姿で両手輪組し穴なし	顔は肌色で袍は朱色	☐有 ☐無 単体彫り 神像型座像	風化はやや磨滅している程度
No. 45 平成26年12月21日	小林市北西方観 請岡 高台	明治32年(1889年)	農民型 座位	62 × 52 × 38	被り物はなく、長袖和服で右手メシゲで左手は不明	彩色なし	☒有 ☐無 単体彫り 農民型座像(胡坐)	2回盗まれたために新しく作ったのが現在の田の神
No. 46 平成26年12月21日	小林市北西方調 練場 水田	江戸時代末期(推定)	菩薩型の仏像型 立位	30 × 13 × 3 60×31×22	両手合わせ僧衣で背石の左右銘削除。廃仏毀釈の影響か	彩色なし	☐有 ☒無 浮き彫り 仏像型立像	元は水神様として祀られたが、現在田の神として公認

1-2 小林市野尻町の田の神石像

番号 撮影日	住所 置場所	製作年月日	像型・形態	サイズcm	持ち物	彩色	祠	その他
No. 1 平成26年05月24日	小林市野尻町東 麓 本町 道路沿いの公園	不詳	神像型座像 座位	67 × 50 × 35	纓の付いた冠を被り衣冠束帯で両手輪組で穴あり	纓と冠は黒。顔は白で、袍と両手は薄紫色	☒有 □無 単体彫り 神像型座	伊集院源次郎忠廣供養塔の近くの公園内
No. 2 平成26年05月24日	小林市野尻町 麓高都萬神社 神社境内	享保18年(1733年)	神像型座像、野尻神像型 座位	75 × 76 × 35	冠被り衣冠束帯で両手輪組で穴あり。祭り時メシゲを挿す	彩色なし。冠摩耗強く纓は不明で野尻型の原型	□有 ☒無 単体彫り 神像型座像	明治以前大王神社。23体中16体あり、この神像型が標準
No. 3 平成26年05月24日	小林市野尻町 麓 西吉村 道路沿い	昭和14年(1939年)	神像型座像、野尻神像型 座位	60 × 48 × 50	冠を被り、衣冠束帯で両手メシゲを持つ、男性のシンボルか	顔は肌色でメシゲと袍は朱色	☒有 □無 単体彫り 神像型座像	野尻で作られ、昭和生まれの「野尻型」。8体あり
No. 4 平成26年05月24日	小林市野尻町 麓 吉村 道路沿い	天保13年(1842年)	仏像型(大黒天風) 座位	86 × 68 × 30	頭巾様風被り、長袖和服。両肩で2本のメシゲ、両手輪組で数珠	彩色なし	☒有 □無 単体彫り 仏像型(大黒天風)	丸顔大きな福耳、顔は大黒天、江戸時代は豊作の神
No. 5 平成26年05月24日	小林市野尻町紙 谷黒闇原 道路沿い	江戸末期	地蔵型 椅像	58 × 26 × 24	シキを被り、両手は膝の上で左右持ち、持ち物は不明	頭とシキはこげ茶色。裸足で顔は判然としない	☒有 □無 単体彫り 地蔵型椅像	腰掛け型の地蔵型。江戸時代霧天を保護安置した
No. 6 平成26年05月24日	小林市野尻町紙 谷 上の原 道路沿い	天保8年(1837年)	神像型座像 座位	80 × 72 ×	烏帽子を被り、直衣姿で両手輪組で穴あり	彩色なし。袖口は丸いお装束の質感を表現	☒有 □無 単体彫り 神像型座像	倉庫の中神官型は角張っているが、異なっている
No. 7 平成26年05月24日	小林市野尻町紙 谷 東新町 道路沿い	不詳	農民型 中腰の立位	40 × 36 ×	シキを被り、野良着姿で右手メシゲ左手スリコギを持つ	野良着は朱色。顔とモンペは緑がかった白色	☒有 □無 単体彫り 農民型立像	野良着で足袋履き野良で働く農夫の風情後方は不明
No. 8 平成26年05月24日	小林市野尻町 三ヶ野山相牟田 道路沿い	不詳	農民型と僧型の融合型 座位	65 × 44 × 33	頭巾を被り、僧衣姿で両手で大きなメシゲ持つ	黒縁の真っ赤な僧衣で、メシゲと顔は白く塗られる	☒有 □無 単体彫り 農民型僧型融合型	服装は僧衣であるが、僧型と農民型の混合型
No. 9 平成26年05月24日	小林市野尻町 三ヶ野山水流平 道路沿い	昭和6年(1931年)	神像型座像、野尻神像型 座位	51 × 48 × 32	纓の付いた冠被り衣冠束帯で両手輪組でメシゲを持つ	冠と中央部は黒で袍は朱色で顔は白色	□有 ☒無 単体彫り 神像型座像	頭と角張った装束で、典型的な野尻神官型
No. 10 平成26年05月24日	小林市野尻町 三ヶ野山角内 清之権現境内	不詳	神像型と僧型の融合 座位	75 × 48 × 35	冠を被り、両手輪組で穴あり。僧衣で僧型との混合型	冠と袍は朱色で顔と胸元は白色	☒有 □無 単体彫り 神像型僧型の融合	顔は摩耗して不明、肩ははなで肩で束帯には見えない
No. 11 平成26年05月24日	小林市野尻町 三ヶ野山大脇 道路沿い	不詳	農民型 中腰の立位	66 × 44 × 40	シキを被り、野良着姿で右手メシゲ左手スリコギを持つ	後方からは男性格。顔と手は肌色で他すべて朱色	☒有 □無 単体彫り 農民型立像	野良着姿で足袋、右手メシゲを肩の高さ迄挙げる
No. 12 平成26年05月24日	小林市野尻町 三ヶ野山大沢津 神社境内	不詳	神像型座像、野尻神官型 座位	74 × 68 × 43	纓の付いた冠を被り衣冠束帯で両手輪組で大きなメシゲ	顔と手が白色であとはすべて朱色	☒有 □無 単体彫り 神像型座像	冠を被り角張った装束は別物がセメントで繋ぐ

番号 撮影日	住所 置場所	製作年月日	像型・形態	サイズcm	持ち物	彩色	祠	その他
No. 13 平成26年05月24日	小林市野尻町 三ヶ野山野々崎 神社境内	昭和20年(1945年)7名連記	神像型座像、野尻神官型 座位	60 × 47 × 33	纓の付いた冠被り衣冠束帯で両手輪組で両手でメシゲ	顔とメシゲが白であとはすべて朱色	⊠有 □無 単体彫り 神像型座像	衣冠束帯で冠を被り、角張った装束である
No. 14 平成26年05月24日	小林市野尻町 三ヶ野山佐土原 道路沿い	昭和11年(1936年)	神像型座像、野尻神官型 座位	51 × 48 × 32	纓の付いた冠被り衣冠束帯で両手輪組で両手でメシゲ	顔とメシゲが白であとはすべて朱色	⊠有 □無 単体彫り 神像型座像	衣冠束帯で冠を被り、角張った装束である
No. 15 平成26年05月24日	小林市野尻町 三ヶ野山西原 道路沿い	不詳	神像型座像、野尻神官型 座位	56 × 62 × 37	纓の付いた冠被り衣冠束帯で両手輪組で両手でメシゲ	顔とメシゲが白であとはすべて朱色	⊠有 □無 単体彫り 神像型座像	衣冠束帯で冠を被り、角張った装束である
No. 16 平成26年05月24日	小林市野尻町三ヶ野山西原菅原神社 神社境内、左側	不詳	武神像、田の神原型武神像 椅像	61 × 50 × 28	丸顔で両手左右持ちで膝の上、頭部は破損して何もなし	彩色なし。両手は欠損、摩耗強い。力士様の武神像	□有 ⊠無 単体彫り 武神像椅像	仁王のように2体の石像が対座。武神像で田の神が神官
No. 17 平成26年05月24日	小林市野尻町三ヶ野山西原菅原神社 神社境内、右側	延享2年(1745年)	武神像、田の神原型武神像 椅像	55 × 48 × 24	丸顔で両手左右持ちで膝の上、頭部は破損して何もなし	彩色なし。両手は欠損、摩耗強い。力士様の武神像	□有 ⊠無 単体彫り 武神像椅像	神像型になる原型ではないかと青山氏
No. 18 平成26年05月24日	小林市野尻町 三ヶ野山八所 水田高台、左側	不詳	農民型 座位	62 × 52 × 30	シキ被り長袖和服で右手メシゲ左手持ち物なく両手膝	顔以外は鮮やかなベンガラに赤色が際立つ	□有 ⊠無 単体彫り 農民型座像	右のNo19が頭部なくして帰ってきたのち新しく作成
No. 19 平成27年01月11日	小林市野尻町 三ヶ野山八所 水田高台、右側	不詳	神像型座像 座位	62 × 74 × 35	頭部は改作であるが、衣冠束帯で両手輪組で穴あり	顔以外は鮮やかなベンガラに赤色が際立つ	⊠有 □無 単体彫り 神像型座像	頭部は後世の作でセメントで継いである(昭和23年)
No. 20 平成26年05月24日	小林市野尻町東麓 1 道路沿い	安永2年(1773年)	六地蔵	117 × 60 × 60	六地蔵を彫る六面の正面だけに童子地蔵を浮彫に	他の五面は梵字だけで代用する珍しい形式	□有 ⊠無 六地蔵の田の神	野尻にとっては大切な石塔。六地蔵を彫る
No. 21 平成27年01月11日	小林市野尻町 三ヶ野山釘松 丸頭頂上。人家	昭和13年(1938年)	神官型座像、野尻型神官型 座位	63 × 48 × 30	纓の付いた冠被り衣冠束帯で両手でメシゲに似た笏	袍と袴は朱色顔は白色	⊠有 □無 単体彫り 神像型座像	道路がなくなったので近くの方が家の前の自宅の庭に
No. 22 平成27年01月11日	小林市野尻町 三ヶ野山小坂 駐車場奥	昭和26年(1951年)	神官型座像、野尻型神官型 座位	60 × 68 × 44	纓の付いた冠被り衣冠束帯で両手でメシゲに似た笏	袍と袴は朱色顔は白色メシゲは黒	⊠有 □無 単体彫り 神像型座像	市原末次郎の記銘あり
No. 23 平成27年01月11日	小林市野尻町東麓切畑 道路沿いの高台	不詳	神官型座像、野尻神官型 座位	74 × 67 × 33	纓の付いた冠被り衣冠束帯で両手でメシゲに似た笏	袍と袴とメシゲは赤色で、顔・両手・束帯は白	□有 ⊠無 単体彫り 神像型座像	メノモチと飾られて綺麗である
No. 24 平成27年01月11日	小林市野尻町東麓中之丁 住宅街T字路	不詳	神像型座像 座位	60 × 50 × 33 ?	冠を被り、衣冠束帯で両手輪組で穴なし。纓は不明	袍と袴は朱色顔と束帯は白色	□有 ⊠無 単体彫り 神像型座像	首にマフラーみたいなものを巻く。衣は角張っている

270　資料　田の神石像・全記録　1章　宮崎県の田の神石像

番 号 撮影日	住 所 置場所	製作年月日	像型・形態	サイズcm	持ち物	彩色	祠	その他
No. 25 平成27年01月11日	小林市野尻町東 麓上跡瀬 停留所の道路脇	不詳	神像型座像 座位	65 × 50 × 25	シキ風の被り物 で長袖和服で おにぎりを両手 で持つ	衣は薄紫色で 顔と両手は白	⊠有 □無 単体彫り 神像型座	顔は風化して いる。資料では 神像型
No. 26 平成27年01月11日	小林市野尻町東 麓大笹 共同墓地	不詳	僧型 座位	51 × 26 × 28	被り物はなく、 僧衣で両手は 組んでいる	彩色なし	□有 ⊠無 単体彫り 僧型座像	東伊左衛門所 有のものを地 区に寄贈した
No. 27 平成27年01月11日	小林市野尻町東 麓下牟田原 バス停ato道路沿い	不詳	神像型座像 座位	78 × 40 × 30	風化が強く被り 物や顔の表情 などは不明で 両手組む	薄茶色が一 部残っている	⊠有 □無 単体彫り 神像型座 像	顔面は相当風 化している。今 回はマフラーし ている
No. 28 平成27年01月11日	小林市野尻町東 麓東猿瀬下 道路沿い高台	昭和3年(192 8年)	農民型、田の 神舞姿 椅像	48 × 33 × 20	シキを被り、野 良着姿で右手メ シゲ左手スリコ ギを持つ	持ち物と顔は 白で口と衣こ しきは朱色	⊠有 □無 単体彫り 農民型田 の神舞姿	今回は真っ赤 に塗られてい た
No. 29 平成27年01月11日	小林市野尻町東 麓陣原 道路沿い	昭和34年(19 59年)	神像型座像、 野尻神官型 座位	78 × 70 × 35	纓の付いた冠 を被り、衣冠束 帯で両手でメ シゲ持つ	袍と袴はピン クがかった朱 色顔とメシゲ は白色	□有 ⊠無 単体彫り 神像型座 像	野尻型の神官 像
No. 30 平成27年01月11日	小林市野尻町東 麓大平山 道路沿い	昭和13年(19 38年)	神像型座像 座位	47 × 35 × 23	纓の付いた冠 被り衣冠束帯 で右手に笏左 手宝珠持つ	朱塗りのあと あり	□有 ⊠無 単体彫り 神像型座 像	土地改良の記 念碑の横にあ り
No. 31 平成27年02月07日	小林市野尻町紙 谷今別府 道路沿い	不詳	神像型座像、 野尻神官型 座位	60 × 50 × 33	纓の付いた冠 を被り、衣冠束 帯で両手組 で穴あり	冠と袍・袴は 水色であとは 茶色	□有 ⊠無 単体彫り 神像型座 像	木造の祠に安 置され保存状 況は良好
No. 32 平成27年02月07日	小林市野尻町紙 谷池ノ尾 公民館敷地内	大正7年(1918 年)	神像型と僧型 の融合 座位	38 × 37 × 20	被り物はなく、 衣冠束帯風 で両手輪組で 笏を持つ	彩色なし	⊠有 □無 単体彫り 神像型僧 型融合	僧型との混合 型と思われる
No. 33 平成27年02月07日	小林市野尻町紙 谷立神 道路沿い	昭和2年(192 7年)	不明 立位	38 × 24 × 18	シキを被り、長 袖和服で両手 破損で持ち物 不明	彩色なし	⊠有 □無 単体彫り 不明	馬頭観音と並 ぶ。シキの一部 が子供のいた ずらで欠く
No. 34 平成27年02月07日	小林市野尻町紙谷 漆野原東新村 道路沿い	江戸末期と推 定される	神像型座像 座位	56 × 40 × 23	被り物と顔の表 情は不明。両 手輪組で笏を 持つ	彩色なし	⊠有 □無 単体彫り 神像型座 像	露天時冠は はっきり残って いないが現在 は祠の安置
No. 35 平成27年02月07日	小林市野尻町紙 谷下漆野 道路沿い	不詳	自然石	60 × 27 × 22	なし	彩色なし	□有 ⊠無 自然石	
No. 36 平成27年02月07日	小林市野尻町東 麓下跡瀬 高台の小敷地	不詳	仏像型 座位	43 × 40 × 23	頭巾を背に垂ら し被り長袖の着 物で両手で大き なメシゲ持つ	彩色なし	⊠有 □無 単体彫り 仏像型座 像	珍しい仏像型 である

1-2 小林市野尻町の田の神石像　271

番号 撮影日	住所 置場所	製作年月日	像型・形態	サイズcm	持ち物	彩色	祠	その他
No. 37 平成27年03月21日	小林市野尻町東 麓大久保 運動公園内敷地	昭和23年(1948年)	農民型 立位	62 × 38 × 30	シキ被り野良着姿で右手メシゲ左手スリコギ。右足を前に	シキは黒、羽織とメシゲは赤、モンペは緑色	□有 ☒無 単体彫り 農民型立像	移転を重ねS57年3月現在地移転。後方からは男性根
No. 38 平成27年03月21日	小林市野尻町東 麓見越 道路沿い	昭和14年(1939年)	神像型座像、野尻神像型 座位	59 × 45 × 32	纓の付いた冠被り衣冠束帯で両手輪組(メシゲ風)	朱塗りのあとあり	□有 ☒無 単体彫り 神像型座像	道路工事で探すのに大変苦労しました
No. 39 平成27年03月21日	小林市野尻町紙 谷八久保 個人宅の高台	不詳	神像型座像、野尻神像型 座位	72 × 55 × 23	被り物は明確でないが、衣冠束帯、両手輪組で笏持つ	被り物は冠と思われるも纓は不明。彩色なし	☒有 □無 単体彫り 神像型座像	佐土原氏宅入り口の高台にあり、何度も移転したとのこと
No. 40 平成27年03月21日	小林市野尻町紙 谷川内 道路沿い	不詳	神像型と地蔵型の融合 座位	40 × 33 × 20	右手は輪握りで笏を持つ穴があり、左手は宝珠を持つ	彩色なし	☒有 □無 単体彫り 神像型地蔵型融合	冠を被り形は神像型だが耳が地蔵みたいに大きい
No. 41 平成27年03月21日	小林市野尻町紙 谷秋社 高台	昭和10年(1935年)	神像型座像、野尻型神像型 座位	46 × 37 × 28	纓の付いた冠被り衣冠束帯で両手輪組で笏を持つ	彩色なし	☒有 □無 単体彫り 神像型座像	末盛助左衛門氏奉納、現在区の田の神とされている

2 えびの市の田の神石像

番号 撮影日	住所 置場所	製作年月日	像型・形態	サイズcm	持ち物	彩色	祠	その他
No. 1 平成25年05月19日	えびの市湯田萩原萩原邦三宅 道路沿い	昭和32年(1957年)	農民型 座位	22×13×	シキ被り長袖和服裃姿で前褄を結び右手メシゲ左手椀	メシゲ、椀、シキは黄色、長袖は緑、袴は赤色	☒有 □無 単体彫り 農民型座像	小さな箱に入り持ち回り、徳留進氏42歳の厄払いに作成
No. 2 平成25年05月19日	えびの市松原 道路沿い	不詳で祠は平成12年(2000年)	自然石 だるま様	33×40×	なし。自然石で顔が描いてある	顔は白、目、鼻は黒、口は赤、顔の周りは茶色	☒有 □無 自然石	自然石に顔が描いてあり、麓地区にあり、23名位で祀る
No. 3 平成25年05月19日	えびの市池島 道路沿い	平成3年(1991年)	神像型座像 座位	××	纓の付いた冠被り衣冠束帯で袖が張出し両手輪組で笏	黒紫色に着色。茅葺屋根の家	☒有 □無 単体彫り 神像型座像	圃場整備事業記念碑と並ぶ。2個の自然石とあり
No. 4 平成25年05月19日	えびの市池島 道路沿い	不詳	自然石	124×37×	なし	彩色なし	☒有 □無 自然石	
No. 5 平成25年05月19日	えびの市池島 道路沿い	不詳	自然石	70×26×	なし	彩色なし	☒有 □無 自然石	
No. 6 平成25年05月19日	えびの市末永 道路沿い	明治元年(1868年)	農民型 座位	50×36×	シキ被り長袖和服で右手メシゲ左手椀を垂直に持つ	メシゲ、顔は白で椀、服は赤。シキ、台座は赤、白の模様	☒有 □無 単体彫り 農民型座像	屋根付きの家に祀られ、おっとり田の神に何回か遭遇
No. 7 平成25年05月19日	えびの市湯田 湯田公民館敷地	不詳	神像型座像 座位	53×33×	冠を被り、衣冠束帯で両手輪組で穴なし。纓は不明	彩色なし。瓦屋根の家にあり	☒有 □無 単体彫り 神像型座像	風化に強く表情は不明。以前は民間の敷地にあった
No. 8 平成25年05月19日	えびの市榎田 道路沿い敷地	不詳	自然石	67×60×	なし	彩色なし	□有 ☒無 自然石	以前はコンクリートの祠にあり
No. 9 平成25年05月19日	えびの市西郷 道路沿い水田	不詳	自然石	50×38×	なし	彩色なし	☒有 □無 自然石	圃場整備事業記念碑や馬頭観音と並ぶ
No. 10 平成25年05月19日	えびの市 えびのインター出口	不詳	不明 座位	35×17×	目・鼻・口がはっきりした坊主頭で衣や持ち物は不明	彩色なし	□有 ☒無 単体彫り 不明	高速道路工事で近く〜この場に移設
No. 11 平成25年05月19日	えびの市榎田牧の原公民館 公民館	不詳	農民型 椅像	35×30×	シキ被り長袖和服と長袖姿で、右手メシゲ左手椀持つ	メシゲ、顔、シキは白色で他は薄い紫色	☒有 □無 単体彫り 農民型椅像	長袖の衣に袴をはく。地元の柳田重治氏の作で寄贈
No. 12 平成25年05月19日	えびの市中島 川沿いに敷き地	享保9年(1724年)	神像型椅像 椅像	78×55×	狩衣姿で両手が欠けるも輪組?頭部改作で被り物不明	顔は白、服は薄い紫色	☒有 □無 単体彫り 神像型椅像	毛利七右衛門作で狩衣姿で頭部は改作、えびの市最古

番号 撮影日	住所 置場所	製作年月日	像型・形態	サイズcm	持ち物	彩色	祠	その他
No. 13 平成25年05月19日	えびの市 資料館	平成2年(1990年)	農民型 椅像	× ×	シキ被り長袖和服で右手メシゲ左手椀を。大きな耳あり	全身が薄いチョコレート色	□有 ☒無 単体彫り 農民型椅像	食と緑の博覧会の際、春田浅次作を日本IBMから寄贈
No. 14 平成25年05月19日	えびの市 資料館	不詳	農民型 座位	× ×	シキ被り長袖和服で右手メシゲ左手椀を。大きな耳あり	シキと持ち物はチョコレート色、衣は銀色	□有 ☒無 単体彫り 農民型座像	No13と同じ資料館にある
No. 15 平成25年08月11日	えびの市大明司 道路沿い	昭和49年(1974年)	農民型 椅像	42 ×21 ×	シキ被り長袖和服と長袴姿で右手メシゲ左手椀	顔は白。目、眉は黒。口は赤	☒有 □無 単体彫り 農民型椅像	長袖の衣に襞のある袴をはく
No. 16 平成25年08月11日	えびの市大明司 道路沿い	昭和41年(1966年)	農民型 俵の上に座位	67 ×22 ×	シキ様笠被り長袖上衣とズボン姿で右手メシゲ左手椀	上衣は赤でメシゲ、椀、米俵、あごひもは桃色	☒有 □無 単体彫り 農民型座像	2俵の米俵にあぐらをかく。あご紐のあるシキ様笠を被る
No. 17 平成25年08月11日	えびの市前田 (右側) 道路沿い高台	昭和32年(1957年)	夫婦自然石 (男性)	62 ×33 ×	なし	彩色なし	□有 ☒無 自然石 (夫婦男神)	「田の男神」が刻銘
No. 18 平成25年05月19日	えびの市前田 (左側) 道路沿い高台	昭和32年(1957年)	夫婦自然石 (女性)	60 ×26 ×	なし	彩色なし	□有 ☒無 自然石 (夫婦女神)	「田の女神」が刻銘
No. 19 平成25年08月11日	えびの市前田 二日市(右川) 道路沿い	不詳	自然石	57 ×49 ×	なし	彩色なし	☒有 □無 自然石	出石国夫宅前
No. 20 平成25年08月11日	えびの市前田 二日市(左側) 道路沿い	安永6年(1777年)	農民型 立位	68 ×44 ×	シキを被り長袖和服と袴姿で右手メシゲ左手椀を持つ	彩色なし	☒有 □無 単体彫り 農民型立像	出石国夫宅前、風化強く表情などは不明
No. 21 平成25年08月11日	えびの市前田 小岡丸 道路沿い	不詳	自然石	66 ×40 ×	なし	全体が薄茶色	☒有 □無 自然石	山方宅前
No. 22 平成25年08月11日	えびの市前田 小岡丸 道路沿い	不詳	自然石	88 ×68 ×	なし	金色の文字	□有 ☒無 自然石	竣工記念碑と並び、「田の神島、田の神」と文字刻銘
No. 23 平成25年08月11日	えびの市上上江 道路沿い水田	江戸中期の作風	農民型 立位	55 ×39 ×	シキを被り長袖和服姿で、持ち物は風化がひどく不明	顔は白、目、鼻、髪は黒。シキ、体は紫茶色	☒有 □無 単体彫り 農民型立像	田の神舞を踊る有様をそのまま写し野性味ある傑作
No. 24 平成25年08月11日	えびの市中原田 上薗墓地	享保の作風らしい	神像型座像 座位	88 ×65 ×	烏帽子を被り狩衣姿で、両手欠損し型と持ち物は不明	彩色なし	□有 ☒無 単体彫り 神像型座像	廃仏毀釈時にこの神像も影響を受けたらしい

番号 撮影日	住所 置場所	製作年月日	像型・形態	サイズcm	持ち物	彩色	祠	その他
No. 25 平成25年08月11日	えびの市八幡東原田(左側) 八幡墓地	弘化4年(1847年)	農民型 立位	52 × 55 ×	シキ被り長袖和服袴姿で右手メシゲ左手椀。米俵2俵背負う	メシゲと椀、顔は白、胸元に赤色少し残る	☒有 □無 単体彫り 農民型立像	長袖の衣と袴をはき、八幡衆中の作らしい。大黒天を習合
No. 26 平成25年08月11日	えびの市八幡東原田(右側) 八幡墓地	不詳、江戸末期の作風	農民型 立位	46 × 35 ×	シキを被り、長袖和服姿で右手メシゲ左手に椀を持つ	メシゲと椀は赤色、目、眉毛は黒、帯にに赤色少し残る	☒有 □無 単体彫り 農民型立像	八幡衆中の作？回り田の神で田の神の原点
No. 27 平成25年08月11日	えびの市杉水流五日市 道路沿い	不詳	農民型 立位	75 × 37 ×	シキ被り長袖和服と長袴姿で右手メシゲで左手椀を持つ	メシゲ赤、手、顔は白、シキ、和服、口は茶	☒有 □無 単体彫り 農民型立像	長袖衣に袴をはく
No. 28 平成25年08月11日	えびの市杉水流曽我塚(左側) 道路沿い	不詳	農民型 立位	45 × 45 ×	頭部と両手は破損、長袖和服姿で米俵か袋を背負う	なし	□有 ☒無 単体彫り 農民型立像	3体とも昭和29年の土地改良・耕地整理の際集める
No. 29 平成25年08月11日	えびの市杉水流曽我塚(ロ側) 道路沿い	不詳	農民型 立位	62 × 28 ×	シキを被り、長袖和服姿で米俵を背負う	なし	□有 ☒無 単体彫り 農民型立像	道路沿いの水田の一角に、他の石造物群と並ぶ
No. 30 平成25年08月11日	えびの市杉水流曽我塚(右側) 道路沿い	不詳	農民型 立位	53 × 38 ×	シキや頭部と両手は破損し、長袖和服姿である	顔に白色、口に赤色が少し残る	□有 ☒無 単体彫り 農民型立像	
No. 31 平成25年10月27日	えびの市原田町 蛭子神社境内	享保10年(1725年)	僧型 立位	64 × 31 ×	シキ様の笠被り僧衣で両手破損持ち物不明で頭部落ち	彩色なし	□有 ☒無 単体彫り 僧型立像	魔仏殿釈か頭部両手破損、霧島48池の保寿院池水源の切原田建に建立？
No. 32 平成25年10月27日	えびの市小田麓 道路沿い	昭和6年(1931年)頃	自然石	70 × 45 ×	なし	彩色なし	□有 ☒無 自然石	「田の神」の刻銘あり。以前は地域の3人の持ち物だった
No. 33 平成25年10月27日	えびの市小田麓 川沿いの水田	昭和4年(1929年)	農民型 立位	66 × 24 ×	シキ被り長袖和服と袴姿で持ち物不明(左手にキネ)	服に青緑が少し残る	□有 ☒無 単体彫り 農民型立像	長袖の衣に袴をはく。春田浅吉の作
No. 34 平成25年10月27日	えびの市東川北狩山 道路沿い	不明	自然石	55 × 40 ×	なし	彩色なし	☒有 □無 自然石	吉本商店東の屋外にある
No. 35 平成25年10月27日	えびの市東川北徳満 道路沿い	不詳	農民型 椅像	35 × 30 ×	シキを被り長袖和服で右手メシゲ左手破損両足見える	顔に白色残る。目と眉は黒色	☒有 □無 単体彫り 農民型椅像	元は回り田の神で、長袖の衣を着る
No. 36 平成25年10月27日	えびの市西川北 道路沿い高台	昭和4年(1929年)	自然石	47 × 25 ×	なし	茶色あり	☒有 □無 自然石	表に「田の神 昭和四」、裏に「成見清市」の刻銘あり

番号 撮影日	住所 置場所	製作年月日	像型・形態	サイズcm	持ち物	彩色	祠	その他
No. 37 平成25年10月27日	えびの市西川北 天神通 道路沿い	不詳	自然石	45 × 45 ×	なし	彩色なし	□有 ☒無 自然石	水神と並ぶ。くびれがありあたかも頭部みたいにみえる
No. 38 平成25年10月27日	えびの市西川北 宮馬場城山 道路沿い高台	大正15年(1926年)	農民型 座位	30 × 20 ×	シキを被り、長袖和服と袴姿で右手メシゲ左手キネ持つ	顔、手白色。シキ、持ち物赤茶色。衣類空色	☒有 □無 単体彫り 農民型座像	以前は回り田の神
No. 39 平成25年10月27日	えびの市西川北 道路沿い	不詳	神像型座像 座位	75 × 57 ×	烏帽子を被り、狩衣姿で両手輪組で穴あり	袍と袴に一部茶褐色残る	☒有 □無 単体彫り 神像型像	顔面は風化が強く表情は不明
No. 40 平成25年10月27日	えびの市西川北 道路沿い	不詳	自然石	54 × 48 ×	なし	彩色なし	☒有 □無 自然石	男性のシンボルらしい
No. 41 平成25年10月27日	えびの市水流 風戸公民館敷地	昭和初期	農民型 座位	24 × 15 ×	笠状のシキ被り長袖和服で右手大きなメシゲ左手キネ	彩色なし	☒有 □無 単体彫り 農民型座像	持ち物が妙に大きい！元は回り田の神、現在公民館
No. 42 平成25年10月27日	えびの市昌明寺 吉田温泉 道路沿い	大正時代におっとってきた	農民型 椅像	58 × 27 ×	シキ被りゆったりの長袖和服姿で両手欠損しへそを出す	顔面、体は肌色。口紅、頬紅	☒有 □無 単体彫り 農民型椅像	棚田をバックにTVの田の神サミットに出演、「日石」の宣伝にも
No. 43 平成25年10月27日	えびの市昌明寺 北昌明寺 人家の庭	不詳	自然石	55 × 30 ×	なし	彩色なし	□有 ☒無 自然石	竹下商店裏にある。昔は苗とこの頃祭りをしていた
No. 44 平成25年10月27日	えびの市昌明寺 南昌明寺 日枝神社境内	不詳	神像型座像 座位	76 × 52 ×	頭部は破損し被り物は不明、狩衣姿で両手輪組	顔面は白口紅、頬紅、袍と袴に赤青白黄色残る	☒有 □無 単体彫り 神像型座像	頭部は破損するも、表情は読み取れる。被り物は不明
No. 45 平成25年10月27日	えびの市水流 菅原神社境内	天明6年(1786年)	神像型座像 座位	68 × 59 ×	纓の付いた冠被り衣冠束帯で両手輪組の穴あり	袍と袴は一部赤色	☒有 □無 単体彫り 神像型座像	目、鼻等風化強い。顔の中央に切った跡あり
No. 46 平成25年10月27日	えびの市 道路沿い水田	平成13年(2001年)	農民型 座位	× ×	シキを被り、長袖和服で右手メシゲ左手に楕円形の物	顔と両手は白、シキと衣は青色、メシゲ薄紫色	□有 ☒無 単体彫り 農民型座像	作北原正敏、贈森茂
No. 47 平成25年10月27日	えびの市内堅(うちたて)中内堅 道路沿い水田	享保10年(1725年)	神像型椅像 椅像 市有形民俗文化財	78 × 73 ×	纓のない冠被り衣冠束帯で両手は左右持ちで先は欠落	彩色なし	☒有 □無 単体彫り 神像型椅像	神官型座像で西諸県郡に多い。えびの市で2番目に古い
No. 48 平成25年10月27日	えびの市岡松 南岡松 道路沿い高台	昭和30年(1955年)	農民型 椅像	63 × 25 ×	シキ被り長袖和服と袴姿で両手先は欠損し腰を屈める	顔と手・胸は黒、衣は青色	□有 ☒無 単体彫り 農民型椅像	以前は右手にメシゲ左手キネ持つ。後方からは男性根

番号 撮影日	住所 置場所	製作年月日	像型・形態	サイズcm	持ち物	彩色	祠	その他
No. 49 平成25年10月27日	えびの市内堅 北岡松 道路沿い	昭和7年(1932年)	農民型 椅像	75 × 38 ×	破損のシキ被り両手は欠損し胸開きの長袖和服と袴履く	彩色なし	□有 ☒無 浮彫り 農民型椅像	顔面は破損激しく裏に天神免水道記念碑とあり田の神を建立
No. 50 平成25年10月27日	えびの市岡松 南岡松 田の神通り	不詳	農民型 座位	41 × 37 ×	シキ被り長袖和服と袴で右手メシゲ左手キネを持つ	顔は白、衣類は赤色、ほほ紅の痕跡あり	□有 ☒無 単体彫り 農民型座像	以前は岡松神社境内にあり、おっ盗られて帰ってくる
No. 51 平成25年10月27日	えびの市岡松 南岡松 田の神通り	不詳	農民型 立位	36 × 19 ×	シキ被り長袖和服と裁着け袴で右手メシゲ左手椀	彩色なし	□有 ☒無 単体彫り 農民型立像	原田利盛氏所有、現在大きな仏像の足元に置く
No. 52 平成25年10月27日	えびの市柳水流 道路沿い水田	大正時代	神像型座像 座位	50 × 50 ×	纓の付いた冠被り衣冠束帯で両手輪組で穴あり	彩色なし	☒有 □無 単体彫り 神像型座像	大正時代に以前の田の神をおっ盗られ、出てこず新作
No. 53 平成25年10月27日	えびの市島内 下島内 道路沿い	大正時代初期か？	農民型 立位	63 × 37 ×	シキ被り野良着姿で前祖で結び右手スリコギ左手メシゲ持つ	口紅痕跡。シキ、衣類など赤色残る	☒有 □無 単体彫り 農民型立像	耕地整理で現在地に移設
No. 54 平成25年10月27日	えびの市向江 上向江 道路沿い空き地	不詳	神像型座像 座位	81 × 58 ×	冠を被り直衣姿で、両手は欠損するも膝の上にあり	顔は白、口紅あり。衣類は黒色で袴は赤	☒有 □無 単体彫り 神像型座像	以前協立病院南サイホン西出口でタッゴラの祠にあった
No. 55 平成25年10月27日	えびの市島内 下島内 道路沿い	昭和38年(1963年)頃	農民型 椅像	31 × 19 ×	シキを被り、長袖和服と袴で両手で大きなメシゲを持つ	陶製でなし（田の神櫃あり）	☒有 □無 単体彫り 農民型椅像	元のものはおっ盗られて帰ってこず誰かが買って置く
No. 56 平成25年10月27日	えびの市浦 中浦 末原宅 道路沿い高台	不詳	農民型 椅像	28 × 17 ×	シキを被り、袖和服と袴で右手メシゲ左手に椀を持つ	顔は白、口紅があり、衣類の一部に赤の痕跡	☒有 □無 単体彫り 農民型椅像	元は回り田の神で現在は個人宅に。古銭をつないだ首飾りあり
No. 57 平成25年10月27日	えびの市浦 中浦 末原宅 道路沿い	昭和2年(1927年)	農民型 立位	62 × 32 ×	三角形のシキを被り、長袖和服と袴で右手メシゲ左手キネ	顔は白、口紅とほほ紅があり、手・足茶色、シキ黄、袴は青	☒有 □無 単体彫り 農民型立像	昭和8年頃におっ盗られたらしい
No. 58 平成25年10月27日	えびの市浦 下浦 道路沿い	不詳	農民型 座位	52 × 33 ×	シキ被り長袖和服と袴で両手メシゲ持ち襷掛けで踊る	顔・手・足は白、シキは赤で衣類は緑、袴は茶色	☒有 □無 単体彫り 農民型座像	躍動的な田の神である
No. 59 平成25年10月27日	えびの市浦 下浦 道路沿い	不詳	農民型 椅像	32 × 18 ×	シキ被り長袖和服と袴で両手メシゲ持ち躍動的に踊る	顔・手・足は白、シキと袴赤色路	☒有 □無 単体彫り 農民型椅像	北別府勲氏の祖父が池牟礼地区のものを子供たちが粗末にすると持参す
No. 60 平成25年10月27日	えびの市浦 上浦 道路沿い	文政2年(1819年)	神像型座像 座位	40 × 37 ×	冠被り衣冠束帯で両手輪組で笏を持つ。纓は不明	顔と手は白、口紅があり、冠と袍・袴類は黒色	☒有 □無 単体彫り 神像型座像	「文政二年 御田之神巳卯之十月山天」の刻時あり

2 えびの市の田の神石像　277

番 号 撮影日	住 所 置 場所	製作年月日	像型・形態	サイズcm	持ち物	彩色	祠	その他
No. 61 平成25年10月27日	えびの市島内 上島内 道路沿い	明治20年(1887年)	農民型 立位	67 × 33 ×	シキ被り胸開き長袖和服と裁着け袴姿右手メシゲ左手キネ	顔・手・足は白、シキと衣類はベンガラ色	☒有 ☐無 単体彫り 農民型立像	横に由来についての石碑あり
No. 62 平成25年10月27日	えびの市大溝原 大溝原墓地	不詳	自然石	42 × 43 ×	なし(くびれの所にしめ縄あり)	彩色なし	☒有 ☐無 自然石	神体を盗まれ、その時米1俵と化粧して返したとか
No. 63 平成25年10月27日	えびの市西長江浦下(右側) 道路沿い	昭和29年(1954年)	農民型 座位	40 × 31 ×	シキを被り、長袖と袴姿で、右手メシゲ、左手に椀持つ	顔に白、衣に青が少し残る	☒有 ☐無 単体彫り 農民型座像	「ムゾカ」田の神で以前おっ盗られたがモミ10俵と返却
No. 64 平成25年10月27日	えびの市西長江浦下(左側) 道路沿い	不詳	自然石	63 × 36 ×	なし	彩色なし	☒有 ☐無 自然石	これは以前からあった
No. 65 平成25年10月27日	えびの市西長江浦 千代反田 道路沿い	不詳	農民型 座位	× ×	シキ被り長袖和服で大きなメシゲを両手で持つ	顔・手・シキ・メシゲは肌色で衣は朱色	☒有 ☐無 単体彫り 農民型座像	以前は自然石となっているが現在はこの田の神に
No. 66 平成25年10月27日	えびの市東長江浦下 道路沿い	不詳	神像型座像 座位	68 × 53 ×	纓の付いた冠被り衣冠束帯で両手輪組で穴如	なし(以前は化粧していたらしい)	☒有 ☐無 単体彫り 神像型座像	いつの間にか現在の見晴の良い所に移動
No. 67 平成25年10月27日	えびの市大明寺 市民俗資料館	文政13年(1830年)	農民型 立位 市有形民俗文化財	45 × 42 ×	シキ被り長袖和服と袴で右手メシゲ左手メシ盛椀持ち踊る	顔と衣に白残る	☒有 ☒無 単体彫り 農民型立像	顔を傾けて右足を前に出し、今にも踊りだしそうである
No. 68 平成25年10月27日	えびの市大明寺 市民俗資料館	不詳	農民型 座位	35 × 14 ×	笠被り長袖和服と袴で右手にメシゲ左手キネ	笠は茶色、顔と持ち物は白、衣は水色	☐有 ☒無 単体彫り 農民型座像	いつ誰が持ち込んだのか不明で京町の荒神堂の大タブ樹の根元に置かれていた
No. 69 平成25年10月27日	えびの市大明寺 市民俗資料館	昭和21年(1946年)	農民型 立位	29 × 18 ×	シキを被り長袖和服と袴で右手メシゲ左手キネを持つ	顔と胸白、口紅あり。衣類は緑で、帯と持ち物は茶色	☐有 ☒無 単体彫り 農民型立像	持ち回り田の神で、今田喜次朗氏62歳で厄払いで作成
No. 70 平成25年10月27日	えびの市大明寺 市民俗資料館	昭和21年(1846年)	農民型 座位	27 × 18 ×	シキ被り、衣と袴はき右手にメ、左手にキネを持つ	顔は白、口紅・ほほ紅あり。衣類は緑色	☐有 ☒無 単体彫り 農民型座像	内田蔵吉氏厄払い製作、回り田の神で祀られていた
No. 71 平成25年12月01日	えびの市大明寺 山内 道路沿い	平成22年(2010年)	農民型 椅像	45 × 37 × 21	シキ被り、長袖と袴で右手にメシゲ左手に椀を持つ	彩色なし	☐有 ☒無 単体彫り 農民型椅像	市制40周年記念、農業振興を願い山内のシンボル
No. 72 平成25年10月27日	えびの市大明寺 山内 水田	不詳(昭和?年と記載あり)	農民型 座位	30 × 17 ×	シキを被り半袖上着と袴をはき右手欠損左手椀持つ	彩色なし	☐有 ☒無 単体彫り 農民型座像	資料は神官型であるが、農民型と思われる

番号 撮影日	住所 置場所	製作年月日	像型・形態	サイズcm	持ち物	彩色	祠	その他
No. 73 平成25年12月01日	えびの市永山 新久保宅地内 自宅敷地	不詳	自然石	80×50×	なし	彩色なし	☒有 □無 自然石	昔おっ盗られ、夜荷車で取り返し朝まで祝った
No. 74 平成25年12月01日	えびの市灰塚 堤防敷地	不詳	自然石	55×65×	なし	彩色なし	☒有 □無 自然石	昭和17年頃の耕地整理で現在地に
No. 75 平成25年12月01日	えびの市栗下 自宅内敷地	不詳	自然石	85×40×	なし	彩色なし（くびれにしめ縄）	□有 □無 自然石	時々神体の向き豊作願う方向に変えられ忙しい
No. 76 平成25年12月01日	えびの市末永 白鳥 水田高台	大正4年(1915年)	農民型 椅像	73×37×	シキ様の笠被り風化強く衣は不明右手メシゲ左手握り飯	彩色なし	□有 □無 単体彫り 農民型椅像	風化が強く、着用物は不明で米俵に腰掛けている
No. 77 平成25年12月01日	えびの市末永 白鳥 墓地	不詳	自然石	55×36×	なし	彩色なし	☒有 □無 自然石	頭部と体みたいに大きなくびれ。面白い形
No. 78 平成25年12月01日	えびの市末永 中末永 公園敷地	不詳	自然石	52×34×	なし	彩色なし（くびれにしめ縄）	☒有 □無 自然石	以前No6と同じ祠で、H13年現在地に。こちらが古い
No. 79 平成25年12月01日	えびの市今西 道路沿い水田	不詳	自然石	70×40×	なし	彩色なし	☒有 □無 自然石	「多ノ神」の大きな文字が刻銘されている
No. 80 平成25年12月01日	えびの市今西 道路沿い	不詳	自然石	75×50×	なし	彩色なし	□有 ☒無 自然石	道路沿いの石板の上に載せてある
No. 81 平成25年12月01日	えびの市大明寺 川鶴 水田	不詳	農民型 座位	50×40×	一部破損したシキ被り長袖和服と袴で右手破損、左手キネ	彩色なし	□有 ☒無 単体彫り 農民型座像	川に流されたのが拾い上げ後に頭でヨギギをついて盆む
No. 82 平成25年12月01日	えびの市大明寺 人家の庭	大正2年(1913年)	農民型 立位	52×33× 持ち物は垂直	シキ様の笠被り長袖和服で両足見え右手メシゲ左手椀	彩色なし。(優しいおじさんが何回も出展したと)	□有 ☒無 単体彫り 農民型立像	長袖の衣、背中に米俵を背負う。製作狩集八郎
No. 83 平成25年12月01日	えびの市大明寺 二八ノ下 道路脇敷地	不詳	風化強く不明 立位	60×25×20	袴をはいているようであるが他は全く判別不能	彩色なし	☒有 □無 単体彫り 不明	顔もはっきりせずに、今にも崩れそうな田の神
No. 84 平成25年12月01日	えびの市前田 道路沿い敷地	不詳	自然石	75×45×25	なし	彩色なし	□有 ☒無 自然石	近くのおばちゃんは田の神とのこと

番 号 撮影日	住 所 置場所	製作年月日	像型・形態	サイズcm	持ち物	彩色	祠	その他
No. 85 平成25年12月01日	えびの市坂元 道路沿い	昭和62年(1987年)	神像型座像 座位	57 × 34 ×	烏帽子被り長袖和服で両手膝の上右手は輪を作る	顔・手は白、服は青緑で烏帽子は黒色	□有 ⊠無 単体彫り 神像型座像	耳が大きく笑顔で、田中勇夫氏寄贈
No. 86 平成25年12月01日	えびの市原田麓(左側) 用水路横草村	江戸末期	夫婦像の女性 立位	63 × 39 ×	シキ被り、長袖和服で、右手メシゲ左手椀を持つ	メシゲ・顔は青、椀・帯は青、シキ・服は赤色	⊠有 □無 単体彫り 夫婦像 (女性)	No87と対で、昭和30年代後半に現在地に
No. 87 平成25年12月01日	えびの市原田麓(右側) 用水路横草村	江戸末期	夫婦像の男性 椅像	55 × 35 ×	シキ被り、長袖和服で、右手メシゲ左手メシ盛った椀	メシゲ黄、椀・シキ・ロ赤、顔は白、足は肌色、服は青	⊠有 □無 単体彫り 夫婦像 (男性)	女神1人で寂しかろうと、黒木金吉？氏寄贈
No. 88 平成25年12月01日	えびの市大河平左院(左側) 道路沿い敷地	大正15年(1926年)	僧型 座位	68 × 42 ×	大シキ被り長袖和服で右手メシゲ左手椀で米俵に座る	シキ茶色、衣は薄緑、メシゲ俵は黄色	⊠有 □無 単体彫り 僧型座像	激烈な小作争議、竹ノ内利助氏が平和解決の為寄贈
No. 89 平成25年12月01日	えびの市大河平左院(左側) 道路沿い敷地	不詳、江戸末期の作風	農民型 椅像	49 × 32 ×	シキ被り長袖和服で右手メシゲ左手椀持ち背に米俵	彩色なし	⊠有 □無 単体彫り 農民型椅像	平成19年以降に誰かが設置しているが詳細は不明
No. 90 平成25年12月01日	えびの市大河平東久保原 人家敷地内	大正8年(1917年)	農民型 椅像	52 × 24 ×	シキ様の傘被り長袖和服戸袴で右手メシゲ左手メシ盛る椀	顔・手・胸・メシは白、傘・着物・椀は黒色	⊠有 □無 単体彫り 農民型椅像	明治40年新鶴常次郎氏養子入り、開田・蓄財し寄贈
No. 91 平成25年12月01日	えびの市大河平小牧 道路沿い高台	不詳、江戸末期の作風	農民型 椅像	49 × 34 ×	大きなシキ被り長袖和服姿で右手メシゲ左手破損(修復)	メシゲ・帯・ロは赤、顔と手は白色	⊠有 □無 単体彫り 農民型椅像	左手は最近修復され、建立者は小牧衆中らしい
No. 92 平成25年12月01日	えびの市水流佐山(左側) 道路角の高台	天保11年(1840年)	農民型 立位	43 × 25 ×	シキ様の笠被り長袖和服姿で右手メシゲ左手メシ盛りの椀	メシゲと顔は肌色、鼻筋は白、目と眉毛は黒色	⊠有 □無 単体彫り 農民型立像	回り田の神で、座元から座元に回る小型のものである
No. 93 平成25年12月01日	えびの市水流佐山(右側) 道路角の高台	不詳	自然石	103 × 85 ×	なし	彩色なし	⊠有 □無 自然石	最近「田の神」の文字建込。郷土芸能踊る際この田の神から始む
No. 94 平成25年12月01日	えびの市東原田 霊園敷地内	明治末期らしい	農民型 座位	47 × 42 ×	シキ被り長袖和服姿で右手メシゲ左手椀を持つ	顔は白、襟元・メシゲは赤、椀は緑、服は青色	⊠有 □無 単体彫り 農民型座像	明治2年頃、鹿児島県大浦から集団移住、明治末期作成
No. 95 平成25年12月01日	えびの市末永田代 道路沿い	平成18年(2006年)	農民型 椅像	60 × 50 × 25	シキ被りふと耳・長袖和服で右手にキネカ小扇子左手椀	彩色なし	□有 ⊠無 単体彫り 農民型椅像	新しいもので、建設委員一同の寄贈の記載あり
No. 96 平成25年12月01日	えびの市上江中上江 道路沿い	不詳	不明 立位	55 × 50 ×	頭部破損してシキ被り長袖和服で持ち物は不明	彩色なし	□有 ⊠無 単体彫り 不明	耕地整理のために県道筋から現在地へ。風化が強い

番号 撮影日	住所 置場所	製作年月日	像型・形態	サイズcm	持ち物	彩色	祠	その他
No. 97 平成25年12月01日	えびの市中上江区 道路沿い敷地	大正元年(1912年)	農民型 座位	60 × 46 × 27	大きなシキ被り長袖和服で右手メシゲ左手椀を持つ	顔・両手足は白、持ち物は赤、シキは赤と白の縞模様	⊠有 □無 単体彫り 農民型座像	シキが妙に大きく、上半身を覆い尽くす。米俵の上に座る
No. 98 平成25年12月01日	えびの市大明司脇村(左側) 道路沿い水田	不詳	農民型 座位	40 × 25 ×	頭部は破損し持ち物も不明で長袖和服に袴をはく	全体に赤色が少し残る	□有 □無 単体彫り 農民型座像	祠は昭和14年(1939年)建設。No99と並ぶ
No. 99 平成25年12月01日	えびの市大明司脇村(右側) 道路沿い水田	不詳	自然石	41 × 20 ×	なし	彩色なし	⊠有 □無 自然石	祠は昭和14年(1939年)建設。No98と並ぶ
No. 100 平成25年12月01日	えびの市下大河平 人家裏	江戸末期の作風	農民型 座位	53 × 40 × 最もかわいそう！	シキ被り、長袖和服で右手メシゲ左手椀の痕跡有り	彩色なし	□有 ⊠無 単体彫り 農民型座像	破損が激しく裏庭で倒されていた
No. 101 平成25年12月01日	えびの市下大河平川上(こかん) 神社境内	明治の作風	農民型 椅像 持ち物垂直	57 × 37 ×	シキ被り長袖和服に袴姿右手にメシゲ左手に椀持つ	シキ・着物・椀は赤、顔・手・メシゲは白に黒色の縁取り	⊠有 □無 単体彫り 農民型椅像	昔、川上吉次郎氏の裏山に祀られたものを現在地に
No. 102 平成25年12月01日	えびの市下大河平 人家の庭	不詳	農民型 立位	68 × 43 ×	大きなシキ被り長袖和服で両手欠損し持ち物不明	彩色なし	□有 ⊠無 単体彫り 農民型立像	黒川康信氏所有
No. 103 平成25年12月30日	えびの市下大河平 人家の庭	不詳	農民型 立位	68 × 45 ×	シキを被り、長袖和服姿で右手にメシゲ左手にメシ持った椀	顔のみ白く塗ってある。持ち物垂直	□有 ⊠無 単体彫り 農民型立像	黒川盛利氏所有
No. 104 平成25年12月30日	えびの市五日市 道路沿い高台	不詳	農民型 立位	56 × 28 ×	大きなシキ被り長袖和服と長袴姿で右手にメシゲ、左手に椀	顔と服は白色。持ち物垂直	⊠有 □無 単体彫り 農民型立像	石材で五日市区の所有
No. 105 平成25年12月30日	えびの市原田大平(左側) 墓地敷地	不詳	神像型座像 座位	64 × 45 ×	頭部破損し直衣姿で両手輪組。明治2年麿仏毀釈で頭部破損	袍と袴に赤色が残る。直衣姿	□有 ⊠無 単体彫り 神像型座像	五輪之塔の空風輪を首に見立ててセメントで継いである
No. 106 平成25年12月30日	えびの市原田大平(右側) 墓地敷地	明治43年(1910年)	農民型 立位	62 × 40 ×	傘状のシキ被り広袖和服右手メシゲ左手椀背中に米俵	衣に薄く赤色が残る。持ち物垂直で彩色なし	□有 ⊠無 単体彫り 農民型立像	背中に米俵2表を背負っている
No. 107 平成25年12月30日	えびの市上江中満 墓地	不詳	神像型座像 座位	× ×	頭部は破損し後から改作。両手輪組で穴なし	彩色なし	⊠有 □無 単体彫り 神像型座像	市の資料では自然石で異なる。頭部は改作
No. 108 平成25年12月30日	えびの市下大河平堀浦 道路沿い	天保10年(1839年)	農民型 立位	51 × 28 ×	シキ様の笠被り、長袖和服と袴姿右手メシゲ左手椀	笠・着物・帯・俵に赤色残る	□有 ⊠無 単体彫り 農民型立像	おっとい田の神で、俵の上に立つ

番号 撮影日	住所 置場所	製作年月日	像型・形態	サイズcm	持ち物	彩色	祠	その他
No. 109 平成25年12月30日	えびの市上江 西上江 道路沿い	不詳	農民型 立位	56 × 23 ×	大きなシキを被り、長袖和服姿で両手はみえない	顔は白、目と眉毛は黒、口・襟元・帯は赤色	☒有 ☐無 単体彫り 農民型立像	両手は袖の中なのか見当たらない
No. 110 平成25年12月30日	えびの市末永 出水 (左側) 道路沿い	不詳	地蔵型 座位	36 × 30 ×	米俵の上であぐらかく。両手破損で持ち物は不明	衣服に赤色わずかに残る	☒有 ☐無 単体彫り 地蔵型座像	No111と一緒に並ぶ
No. 111 平成25年12月30日	えびの市末永 出水 (右側) 道路沿い	不詳	農民型 椅像	× ×	シキを被り、長袖和服で両手で瓢箪を持ち右膝立てる	シキ・瓢箪は茶色、顔・両手足は白、衣服は水色	☐有 ☐無 単体彫り 農民型椅像	最近新しく作られたものと思われる。N0110と並ぶ
No. 112 平成25年12月30日	えびの市柳水流 幣田 (ひえだ) 幣田神社境内	平成元年(1989年)	農民型 座位	53 × 37 × 29	シキを被り、長袖和服と袴姿で右手メシゲ左手椀を持つ	顔は白、メシゲは赤、着物は青色	☐有 ☒無 単体彫り 農民型座像	
No. 113 平成25年12月30日	えびの市岡松 公園内	平成21年(2009年)	農民型 座位	58 × 51 × 40	シキを被り長袖和服と袴姿で右手メシゲ左手椀を持つ	全体が茶色	☐有 ☒無 単体彫り 農民型座像	小原よしひろ作
No. 114 平成25年12月30日	えびの市内竪 溝ノ口 道路沿い高台	昭和63年(1988年)	農民型 立位	47 × 30 × 21	シキ被り胸開き長袖衣と袴で右手メシゲ左手スリコギ	顔・胸は白、シキは黒、持ち物は赤、襟元・紐は黄	☐有 ☒無 単体彫り 農民型立像	田中まさとし作
No. 115 平成25年12月30日	えびの市水流 水田	不詳	不明 上半身のみ	45 × 30 ×	石祠の中に約2頭身で頭部と胸のみの像あり	顔は肌色	☒有 ☐無 単体彫り 不明	像型や持ち物などは全く不明

番号 撮影日	住所 置場所	製作年月日	像型・形態	サイズcm	持ち物	彩色	祠	その他
No.B-1	えびの市栗下 / 柏木勇幸宅内	不詳	自然石	28 × 20 ×	自然石	彩色なし	☒有 □無 自然石	本像は回り田の神
No.B-2	えびの市西長江浦上 / 梅沢宅西	不詳	自然石	35 × 26 ×	自然石	彩色なし	☒有 □無 自然石	割り当てで祠を作成したとか
No.B-3	えびの市湯田新田 / 浜田宅角	昭和29年(1954年)	農民型 椅像	21 × 11 ×	シキ被り長袖上衣に袴で右手稲穂左手メシゲで右膝立躍動的	顔、手、メシゲは白色	☒有 □無 単体彫り 農民型椅像	回り田の神で色増正男氏依頼して鹿児島県から購入
No.B-4	えびの市湯田中 / 福元修滋宅内	昭和31年(1956年)	農民型 椅像	28 × 14 ×	シキ被り長袖上衣に袴姿で右手メシゲ左手椀持つ	メシゲと椀は青色でシキ上衣は黄色で袴は赤色	□有 ☒無 農民型椅像	有留景男氏42歳厄払い春田浅二石工師に作成依頼
No.B-5	えびの市湯田 / 富重宅内	昭和8年(1933年)	農民型 座位	20 × 11 ×	シキ被り胸開き上衣と袴で右手メシゲ左手キネ持つ	顔と躰は白色で口紅でシキと持ち物は黄色	☒有 □無 単体彫り 農民型座位	回り田の神で父八右衛門氏41歳厄払いで石工依頼
No.B-6	えびの市西郷 / 西郷公民館内	大正4年(1915年)	農民型 椅像	32 × 18 ×	頭巾被り長袖和服でメシゲ持つも風化強く下の衣不明	顔に白色で口赤色が少し残る	☒有 □無 単体彫り 農民型椅像	本像は回り田の神
No.B-7	えびの市榎田 / 榎田公民館内	不詳	仏像型 座像	8 × 5 ×	風化強く表情など不明、縞あり長衣着て右手を胸に当てる	銅製の青色	☒有 □無 単体彫り 仏像型座像	銅製で回り田の神
No.B-8	えびの市東川北 / 竹下宅内	昭和3年(1928年)	農民型 座像	37 × 29 ×	シキ被り長袖和服で両手なく米俵2俵の上に座す	顔としめ縄に赤色残る	□有 ☒無 単体彫り 農民型座像	竹下家個人の家宝
No.B-9	えびの市東川北彦山 / 渡辺一男宅内	不詳	農民型 椅像	29 × 17 ×	頭巾被り長袖上衣袴姿で右手メシゲ左手椀。米俵に腰掛け	上衣に白色残る	□有 ☒無 単体彫り 農民型椅像	回り田の神
No.B-10	えびの市水流後水流 / 個人宅内	昭和50年(1975年)	農民型 座像	32 × 17 ×	シキ被り長袖上衣に袴姿で右手メシゲ左手椀を持つ	顔は白色で衣類の一部は赤色	□有 ☒無 農民型座像	回り田の神
No.B-11	えびの市水流本町 / 個人宅内	昭和24年(1949年)	農民型 座像	19 × 18 ×	シキ被り長袖上衣に袴で右手メシゲ左手キネを持つ	顔は白色で衣類は緑・赤・黄色	□有 ☒無 農民型座像	回り田の神
No.B-12	えびの市水流前水流 / 個人宅内	昭和28年(1953年)	農民型 座像	23 × 19 ×	シキ被り長袖上衣に袴姿で右手メシゲ左手キネを持つ	顔は白色で衣装は緑色でシキと持ち物は黄色	□有 ☒無 農民型座像	回り田の神

2 えびの市の田の神石像

番号 撮影日	住所 置場所	製作年月日	像型・形態	サイズcm	持ち物	彩色	祠	その他
No. B−13	えびの市南昌明寺	不詳	神像型座像	70 × 51 ×	烏帽子を被り狩衣姿で両手は欠損し頭部は破壊される	彩色なし	⊠有 □無 単体彫り 神像型座像	前田家の氏神として祀られる
	前田宅屋外		座像					
No. B−14	えびの市北昌明寺 矢岳東	不詳	自然石	38 × 35 ×	自然石	彩色なし	⊠有 □無 自然石	
	屋外							
No. B−15	えびの市東内堅	大正初期	農民型	35 × 18 ×	シキ被り長袖上衣に袴姿で両手大きなメシゲ持つ	シキとメシゲ茶色で他は白色	□有 ⊠無 単体彫り 農民型立像	回り田の神
	古市宅内		立位					
No. B−16	えびの市東内堅 木場田	大正時代	自然石	60 × 40 ×	自然石	彩色なし	□有 □無 自然石	
	屋外							
No. B−17	えびの市東内堅	昭和34年(1959年)	農民型	37 × 20 ×	シキ被り裃裟を着て右手メシゲ左手キネを持つ	顔白で、シキ持ち物黄色裟裟は赤・青・緑色	□有 ⊠無 農民型座像	
	早目宅内		座像					
No. B−18	えびの市東内堅	昭和40年(1965年)頃	農民型	36 × 15 ×	シキ被り長袖上衣に袴姿で右手メシゲ左手椀	顔の白色残る	□有 □無 単体彫り 農民型座像	
	境内宅内		座像					
No. B−19	えびの市溝の口区 西之野	大正5年(1916年)	農民型	33 × 22 ×	頭覆う被り物そのまま背石と台座の浮彫。右手メシゲ左キネ	彩色なし	□有 ⊠無 浮き彫り 農民型座像	素人の彫で以前近くに住んでいた白尾左門氏の作か
	水田		座像					
No. B−20	えびの市中内堅 梅木	昭和16年(1941年)	農民型	25 × 14 ×	シキ被り長袖上衣に袴姿で両手先は欠損し持ち物不明	シキ黒で衣類は黄色と緑、顔は白色で口紅	□有 ⊠無 単体彫り 農民型座像	回り田の神
	屋外		座像					
No. B−21	えびの市中内堅 梅木前	昭和12年(1937年)	神像型座像	18 × 11 ×	冠を被り直衣で2俵の米俵に座す	木製で木の色である	□有 ⊠無 単体彫り 神像型座像	回り田の神
	個人宅内		座像					
No. B−22	えびの市北岡松	不詳	農民型	32 × 18 ×	頭巾を被りモンペ姿で両手は隠れ持ち物は不明	黒に白線で顔面は白色で口紅あり	□有 ⊠無 単体彫り 農民型椅像	回り田の神
	山岡宅内		椅像					
No. B−23	えびの市北岡松	昭和25年(1950年)	神像型座像	42 × 36 ×	烏帽子被り広袖羽織に袴姿で両手で笏を持つ	顔は白色で衣装は白、黄、空色で烏帽子黒色	□有 ⊠無 単体彫り 神像型座像	
	上村宅屋外		座位					
No. B−24	えびの市亀沢 山崎神社	不詳	農民型	24 × 11 ×	シキ被り長袖上衣に袴姿で両手の持ち物は不明	顔と胸は白色で衣類は青色、袴には青の縞	□有 ⊠無 単体彫り 農民型座像	回り田の神
	神社内		座像					

番号 撮影日	住所 置場所	製作年月日	像型・形態	サイズcm	持ち物	彩色	祠	その他
No.B-25	えびの市亀沢 野間口宅内	明治以前らしい	農民型 椅像	29 × 17 ×	一部破損したシキ被り野良着姿で右手メシゲ左手不明	彩色なし	□有 ⊠無 単体彫り 農民型椅像	左手首は破損して持ち物は不明
No.B-26	えびの市上島内 第3区分屋内	不詳	農民型 椅像	28 × 15 ×	シキ被り長袖上衣にモンペ姿で右手メシゲ左手椀	顔とモンペは白色シキ黄色衣類とメシゲ赤色	□有 ⊠無 単体彫り 農民型椅像	吉松の方へおっ盗られたシキがそのまま青石と台石
No.B-27	えびの市下島内 植竹宅内	昭和29年(1954年)	農民型 座位	31 × 25 ×	シキ被り長袖上衣に袴姿で右手メシゲ左手キネ	木材で顔は白色で衣類は紫色	□有 ⊠無 単体彫り 農民型座像	回り田の神
No.B-28	えびの市西川北 天神通 屋外	昭和2年(1927年)	農民型 座像	30 × 16 ×	シキ被り長袖上衣に袴姿で右手メシゲ左手キネ	顔白色で衣類は緑色持ち物は黒色	⊠有 □無 単体彫り 農民型座像	回り田の神
No.B-29	えびの市西川北 宮馬場上 個人宅内	昭和25年(1950年)	農民型 座像	× ×	シキ被り上下裃と袴姿で右手キネ左手メシゲ	顔白色で上下黄色で袴は緑色	□有 ⊠無 単体彫り 農民型座像	
No.B-30	えびの市西川北 西元宅東	平成元年頃	自然石	38 × 30 ×	自然石に顔だけ彫ってある	彫った顔は白色	□有 ⊠無 自然石	
No.B-31	えびの市西川北 個人宅内	不詳	農民型 立位	30 × 17 ×	シキ被り長袖上衣に袴姿で右手メシゲ左手キネ持つ	シキと持ち物は黄色で衣類は赤と緑色いろ	□有 ⊠無 単体彫り 農民型立像	土台石に刻銘あり「田之神」
No.B-32	えびの市西川北 四反田東 個人宅内	昭和30年(1955年)	農民型 座像	31 × 21 ×	シキ被り長袖上衣に袴姿で右手メシゲ左手キネ持つ	シキと持ち物は茶色で衣類は緑色	□有 ⊠無 単体彫り 農民型座像	回り田の神
No.B-33	えびの市西川北 四反田西 個人宅内	昭和12年(1937年)頃	農民型 座像	21 × 18 ×	シキ被り長袖上衣に袴姿で右手メシゲ左手キネ持つ	顔白色で上衣薄緑色袴は赤色	⊠有 □無 単体彫り 農民型座像	回り田の神
No.B-34	えびの市下大河平 菖蒲ヶ野 個人宅裏、屋外	江戸末期の作風	農民型 座像	53 × 40 ×	シキ被り長袖上衣に袴姿で右手メシゲ左手椀の痕跡	彩色なし	□有 ⊠無 単体彫り 農民型座像	
No.B-35	えびの市下大河平 菖蒲ヶ野 豊の原屋外	昭和6年(1931年)	農民型 椅像	46 × 30 ×	シキ被り長袖上衣に袴姿で右手メシゲ左手椀持つ	顔は白色で着物に青色が残る	□有 ⊠無 単体彫り 農民型椅像	
No.B-36	えびの市下大河平 小牧 個人宅屋外	不詳	農民型 椅像	49 × 34 ×	シキ被り長袖上衣に袴姿で右手メシゲ左手破損	メシゲと帯は濃い緑色着物赤色で顔と手は白色	⊠有 □無 単体彫り 農民型椅像	

2 えびの市の田の神石像　285

番 号 撮影日	住 所 置 場 所	製作年月日	像型・形態	サイズcm	持ち物	彩色	祠	その他
No.B−37	えびの市坂元 片平宅屋外	不詳	農民型 立位	59 × 50 ×	シキ被り長袖和服にモンペ姿で右手メシゲ左手椀	彩色なし	□有 ☒無 単体彫り 農民型立像	風化強く顔の表情など不明
No.B−38	えびの市大明司 山毛 袴田三男宅前	大正8年(1919年)	農民型 立位	63 × 25 ×	シキ様の笠被り長袖和服姿で右手メシゲ左手椀持つ	彩色なし	☒有 □無 単体彫り 農民型立像	加治木より石工を招いて作成したとか
No.B−39	えびの市大明司 芝原宅前	昭和49年(1974年)	農民型 椅像	42 × 21 ×	シキ様の笠被り長袖和服袴姿で右手メシゲ左手椀持つ	顔は白で目と眉毛は黒色で口紅あり	□有 ☒無 単体彫り 農民型椅像	顔はコンクリート製
No.B−40	えびの市大明司 後川内 入佐辰男宅西	不詳	自然石	48 × 25 ×	自然石	彩色なし	□有 ☒無 自然石	
No.B−41	えびの市大明司 脇村 東脇宅屋外	明治40年(1908)頃	農民型 椅像	50 × 21 ×	シキ被り長袖上衣に袴姿で右手メシゲ左手椀持つ	彩色なし	□有 ☒無 単体彫り 農民型椅像	刻銘あり

3-1 都城市の田の神石像

番号 撮影日	住所 置場所	製作年月日	像型・形態	サイズcm	持ち物	彩色	祠	その他
No. 1 平成26年11月01日	都城市下川東町4丁目 川東墓地	不詳	神像型座像 座位	55 × 60 × 30	冠を被り、衣冠束帯で両手輪組で穴あり	肩と袖の一部朱色	□有 ☒無 単体彫り 神像型座像	小さな目で親しみやすい顔で田の神像で庶民らしい
No. 2 平成26年11月01日	都城市下川東町4丁目 川東墓地	不詳	不明 座位	70 × 37 × 25	不明	彩色なし	□有 ☒無 単体彫り 不明	摩耗がひどく判別が不能
No. 3 平成126年11月01日	都城市下川東町4丁目 川東墓地	不詳	農民型 立位	30 × 23 × 12	シキ様の笠を被り、長袖和服着流して右手メシゲ左手お椀	眉毛のみ黒く塗られている	□有 ☒無 単体彫り 農民型立像	他のものに比べて、新しく小さい。足は裸足
No. 4 平成26年11月01日	都城市下川東町4丁目 川東墓地	不詳	不明 立位	65 × 35 × 20	シキ様の笠を被り風化強く衣や持ち物不明	彩色なし	□有 ☒無 単体彫り 不明	首はセメント付け
No. 5 平成26年11月01日	都城市下川東町4丁目 川東墓地	不詳	不明 座位	88 × 50 × 33	不明 両手がある感じ	彩色なし	□有 ☒無 単体彫り 不明	頭部は後から付けた感じ
No. 6 平成26年11月01日	都城市下川東町4丁目 川東墓地	天明2年(1782年)	農民型 立位	58 × 50 × 30	シキ様帽子被り長袖和服・裁着け袴で右手メシゲ左手スリコギ	彩色なし	□有 ☒無 単体彫り 農民型立像	大きなシキを麦わら帽子のようにかぶる(都城では珍しい)
No. 7 平成25年07月30日	都城市下川東町4丁目 川東墓地	不詳	農民型 立位	30 × 19 × 9	シキ様の笠を被り、長袖和服で右手メシゲ左手お椀	彩色なし	□有 ☒無 単体彫り 農民型立像	右顔面の一部は損壊
No. 8 平成26年11月01日	都城市下川東町4丁目 川東墓地	不詳	不明 座位	60 × 50 × 22	不明	彩色なし	□有 ☒無 単体彫り 不明	頭部は後から付けた感じ
No. 9 平成25年06月16日	都城市南横市町加治屋 加治屋大明神	安永年間(1772〜1781年)	不明 上半身のみ	43 × 30 ×	下半身コンクリート埋没し持ち物等不明、シキ被り長袖和服	ピンク色の頬紅と口紅あり	□有 ☒無 単体彫り 不明	優しそうな目と正倉院の天平美人を思わせる
No. 10 平成25年06月16日	都城市横市町馬場 母智丘公園	天明2年(1782年)	田の神舞神職型 立位 大きなトーチカの上	68 × 38 ×	大きなシキ被り、袖の大きい羽織裁着け袴で右手メシゲ左手椀	ベンガ色で彩色後残る	□有 ☒無 単体彫り 田の神舞神職型	丸顔の素朴な顔で袖の大きな羽織と裁着け袴
No. 11 平成25年06月16日	都城市乙房町馬場 乙房神社	文政9年(1826年)	農民型、都城型 立位	53 × 33 ×	シキを被り、袖の大きい和服と長袴で右手メシゲ左手椀	赤い彩色後が残る	□有 ☒無 単体彫り 農民型立像都城型	大きな鼻とにっこり笑った顔が魅力的
No. 12 平成25年07月30日	都城市上東町 児童公園	昭和期の作と推測	大黒天型、農民型との融合 座位	56 × 45 ×	大きな頭巾被り、大袖の羽織姿で右手メシゲ左手稲穂	口紅あり	□有 ☒無 単体彫り 大黒天型座像	大黒頭巾をかぶり、ふくよかな耳と口を開けて笑う

番号 撮影日	住所 置場所	製作年月日	像型・形態	サイズcm	持ち物	彩色	祠	その他
No. 13 平成26年10月25日	都城市高木町 東高木 道路沿い	不詳	神像型座像 座位	80 × 60 × 30	被り物は不明で、衣冠束帯で両手輪組で穴なし	赤茶色が薄く残っている	□有 ☒無 単体彫り 神像型座像	頭部は一部損壊している
No. 14 平成26年10月25日	都城市高木町 西高木 道路沿い	不詳	神像型座像 座位	45 × 36 × 30	被り物は不明で、衣冠束帯で両手輪組で穴なし	薄赤茶色	□有 ☒無 単体彫り 神像型座像	顔は摩耗がひどい
No. 15 平成26年10月25日	都城市高木町 西高木 道路沿い	不詳	神像型座像 上半身のみ	60 × 50 × 25	冠を被り、衣冠束帯で両手輪組で穴あり	橙色が一部残っている	☒有 □無 単体彫り 神像型座像	上半身のみでセメント付け風化強い
No. 16 平成26年10月25日	都城市高木町 西高木 道路沿い	不詳	農民型 椅像	45 × 30 × 19	シキを被り、長袖和服で右手メシゲ左手スリコギを持つ	彩色なし	☒有 □無 単体彫り 農民型椅像	左膝を立てて躍動的で比較的新しい
No. 17 平成26年10月25日	都城市高木町 西高木 道路沿い	不詳	神像型座像 上半身のみ	58 × 65 × 38	冠を被り、衣冠束帯で両手輪組で穴あり	羽織は赤茶色	☒有 □無 単体彫り 神像型座像	資料なし上半身のみ
No. 18 平成26年10月25日	都城市高木町 西高木 道路沿い	嘉永4年(1851年)	農民型、都城型 立位	83 × 58 × 35	鉄兜状の大きなシキ被り長袖和服と長袴で右手メシゲ左手椀	後方からは男性根。彩色なし	□有 ☒無 単体彫り 農民型立像都城型	大きなシキ被り、大袖の上衣と袴。但し顔付きが厳しい
No. 19 平成26年10月25日	都城市高木町 西高木 嶽島神社	不詳	神像型座像 座位	73 × 75 × 33	被り物は不明で、衣冠束帯で両手輪組で穴なし	彩色なし	□有 ☒無 単体彫り 神像型座像	首は後からセメント付け
No. 20 平成26年10月25日	都城市高木町 西高木 嶽島神社	不詳	神像型座像 座位	65 × 85 × 40	頭部なく、衣冠束帯で両手輪組で穴なし	彩色なし	□有 ☒無 単体彫り 神像型座像	頭部なしNo.19と同じ場所
No. 21 平成26年10月25日	都城市上水流町 道路沿い	宝暦元年(1751年)	神像型座像 上半身のみ	55 × 48 × 23	冠を被り、衣冠束帯で両手合わせ(珍しい)	彩色なし。都城地方では最も古い	□有 ☒無 単体彫り 神像型座像	上半身のみで首は後からセメント付け
No. 22 平成26年10月25日	都城市下水流(しもづる)町 道路沿い	不詳	農民型、都城型 立位	80 × 70 × 33	シキを被り、長袖和服と長袴で右手メシゲ左手お椀	襟元に赤茶色残る	□有 ☒無 単体彫り 農民型立像都城型	大きなシキを被り袖の大きな上着と袴。後方からは男性根
No. 23 平成26年10月25日	都城市下水流(しもづる)町 水流神社	不詳	神像型座像 座位	70 × 53 × 30	冠を被り、衣冠束帯で両手輪組で穴あり	衣の一部に赤茶色残る	□有 ☒無 単体彫り 神像型座像	顔は摩耗が強く判別不能
No. 24 平成26年10月25日	都城市丸谷町 丸谷大年神社	不詳	田の神舞神職型 立位	53 × 33 × 27	総髪でシキ被り長袖和服長袴で両手でメシゲを持つ	彩色なし	□有 ☒無 単体彫り 田の神舞神職型	大きなメシゲと背にワラヅトあり

288　資料　田の神石像・全記録　1章　宮崎県の田の神石像

番　号　撮影日	住　所　置場所	製作年月日	像型・形態	サイズcm	持ち物	彩色	祠	その他
No.　25　平成26年11月01日	都城市丸谷町下大五郎庚申神社　神社境内	不詳	不明　椅像	60 × 36 × 35	シキを被り顔は風化強く不明で長袖和服で両手輪組	彩色なし	□有 ⊠無単体彫り不明	顔は破損。シキを被っている両膝屈曲
No.　26　平成26年11月01日	都城市野々美谷町森田　水田	不詳	田の神舞神職型　椅像	59 × 46 × 38	シキ被り長着上衣に裁着け袴姿で右手メング左手スリコギ	後方からは男性根。衣は一部赤茶色	□有 ⊠無単体彫り田の神舞神職型	円筒台セメント付け。両膝屈曲。右膝を前に躍動的
No.　27　平成26年11月01日	都城市丸谷町中大五郎共同墓地　墓地内敷地	文政元年(1818年)	農民型　椅像	50 × 25 × 33	シキを被り、長袖和服で右手メシゲ左手お椀。背石あり	顔は赤茶色	□有 ⊠無単体彫り農民型椅像	両腰屈曲で後方に長い
No.　28　平成26年11月01日	都城市岩満町　岩満営農研修館	不詳	神像型座像　座位	56 × 43 × 35	被り物不明で両手輪組と思われるが補強してある	彩色なし	□有 ⊠無単体彫り神像型座像	顔は割れて、赤い頭巾あり。着時は衣冠束帯と思われる
No.　29　平成26年11月01日	都城市岩満町巣立　道路沿い	不詳	神像型座像　座位	74 × 70 × 40	冠を被り、衣冠束帯で右欠損左手握りメシか？	彩色なし	□有 ⊠無単体彫り神像型座像	向かいの家から3回移転。(住民の方)
No.　30　平成26年11月01日	都城市岩満町巣立　道路沿い	不詳	神像型座像　座位	75 × 70 × 40	頭部は改作で、衣冠束帯で両手輪組で穴あり	彩色なし	□有 ⊠無単体彫り神像型座像	頭前後で付けられている
No.　31　平成26年11月01日	都城市梅北町西生寺　西生寺の納骨堂	不詳	田の神舞神職型　立位	70 × 50 × 50	シキ被り狩衣裁着け袴で右手欠損左手メシゲ右足前に躍動的	衣は赤茶色	□有 ⊠無単体彫り田の神舞神職型	膝屈曲の立位で大きなシキ被る。後方からは男性根
No.　32　平成26年11月09日	都城市安久町中原口　道路沿い	明治22年(1889年)	自然石　文字碑型	150 × 85 × 68	田の神の文字あり	彩色なし	□有 ⊠無単体彫り自然石	五角錐の形をした大きな自然石
No.　33　平成26年11月09日	都城市関之尾町　自治公民館敷地	不詳	仏像型　立位	118 × 65 × 35（42×25×5）	頭巾被り広袖長衣で両手で大きなメシゲ優勝旗様に持つ	彩色なし。大きな舟型の石に浮き彫り	□有 ⊠無浮き彫り仏像型立像	小林市野尻町の下跡瀬の田の神似る(野尻町No36)

3-1 都城市の田の神石像　289

3-2 都城市高城町の田の神石像

番号 撮影日	住所 置場所	製作年月日	像型・形態	サイズcm	持ち物	彩色	祠	その他
No. 1 平成23年03月10日	都城市高城町桜木 将軍神社境内	年代不詳	神像型座像 座位	80 × 67 × 40 市有形民俗文化時	纓のない冠を被り衣冠束帯で両手輪組で	顔と両手は白で赤の袍と袴。冠と襟元は黒	□有 ☒無 単体彫り 神像型座像	都城市指定文化財。桜木将軍神社入り口にあり
No. 2 平成25年04月28日	都城市高城町桜木 横手 神社境内	文政12年(1829年)	神像型座像 座位	74 × 46 × 26	纓のない冠を被り衣冠束帯で両手輪組で穴あり	顔と両手は白で赤の袍と袴。冠と束帯は黒	□有 ☒無 単体彫り 神像型座像	菅原(天神)神社入り口にあり
No. 3 平成25年04月28日	都城市高城町穂満坊(ほまんぼう) 水田の道路沿い	享保年間(1716〜1736年)	農民型、都城型 立位	48 × 40 × 17	大きなシキ被り姿で右手メシゲ左手椀	和服と袴は朱色で、シキとメシゲと椀は黄色	□有 ☒無 単体彫り 農民型立像都城型	都城型の農民像で台座にセメント付け
No. 4 平成23年03月10日	都城市高城町石山片前 水田の道路沿い	不詳	神像型椅像 椅座	105 × 70 × 48	纓のない冠を被り衣冠束帯で両手は組まないで膝の上	朱色が残る	□有 ☒無 単体彫り 神像型椅像	顔面と膝の一部破損。重量感あり台座にセメント付け
No. 5 平成23年03月10日	都城市高城町有木木之下 JAの広場倉庫横	不詳	神像型座像 座位	84 × 78 × 32	纓のない冠を被り衣冠束帯で両手輪組で穴なし	彩色なし	□有 ☒無 単体彫り 神像型座像	顔面が少し破損し、銘はなく年代不詳
No. 6 平成23年03月10日	都城市高城町石山 新地 竹藪の高台	不詳	神像型座像 座位	62 × 64 × 30	頭部欠損で被り物不明。衣冠束帯で両手輪組で穴あり	背面は薄い朱色	□有 ☒無 単体彫り 神像型座像	NO7と同じ場所にある。頭部と頭部が欠損(廃仏毀釈？)
No. 7 平成26年09月14日	都城市高城町石山 新地 竹藪の高台	宝暦元年(1751年)、高城町で最も古い	神像型椅像 椅座	47 × 34 × 23	頭部欠損で衣冠束帯。両手輪組で穴あり	彩色なし	□有 ☒無 単体彫り 神像型椅像	No.6と同じ場所に並んであり、頭部と頭部が欠けている
No. 8 平成26年09月14日	都城市高城町石山 道 神社境内	不詳	神像型座像 座位	69 × 59 × 26	纓のない冠被り衣冠束帯で両手輪組穴あり。冠のあご紐と首紐あり	全体に薄い朱色に彩色	□有 ☒無 単体彫り 神像型座像	石山道上蘭神社入り口にブロック塀に囲まれてある
No. 9 平成26年09月14日	都城市高城町石山中方 神社境内	不詳	神像型座像 座位	95 × 89 × 53	纓のない冠を被り衣冠束帯で両手輪組で穴あり	全体が薄い朱色に彩色	☒有 □無 単体彫り 神像型座像	菅原神社の鳥居前に祠にいれて、セメント付け
No. 10 平成26年09月14日	都城市高城町石山 萩原 水田の道路沿い	弘化4年(1847年)？	農民型、都城型 立位	52 × 32 × 20	シキを被り長袖和服と袴姿で右手メシゲ左手お椀	顔・メシゲ・お椀は白色で衣は真っ赤	□有 ☒無 単体彫り 農民型立像都城型	大きな台座にあり、膝から下は無く、最近ここに移転す
No. 11 平成26年09月14日	都城市高城町石山香禅寺 水田道路脇高台	大正5年(1916年)？	神像型座像 座位	75 × 65 × 30 台座は56×90	纓のない冠を被り衣冠束帯で両手輪組で穴あり	袍と袴は朱色に彩色	□有 ☒無 単体彫り 神像型座像	移建までは石祠内であったが、現在は露座
No. 12 平成26年09月14日	都城市高城町有木西久保 道路沿い	不詳	神像型座像 座位	90 × 72 ×	纓のない冠被り衣冠束帯で両手輪組で穴なく鼻欠ける	彩色なし	□有 ☒無 単体彫り 神像型座像	西久保商店横の敷地、庚申塔横に、首はセメント付け

番 号 撮影日	住 所 置場所	製作年月日	像型・形態	サイズcm	持ち物	彩色	祠	その他
No. 13 平成26年10月18日	都城市高城町四家(しか)雀ヶ野 公民館	不詳	神像と農民型との混合型？ 座位	70 × 40 × 28	頭巾を被り長袖和服で右手棒状の物左手杯様の物	彩色なし	□有 ☒無 単体彫り 神像・農民混合型	典型的な神像型でなく、農民型に近い
No. 14 平成26年10月18日	都城市高城町有水七瀬谷 公民館	寛政7年(1795年)	農民型、都城型 立位	53 × 25 × 25	シキ被り長袖和服と長袴姿で右手椀左手メシゲで背面船形	全体的に薄い朱色	□有 ☒無 単体彫り 農民型立像都城型	元は吉村宅にあったものを移転。後方からは男性根
No. 15 平成26年10月18日	都城市高城町有水 上星原 自宅前(前畠功)	昭和8年(1933年)	大黒天型(農民型と癒合) 座位で胡坐	40 × 35 × 30	頭部に平型頭巾被り長袖和服で右手メシゲ左手稲穂を肩に	顔とメシゲ白色	□有 ☒無 単体彫り 大黒天型座像	笑顔は生きて大黒天の混合。台座は大正8年加治木より移転開田、足立て右足胡坐
No. 16 平成26年10月18日	都城市高城町有水 豊広 自宅前(川畑深)	不詳	農民型、都城型 立位	54 × 32 × 22	シキを被り長袖和服姿で右手にメシゲ左手に椀	薄い朱色	□有 ☒無 単体彫り 農民型立像都城型	自宅の入り口にあり、彫りが緻密
No. 17 平成26年10月18日	都城市高城町有水岩屋野 自宅(清武家)	天明7年(1787年)	神像型座像 座位	63 × 43 × 50	風化強く冠物不明、衣冠束帯で両手輪組で穴あり	薄い朱色	□有 ☒無 単体彫り 神像型座像	天明七 奉田の神 岩屋ヶ野村中の記銘あり

| No.B－ 1 | 都城市高城町有水岩屋野
自宅庭先 | 不詳 | 神像型椅像
椅像 | 48 × 29 × 27
町の資料による | 冠を被り、衣冠束帯で両手輪組で穴あり | 不明 | □有 ☒無
単体彫り
神像型椅像 | 小型で穏やかな顔容、星原の山口家移住時鹿児島から |

3-2 都城市高城町の田の神石像　291

3-3 都城市山田町の田の神石像

番号 撮影日	住所 置場所	製作年月日	像型・形態	サイズcm	持ち物	彩色	祠	その他
No. 1 平成26年07月20日	都城市山田町中 霧島 古江 高台	嘉永7年(1854年)	神像型と農民型の混合型 立位	94 × 50 × 33 着物を付けるて田の神 年で最高の待遇	髪をちょんまげ風に結い羽織と長袴姿で両手輪組で笏持つ	顔は肌色で羽織袴赤目は黒色。首から下は背石型	□有 ☒無 単体彫り 神像と農民癒合型	頭部が独特で農型のシキが髪型に変化したかも
No. 2 平成26年07月20日	都城市山田町 中霧島 古江 高台	大正6年(1917年)	僧型 立位	56 × 29 × 25	総髪円盤状シキ被り袖広羽織と長袴姿で右手メシゲ左手数珠	彩色なし	□有 ☒無 単体彫り 僧型立像	場所を4回変えて現在の所に。後ろ姿は男根に見える
No. 3 平成26年07月20日	都城市山田町中 霧島池之原 お堂の境内	嘉永7年(1854年)	神像型と農民型の混合型 立位	93 × 60 × 26	シキを被り、羽織袴姿で両手輪組で笏持ちNo1と髪似る	袴が赤色	□有 ☒無 単体彫り 神像と農民癒合型	池之原安楽堂の敷地内に記念碑と馬頭観音と共にあり
No. 4 平成26年07月20日	都城市山田町中 霧島下中 道路沿い	不詳	僧型 椅子型	50 × 22 × 28	大きなシキ被りほろ袖羽織と袴姿で両手輪組で穴なし	衣、袴は赤帯は黒色	☒有 □無 単体彫り 僧型椅像	木の川内地区の圃場整備事業碑脇にあり
No. 5 平成26年07月20日	都城市山田町中 霧島田中 道路沿い	享保14年(1729年)	神像型椅像 椅像	80 × 60 × 30	冠衣冠束帯で両手破損して膝の上に置く	衣は薄赤で帯は黒色	☒有 □無 単体彫り 神像型椅像	以前は公民館にあったものを終戦直後に現在地に移設

| No.B-1

 | 都城市山田町
下是位川内
人家の庭 | 不詳 | 神像型と農民型の混合型

立位 | × × | 髪をちょんまげ風に結い羽織と長袴姿で両手輪組で笏持つ | 顔は肌色で羽織袴赤目は黒色 | □有 ☒無
単体彫り
神像と農民癒合型 | No1とNo2と同じ像型と思われる。首から下は背石型 |

3-4 都城市高崎町の田の神石像

番号 撮影日	住所 置場所	製作年月日	像型・形態	サイズcm	持ち物	彩色	祠	その他
No. 1 平成26年07月13日	都城市高崎町縄瀬共和 道路沿い	天明5年(1785年)	神像型 上半身のみ	40 × 60 × 24	纓のない冠を被り、衣冠束帯で両手輪組で穴なし	なし	□有 ☒無 単体彫り 神像型	上半身のみ「相中」は中世の言葉で共和地区一同
No. 2 平成26年07月13日	都城市高崎町縄瀬三和 菅原神社鳥居前	享保11年(1726年)	神像型椅像 椅像	100 × 90 × 40	頭部は欠損し、衣冠束帯で両手輪組で穴なし	なし	□有 ☒無 単体彫り 神像型椅像	頭部は欠損し五輪塔の上部のような物が乗せてある
No. 3 平成26年07月13日	都城市高崎町江平床尻 諏訪神社	宝暦14年(1764年)	神像型椅像 椅像	110 × 60 × 45	纓のない冠を被り、衣冠束帯両手輪組で穴なし	なし	□有 ☒無 単体彫り 神像型椅像	手の一部が欠損。首から縄が掛けてある
No. 4 平成26年07月13日	都城市高崎町大牟田鍋 水田	不詳	神像型椅像 椅像	55 × 50 × 30	纓のない冠を被り、衣冠束帯で両手輪組で穴あり	なし	□有 ☒無 単体彫り 神像型椅像	「所ニオ中」のニオとはニセとも読み青年の事(青年団)
No. 5 平成26年07月13日	都城市高崎町大牟田 山の斜面	不詳	僧型 立位	55 × 45 × 30	頭部に頭巾を被り長袴の僧衣で右手メシゲ左手お椀	顔と衣一部が白色	□有 ☒無 単体彫り 僧型立像	法師と思われる像で頭から頭巾を被り首から縄かけ
No. 6 平成26年07月13日	都城市高崎町前田谷川 道路沿い(新田)	享保9年(1724年) 市有形民俗文化財	神像型椅像 椅像	85 × 75 × 55	纓のない冠を被り衣冠束帯で右手欠け左手は椀を作る	なし. (宮崎市に模造品あり)	☒有 □無 単体彫り 神像型椅像	町指定文化財左右持ちは破損しやすく両手輪組に変化
No. 7 平成26年07月13日	都城市高崎町大牟田牟礼水流 道路沿い高台	宝暦11年(1761年)	神像型座像 座位	88 × 88 × 30	纓のない冠を被り、衣冠束帯で両手輪組で穴あり	なし	□有 ☒無 単体彫り 神像型座像	道路沿いの小高い所にある
No. 8 平成26年07月13日	都城市高崎町縄瀬横谷 道路沿い	文化6年(1809年)	神像型座像 座位	75 × 75 × 40	頭部は改作、衣冠束帯で両手輪組で穴あり	なし	□有 ☒無 単体彫り 神像型座像	頭部破壊され味のある顔が乗せてある

3-5 都城市山之口町の田の神石像

番号 撮影日	住所 置場所	製作年月日	像型・形態	サイズcm	持ち物	彩色	祠	その他
No. 1 平成26年08月24日	都城市山之口町 山之口永野 永野神社	不詳	神像型座像 座位	60 × 48 × 30	頭部は改作で、衣冠束帯で両手輪組で穴あり	袍と袴は薄茶色	□有 ☒無 単体彫り 神像型座像	頭部は後でセメント付け
No. 2 平成26年08月24日	都城市山之口町 冨吉 水田	不詳	神像型 上半身のみ	72 × 48 × 20	白い帽子状の物被り、衣冠束帯で両手輪組で穴なし	袍は薄茶色 白い帽子様のものを被る	☒有 □無 単体彫り 神像型	風化が強く表情など不明。上半身のみ
No. 3 平成26年08月24日	都城市山之口町 冨吉桑原 水田	不詳	自然石	35 × 70 × 50	なし	なし	☒有 □無 自然石	凹凸が強い
No. 4 平成26年08月24日	都城市山之口町 冨吉桑原 道路沿い	不詳	農民型、都城型 立位	58 × 48 × 24	シキを被り、長袖和服と長袴姿で右手メシゲ左手お椀	顔と手は白。シキは黒で赤茶色の衣に縦筋模様の袴	□有 ☒無 単体彫り 農民型立像都城型	道路沿いの畑の高台に祀ってある

4-1 宮崎市の田の神石像

番号 撮影日	住所 置場所	製作年月日	像型・形態	サイズcm	持ち物	彩色	祠	その他
No. 1 平成29年04月23日	宮崎市大字跡江(あとえ)寺 道路沿い	不詳	農民型、高岡型 立位	100 × 40 × 30	頭丸めシキ被り長袖上衣長袴姿で右手メシゲ左手スリコギ	彩色なし	□有 ☒無 単体彫り 農民型立像高岡型	後方からは男性根
No. 2 平成29年04月23日	宮崎市大字有田 道路沿い空き地	不詳	神像型座像 座位	36 × 25 × 23	烏帽子を被り狩衣姿で両手は膝の上で組む	彩色なし	☒有 □無 単体彫り 神像型像	
No. 3 平成29年04月23日	宮崎市大字有田 白髭神社 神社境内	明治の文字あり	農民型、高岡型 椅像	58 × 33 × 30	頭丸めシキ被り長袖上衣に長袴姿で右手メシゲ左手スリコギ	彩色なし	□有 ☒無 単体彫り 農民型椅像高岡型	
No. 4 平成29年04月23日	宮崎市大字跡江 八坂神社 神社境内	昭和14年(1939年)	農民型、高岡型 椅像	106 × 48 × 46	頭丸めシキ被り長袖上衣に長袴姿で右手メシゲ左手スリコギ	彩色なし。顔の皺が印象的	□有 ☒無 単体彫り 農民型椅像高岡型	No3に似ているが額や頬に皺あり、後方からは男性根
No. 5 平成29年04月23日	宮崎市大字跡江 道路沿い畑	不詳	農民型、高岡型 立位	97 × 50 × 37	頭丸めシキ被り長袖上衣に長袴姿で右手メシゲ	彩色なし。首はセメント付け	□有 ☒無 単体彫り 農民型立像高岡型	上衣の部分は破損され、後方からは男性根
No. 6 平成29年04月23日	宮崎市大字浮田 浮田神社麓(左) 道路沿い	明治34年(1901年)	農民型、高岡型 椅像	85 × 48 × 45	頭丸めシキ被り長袖上衣に長袴姿で右手メシ左手スリコギ	彩色なし	□有 ☒無 単体彫り 農民型椅像高岡型	後方からは男性根
No. 7 平成29年04月30日	宮崎市大字浮田 浮田神社麓(右) 道路沿い	明治26年(1893年)?	農民型、高岡型 立位	66 × 33 × 36	頭丸めてシキ被り長袖上衣に長袴姿で右手メシゲ左手スリコギ	シキは破損して彩色なし	□有 ☒無 単体彫り 農民型立像高岡型	
No. 8 平成29年04月23日	宮崎市大字浮田 栗下公民館 公民館敷地	明治23年(1890年)	農民型、高岡型 立位	83 × 37 × 27	頭丸めシキ被り長袖上衣に長袴姿で右手メシゲ左手スリコギ	彩色なし	□有 ☒無 単体彫り 農民型立像高岡型	顔と胸の部分は風化強く、後方からは男性根
No. 9 平成29年04月23日	宮崎市大字冨吉 中腹 道路沿い高台	不詳	神像型 胸像	45 × 43 × 16	烏帽子を被り狩衣姿と思われるが風化強く胸像のみ	彩色なし	□有 ☒無 単体彫り 神像型胸像	
No. 10 平成29年04月30日	宮崎市大字生目(いきめ) 道路沿い高台	明治30年(1897年)	農民型、高岡型 立位	87 × 35 × 33	頭丸めシキ被り長袖上衣に長袴姿で右手メシゲ左手スリコギ	彩色なし	□有 ☒無 単体彫り 農民型立像高岡型	後方からは男性根
No. 11 平成29年04月30日	宮崎市古城町 山之城八坂神社 神社境内	不詳	農民型、高岡型 椅像	85 × 45 × 30	頭丸めシキ被り長袖上衣に長袴姿で右手メシゲ左手スリコギ	彩色なし	□有 ☒無 単体彫り 農民型椅像高岡型	後方からは男性根
No. 12 平成29年04月30日	宮崎市大字金峰 太良迫 畑の中	不詳	神像型座像 座位	56 × 36 × 25	頭部は被り物なく衣冠束帯で両手を膝の上で組む	彩色なし	☒有 □無 単体彫り 神像型座像	「奉造立 御田御神 五穀成就●」刻銘あり

番号 撮影日	住所 置場所	製作年月日	像型・形態	サイズcm	持ち物	彩色	祠	その他
No. 13 平成29年04月23日	宮崎市大字小松 下小松 愛別府 道路沿い	昭和18年(1943年)	農民型、高岡型 椅像	70 ×35 ×30	頭丸めシキ被り長袖上衣に長袴姿で右手メシゲ左手スリコギ	彩色なし	□有 ☒無 単体彫り 農民型椅像高岡型	功績碑の上に立ち、後方からは男性根
No. 14 平成29年04月23日	宮崎市大字細江 中福良 水田	享保10年(1725年)の庚申塔と並ぶ	石祠	43 ×33 ×33	なし	彩色なし	□有 ☒無 石祠	「御田神」の刻銘あり
No. 15 平成29年04月23日	宮崎市大字長嶺 水田	慶應2年(1866年)？	角柱文字彫	45 ×48 ×38	上に大きな石が載せてある	彩色なし	□有 ☒無 角柱文字彫	「田神」の刻銘あり
No. 16 平成29年04月23日	宮崎市大字細江 彦野 水田	明治41年(1908年)	自然石文字彫	57 ×21 ×18	なし	彩色なし	□有 ☒無 自然石文字彫	「奉納御田之尊 明治四十一年三月」の刻銘あり
No. 17 平成29年04月23日	宮崎市大字跡江 後追	不詳	農民型、高岡型 立位	× ×	頭丸めシキ被り長袖上衣に長袴姿で右手メシゲ左手スリコギ	彩色なし	□有 ☒無 単体彫り 農民型立像高岡型	シキと顔面は一部破損し腰のあたりはセメント付け
No. 18 平成29年04月23日	宮崎市小松 上小松 道路沿い高台	不詳	農民型、高岡型 椅像	78 ×40 ×27	頭丸めシキ被り長袖上衣に長袴姿で右手メシゲ左手スリコギ	彩色なし	□有 ☒無 単体彫り 農民型椅像高岡型	後方からは男性根
No. 19 平成29年04月23日	宮崎市小松 上小松 道路沿い高台	明治時代	角柱文字彫	53 ×40 ×35	上に石が載せてある	彩色なし	□有 ☒無 角柱文字彫	「田之神」の刻銘あり
No. 20 平成29年04月30日	宮崎市池内町前 吾田 水田道路沿い	昭和11年(1936年)	農民型、高岡型 椅像	95 ×42 ×32	頭丸めシキ被り長袖上衣に長袴姿で右手メシゲ左手スリコギ	彩色なし	□有 ☒無 単体彫り 農民型椅像高岡型	下半身には地衣があり、後方からは男性根
No. 21 平成29年04月30日	宮崎市上北方 水田高台	大正7年(1918年)	農民型、高岡型 椅像	70 ×35 ×33	頭丸めシキ被り長袖上衣に長袴姿で右手メシゲ左手スリコギ	彩色なし	□有 ☒無 単体彫り 農民型椅像高岡型	全身に地衣が付き、後方からは男性根
No. 22 平成29年04月30日	宮崎市大字吉野 水田	明治36年(1903年)	農民型、高岡型 椅像	77 ×46 ×33	頭丸めシキ被り長袖上衣に長袴姿で右手メシゲ左手スリコギ	彩色なし	□有 ☒無 単体彫り 農民型椅像高岡型	風化強く表情などは不明
No. 23 平成29年04月23日	宮崎市糸原(右側) 水田空き地	不詳	農民型、高岡型 椅像	52 ×42 ×30	頭丸めシキ被り長袖上衣に長袴姿で右手メシゲ左手スリコギ	彩色なし	□有 ☒無 単体彫り 農民型椅像高岡型	
No. 24 平成29年04月23日	宮崎市糸原(左側) 水田空き地	不詳	農民型、高岡型 椅像	48 ×23 ×22	頭丸めシキ被り長袖上衣に長袴姿で右手メシゲ左手スリコギ	彩色なし	□有 ☒無 単体彫り 農民型椅像高岡型	風化強くシキなどは破損

番　号 撮影日	住　所 置場所	製作年月日	像型・形態	サイズcm	持ち物	彩色	祠	その他
No. 25 平成29年04月23日	宮崎市大字長嶺 栗下 道路沿い	明治33年(1900年)	農民型、高岡型 椅像	77 × 30 × 23	頭丸めシキ被り 長袖上衣に長 袴姿で右手メシ ゲ左手スリコギ	彩色なし	□有 ☒無 単体彫り 農民型椅 像高岡型	
No. 26 平成29年04月23日	宮崎大字柏原 阿弥陀堂敷地	不詳	農民型、高岡型 椅像	73 × 37 × 30	頭丸めシキ被り 長袖上衣に長 袴姿で右手メシ ゲ左手スリコギ	彩色なし	□有 ☒無 単体彫り 農民型椅 像高岡型	ここ生目(いくめ)は旧薩摩藩との境目
No. 27 平成29年04月23日	宮崎大字柏原 水田空き地	昭和16年(1941年)	農民型、高岡型 椅像	95 × 36 × 34	頭丸めシキ被り 長袖上衣に長 袴姿で右手メシ ゲ左手スリコギ	彩色なし	□有 ☒無 単体彫り 農民型椅 像高岡型	
No. 28 平成29年04月23日	宮崎市跡江 松ム田 水田道路沿い	昭和36年(1961年)	農民型、高岡型 椅像	84 × 30 × 30	頭丸めシキ被り 長袖上衣に長 袴姿で右手メシ ゲ左手スリコギ	彩色なし	□有 ☒無 単体彫り 農民型椅 像高岡型	
No. 29 平成29年04月23日	宮崎市大字浮田 水田角地	不詳	農民型、高岡型 椅像	90 × 42 × 33	頭丸めシキ被り 長袖上衣に長 袴姿で右手メシ ゲ左手スリコギ	彩色なし	□有 ☒無 単体彫り 農民型椅 像高岡型	

4-1 宮崎市の田の神石像　297

4-2 宮崎市高岡町の田の神石像

番号 撮影日	住所 置場所	製作年月日	像型・形態	サイズcm	持ち物	彩色	祠	その他
No. 1 平成26年06月08日	宮崎市高岡町紙谷 道路沿い	不詳	神像型座像 座位	73 × 85 × 50	冠被り衣冠束帯で両手輪組で穴あり。袖が張出し角張る。	風化強く襷不明。彩色なし。	☒有 ☐無 単体彫り 神像型座像	高岡町に多い神官型で顔は摩耗が激しい
No. 2 平成26年06月08日	宮崎市高岡町浦之名 大将軍神社境内	不詳	神像型座像 座位	85 × 90 × 40	冠被り衣冠束帯で両手輪組で穴あり。袖が張出し角張る。	風化強く襷はなし。袍と袴は茶褐色。	☐有 ☒無 単体彫り 神像型座像	木の根の張り出して神社の階段を上ると祠が見えてくる
No. 3 平成26年06月08日	宮崎市高岡町浦之名 人家裏の高台	不詳	神像型座像 座位	45 × 40 × 30	襷付冠被り衣冠束帯で両手輪組で穴なし。袖張出し角張る	彩色なし	☐有 ☒無 単体彫り 神像型座像	個人所有の物とのこと
No. 4 平成26年06月08日	宮崎市高岡町浦之名田の平 道路沿い	嘉永年間(1848~1854年)の作	神像型座像 座位	65 × 63 × 30	襷付冠被り衣冠束帯で両手輪組で穴なし。袖張出し角張る	袍と袴は一部赤茶色。	☒有 ☐無 単体彫り 神像型座像	四方をコンクリートで固めた石祠にあり。年号が読めない
No. 5 平成26年06月08日	宮崎市高岡町五町柚木崎 道路沿い	元文2年(1737年)	神像型座像 座位	105 × 78 × 50	烏帽子被り狩衣姿で両手輪組で穴あり。袖張り出し角張る	彩色なし	☐有 ☒無 単体彫り 神像型座像	高岡型特徴は神官型はほとんど江戸期で農民型は全部明治以降
No. 6 平成26年06月08日	宮崎市高岡町浦之名面早流 道路沿い	不詳	神像型座像 座位	85 × 73 × 50	烏帽子被り狩衣姿で両手輪組で穴あり。袖張り出し角張る	彩色なし	☐有 ☒無 単体彫り 神像型座像	川沿いの道路沿いに馬頭観音と並んで石祠にある
No. 7 平成26年06月14日	宮崎市高岡町五町仁田尾 道路沿い	不詳	神像型座像 座位	45 × 36 × 25	烏帽子被り狩衣姿で両手で笏持ち、袖は角張らず張出さず	顔が白く塗られている	☒有 ☐無 単体彫り 神像型座像	隣に同型の首なしの像1体あり
No. 8 平成26年06月08日	宮崎市高岡町五町唐崎 道路沿い	元文2年(1737年)	神像型座像 座位	90 × 70 × 50	烏帽子被り狩衣姿で両手輪組で穴あり。袖張り出し角張る	彩色なし	☐有 ☒無 単体彫り 神像型座像	10号線沿いの道路脇にあり、道路新設により移転
No. 9 平成26年06月08日	宮崎市高岡町内山去川 道路沿い高台	不詳	神像型座像 座位	85 × 83 × 42	烏帽子被り狩衣姿で両手輪組で穴あり。袖張り出し角張る	袍と袴が赤茶色	☐有 ☒無 単体彫り 神像型座像	道路沿いの少し高い所にあり分かりにくい
No. 10 平成26年06月08日	宮崎市高岡町内山去川 高台の岩の上	不詳	神像型座像 座位	65 × 53 × 30	烏帽子被り狩衣姿で両手輪組で穴あり。袖張り出し角張る	彩色なし	☐有 ☒無 単体彫り 神像型座像	国の天然記念物去川の銀杏の木付近で、高台の岩の上
No. 11 平成26年06月14日	宮崎市高岡町下倉永 道路沿い	明治12年(1879年)	農民型、高岡型 立位	130 × 70 × 50	シキ被り仏像の光背に長袖和服と袴で右手メシゲ左手スリコギ膝の上	衣の襟と帯が黒色	☐有 ☒無 単体彫り 農民型立像高岡型	最も大きいし、古い。後方からは男性根
No. 12 平成26年06月14日	宮崎市高岡町上倉永寺自 公民館	昭和15年(1940年)	農民型 椅像	98 × 55 × 34	シキ被り長袖和服と股引き着て右手メシゲ左手椀。背ワラット	彩色なし	☐有 ☒無 単体彫り 農民型椅像	皇紀2千6百年記念。後方からは男性根で左側には算術塚

番号 撮影日	住所 置場所	製作年月日	像型・形態	サイズcm	持ち物	彩色	祠	その他
No. 13 平成26年06月14日	宮崎市高岡町上倉永高野西 水田	安永6年(1777年)	僧型 / 座位	55×42×30 / 35×21	頭を丸め、僧衣で両手輪組で笏を持ち座禅を組む	衣は赤茶色耳は黄色。この地域では珍しい	□有 □無 浮彫り 僧型座像	笠塔婆型の切り石に浮彫されている。奉石川多門
No. 14 平成26年06月14日	宮崎市高岡町上倉永高野東 道路沿い	昭和35年(1960年)	農民型、高岡型 / 立位	65×33×34	シキを被り長袖和服と袴姿で右手メシゲ左手スリコギ膝の上	彩色なし	□有 ☒無 単体彫り 農民型立像高岡型	高岡型農民像。後方から男性根
No. 15 平成26年06月14日	宮崎市高岡町上倉永寺迫 水田	昭和25年(1950年)	農民型、高岡型 / 立位	106×45×40	シキを被り長袖和服と袴姿で右手メシゲ左手スリコギ膝の上	衣が一部茶褐色	□有 ☒無 単体彫り 農民型立像高岡型	高岡型農民像、他の石像群と一緒。後方から男性根
No. 16 平成26年06月14日	宮崎市高岡町小山田 道路沿い	昭和16年(1941年)	農民型、高岡型 / 椅像	75×34×30	シキ被り長袖和服袴姿で右手メシゲ左手スリコギ膝の上	彩色なく昭和で付け加えたか？	□有 ☒無 単体彫り 農民型椅像高岡型	高岡型農民像で、後方から男性根
No. 17 平成26年06月14日	宮崎市高岡町小山田 道路沿い	宝暦9年(1759年)	石碑型	× ×	なし	彩色なし	□有 ☒無 石碑型	No16と同一場所
No. 18 平成26年06月14日	宮崎市高岡町高浜 道路沿い	不詳	神像型座像 / 座位	56×38×30 / 13×45×45	烏帽子被り狩衣姿で両手輪組で穴なり丸に十の紋を描く	全身を白色で、スミで線を入れ丸に十の紋を描く	☒有 □無 単体彫り 神像型座像	彩色が派手で珍しい
No. 19 平成26年06月14日	宮崎市高岡町高浜 道路沿い	不詳	神像型座像 / 座位	74×46×36	纓の付いた冠被り衣冠束帯で右手笏左手宝珠を持つ	全身を白色で、スミで線を入れてある	☒有 □無 単体彫り 神像型像	No018と同様に彩色が派手で珍しい
No. 20 平成26年06月14日	宮崎市高岡町高浜 道路沿い	不詳	神像型座像 / 座位	60×55×20	烏帽子被り衣冠束帯で右手に笏左手に宝珠を持つ	笏が赤茶色	□有 ☒無 単体彫り 神像型座像	首はセメント付けされている。No19と同一場所
No. 21 平成26年06月14日	宮崎市高岡町三蔵原 道路沿い	明治31年(1898年)	石碑型	73×40×35	なし	彩色なし	□有 ☒無 石碑型	文字碑で、「田の神明治三一年旧二月吉日」とある
No. 22 平成26年06月14日	宮崎市高岡町花見城ケ峰(右側) 道路沿い高台	不詳	神像型座像 / 座位	52×46×25	冠被り衣冠束帯で両手輪組で笏を持ち袖張り出し角張る	彩色なし。きちんとした石祠にある	☒有 □無 単体彫り 神像型座像	記念碑とNo23と一緒に道路沿いの高台にある
No. 23 平成26年06月14日	宮崎市高岡町花見城ケ峰(左側) 道路沿い高台	不詳	神像型座像 / 座位	45×35×20	頭部は改作で被り物不明。右手は笏で、左手は膝の上におく	No22より柱が傾き肘付け町北・南方に似る。彩色なし	□有 ☒無 単体彫り 神像型座像	No22と同一場所で石祠に。頭部は後から載せた

4-3 宮崎市田野町の田の神石像

番 号 撮影日	住 所 置場所	製作年月日	像型・形態	サイズcm	持ち物	彩色	祠	その他
No.　1 平成29年05月21日	宮崎市田野町乙 野崎 畑道路沿い高台	大正4年(1915 年)	神像型 座位	85 × 75 × 28	襷のあるシキを 被り両手輪組 で笏を持つ	彩色なし。高岡 町から持ってき たらしく内野源 太郎作	□有 ☒無 単体彫り 神像型座 像	野崎地区は昭 和23年までは 高岡村(当時) 旧薩摩藩

5-1 東諸県郡国富町の田の神石像

番号 撮影日	住所 置場所	製作年月日	像型・形態	サイズcm	持ち物	彩色	祠	その他
No. 1 平成29年04月30日	東諸県郡国富町大字嵐田 道路沿い水田	不詳	農民型、高岡型 椅像	80 × 40 × 33	一部欠けたシキ被り長袖上衣長袴で右手スリコギ左手メシゲ	彩色なし	□有 ☒無 単体彫り 農民型椅像高岡型	後方からは男性根
No. 2 平成29年04月30日	東諸県郡国富町塚原(つかばる) 水田	不詳	農民型、高岡型 椅像	70 × 45 × 30	シキ被り長袖上衣に長袴姿で右手スリコギ左手メシゲを持つ	彩色ないが膝部分が黒くなっている	□有 ☒無 単体彫り 農民型椅像高岡型	後方からは男性根
No. 3 平成29年04月30日	東諸県郡国富町大字森永 道路沿い	文政10年(1827年)	大黒天型 座位	68 × 47 × 30 33×30	冠烏帽子被り長袖和服と袴姿で両手膝上で2俵の米俵上に	彩色なし	☒有 □無 浮き彫り 大黒天型座像	耳も大きく大黒天型と思われる
No. 4 平成29年04月30日	東諸県郡国富町大字田尻上田尻 道路沿い高台	不詳	神像型座像 座位	50 × 45 × 20	烏帽子を被り狩衣姿で右手笏で左手は宝珠を持つ	彩色なし	☒有 □無 単体彫り 神像型座像	国富町は旧伊東藩なのに田の神あり!!

5-2 東諸県郡綾町の田の神石像

番号 撮影日	住所 置場所	製作年月日	像型・形態	サイズcm	持ち物	彩色	祠	その他
No. 1 平成29年05月14日	東諸県郡綾町南俣四枝（よつえ） 道路沿い高台	不詳	農民型、高岡型 椅像	120 × 47 × 36	頭丸めシキ被り長袖上衣長袴姿で右手メシゲ左手スリコギ	彩色なし	□有 ☒無 単体彫り 農民型椅像高岡型	全身に地衣が付き、後方からは男性根
No. 2 平成29年05月14日	東諸県郡綾町南俣四枝 畑の高台	不詳	神像型座像 座位	70 × 53 × 33	冠を被り衣冠束帯で両手膝の上で組む	彩色なし	☒有 □無 浮き彫り 神像型座像	
No. 3 平成29年05月14日	東諸県郡綾町入野 入野神社 神社境内	弘化3年（1846年）	角柱文字彫り	55 × 38 × 33	上に石の屋根が載せてある	彩色なし	□有 ☒無 角柱文字彫	「御田神」の刻銘あり
No. 4 平成29年05月14日	東諸県郡綾町入野 道路沿い高台	不詳	神像型座像 座位	45 × 30 × 14 23×21	冠を被り衣冠束帯で両手膝の上で組む	彩色なし	□有 □無 浮き彫り 神像型座像	
No. 5 平成29年05月14日	東諸県郡綾町入野軍護神社 神社境内	不詳	神像型座像 座位	38 × 35 × 25	冠を被り衣冠束帯で両手膝の上で組む	彩色なし	☒有 □無 単体彫り 神像型座像	社殿は明治22年（1889年）建立
No. 6 平成29年05月14日	東諸県郡綾町俣 八坂神社 神社境内	明治11年（1878年）	角柱文字彫り	30 × 29 × 17	なし	彩色なし	□有 ☒無 角柱文字彫	「田之神」の刻銘あり
No. 7 平成29年05月14日	東諸県郡綾町南俣 大将軍神社 神社境内	不詳	神像型座像 座位	40 × 25 ×	冠を被り衣冠束帯で右手笏で左手不明	彩色なし	☒有 □無 単体彫り 神像型座像	隣にも首のない神像型と思われる1体あり
No. 8 平成29年05月14日	東諸県郡綾町南俣 元宮神社 神社境内	不詳	神像型座像 座位	40 × 35 × 20	纓の着いた冠被り衣冠束帯で右手笏で左手宝珠か	彩色なし	☒有 □無 単体彫り 神像型座像	左手の持ち物は三角形で宝珠かおにぎりと思われる

302 　資料　田の神石像・全記録　1章　宮崎県の田の神石像

6 西諸県郡高原町の田の神石像

番 号 撮影日	住 所 位置場所	製作年月日	像型・形態	サイズcm	持ち物	彩色	祠	その他
No. 1 平成26年05月18日	西諸県郡高原町 西麓 並木 公園内	嘉永3年(1850年)?	農民型 座位	66 × 66 ×38	シキを阿弥陀に被り長袖和服姿で右手メシゲ左手桝持つ	彩色なし	□有 ☒無 単体彫り 農民型座像	下川原買電の奉行平島平太左衛門の作に似ている
No. 2 平成26年05月18日	西諸県郡高原町 蒲牟田高松 花堂神社境内	不詳	神像型座像 座位	108 ×65 ×45	烏帽子被り狩衣姿で両手は離れて膝の上袖は角張る	袍と袴は朱色で顔は白色、金色の烏帽子あり	☒有 □無 単体彫り 神像型像	二十三夜待之□□作のものであったが、今田の神に
No. 3 平成26年05月18日	西諸県郡高原町 蒲牟田小塚 小塚運動公園内	昭和6年(1931年)の作?	農民型 座位	100 × ×	シキ様笠被り長袖上衣に袴姿で右手メシゲ左手桝を膝の上	頭部の笠、上衣袴は赤茶色	□有 ☒無 単体彫り 農民型座像	5月8日、9月23夜高原町能勢し刻みしと森山義光氏話
No. 4 平成26年05月18日	西諸県郡高原町 蒲牟田蔵川 道路沿い	不詳	神像型椅像 椅像(腰掛)	60 ×40 ×	被り物なく、衣冠束帯で両手まずに拳を握り麻靴履く	袍と袴は赤と白。髪と目は黒	☒有 □無 単体彫り 神像型椅像	昭和25年の盗難にあい台座をセメント付けしてある
No. 5 平成26年05月18日	西諸県郡高原町 西麓村中 高台	嘉永3年(1850年)下川原開田の時と伝わる	農民型 立位	70 ×38 ×30	ショケ被り長袖上衣裁着け袴姿で両手鍬持ち背ワラゾト	彩色なく鍬持ちは大隅半島で珍しい	□有 ☒無 単体彫り 農民型立像鍬持ち	下川原開田の時にお祭りしたと伝えられる
No. 6 平成26年05月18日	西諸県郡高原町 西麓梅ケ久保 水田	不詳	農民型 立位	88 ×48 ×46	シキ被り長袖上衣裁着け袴右手メシゲ左棒状の物持ち右足前	彩色なし	□有 ☒無 単体彫り 農民型立像	躍動的で後方からは男性根
No. 7 平成26年05月18日	西諸県郡高原町 広原字井出の上 王子神社境内	享保9年(1724年)	神像型椅像 椅像(腰掛け)	85 ×78 ×50	冠を被り、衣冠束帯で両手組みで両手輪組で穴あり	彩色なし	□有 ☒無 単体彫り 神像型椅像	石の硬さが直線的で端正な顔と共に気品のある神像
No. 8 平成26年05月18日	西諸県郡高原町 広原上村 道路沿い	大正12年(1923年)	農民型 椅像	62 ×32 ×37	ショケ被り長袖上衣裁着け袴姿で右手メシゲ左手桝様の物	彩色なし	□有 ☒無 単体彫り 農民型椅像	台座に新田求の石工の銘記
No. 9 平成26年05月18日	西諸県郡高原町 広原福原 道路沿い	不詳であるが横の石碑には天明元年(1781年)とある	神像型座像 座位	81 ×53 ×33	衣冠束帯で両手組穴あり。頭部に冠かも。風化強く不明	彩色なし	☒有 □無 単体彫り 神像型座像	首は後で付けられた跡あり。左顔欠損
No. 10 平成26年05月18日	西諸県郡高原町 広原福原 道路沿い	不詳	神像型座像 座位	70 ×45 ×35	冠被り衣冠束帯で両手組んで穴あり。風化強く詳細不明	彩色なし	□有 ☒無 単体彫り 神像型座像	福原入り口奥松商店裏

7 北諸県郡三股町の田の神石像

番号 撮影日	住所 置場所	製作年月日	像型・形態	サイズcm	持ち物	彩色	祠	その他
No. 1 平成26年08月16日	北諸県郡三股町 蓼池 城下 道路沿い	不詳	神像型座像 座位	90 × 75 × 40	纓のない冠を被り肩衣の衣冠束帯で両手輪組で穴なし	冠は黒、袍は赤で背中から胸に青い肩衣	□有 ⊠無 単体彫り 神像型座	袖が角張っている
No. 2 平成26年08月16日	北諸県郡三股町 蓼池 岩下 水田	不詳	僧型 座位	55 × 40 × 22	黒い茶帽子被り赤の羽織に青の肌着、両手輪組で座禅組む	小型の台座の上で端然と座禅	□有 ⊠無 単体彫り 僧型座像	右手前方は霧島山。4月18日は講あり
No. 3 平成26年08月16日	北諸県郡三股町 樺山 天神 人家の庭	不詳	神像型椅像 椅像	90 × 60 × 40	冠被り衣冠束帯で両手水から出ず持り物なく風化強く纓不明	背部に「塚原」の刻字あり。彩色なし	□有 ⊠無 単体彫り 神像型椅像	資料には僧型とあり
No. 4 平成26年08月16日	北諸県郡三股町 樺山 上小石 用水路堤防上	明治8年(1875年)	農民型 立像	58 × 47 × 20	まんじゅう笠被り広袖和服で右手メシゲ左手椀持つ	全体的に薄茶色	□有 ⊠無 単体彫り 農民型立像	優しい男性の方が鍵を開けて下さる。堤防は2回決壊
No. 5 平成26年08月16日	北諸県郡三股町 永田 水戸口 道路沿い敷地	不詳	農民型 座位	50 × 47 × 23	風化激しく詳細不明。浮影型のシキ被り座位の農民像と標識記載	彩色なし	□有 ⊠無 浮彫り 農民型像	終戦の頃まで赤飯など備えた。イボの神でもある
No. 6 平成26年08月16日	北諸県郡三股町 蓼池 公民館	不詳	自然石	90 × 60 × 47	なし	彩色なし	□有 ⊠無 自然石	公民館敷地に水神様と祀られる
No. 7 平成26年08月24日	北諸県郡三股町 餅原 徳桝 道路沿い高台	文久元年(1861年)	神像型座像 座位	80 × 56 × 30	纓の付いた冠を被り衣冠束帯で両手輪組で穴なし	冠は黒色で顔と両手肌色袍は赤茶色で青の肩衣あり	□有 ⊠無 単体彫り 神像型座像	高城町の石山から盗んできた物らしい
No. 8 平成26年08月24日	北諸県郡三股町 蓼池 松田 水田	不詳	自然石	33 × 30 × 25	なし	彩色なし	□有 ⊠無 自然石	水田横の用水路近くにあり
No. 9 平成26年08月24日	北諸県郡三股町 蓼池 水田用水路横	不詳	神像型座像 座位	69 × 40 × 25	烏帽子被り肩衣掛けての狩衣姿で両手輪組で穴なし	袍と袴は銀色で烏帽子と前掛け青色、肩衣は赤茶色	⊠有 □無 単体彫り 神像型座像	市役所に神官型であること確認済み
No. 10 平成26年09月07日	北諸県郡三股町 餅原 迫間 公園敷地	不詳	神像型座像 座位	95 × 85 × 35	烏帽子被り狩衣姿で両手輪組で穴で笏を持つ	烏帽子は黒色で狩衣は赤色。顔と両手は白色	□有 ⊠無 単体彫り 神像型座像	昭和63年に移転。高木か桜木付近から盗んできたとか
No. 11 平成26年09月07日	北諸県郡三股町 長田 田上 道路沿い高台	不詳	農民型 立像	65 × 45 × 35	シキ被り長袖衣に裁着け袴姿で右手メシゲ左手椀	シキは薄茶色、着物は赤色で顔は白色	□有 □無 単体彫り 農民型立像	この田の神は女神で厳しく、盗めばたたるとされ盗まれず、とか
No. 12 平成26年08月24日	北諸県郡三股町 樺山 上米満 水田	不詳	僧型、頭部は後作で僧衣 椅像	107 × ×	冠らしい帽子を被るが後作、僧衣で僧型で両手輪組	彩色なし	□有 ⊠無 単体彫り 僧型椅像	頭部は欠損し改作で首の部位で繋いである。被り物は神官様だが着衣は僧侶

304　資料　田の神石像・全記録　1章　宮崎県の田の神石像

8 児湯郡西米良村の田の神石像

番　号 撮影日	住　所 置場所	製作年月日	像型・形態	サイズcm	持ち物	彩色	祠	その他
No.　1 平成29年06月04日	児湯郡西米良村 小川 道路沿い高台	不詳	僧型 立位	55 × 28 × 20	笠型冠被り長袖 上衣長袴姿で 右手メシゲ左手 おにぎり持つ	彩色なし	□有 ☒無 単体彫り 僧型立像	多くの石造物 群の右端、出 水市でよく見ら れた像型

8 児湯郡西米良村の田の神石像　305

2章　鹿児島県の田の神石像

a．薩摩半島
1-1 出水市の田の神石像

番号撮影日	住所置場所	製作年月日	像型・形態	サイズcm	持ち物	彩色	祠	その他
No. 1 平成28年07月03日	出水市武本宇都野々（うとのの）納骨堂裏	不詳	旅僧型 立位	73 × 40 × 40	総髪面長顔シキ被り広袖上衣・長袴姿で右手メシゲを手椀	彩色なし	□有 ☒無 単体彫り 旅僧型 長袴	総髪の面長顔でシキと頭陀袋・長袴
No. 2 平成28年07月03日	出水市武本小原下（おばるしも）道路沿い	不詳	旅僧型 立位	52 × 40 × 37	面長顔シキと広袖上衣長袴で紐結び右手メシゲ左手椀	朱色残る	□有 ☒無 単体彫り 旅僧型 長袴	面長顔シキと頭陀袋、長袴で右手メシゲ下向けて持つ
No. 3 平成28年07月03日	出水市江内麓町上堅馬場道路沿い	不詳	旅僧型 立位	93 × 50 × 55	総髪面長顔シキ被り広袖上衣長袴姿で右手メシゲ左手椀	彩色なし	□有 ☒無 単体彫り 旅僧型 長袴	総髪の面長顔でシキと頭陀袋・長袴
No. 4 平成28年07月03日	出水市向江町（むかえまち）道路沿い個人宅	不詳	旅僧型 立位	66 × 37 × 28	シキと広袖上衣裁着け風化強く右手メシゲ跡左手不明	彩色なし	□有 ☒無 単体彫り 旅僧型 裁着け袴	シキと頭陀袋下げ裁着け袴
No. 5 平成28年07月03日	出水市五万石町野添道路沿い	不詳	旅僧型 立位	60 × 35 × 27	笠型冠被り広袖上衣長袴姿で右手メシゲ左手飯盛椀	彩色なし	□有 ☒無 単体彫り 旅僧型 長袴	お地蔵さんみたいである。頭陀袋に長袴姿
No. 6 平成28年07月03日	出水市五万石町西町道路沿い水門上	不詳	僧型 立位	73 × 43 × 38	平僧型被り広袖上衣長袴姿で右手メシゲ左手椀で腰袴	彩色なし	□有 ☒無 単体彫り 僧型立像 長袴	背に文様あり。平たいシキと長袴姿で頭陀袋は不明
No. 7 平成28年07月03日	出水市西出水町政所（まどころ）神社境内	不詳	僧型 立位	67 × 36 × 23	笠型冠被り広袖羽織長袴姿で右手メシゲ左手椀。頭陀袋なし	彩色なし	□有 ☒無 単体彫り 僧型立像 長袴	笠型冠と長袴で頭陀袋なく斜めに傾いている
No. 8 平成28年07月03日	出水町政所上屋（うえや）道路沿い	不詳	僧型 立位	68 × 35 × 30	笠型冠被り広袖羽織長袴姿で右手メシゲ左手飯盛椀	彩色なし	□有 ☒無 単体彫り 僧型立像 長袴	笠型冠と長袴で頭陀袋なし
No. 9 平成28年07月03日	出水市武本江川野道路沿い高台	天保11年(1840年)	旅僧型 立位	68 × 30 × 27	厚い大シキ被り広袖上衣長袴姿で右手メシゲ左手椀持つ	彩色なし	□有 ☒無 単体彫り 旅僧型 長袴	シキと長袴姿で頭陀袋下げ
No. 10 平成28年07月03日	出水市武本栗毛野公民館敷地	不詳	不明 椅像	50 × 30 × 25	風化強くはっきりしないがシキ被り右手にメシゲ持つ	彩色なし	☒有 □無 単体彫り 不明	風化強くかなり古いものと思われる
No. 11 平成28年07月03日	出水市高尾野町大久保 野平道路沿い高台	不詳	旅僧型 立位	63 × 34 × 30	厚シキ被り広袖上衣で右手欠損左手大きなメシゲ	彩色なし	☒有 □無 単体彫り 旅僧型 裁着け袴	シキ裁着け袴で頭陀袋を下げる（ペンギンスタイル）
No. 12 平成28年07月03日	出水市文化町溝下口道路沿い高台	不詳	旅僧型 立位	63 × 43 × 30	厚シキ被り広袖上衣長袴姿で右手メシゲ左手椀を持つ	彩色なし	□有 ☒無 単体彫り 旅僧型 裁着け袴	シキと裁着け袴で頭陀袋を下げる

a．薩摩半島　1-1 出水市の田の神石像　307

番号 撮影日	住所 置場所	製作年月日	像型・形態	サイズcm	持ち物	彩色	祠	その他
No. 13 平成28年07月31日	出水市大野原町 西大野原 公民館敷地	不詳	不明 立位	55 × 35 × 30	シキ被り右手メシゲ持つも風化強く顔や着物左手など不明	彩色なし	□有 ☒無 単体彫り 不明	西大野原公民館
No. 14 平成28年07月31日	出水市浦田 腰掛 公民館敷地	不詳	僧型 立位	50 × 25 × 17	笠型冠被り総髪長袖上衣長袴姿で右手メシゲ左手椀	彩色なし	□有 ☒無 単体彫り 僧型立像 長袴	腰掛公民館で水神と並ぶ。笠型冠と長袴
No. 15 平成28年07月31日	出水市荘 荘下 （しょうしも） 道路沿い	不詳	旅僧型 立位	62 × 35 × 28	シキ被り袖広上衣着着け袴で右手メシゲ左手椀持ち右足前	彩色なし	□有 ☒無 単体彫り 旅僧型 裁着け袴	多くの石造物群と並ぶ。笠状シキ長袴と頭陀袋あり
No. 16 平成28年07月31日	出水市荘 荘下 道路沿い人家	不詳	僧型 立位	87 × 50 × 30	シキ被り袖広上衣長袴姿で右手メシゲ左手椀。前で紐結ぶ	風化と地衣付着強い。彩色なし	□有 ☒無 単体彫り 僧型立像 長袴	多くの石造物群と並ぶ。シキと長袴
No. 17 平成28年07月31日	福ノ江町新蔵上 （にいぐらかみ） 公民館敷地	不詳	旅僧型 立位	56 × 36 × 35	シキ被り広袖上衣裁着け袴で頭陀袋下げ右手メシゲ左手椀	表情など不明。彩色なし	□有 ☒無 単体彫り 旅僧型 裁着け袴	多くの石造物群と並ぶ。風化強くしきの一部破損表情不明
No. 18 平成28年07月31日	出水市福ノ江町 新蔵上 公民館敷地	不詳	旅僧型 立位	74 × 46 × 40	冠被り総髪で広袖上衣裁着け袴で右手メシゲ左手椀で椀持つ	彩色なし	□有 ☒無 単体彫り 旅僧型 裁着け袴	大笠型冠で頭陀袋下げる。多くの石造物群と並ぶ
No. 19 平成28年07月31日	出水市汐見町西 新田（しんでん） 道路沿い側溝	不詳	僧型 立位	50 × 23 × 22	笠型冠被り総髪で長袖上衣に長袴姿で右手メシゲ左手椀	彩色なし	□有 ☒無 単体彫り 僧型立像 長袴	風化強く顔の表情は不明。前を紐で結ぶ
No. 20 平成28年07月31日	出水市今釜町 今中 道路沿い水田	不詳	旅僧型 立位	62 × 32 × 32	大シキ背に被り顔は不明で袖広上衣裁着け袴で右手メシゲ	彩色なし	□有 ☒無 単体彫り 旅僧型 裁着け袴	左手椀と思われる。ペンギンスタイル。頭陀袋下げる
No. 21 平成28年07月31日	出水市今釜町 今釜中 道路沿い畑	不詳	旅僧型 立位	52 × 28 × 23	笠型冠を被り総髪長袖上衣長袴姿で右手メシゲ左手椀	彩色なし	□有 ☒無 単体彫り 旅僧型 長袴	頭陀袋下げ前紐で結ぶ
No. 22 平成28年07月31日	出水市明神町 今村 道路沿い側溝	大正元年(1912年)	旅僧型 立位	100 × 56 × 45	笠型冠被り長袖上衣長袴姿で頭陀袋。右手メシゲ左手椀	彩色なし	□有 ☒無 単体彫り 旅僧型 長袴	面長顔
No. 23 平成28年07月31日	出水市知識町 津山 道路沿い	不詳	旅僧型 立位	96 × 54 × 53	笠型冠被り長袖上衣長袴姿で頭陀袋下げ右手メシゲ左手椀	彩色なし	□有 ☒無 単体彫り 旅僧型 長袴	面長顔
No. 24 平成28年07月31日	出水市知識町 上村東 道路沿い角地	不詳	旅僧型 立位	92 × 58 × 56	シキ被り総髪で長袖上衣長袴姿で右手メシゲ左手椀	彩色なし	□有 ☒無 単体彫り 旅僧型 長袴	面長顔で頭陀袋下げる

308　資料　田の神石像・全記録　2章　鹿児島県の田の神石像

番号 撮影日	住所 置場所	製作年月日	像型・形態	サイズcm	持ち物	彩色	祠	その他
No. 25 平成28年07月31日	出水市中央町 横尾（左側） 道路沿い高台	不詳	旅僧型 立位	60 × 40 × 25	頭部顔破損し頭陀袋下げ持ち物着物は不明で左足前に	彩色なし	□有 ⊠無 単体彫り 旅僧型	
No. 26 平成28年07月31日	出水市中央町 横尾（右側） 道路沿い高台	慶応3年（1867年）	旅僧型 立位	70 × 35 × 40	総髪面長顔で笠型冠被り長袖上衣長袴で右手メシゲ左手椀	彩色なし	□有 ⊠無 単体彫り 旅僧型 長袴	頭陀袋下げ前を紐で結び
No. 27 平成28年07月31日	出水市緑町 上沖田（左側） 公民館敷地	明治時代の記載あり	旅僧型 立位	60 × 42 × 35	総髪面長顔で笠型冠被り長袖上衣長袴で右手メシゲ左手椀	彩色なし	□有 ⊠無 単体彫り 旅僧型 長袴	頭陀袋下げ前紐で結び
No. 28 平成28年07月31日	出水市緑町 上沖田（右側） 公民館敷地	不詳	僧型 立位	50 × 35 × 26	シキ被り広袖上衣に長袴姿で右手メシゲ左手椀を持つ	風化強く表情など不明。彩色なし	□有 ⊠無 単体彫り 僧型立像 長袴	頭陀袋不明
No. 29 平成28年08月07日	出水市大川内 上場（うわば） 道路沿い	平成27年（2015年）	自然石文字彫	165 × 180 × 45	自然石	彩色ないが田の神の部分は白色に彩色	□有 ⊠無 自然石文字彫	白色でシキ被り右手メシゲ左手椀の田の神像描かれる
No. 30 平成28年07月31日	大川内 中角石 （なかかどいし） 道路沿い高台	不詳	旅僧型 立位	50 × 30 × 20	シキ被り長袖上衣長袴姿で右手メシゲを立てて持ち左手椀	彩色なし	□有 ⊠無 単体彫り 旅僧型 長袴	後方からは男性根。頭陀袋下げ面長顔で洞窟前
No. 31 平成28年08月07日	出水市大川内 坂元 水田	不詳	旅僧型 立位	60 × 36 × 35	総髪面長顔シキ被り長袖上衣裁着け袴で右手メシゲ立て左手椀	彩色なし	□有 ⊠無 単体彫り 旅僧型 裁着け袴	穏やかな姿。後方からは男性根。頭陀袋下げる
No. 32 平成28年08月07日	出水市大川内 射場元 水田奥空き地	不詳	旅僧型 立位	70 × 38 × 28	シキ被り総髪長袖上衣長袴姿で右手メシゲ左手椀。背にワラット	彩色なし	□有 ⊠無 単体彫り 旅僧型 長袴	石柱とともに並び、後方からは男性根。頭陀袋下げ
No. 33 平成28年08月07日	出水市大川内 射場元 水田	不詳	僧型 立位	65 × 36 × 32	笠型冠被り袖広上衣長袴で右手メシゲ左手椀で前紐で結ぶ	彩色なし	□有 ⊠無 単体彫り 僧型立像 長袴	頭陀袋なし
No. 34 平成28年08月07日	出水市大川内 馬流 水田道路沿い	不詳	僧型 立位	55 × 32 × 30	風化強く総髪面長顔で広袖上衣に長袴姿	顔や持ち物などは風化強く不明。彩色な	□有 ⊠無 単体彫り 僧型立像 長袴	頭陀袋不明。辿り着くのに大変な苦労でした
No. 35 平成28年08月07日	出水市大川内 中川 道路沿い高台	不詳	僧型 立位	58 × 26 × 20	面長顔で笠型冠被り広袖上衣に長袴で右手メシゲ	首はセメント付け。彩色なし	□有 ⊠無 単体彫り 僧型立像 長袴	頭陀袋なし。前で紐結び
No. 36 平成28年08月07日	出水市大川内 不動野 道路沿い角地	不詳	旅僧型 立位	66 × 40 × 30	シキ被り広袖上衣裁着け袴で頭陀袋下げ。両手持ち物不明	顔面には穴が開いている。彩色なし	□有 ⊠無 単体彫り 旅僧型 裁着け袴	風化強いが頭陀袋と前紐よく見える。後方から男性根

番 号 撮影日	住 所 置場所	製作年月日	像型・形態	サイズcm	持ち物	彩色	祠	その他
No. 37 平成28年08月07日	出水市大川内 不動野 水田付近空き地	不詳	旅僧型 立位	55 × 36 × 28	シキ被り広袖上 衣裁着け袴で右 手メシゲ左手椀 を持つ	彩色なし	□有 ☒無 単体彫り 旅僧型 裁着け袴	後方から男性 根。頭陀袋下 げる
No. 38 平成28年08月07日	出水市大川内 不動野 水田	不詳	僧型 立位	52 × 36 × 35	総髪で広袖上 衣に長袴姿で 両手にそれぞれ 杵？持つ	彩色なし	□有 ☒無 浮き彫り 僧型立像 長袴	珍しい恰好の 田の神で地元 の人は田の神 だとのこと
No. 39 平成28年08月07日	出水市大川内 鷺篠（さぎやな） 公民館敷地	不詳	僧型 立位	57 × 35 × 32	総髪でシキ被り 広袖上衣裁着け 袴で右手メシゲ 左手椀	風化強くメシ ゲの一部も 破損。彩色 なし	□有 ☒無 単体彫り 僧型立像 裁着け袴	後方からは男 性根
No. 40 平成28年08月07日	出水市大川内 下平野 道路沿い高台	不詳	旅僧型 立位	50 × 49 × 30	シキ被り広袖 上衣裁着け袴 で右手メシゲ 左手不明	彩色なし	□有 ☒無 単体彫り 旅僧型 裁着け袴	転んでしまう。 横に石祠。後 方からは男性根。 頭陀袋下げ
No. 41 平成28年08月07日	出水市大川内 田原 公民館敷地	不詳	旅僧型 立位	58 × 35 × 30	シキ被り広袖上 衣裁着け袴右手 メシゲ左手椀の 痕跡	袴の前部が 黄色に着色	□有 ☒無 単体彫り 旅僧型 裁着け袴	後方からは男 性根。頭陀袋 下げる
No. 42 平成28年08月07日	出水市江内 上 鯖淵 芭蕉① 道路沿い高台	不詳	僧型 立位	60 × 25 × 22	笠型冠を被り袖 広上衣に長袴で 右手メシゲ左手 椀持つ	彩色なし	□有 ☒無 単体彫り 僧型立像 長袴	
No. 43 平成28年08月07日	出水市上鯖淵 芭蕉② 人家横畑	不詳	僧型 立位	35 × 20 × 15	笠型冠被り袖 広上衣に長袴 で右手メシゲ 左手椀持つ	彩色なし	□有 ☒無 単体彫り 僧型立像 長袴	ふと人家横の 畑で見つける
No. 44 平成28年08月07日	出水市今釜町 今釜中 道路沿い	不詳	僧型 立位	84 × 33 × 23	笠型冠を被り袖 広上衣に長袴で 右手メシゲ左手 椀持つ	スラーとした 田の神で彩 色なし	□有 ☒無 単体彫り 僧型立像 長袴	人家横の道路 で偶然見つけ 親切な家主さ んに伺う
No. 45 平成28年08月07日	出水市今釜町 今釜東 公民館敷地	不詳	僧型 立位	74 × 43 × 30	笠型冠被り袖 広上衣に長袴 で右手メシゲ 左手椀持つ	彩色なし	□有 □無 単体彫り 僧型立像 長袴	
No. 46 平成28年08月07日	出水市住吉町 浜新田 道路沿い	不詳	僧型 椅像	53 × 35 × 24	シキ被り広袖 上衣に裁着け 袴で右手メシ ゲ左手椀	彩色なし	□有 ☒無 単体彫り 僧型椅像 裁着け袴	風化強く顔の 表情などは不 明
No. 47 平成28年08月07日	出水市明神町 早馬大明神 神社敷地	不詳	僧型 立位	70 × 28 × 20	笠型冠被り袖 広上衣に長袴 で右手メシゲ 左手椀持つ	口紅真っ赤 に塗られる	□有 □無 単体彫り 僧型立像 長袴	
No. 48 平成28年08月07日	出水市上鯖淵 太田① 道路沿い角地	不詳	僧型 立位	82 × 45 × 40	シキを被り袖広 上衣に長袴で 右手メシゲ左 手椀	彩色なし	□有 ☒無 単体彫り 僧型立像 長袴	No49と並 ぶ。後方から は男性根。頭 陀袋下げ

番 号 撮影日	住 所 置場所	製作年月日	像型・形態	サイズcm	持ち物	彩色	祠	その他
No. 49 平成28年08月28日	出水市上鯖淵 太田② 道路沿い角地	不詳	旅僧型 立位	64 × 36 × 23	頭部は破損し広袖上衣に裁着け袴で頭陀袋や持ち物は不明	彩色なし	□有 ☒無 単体彫り 旅僧型 裁着け袴	風化強いが恐らく頭陀袋下げの旅僧型と思われる
No. 50 平成28年08月28日	出水市上鯖淵 松尾 水田	不詳	僧型 立位	57 × 24 × 23	シキを被り強い風化と地衣が強く顔の表情や持ち物は不明	彩色なし	□有 ☒無 単体彫り 僧型立位	風化と地衣が強く詳細は不明
No. 51 平成28年08月28日	出水市美原町 朝熊（あさくま） 公園敷地	不詳	僧型 立位	92 × 47 × 42	笠型冠を被り袖広上衣に長袴で右手メシゲ左手椀持つ	彩色なし	□有 ☒無 単体彫り 僧型立像 長袴	奥行もありどっしりした感じの石像。後方からは男性根
No. 52 平成28年08月28日	出水市美原町 安原① 納骨堂前	不詳	僧型 立位	93 × 45 × 35	笠型冠を被り袖広上衣に長袴で右手メシゲ左手椀	彩色なし	□有 ☒無 単体彫り 僧型立像 長袴	後方からは男性根。No53と型は同一。頭陀袋下げる
No. 53 平成28年08月28日	出水市美原町 安原② 納骨堂前	不詳	僧型 立位	90 × 46 × 33	シキ被り袖広上衣に長袴で右手メシゲ左手椀で	彩色なし	□有 ☒無 単体彫り 僧型立像 長袴	後方からは男性根。No52と型は同一。頭陀袋下げる
No. 54 平成28年08月28日	出水市江内 黄金町六月田中 神社敷地	不詳	僧型 立位	88 × 48 × 44	総髪笠型冠被り袖広上衣長袴で右手メシゲ左手椀	奥行もありどっしりした感じ。彩色なし	□有 ☒無 単体彫り 僧型立像 長袴	彫の浅い造形で顔が大きい。黄金町はこがねちう
No. 55 平成28年08月28日	出水市江内 黄金町六月田下 道路沿い空き地	不詳	僧型 立位	78 × 46 × 30	笠型冠を被り袖広上衣に長袴で右手メシゲ左手椀	彩色なし	□有 ☒無 単体彫り 僧型立像 長袴	風化強く顔の表情不明。コンテナ横。頭陀袋下げる
No. 56 平成28年08月28日	出水市米ノ津町 米ノ津天満宮① 神社境内	不詳	旅僧型 立位	55 × 35 × 30	顔上半身破損し広袖上衣裁着け袴で頭陀袋や持ち物不明	彩色なし	□有 ☒無 単体彫り 旅僧型 裁着け袴	破損強い
No. 57 平成28年08月28日	出水市米ノ津町 米ノ津天満宮② 神社境内	不詳	僧型 立位	35 × 28 × 23	顔と上半身は破損し袖広上衣に長袴で前で紐結ぶ	彩色なし	□有 ☒無 単体彫り 僧型立像 長袴	
No. 58 平成28年08月28日	出水市境町 切通（きずし） 道路沿い	不詳	僧型 立位	60 × 32 × 33	シキ被り袖広上衣に長袴で右手メシゲ左手椀	彩色なし	□有 ☒無 単体彫り 僧型立像 長袴	風化強く顔の表情など不明。頭陀袋下げる
No. 59 平成28年08月28日	出水市江内高尾野町柴引唐笠木 道路沿い高台	天明5年(1785年)	旅僧型 立位	66 × 36 × 30	シキ被り広袖上衣裁着け袴で右手メシゲ左手椀で風化強い	彩色なし	□有 ☒無 単体彫り 旅僧型 裁着け袴	破損強い。頭陀袋下げる
No. 60 平成28年08月28日	出水市江内 高尾野町柴引町 道路沿い空き地	不詳	旅僧型 立位	60 × 30 × 30	シキ被り広袖上衣裁着け袴で右手メシゲ上に持ち左手不明	彩色なし	□有 ☒無 単体彫り 旅僧型 裁着け袴	破損強いメ、シゲを上に持つ。頭陀袋下げる

a. 薩摩半島　1-1 出水市の田の神石像　311

番号 撮影日	住所 置場所	製作年月日	像型・形態	サイズcm	持ち物	彩色	祠	その他
No. 61 平成28年09月11日	出水市高尾野町 柴引 中里 道路沿い角地	不詳	旅僧型 立位	80 × 46 × 50	総髪で笠型冠被り広袖上衣長袴姿で右手メシゲ左手椀	彩色なし	□有 ☒無 単体彫り 旅僧型 長袴	両足の指見えるし、後方からは男性根。頭陀袋下げる
No. 62 平成28年09月11日	出水市高尾野町 上水流 井上 道路沿い角地	不詳	僧型 立位	80 × 40 × 32	頭丸め広袖上衣に長袖姿で右手枡料?2左手スリコギ	彩色なし	□有 ☒無 浮き彫り 僧型立像 長袴	角柱に浮き彫りで持ち物は明確ではない。頭陀袋不明
No. 63 平成28年09月11日	出水市高尾野町 上水流 上水流と橋たもと	不詳	旅僧型 立位	52 × 40 × 33	シキ被り広袖上衣裁着け袴姿で風化強く顔の表情持ち物不明	彩色なし	□有 ☒無 単体彫り 旅僧型 裁着け袴	破損強い、後方からは男性根
No. 64 平成28年09月11日	出水市高尾野町 下水流 道路沿い水田	不詳	旅僧型 立位	55 × 38 × 38	シキ被り広袖上衣裁着け袴姿で右手大メシゲ立て左手椀	彩色なし	□有 ☒無 単体彫り 旅僧型 裁着け袴	頭部多くの窪み子供たちのためか。頭陀袋下げる
No. 65 平成28年09月11日	出水市高尾野町 下水流 道路沿い	不詳	僧型 立位	64 × 32 × 28 52×30	頭丸め広袖上衣に長袖姿で右手メシゲ左手椀持つ	彩色なし	□有 ☒無 浮き彫り 僧型立像 長袴	角柱浮き彫りでNo62に似る。頭陀袋なし
No. 66 平成28年09月11日	出水市高尾野町 江内 荒崎 	不詳	旅僧型 立位	83 × 45 × 43	総髪平たいシキ被り広袖上衣長袴姿で右手メシゲ左手椀	彩色なし	□有 ☒無 単体彫り 旅僧型 長袴	水神様と並立しシキが変わら状で珍しい。頭陀袋下げる
No. 67 平成28年09月11日	出水市高尾野町 江内 平坊 道路沿い	不詳	旅僧型 立位	63 × 36 × 30	シキ被り広袖上衣長袴姿で右手大メシゲ立てて左手椀	彩色なし	☒有 □無 単体彫り 旅僧型 長袴	かなり古い風化強い。後方からは男性根。頭陀袋下げ
No. 68 平成28年09月11日	出水市高尾野町 江内 浦窪(左) 集落センター敷地	大正15年(1926年)	僧型 立位	70 × 30 × 30	笠型冠を被り広袖上衣に長袴姿で右手にメシゲ左手椀	彩色なし	□有 ☒無 単体彫り 僧型立像 長袴	No69と背を向け立。頭陀袋なし
No. 69 平成28年09月11日	出水市高尾野町 江内 浦窪(右) 集落センター敷地	明治31年(1898年)?	農民型 立位	53 × 32 × 28	シキ被り広袖上衣衣姿で右手メシゲ左手椀。両足裸足	彩色なし	□有 ☒無 単体彫り 農民型立像	が詳しく教えて下さる。近くにもう一体あるとのこと
No. 70 平成28年09月11日	出水市高尾野町 江内 連尺野 寺院敷地内	明治44年(1911年)	僧型 立位	50 × 35 × 20	笠型冠被り広袖上衣に長袴で右手にメシゲ左手椀	顔が大きく衣と両足の造り簡素で珍しい。彩色なし	□有 ☒無 単体彫り 僧型立像 長袴	他の石造物と並べ下元の人は「ずーと前からここに」
No. 71 平成28年09月11日	出水市高尾野町 江内 小島 白山神社敷地内	不詳	旅僧型 立位	60 × 42 × 30	大シキ被り広袖上衣裁着け袴姿で右手垂直にメシゲ左手椀	彩色なし	□有 ☒無 単体彫り 旅僧型 裁着け袴	頭陀袋あり
No. 72 平成28年09月11日	出水市高尾野町 江内 木串 公民館敷地	慶應3年(1867年)	僧型 立位	65 × 36 × 38	笠型冠被り長袖上衣裁着け袴で右手メシゲ下に左手スリコギ	彩色なし	□有 ☒無 浮彫り 僧型立像 裁着け袴	頭丸め。頭陀袋なし

番号 撮影日	住所 置場所	製作年月日	像型・形態	サイズcm	持ち物	彩色	祠	その他
No. 73 平成28年09月18日	出水市野田町下名屋地(やじ) 道路沿い高台	不詳	僧型 立位 市指定有形文化財	58 × 35 × 25	大シキ被り長袖裁着け袴で右手メシゲ左椀で両足見える	彩色なし	□有 ☒無 単体彫り 僧型立像 裁着け袴	頭丸めて後方からは男性根
No. 74 平成28年09月18日	出水市野田町下名 中郡 道路沿い	不詳	旅僧型 立位 市指定有形文化財	92 × 37 × 23	頭丸め僧衣で右手メシゲ左手飯盛り椀、両足のぞく	彩色なし	□有 ☒無 浮き彫り 旅僧型	角柱に浮き彫りされた袖の羽織状の僧衣か。頭陀袋
No. 75 平成28年09月18日	出水市野田町下名 中郡① 道路沿い高台	不詳	不明 不明	47 × 30 × 24	風化強くほとんど不明で背中に袋様のものあり	彩色なし	□有 □無 単体彫り 不明	
No. 76 平成28年09月18日	出水市野田町下名 中郡② 道路沿い	不詳	僧型 椅像	46 × 25 × 23	シキ被り広袖上衣ズボンの僧衣で右手メシゲ左手飯盛り椀	彩色なし	□有 □無 僧型椅像	比較的新しいもので頭丸めて後方からは男性根
No. 77 平成28年09月18日	出水市野田町上名 別府① 神社境内	不詳	僧型 立位	53 × 33 × 23	頭丸め僧衣で破損強くシキや持ち物は不明	頭髪部位が焦げ茶色	□有 □無 浮き彫り 僧型立像	No78と並列
No. 78 平成28年09月18日	出水市野田町上名 別府② 神社境内	不詳	僧型 立位	60 × 38 × 30	シキ被り広袖上衣に裁着け袴姿で右手メシゲ左手椀	一部に薄い朱色残る	□有 ☒無 単体彫り 僧型立像 裁着け袴	後方からは男性根で風化強く顔の表現不明。頭陀袋
No. 79 平成28年09月18日	出水市野田町上名 大日 道路沿い高台	不詳	旅僧型 立位	55 × 38 × 23	シキ被り広袖上衣に裁着け袴姿で持ち物は不明	彩色なし	□有 □無 単体彫り 旅僧型 裁着け袴	後方からは男性根。頭陀袋下げ
No. 80 平成28年09月18日	出水市野田町上名 天神 道路沿い	大正13年(1924年)?	僧型 立位 市指定有形文化財	64 × 35 × 32	四角いシキ被り広袖上衣に長袴で右手メシゲ左手椀	彩色なし	□有 □無 単体彫り 僧型立像 長袴	風化強く顔の表情など不明
No. 81 平成28年09月18日	出水市野田町上名 田の神広場 公園内	不詳	僧型 立位	110 × 48 × 36	シキ被り広袖上衣裁着け袴で右手メシゲ左手飯盛り椀	彩色なし	□有 ☒無 単体彫り 僧型立像 裁着け袴	比較的新しいもの、後方から男性根。紐付き草鞋履く
No. 82 平成28年09月18日	出水市野田町上名青木原 道路沿い	昭和30年(1955年)	僧型 立位	58 × 23 × 18	半円形のシキ被り広袖の僧衣で右手メシゲ左手椀持つ	彩色なし	□有 ☒無 単体彫り 僧型立像	後方からは男性根
No. 83 平成28年09月18日	出水市野田町上名下特手 道路沿い	不詳	旅僧型 立位 市指定有形文化財	60 × 40 × 38	シキ被り広袖上衣裁着け袴姿で右手メシゲ左手スリコギ	彩色なし	□有 ☒無 単体彫り 旅僧型 裁着け袴	後方からは男性根、頭陀袋を下げる。大きな背板
No. 84 平成28年09月18日	出水市野田町上名 久木野 道路沿い竹藪	不詳	旅僧型 立位 市指定有形文化財	68 × 38 × 35	シキ被り広袖上衣に長袴姿で右手メシゲ左手キネ持ち	彩色なし	□有 □無 単体彫り 旅僧型 長袴	背中の袋状?リュックサック様。頭陀袋下げ

a. 薩摩半島　1-1 出水市の田の神石像

番号 撮影日	住所 置場所	製作年月日	像型・形態	サイズcm	持ち物	彩色	祠	その他
No. 85 平成28年09月25日	出水市高尾野町 大久保松ケ野 道路沿い	不詳	僧型 立位	60 × 36 × 35	シキ被り広袖上 衣に裁着け袴姿 で右手メシゲ左 手椀？	彩色なし	☒有 □無 単体彫り 僧型立像 裁着け袴	後方からは男 性根。偶然道 路沿いで見つ ける
No. 86 平成28年09月25日	出水市高尾野町大 久保松ケ野入口 道路沿い	不詳	旅僧型 立位	63 × 28 × 27	後方に長いシキ 被り広袖上衣長 袴姿で右手メシ ゲ左手椀	彩色なし	□有 ☒無 単体彫り 旅僧型 長袴	風化強く、耳の 遠いお爺さんと 会話。頭陀袋 下げる
No. 87 平成28年09月25日	出水市高尾野町 柴引 本町 集落センター横	不詳	旅僧型 立位	60 × 33 × 30	大シキ被り広 袖上衣裁着け 袴姿で右手メ シゲ左手椀	彩色なし	□有 ☒無 単体彫り 旅僧型 裁着け袴	昭和39年移設。 後方から男性根 で頭陀袋下げ袴 の腰板あり
No. 88 平成28年09月25日	出水市高尾野町 大久保紹興① 道路下水田	不詳	旅僧型 立位	60 × 38 × 30	シキ被り広袖 上衣に長袴姿 で右手メシゲ 左手椀？	彩色なし	□有 ☒無 単体彫り 旅僧型 長袴	風化強く、No8 9と並立。後方 からは男性根。 頭陀袋下げ
No. 89 平成28年09月25日	出水市高尾野町 大久保紹興② 道路下水田	不詳	自然石	58 × 40 × 30	なし	彩色なし	□有 ☒無 自然石	
No. 90 平成28年09月25日	出水市高尾野町 大久保 浦	不詳	旅僧型 立位	70 × 36 × 32	シキ被り広袖上 衣裁着け袴姿で 右手椀？左手メ シゲ下げ持つ	彩色なし	□有 ☒無 単体彫り 旅僧型 裁着け袴	後方からは男 性根。頭陀袋 下げる
No. 91 平成28年09月25日	出水市高尾野町 大久保 浦 道路沿い山斜面	寛延4年(1751 年)	旅僧型 立位 市有形民俗文化財	55 × 40 × 37	シキ被り広袖上 衣に長袴姿で右 手メシゲ左手椀 を持ち	彩色なし	□有 ☒無 単体彫り 旅僧型 長袴	比較的保存状 態は良い。頭 陀袋下げる
No. 92 平成28年09月25日	出水市高尾野町 柴引 砂原 道路脇台	天明5年(1785 年)頃で推定	旅僧型 椅像	76 × 40 × 30	大シキ被り長袖 上衣裁着け袴姿 で右手キネ左手 メシゲ	彩色なし	□有 ☒無 単体彫り 旅僧型 裁着け袴	資料の説明と はかなり異なっ ている。頭陀袋 は不明
No. 93 平成28年09月25日	出水市高尾野町下 高尾野内野々上 公民館敷地	不詳	旅僧型 椅像	60 × 40 × 35	大シキ被り広袖 上衣裁着け袴姿 で右手メシゲ？ 左手キネ	彩色なし	□有 ☒無 単体彫り 旅僧型 裁着け袴	左膝を立てる
No. 94 平成28年09月25日	出水市野田町 餅井 道路沿い角地	明治14年(18 81年)	僧型 立位	57 × 25 × 18	総髪分厚いシ キ被り広袖上 衣袴姿で右手 鎌持つ	彩色なし	□有 ☒無 単体彫り 僧型立像 長袴	一見風変りな 像で持ち物も 珍しい。左手は 右手に添える

314　資料　田の神石像・全記録　2章　鹿児島県の田の神石像

1-2 出水郡長島町の田の神石像

番　号 撮影日	住　所 置場所	製作年月日	像型・形態	サイズcm	持ち物	彩色	祠	その他
No.　1 平成28年06月19日	出水郡長島町 山門野　山門下 道路沿い高台	不詳	不明 椅像	300 × 190 × 150	先尖のシキ様被り、両膝立て座り表情持ち物不明	全身金色	□有 ⊠無 単体彫り 不明	サイズは概略で、3〜4年前の造型物（町で持ち回りで作成）
No.　2 平成28年06月19日	出水郡長島町山門野（やまどの） 水田	不詳	農民型 椅像 町有形民俗文化財	60 × 35 × 35	シキ被り長袖上衣裁着け袴姿で右手メシゲ左手棒状風化強し	彩色なし	□有 ⊠無 単体彫り 農民型椅像	顔は摩耗して判別不能。後方からは男性根に見える
No.　3 平成28年06月19日	出水郡長島町 川床 水田	不詳	不明 椅像 町有形民俗文化財	56 × 26 × 20	風化強くエプロンのために不明両足組んで半座位	彩色なし	□有 ⊠無 単体彫り 不明	頭部は後から付けた感じもする
No.　4 平成28年06月19日	出水郡長島町 鷹巣（たかのす） 道路沿い	不詳	僧型 立像	75 × 38 × 30	シキ被り広袖上衣裁着け袴で右手メシゲ左手不明前で紐結び	彩色なし	□有 ⊠無 単体彫り 僧型立像 裁着け袴	江戸時代の常念寺境内から昭和33年現在地へ。後方から男性根
No.　5 平成28年06月19日	出水郡長島町 平尾　大迫 学校裏敷地	不詳	僧型 座位	87 × 46 × 22	頭丸めて広袖上衣・袴姿で両手でメシゲ持つ	彩色なし	□有 ⊠無 浮き彫り 僧型座像	大きな舟形石の上一部に浮き彫りされている
No.　6 平成28年06月19日	出水郡長島町 平尾　中村家 公民館敷地	不詳	女性像（巫女型） 椅像 町有形民俗文化財	63 × 26 × 23	乙女髪長袖着物脛甲、前裾膝まであげ、右手手鏡左手左膝上	彩色なし	□有 ⊠無 単体彫り 女性像椅像	若い巫女か。溺れない女性の体液と水田の水合ял
No.　7 平成28年06月19日	出水郡長島町 平尾 水田	平成17年（2005年）	僧型 座位	41 × 32 × 18	頭を丸めてシキ被り僧衣で右手メシゲ左手宝珠	彩色なし	□有 ⊠無 単体彫り 僧型座像	やさしいおばさまが説明して下さる
No.　8 平成28年06月19日	出水郡長島町 蔵之元 神社境内	不詳	農民型 椅像	65 × 36 × 34	笠型冠被り風化強く顔不明で股引き履き右手メシゲ左手膝上	彩色なし	□有 ⊠無 単体彫り 農民型椅像	十五社神社境内にある。後方からは男性根
No.　9 平成28年06月19日	出水郡長島町平尾　浜瀝 公園敷地	不詳	僧型 座位 町有形民俗文化財	40 × 26 × 22	帽子被り長袖上衣で膝上で両手で何か持つ	彩色なし	□有 ⊠無 単体彫り 僧型座像	地衣が強く持ち物など判読不能
No.　10 平成28年06月19日	出水郡長島町蔵之元　小浜左 管理事務所敷地	不詳	僧型 座位 町有形民俗文化財	30 × 25 × 15	帽子被り長袖上衣で両手は膝の上に置く	彩色なし	□有 ⊠無 浮き彫り 僧型座像	風化と破損強い
No.　11 平成28年06月19日	出水郡長島町蔵之元　小浜右 管理事務所敷地	不詳	僧型 座位 町有形民俗文化財	38 × 25 × 15	帽子被り、顔は破損し首は後で繋ぐ	彩色なし	□有 □無 単体彫り 僧型座像	風化と破損強い
No.　12 平成28年06月19日	出水郡長島町指江川内 公民館敷地	宝暦4年（1754年）	地蔵型 座位	30 × 18 × 15	蓮華台の上で、頭丸めて長袖僧衣で両手で宝珠持つ	彩色なし（川内はかわうち）	□有 ⊠無 単体彫り 地蔵型座像	台座「宝暦四年奉造立作髪石塔一〇　二月」と刻銘あり

a.薩摩半島　1-2 出水郡長島町の田の神石像　315

番 号 撮影日	住 所 置場所	製作年月日	像型・形態	サイズcm	持ち物	彩色	祠	その他
No. 13 平成28年06月19日	出水郡長島町 指江 水田	不詳	大黒天型 座位	16 × 13 ×10 町有形民俗文化財	大きな石祠の 中にあり右手メ シゲ左手不明	彩色なし	⊠有 □無 単体彫り 大黒天型 座像	
No. 14 平成28年06月19日	出水郡長島町城 川内 水田	不詳	僧型 立位	57 × 26 × 18 町有形民俗文化財	帽子被り襷の ある長袖上衣 袴姿でメシゲ 持つ両手で	彩色なし	□有 ⊠無 浮き彫り 僧型立像	記念碑横に弥 勒菩薩と並ん で祀られてい る
No. 15 平成28年06月19日	出水郡長島町城 川内唐隈① 水田川沿い	不詳	地蔵型 立位	52 × 22 × 16 町有形民俗文化財	不明	彩色なし	□有 ⊠無 単体彫り 地蔵型立 像	エプロンにて持 ち物等不明
No. 16 平成28年06月19日	出水郡長島町城 川内唐隈② 水田川沿い	不詳	地蔵型 立位	58 × 26 × 16 町有形民俗文化財	不明。頭部な し	彩色なし	□有 ⊠無 単体彫り 地蔵型立 像	
No. 17 平成28年06月19日	出水郡長島町城 川内唐隈③ 水田川沿い	不詳	地蔵型 立位	45 × 25 × 17 町有形民俗文化財	不明。頭部なし	彩色なし	□有 ⊠無 単体彫り 地蔵型立 像	
No. 18 平成28年06月19日	出水郡長島町城 川内唐隈④ 水田川沿い	不詳	地蔵型 立位	47 × 25 × 13 町有形民俗文化財	不明	彩色なし	□有 ⊠無 単体彫り 地蔵型立 像	
No. 19 平成28年06月19日	出水郡長島町城 川内唐隈⑤ 水田川沿い	不詳	地蔵型 立位	54 × 22 × 22 町有形民俗文化財	不明	彩色なし	□有 ⊠無 単体彫り 地蔵型立 像	
No. 20 平成28年06月19日	出水郡長島町城 川内唐隈⑥ 水田川沿い	不詳	地蔵型 座位	38 × 25 × 20 町有形民俗文化財	不明	彩色なし	□有 ⊠無 単体彫り 地蔵型座 像	
No. B− 1	出水郡長島町 平尾茅尾（ぼや） 民家敷地	不詳	僧型 立位	× ×	帽子被り襷のあ る長袖上衣姿 で両手で宝珠ら しきもの	彩色なし	□有 ⊠無 浮き彫り 僧型立像	IN情報で人家 の為に撮影で きず
No. B− 2	出水郡長島町 歴史資料館 資料館内	不詳	田の神舞神 職型 立位	38 × 14 ×	シキ被り長袖 上衣に袴姿で 右手メシゲ左 手椀を持つ	彩色不明	□有 ⊠無 浮き彫り 田の神舞 神職型	孟宗竹の酒 器に浮き彫 り。「田之神さ あ探訪」より

316　資料　田の神石像・全記録　2章　鹿児島県の田の神石像

2 阿久根市の田の神石像

番　号 撮影日	住　所 置　場所	製作年月日	像型・形態	サイズcm	持ち物	彩色	祠	その他
No. 1 平成28年06月19日	阿久根市脇本 宮崎神社 神社境内	不詳	不明 立位	68 × ×	シキ被るも風化強く顔の表情や持ち物など不明	彩色なし	□有 □無 単体彫り 不明	もう一体鳥居左側にに祀られている
No. 2 平成29年03月12日	阿久根市鶴川内 田代　田代中 道路沿い水田	大正15年（1926年）	自然石	70 × 30 × 35	なし（大正15年は以前の田の神建立の時）	彩色なし	□有 ⊠無 自然石	以前は田の神石像あったが盗まれて自然石が祀られる
No. 3 平成28年09月25日	阿久根市鶴川内 田代　田代下① 道路沿い	不詳	自然石	82 × 58 × 23	なし	彩色なし	□有 ⊠無 自然石	No4と並立
No. 4 平成28年09月25日	阿久根市鶴川内 田代　田代下② 道路沿い	不詳	旅僧型 立位	70 × 40 × 32	シキ被り広袖上衣に裁着け袴姿で右手メシゲ左手欠損	彩色なし	□有 ⊠無 単体彫り 旅僧型 裁着け袴	頭陀袋下げる（北薩摩）
No. 5 平成28年09月25日	阿久根市鶴川内 栫 畑の中	安政2年（1855年）	僧型袋負い型 立位	82 × 44 × 30	笠型冠被り広袖上衣長袴姿で右手メシゲ左手肩から背袋負う	一段の台座は同一体。彩色なし	□有 ⊠無 単体彫り 僧型立像 袋負い型	シキの一部は破損し風化強く自宅の女性に許可を得る
No. 6 平成28年06月19日	阿久根市鶴川内 宮原（横手） 道路沿い丘の上	不詳	不明 立位	62 × 33 × 25	風化強く顔や持ち物などは不明	彩色なし	□有 ⊠無 単体彫り 不明	自然石かと思ったが顔などの形がかすかに残る
No. 7 平成28年09月25日	阿久根市鶴川内 横手 道路沿い崖	不詳	不明 不明	50 × 35 × 28	シキ被り広袖上衣に長袴姿で右手メシゲ左手スリコギ	彩色なし	□有 ⊠無 単体彫り 不明	風化強く顔や表情不明で首がセメントで繋ぐ
No. 8 平成28年09月25日	阿久根市鶴川内 蓑野（へごの） 公民館敷地	不詳	僧型袋負い型 立位	56 × 33 × 28	シキ被り広袖上衣に裁着け袴姿で左手で袋左肩に背負う	彩色なし（古くから鶴川内地区で祀られた5体に1体）	□有 ⊠無 単体彫り 僧型立像 袋負い型	風化強く顔や表情不明で首がセメントで繋ぐ
No. 9 平成28年09月25日	阿久根市山下 久保戸 土橋 道路沿い高台	天明7年（1787年）	僧型袋負い型 立位 市有形民俗文化財	60 × 26 × 28	シキ被り広袖上衣長袴姿で右手メシゲ左手袋左肩背負う	顔が白く塗られている	□有 ⊠無 単体彫り 僧型立像 袋負い型	明治中頃に串木野地区の集落からオットラレ返却とか
No. 10 平成28年09月25日	阿久根市折口 永田① 道路沿い	不詳	女性像 立位	75 × 55 × 32	着物を着て右手メシゲ左手キを持ち裸足である	彩色なし	□有 □無 角柱浮き彫り 女性像	
No. 11 平成28年09月25日	阿久根市折口 永田② 道路沿い	弘化5年（1848年）	祠型	80 × 47 × 40 18×16	なし	彩色なし	⊠有 □無 祠型	祠のなかに小さな田の神？が収められている
No. 12 平成28年09月25日	阿久根市山下 尾崎公民館 公民館敷地高台	不詳	旅僧型 立位	62 × 34 ×	シキ被り広袖上衣に裁着け袴姿で持ち物などは不明	彩色なしり	□有 ⊠無 単体彫り 旅僧型 裁着け袴	頭陀袋下げる

番号 撮影日	住所 置場所	製作年月日	像型・形態	サイズcm	持ち物	彩色	祠	その他
No.13 平成29年03月12日	阿久根市大川 尻無証海寺前 道路沿い	昭和10年(1935年)	釈迦像 立位	47 × 28 × 17	光背があり長袖上衣の裳を着て右手にメシゲ左手に椀	彩色なし	⊠有 □無 浮き彫り 仏像型立像	以前は祠がなかったが新設されている
No.14 平成29年03月12日	阿久根市羽田 納骨堂敷地	不詳	僧型袋負い型 立位	64 × 34 × 43	シキ被り長袖上衣袴で右手メシゲ左手口閉じた大きな米袋	彩色なし	□有 ⊠無 単体彫り 僧型立像 袋負い型	昭和55年に現在地に移設
No.15 平成29年03月12日	阿久根市高松大曲 妙見神社 神社境内	不詳	釈迦像? 立位	49 × 16 × 14	長袖上衣の裳を着て右手にメシゲ左手に椀を持つ	彩色なし	□有 ⊠無 単体彫り 仏像型立像	
No.16 平成29年03月19日	阿久根市脇本橋之浦(かしのうら) 公民館敷地	不詳	不明 立位	58 × 27 × 18	右上部は破損し風化が強く上場や持ち物などは不明	彩色なし	□有 ⊠無 単体彫り 不明	右手は椀で左手は椀かも知れない
No.17 平成29年03月19日	阿久根市脇本瀬之浦下(左側) 道路沿い高台	不詳	角柱浮き彫り女性像	74 × 38 × 38 32×16	上に文様のある石祠に髪のある羽織袴姿の女性像か	彩色なし	□有 ⊠無 角柱浮き彫り屋根付き	このタイプのものはこの地域特有のものか?
No.18 平成29年03月12日	阿久根市脇本瀬之浦下(右側) 道路沿い高台	不詳	旅僧型 立位	56 × 33 × 32	シキ被り長袖和服裁着け袴姿で右手メシゲ下げ左手半纏	彩色なく風化強し	□有 ⊠無 単体彫り 旅僧型 裁着け袴	出水で見られる古いタイプ裁着け袴姿メシゲ逆さ持ち
No.19 平成29年05月28日	阿久根市脇本桐野下 早馬神社境内	明治45年(1912年)	角柱浮き彫り神像型 座位	83 × 48 × 43 22×17	石祠に神像型座像が浮彫り右手メシゲで左手椀	彩色なし	□有 ⊠無 角柱浮き彫り屋根付き	このタイプのものはこの地域特有のものか?
No.20 平成29年05月28日	阿久根市鶴川内上桑 道路沿い敷地	不詳	僧型、米袋負い 立位	57 × 50 × 35	笠冠被り広袖上衣長袴姿で右手メシゲで左手米袋背中に	彩色なし	□有 ⊠無 単体彫り 僧型立像 袋負い型	長谷池完成に合わせて建立されたと伝えられている
No.21 平成29年05月28日	阿久根市多田丸内南方神社 神社境内	大正11年(1922年)	僧型 立位	87 × 35 × 25	笠冠被り広袖上衣長袴姿右手メシゲ左手茶を持つ	彩色なし	□有 ⊠無 単体彫り 僧型立像 長袴	スラーとした美男で左手は茶碗持つが珍しい
No.22 平成29年05月28日	阿久根市多田大下 道路沿い水田	弘化5年(1848年)	僧型、米袋負い 立位	76 × 33 × 34 32×22	頭丸めて羽織と長袴姿で両手合せて持ち物は不明	彩色なし	⊠有 □無 単体彫り 僧型立像 袋負い型	
No.23 平成29年05月28日	阿久根市多田内田 集会所敷地	明治37年(1904年)	僧型 立位	75 × 35 × 28	笠冠被り広袖上衣に袴姿で右手メシゲで左手椀	彩色なし	□有 ⊠無 単体彫り 僧型立像	顔には頭巾様なものを被り面長である。両足が見える
No.24 平成29年05月28日	阿久根市大荒 道路沿い 納骨堂	大正15年(1926年)	僧型 立位	58 × 22 × 13	頭丸めて羽織と長袴姿で両手合せて持ち物は不明	彩色なし	□有 ⊠無 単体彫り 僧型立像 長袴	田の神というより観音様の感じ

3-1 薩摩川内市の田の神石像

番号 撮影日	住所 置場所	製作年月日	像型・形態	サイズcm	持ち物	彩色	祠	その他
No. 1 平成27年08月30日	薩摩川内市青山町 自宅床の間	不詳	農民型 立位	68 × 38 × 23	シキ被り広袖上衣に股引着乍ぎ右手メシゲ左手飯盛り椀	顔・胸・手・メシは白で衣は薄茶色	□有 ☒無 単体彫り 農民型立像	立派な石像で優しいご夫婦が案内して下さる
No. 2 平成27年08月30日	薩摩川内市永利町 下手 水田	不詳	自然石	80 × 36 × 50	なし。隣の住民に聞くも田の神とは知られてない	彩色なし	□有 ☒無 自然石	耕地整理記念碑と並び、地震で傾き一部埋まっている
No. 3 平成27年08月30日	薩摩川内市永利町 2981 道路沿い	不詳	石碑(角柱型)	105 × 45 × 30	なし。向かって左に傾いている	彩色なし	□有 ☒無 石碑型	里 天を山神社下側の田の神
No. 4 平成27年08月30日	薩摩川内市中郷2丁目2−6 川内市歴史資料館	不詳	農民型 立位	46 × 30 × 24	シキ被り長袖和服姿で右手メシゲ左手風化強く不明	彩色なし	□有 ☒無 単体彫り 農民型立像	No5、No6とも以前中の原公民館に安置してあった
No. 5 平成27年08月30日	薩摩川内市中郷2丁目2−6 川内市歴史資料館	文化2年(1805年)	神像型 立位	88 × 45 × 30 66×24	中国道士風冠被り長袖着物姿で右手メシゲ左手袖に摑む	衣に薄い朱色残る	□有 ☒無 浮彫り 神像型立像	冠が十字架の形でS、59年に平佐町中ノ原公民館寄贈
No. 6 平成27年08月30日	薩摩川内市中郷2丁目2−6 川内市歴史資料館	不詳	農民型 立位	66 × 27 × 28	シキ被り長袖着物姿で両手でメシゲを持ち素足で立つ	彩色なし	□有 ☒無 単体彫り 農民型立像	かっては平佐町の中ノ原公民館敷地にあって寄贈
No. 7 平成27年08月30日	薩摩川内市中郷2丁目2−6 川内市歴史資料館	年代不詳	一石双体浮き彫り、男女像 立位	60 × 50 × 32 18×20	風化が強く双体の表情や着物及び持ち物は不明	彩色なし	□有 ☒無 浮彫り 道祖神的並立型	上に大きな石が載せられている
No. 8 平成27年08月30日	薩摩川内市中郷2丁目2−6 川内市歴史資料館	不詳	農民型 立位	26 × 17 × 10	シキを被り長袖和服に袴姿で右手メシゲ左手椀持つ	彩色なし	□有 ☒無 浮彫り 農民型立像	瀬戸口家に古くから伝わる田の神で、資料館に寄贈
No. 9 平成27年08月30日	薩摩川内市中郷2丁目2−6 川内市歴史資料館	大正6年(1917年)	農民型 立位	32 × 18 × 19	シキを被り長袖和服に袴姿で、右手スリコギ左手メシゲ	全体的に、黒と白でモチーフして口紅あり	□有 ☒無 単体彫り 農民型立像	東大小路地町4版の所有であったが寄贈された
No. 10 平成27年08月30	薩摩川内市中郷2丁目2−6 川内市歴史資料館	不詳	農民型 立位	25 × 13 × 9	シキを被り、着物姿で右手メシゲで左手に椀を持つ	彩色なし	□有 ☒無 単体彫り 農民型立像	個人所有で大正時代に大口の金山からお土産で買った
No. 11 平成27年08月30日	薩摩川内市中郷2丁目2−6 川内市歴史資料館	不詳	農民型 立位	21 × 11 × 9	シキを被り長袖和服に袴姿で右手メシゲ左手スリコギ	彩色なし	□有 ☒無 単体彫り 農民型立像	個人所有で大正時代に大口の金山からお土産で買った
No. 12 平成27年08月30日	薩摩川内市中村町 飯母 中村神社	不詳	大黒天型 立位	55 × 30 × 18	シキを被り僧衣で長袖和服・袴姿で右手小槌左手メシゲ	ほほ紅をつけ、長袖和服と袴は真っ赤	□有 ☒無 単体彫り 大黒天型立像	持ち回りから固定し、横に並べた4個の米俵に立つ

a.薩摩半島　3-1 薩摩川内市の田の神石像　319

番 号 撮影日	住 所 置場所	製作年月日	像型・形態	サイズcm	持ち物	彩色	祠	その他
No. 13 平成27年08月30日	薩摩川内市中村町 飯母 飯母集会場敷地	不詳	風化強く不明 不明	66 × 33 × 20	不明	彩色なし	□有 ☒無 浮彫り 不明	風化強く詳細は不明
No. 14 平成27年08月30日	薩摩川内市中村町 瀬越 瀬越公民館敷地	不詳	農民型 座位	50 × 30 × 32	シキを被り長袖和服姿で右手メシゲで左手は欠損	彩色なし	□有 ☒無 単体彫り 農民型座像	風化強く顔の表情は不明で、シキの右半分は欠損
No. 15 平成27年08月30日	薩摩川内市中村町 正込 正込公民館付近	不詳	郷士型 立位	105 × 65 × 30 52×30	帽子を被り長袖和服で裁着け袴姿で右手メシゲ左手扇子	彩色なし	□有 ☒無 浮彫り 郷士型立像	郷士型なので、農民と武士の両者の性格を持つ
No. 16 平成27年08月30日	薩摩川内市中村町 長野 長野日枝神社	不詳	農民型 椅像	70 × 50 × 28	シキを被り、長袖和服と袴姿で右手メシゲ左手椀持つ	彩色なし	□有 ☒無 単体彫り 農民型椅像	顔面は欠損しており、左手の椀の中央に穴がある
No. 17 平成27年08月30日	薩摩川内市 楠元町 道路沿い敷地	万延元年(1860年)	大黒天型 立位	190 × 68 × 45 116×44	帽子と持ち物、腰紐は黒、着物は赤色	帽子を被り着て、右手メシゲ左手小槌を持つ	□有 □無 浮彫り 大黒天型立像	2俵の米俵の上に立ち、4年に一度牛祭り時に化粧する
No. 18 平成27年08月30日	薩摩川内市陽成町四牧(左側) 道路沿い	不詳	自然石	35 × 34 × 27	なし	彩色なし	□有 ☒無 自然石	山田慶晴氏によると女性像にみたてているとのこと
No. 19 平成27年09月13日	薩摩川内市陽成町四牧(右側) 道路沿い	不詳	自然石	47 × 38 × 24	なし	彩色なし	□有 ☒無 自然石	山田慶晴氏によると男性像にみたてているとのこと
No. 20 平成27年09月13日	薩摩川内市陽成町 牧迫 道路沿い	天保12年(1841年)	一石双体浮彫り男女型 立位	118 × 101 × 44 63×36,73×40	左神はシキ被り長袖和服・袴姿で右手メシゲ左手不明	右神は陣笠被り衿・袴姿で右手スリコギ左手不明	□有 ☒無 道祖神的並立型	以前あった田の神講現在はない
No. 21 平成27年09月13日	薩摩川内市陽成町都合 道路沿い	不詳	僧型 立位	48 × 24 × 22	シキ被り長袖和服・袴で右手メシゲ左手不明右背中袋背負う	彩色なし	□有 ☒無 単体彫り 僧型立像 袋負い型	No103とNo104と一緒に山方向き祀られる。首はセメント付け
No. 22 平成27年10月04日	薩摩川内市宮崎町春日神社No1 春日神社境内	年代不詳	田の神舞神職型 立位	90 × 47 × 44	シキを被り裁着け袴姿で右手メシゲ左手スリコギ持ち	右足を前に出す。彩色なし	□有 ☒無 単体彫り 田の神舞神職型	後方中央の一体、額を打つ。以前は宮崎交差点にあった
No. 23 平成27年10月04日	薩摩川内市宮崎町春日神社No2 春日神社境内	年代不詳	僧型 立位	66 × 33 × 27	シキを被り、僧衣で右手は欠損し左手にメシゲを持つ	衣に薄い茶色	□有 ☒無 単体彫り 僧型立像	前右方の一体以前は持ち回りとのこと
No. 24 平成27年09月13日	薩摩川内市宮崎町春日神社No3 春日神社境内	年代不詳	農民型 立位	25 × 13 × 10	シキを被り、着物姿で右手メシゲ左手椀を持つ	彩色なし	□有 ☒無 単体彫り 農民型立像	前方左の一体以前は持ち回りだったとのこと

320　資料　田の神石像・全記録　2章　鹿児島県の田の神石像

番 号 撮影日	住 所 置場所	製作年月日	像型・形態	サイズcm	持ち物	彩色	祠	その他
No. 25 平成27年10月04日	薩摩川内市隈之城町(左側) 二福城跡地	文政4年(1821年)	農民型 立位	75 × 65 × 25 48×25	シキ被り長袖上衣長袴姿で右手メシゲ左手スリコギ	彩色なし	⊠有 □無 浮彫り 農民型立像	
No. 26 平成27年10月04日	薩摩川内市隈之城町(右側) 二福城跡地	年代不詳	自然石文字彫	55 × 29 × 20	なし	彩色なし	⊠有 □無 自然石文字彫	「田口」の刻字あり
No. 27 平成27年10月04日	薩摩川内市御陵下風口 公民館敷地	年代不詳	一石双体浮き彫り、男女像型 立位	80 × 90 × 50 55×33,52×29	左は響を刺す結髪・羽織袴姿で両手でキネ持つ。右はシキ被り袴姿で両手でキネ持つ。彩色なしの立位像		□有 ⊠無 道祖神的並立型	風口公民館敷地にある。有志で田の神講を行っている
No. 28 平成27年10月04日	薩摩川内市高城町妹背橋 畑堤防下	年代不詳	僧型 立位	66 × 34 × 22	頭部は破損し僧衣を着るも持ち物は不明	彩色なし (高城町はたきちょう)	□有 ⊠無 単体彫り 僧型	銘(背面)「田之神」。高城川改修工事で度々場所変更
No. 29 平成27年10月04日	薩摩川内市高城町上手(かみて) 道路沿い	年代不詳	僧型 立位	126 × 52 × 29 77×40	シキを被り、羽織・袴姿で右手メシゲ左手は何か背負う	衣は薄茶色	□有 ⊠無 浮彫り 僧型立像	正面上部に梵字のような跡が見える
No. 30 平成27年10月04日	薩摩川内市城上町今手(左側) 道路沿い水田	明治6年(1873年)	角柱文字彫	90 × 66 × 50	なし	彩色なし (城上町はじょうかみちょう)	□有 ⊠無 角柱文字彫	銘「豊受大神」「明治六発酉三月吉日」
No. 31 平成27年10月04日	薩摩川内市城上町今寺(中央) 道路沿い水田	寛政9年(1797年)	自然石文字彫り	80 × 48 × 50	なし。かっては別の場所	彩色なし	□有 ⊠無 自然石	銘「寛政九年」「□田之神」
No. 32 平成27年10月04日	薩摩川内市城上町今寺(右側) 道路沿い水田	宝暦5年(1755年)?	角柱文字彫	40 × 44 × 31	なし。かっては別の場所	彩色なし	□有 ⊠無 石碑型	側面に「宝暦五乙亥二月吉日」「施主小田原伊左衛門」
No. 33 平成27年10月04日	薩摩川内市城上町下塚 道路沿い	年代不詳	農民型 立位	86 × 66 × 38 50×28	シキを被り長袖和服と袴姿で右手メシゲ左手おにぎり	彩色なし	□有 ⊠無 浮彫り 農民型立像	圃場整備事業完工記念碑後の塚村小学校跡神の横に
No. 34 平成27年10月04日	薩摩川内市城上町松下田 道路沿いNo1	不詳	不明 胸像のみ	22 × 16 × 11	顔だけが明らかで僧侶にもみれる。着物・持ち物不明	彩色なし	□有 ⊠無 単体彫り 不明	最も左側
No. 35 平成27年10月04日	薩摩川内市城上町松下田 道路沿いNo2	不詳	僧型 胸像のみ	44 × 32 × 20	被り物なく長袖和服で右手にメシゲ左手椀を持つ	彩色なし	□有 ⊠無 浮き彫り 僧型	
No. 36 平成27年10月04日	薩摩川内市城上町松下田 道路沿いNo3	不詳	不明 胸像のみ	38 × 32 × 12	被り物なく、風化強くて着物や持ち物は不明	彩色なし	□有 ⊠無 浮き彫り 僧型	

a.薩摩半島　3-1 薩摩川内市の田の神石像

番 号 撮影日	住 所 置場所	製作年月日	像型・形態	サイズcm	持ち物	彩色	祠	その他
No. 37 平成27年10月04日	薩摩川内市城上町松下田 道路沿い No4	不詳	僧型 胸像のみ	57 × 37 × 23	被り物なく長袖和服で右手にメシゲ左手椀を持つ	なし	□有 ☒無 浮き彫り 僧型	
No. 38 平成27年10月04日	薩摩川内市城上町松下田 道路沿い No5	不詳	僧型 胸像のみ	46 × 37 × 27	被り物なく長袖和服で右手にメシゲ左手椀を持つ	なし	□有 ☒無 浮き彫り 僧型	
No. 39 平成27年10月04日	薩摩川内市城上町松下田 道路沿い No6	不詳	僧型 胸像のみ	50 × 40 × 24	被り物なく、風化強くて着物や持ち物は不明	なし	□有 ☒無 浮き彫り 僧型	
No. 40 平成27年10月04日	薩摩川内市城上町松下田 道路沿い No7	不詳	僧型 胸像のみ	47 × 36 × 15	被り物なく長袖和服で右手メシゲ左手椀を2体あり	なし	□有 ☒無 浮き彫り 僧型	
No. 41 平成27年10月04日	薩摩川内市城上町松下田 道路沿い No8	不詳	僧型 胸像のみ	50 × 40 × 20	被り物なく長袖和服で右手にメシゲ左手椀を持つ	なし	□有 ☒無 浮き彫り 僧型	
No. 42 平成27年10月04日	薩摩川内市城上町松下田 道路沿い No9	不詳	僧型 座位	42 × 37 × 27	被り物なく僧衣で右手錫杖左手宝珠持つ	なし	□有 ☒無 単体彫り 僧型座像	岩瀬戸の田の神で、平成19年に現在地に移動
No. 43 平成27年10月04日	薩摩川内市城上町松下田 道路沿い No10	年代不詳。平成19年城上駐在所近く信号脇に	一石双体浮き彫り、男女像型 立位	96 × 94 × 41 38×25,38×25	左男神はシキ被り長袖和服・袴姿で右手メシゲ左手おにぎり	右女神はシキ被り長袖和服・袴姿右手スリコギ左おにぎり	□有 ☒無 道祖神的 並立型	銘(正面)「□」(明カ)の一文字のみ見える
No. 44 平成27年10月04日	薩摩川内市城上町松下田 道路沿い No11	年代不詳	大黒天型(No45と並立) 立位	23 × 13 × 12	帽子を被り長袖和服で右手小槌で左手袋持ち米俵に座る	彩色なし	□有 ☒無 単体彫り 大黒天型 立位	No45と二体並立で持ち回りされていた。ブロック製の祠
No. 45 平成27年10月04日	薩摩川内市城上町松下田 道路沿い No12	年代不詳	農民型(No44と並立) 立位	34 × 15 × 15	帽子を被り、袴姿で右手メシゲ左手スリコギを持つ	彩色なし	□有 ☒無 単体彫り 農民型立像	安置されていたが、平成19年に現在地に移設された
No. 46 平成27年10月04日	薩摩川内市城上町中間(左側) 道路沿い	年代不詳	自然石(奇妙な形)	68 × 40 × 19	なし	彩色なし	□有 ☒無 自然石	耕地整理記念碑の後方に立つ奇妙な石
No. 47 平成27年10月04日	薩摩川内市城上町中間(右側) 道路沿い	年代不詳	僧型 立位	74 × 36 × 25 40×23	シキ被り長袖和服と長袴姿で右手メシゲ左手おにぎり	彩色なし	□有 ☒無 浮彫り 入来地方石碑型	宝暦7年と刻銘のある石が隣に置いてあったという
No. 48 平成27年10月04日	薩摩川内市中福良町矢武者神社 神社境内	年代不詳	僧型 立位	63 × 28 × 23	シキを被り広袖上衣に袴姿で右手メシゲ左手は不明	顔は白色でシキと衣は茶色	☒有 □無 単体彫り 僧型立像	持ち回りから現在地に固定

番号 撮影日	住 所 置場所	製作年月日	像型・形態	サイズcm	持ち物	彩色	祠	その他
No. 49 平成27年10月25日	薩摩川内市中福良町矢武者神社 神社境内	年代不詳（平成14年4月4日に現在地に移設）	石殿型	77 × 50 × 50	なし	彩色なし	□有 ☒無 石殿型	銘（正面）に「□□□子年 □（梵字ヵ）田之御神八吉祥日」
No. 50 平成27年10月25日	薩摩川内市水引町 草道中 道路沿い	年代不詳	自然石	75 × 23 × 24	なし	彩色なし	□有 ☒無 自然石	馬頭観音と並び間違いなく田の神
No. 51 平成27年10月25日	薩摩川内市水引町 草道下 道路沿い	年代不詳	僧型 立位	130 × 55 × 30 62×28	帽子被り着物姿で右手にメシゲ左手におにぎり持つ	彩色なし	□有 ☒無 入来地方石碑型	顔面は破損し、裸足で足指が見えている。No 71と並立す
No. 52 平成27年10月25日	薩摩川内市湯島町 湯ノ浦上 道路沿い	大正14年（1925年）	一石双体浮き彫り、男女像 立位	86 × 81 × 35 41×17, 42×18	左女神はシキを被り着物姿で右手メシゲ左手におにぎり	右男神は帽子を被り着物姿で両手でキネ持つ	□有 ☒無 道祖神的並立型	彩色なし。江畑重助作
No. 53 平成27年10月25日	薩摩川内市水引町 月屋 レストラン敷地	年代不詳	一石双体浮き彫り、男女像 立位	65 × 40 × 20 32×18, 37×12	左女神はシキを被り着物姿で両手でメシゲを持つ	右男神は陣笠被り長袖和服袴姿で両手にキネ	□有 ☒無 道祖神的並立型	昭和11年におっとられた。男女別々の枠で彩色なし
No. 54 平成27年10月25日	薩摩川内市水引町 月屋 道路沿い山裾	大正15年（1926年）	一石双体浮き彫り、男女像 立位	73 × 29 × 28 29×10, 33×11	左女神はシキを被り着物姿で両手でメシゲを持つ	右男神は帽子を被り着物姿で両手でキネを持つ	□有 ☒無 道祖神的並立型	彩色なし。よじ登って草むらの中に
No. 55 平成27年10月25日	薩摩川内市水引町 庄田下 道路沿い	大正13年（1924年）	一石双体浮き彫り、男女像 立位	65 × 62 × 27 47×20, 49×18	左は帽子被り、右手おにぎり左手スリコギ	右はシキ被り両手メシゲを持つ。彩色なし	□有 ☒無 道祖神的並立型	江畑重助作。耕地整理で2回移動平成7年に現在地に
No. 56 平成27年10月25日	薩摩川内市水引町 湯原 道路沿い	寛保3年（1743年）	一石双体浮き彫り、男女像 立位	83 × 90 × 22 44×23,44×23	男神紋付袴羽織姿の薩摩郷士島帽子被り右手帽子左手におにぎり	女神は長袖着物姿でシキ被り右手メシゲ左手椀	□有 ☒無 道祖神的並立型	県内で最も古い一石双体の田の神で道路拡張で現在地
No. 57 平成27年10月25日	薩摩川内市網津町 井上(左側) 道路沿い	年代不詳	一石双体丸彫り、男女像 立位	86 × 218 × 68×30×22	シキを被り、長袖着物姿で両手でメシゲを持つ	彩色なし	□有 ☒無 一石双体単体彫り男女像	女性像で裸足で立つ
No. 58 平成27年10月25日	薩摩川内市網津町 井上(右側) 道路沿い	天保11年（1854年）	一石双体丸彫り、男女像 立位	86 × 218 × 55×30×25	頭部欠損、長袖和服と袴姿で右手スリコギ左手メシゲ	彩色なし	□有 ☒無 一石双体単体彫り男女像	男性像で裸足で立つ
No. 59 平成27年10月25日	薩摩川内市網津町（おうずちょう） 集会所横の高台	大正3年（1914年）	一石双体浮き彫り、男女像 立位	73 × 61 × 33 55×20,54×19	左女神は帽子被り長袖着物姿で両手でキネ持つ	右男神は陣笠被り長袖和服姿右手メシゲ左手おにぎり	□有 ☒無 道祖神的並立型	以前は上の土の下にあり。江畑重助作と言われている
No. 60 平成27年10月25日	薩摩川内市網津町（左側） 水田	年代不詳	自然石	88 × 52 × 25	なし	彩色なし	□有 ☒無 自然石	奇妙な形の石

a. 薩摩半島　3-1 薩摩川内市の田の神石像　323

番号 撮影日	住所 置場所	製作年月日	像型・形態	サイズcm	持ち物	彩色	祠	その他
No. 61 平成27年10月25日	薩摩川内市網津町 (右側) 水田	年代不詳	自然石	85 × 75 × 30	なし	彩色なし	□有 ☒無 自然石	奇妙な形の石
No. 62 平成27年10月25日	薩摩川内市湯田町 三田 水田	年代不詳	自然石	130 × 66 × 37	なし	彩色なし	□有 ☒無 自然石	三田集落複数の講間あり。ワラヅトに餅をいれ早朝備える
No. 63 平成27年10月25日	薩摩川内市西方町 道路沿い水田	年代不詳	自然石 立位	104 × 70 × 62 48×20	シキを被り右手メシゲで左手は不明で裸足姿	彩色なし	□有 ☒無 自然石に浮き彫り不明	
No. 64 平成27年10月25日	薩摩川内市湯田町峠路 (とうげじ) 水田	年代不詳	自然石	59 × 31 × 42	なし	彩色なし	□有 □無 自然石	
No. 65 平成27年10月25日	薩摩川内市高江町長崎 (左側) 公民館敷地	年代不詳	農民型 上半身のみ	106 × 80 × 30 49×34	シキを被り長袖和服と袴姿で右手にスリコギを持つ	彩色なし	□有 ☒無 浮き彫り農民型	長崎公民館の敷地内No66と並ぶ
No. 66 平成27年10月25日	薩摩川内市高江町長崎 (右側) 公民館敷地	年代不詳	農民型 立位	88 × 56 × 30 58×20	シキを被り、野良着姿で、持ち物は不明	彩色なし	□有 ☒無 浮き彫り農民型立像	鼻が付け加えられている。入来地方石碑型にも似る
No. 67 平成27年10月25日	薩摩川内市宮里町 (最も左側) 水田	年代不詳	僧型 椅像 市有形民俗文化財	65 × 35 × 30	シキ被り僧衣で右手メシゲ左手スリコギで膝を立てる	顔白く、目が黒くて口紅あり単体彫り	□有 ☒無 単体彫り僧型椅像	城所有の田の神が明治末期耕地整理で現在地
No. 68 平成27年10月25日	薩摩川内市宮里町 (左から2番目) 水田	年代不詳	農民型 立位 市有形民俗文化財	120 × 53 × 35	シキを被り衣類は不明で右手の持ち物不明で左手椀	彩色なし	□有 □無 単体彫り農民型立像	川畑所有の田の神が明治末期耕地整理で現在地
No. 69 平成27年10月25日	薩摩川内市宮里町 (右から2番目) 水田	年代不詳	一石双体浮き彫り、男女像 立位	137 × 70 × 55 53×28, 47×24 市有形民俗文化財	シキを被り男性像は持ち物不明で女性像は両手メシゲ	彩色なし	□有 □無 道祖神的並立型	川畑所有の田の神が明治末期耕地整理で現在地
No. 70 平成27年10月25日	薩摩川内市宮里町 (最も右側) 水田	文政13年(1830年)	僧型 立位 市有形民俗文化財	128 × 56 × 38	陣笠状シキ顎紐で結び広袖上衣裁着け袴で右手メシゲ左手椀	顔が白色で口紅あり	□有 ☒無 単体彫り僧型立像裁着け袴	堀ノ内所有田の神が明治末期耕地整理で現在地
No. 71 平成27年10月25日	薩摩川内市水引町 草道下 道路沿い	年代不詳	自然石	100 × 50 × 40	なし。3月射勝神社春祭り田の神に焼酎かけ触れ太鼓で出発	彩色なし	□有 ☒無 自然石	No51と並列
No. 72 平成27年10月25日	薩摩川内市水引町 草道下 道路沿い	年代不詳	自然石	136 × 40 × 37	なし	彩色なし	□有 ☒無 自然石	No73と並列。道路工事により道路反対側の山下から移設

番 号 撮影日	住 所 置場所	製作年月日	像型・形態	サイズcm	持ち物	彩色	祠	その他
No. 73 平成27年11月01日	薩摩川内市 水引町 草道下 道路沿い	享和2年(1802年)	角柱文字碑	64 × 41 × 41	なし。本来は庚申等と考えられる	彩色なし	□有 ☒無 角柱文字彫り	No72と並列。道路工事により道路反対側の山の下から移設
No. 74 平成27年11月01日	薩摩川内市 水引町 草道下 小公園敷地	年代不詳	一石双体浮き彫り、男女像 立位	71 × 96 × 58 48×30, 55×32	左女性像はシキを被り長袖和服・袴姿で両手でメシゲ	右男性像は帽子被り長袖和服・袴姿で両手キネ	□有 ☒無 道祖神的並立型	像上部に日と月が貼られている。彩色なし
No. 75 平成27年11月01日	薩摩川内市 水引町 草道西 道路沿い水田	年代不詳	自然石	74 × 36 × 24	なし	彩色なし	□有 ☒無 自然石でかなり傾いている	持ち主の方に教えてもらう。分かりにくい道路直下
No. 76 平成27年11月01日	薩摩川内市 水引町 草道西 山裾の高台	年代不詳	不詳、顔の表情が面白い 立位	103 × 73 × 34	着物を着て、持ち物は不明	彩色なし	□有 ☒無 浮き彫り不明	No77と並列。以前男性2人が訪れ持ち主に怒られた
No. 77 平成27年11月01日	薩摩川内市 水引町 草道西 山裾の高台	年代不詳	自然石	72 × 24 × 7	なし	彩色なし	□有 ☒無 自然石で割れている	No76と並列。現在は持ち主の方が手入れをしている
No. 78 平成27年11月01日	薩摩川内市 水引町 草道西 公民館横敷地	年代不詳	自然石	111 × 56 × 17	なし	彩色なし。No79と並列	□有 ☒無 自然石で上が割れている	林野整理記念碑と並ぶ。現在も田の神講行われる
No. 79 平成27年11月01日	薩摩川内市 水引町 草道西 公民館横敷地	年代不詳	自然石	117 × 40 × 30	なし	彩色なし	□有 ☒無 自然石。No78と並列。	林野整理記念碑と並ぶ。現在も田の神講は行われる
No. 80 平成27年11月01日	薩摩川内市 水引町 草道西 道路沿い	年代不詳	自然石	68 × 43 × 38	なし	彩色なし	□有 ☒無 自然石	田の神講は依然あったが、現在はなし
No. 81 平成27年11月01日	薩摩川内市 湯田町 三田 水田	年代不詳	自然石	46 × 56 × 40	なし	彩色なし	□有 ☒無 自然石。No62と並列	講あり。田の神講時ワラジと餅いれ見られないよう備える
No. 82 平成27年11月01日	薩摩川内市湯田町砂嶽、左から① 道路沿い	年代不詳	自然石	96 × 64 × 24	なし	彩色なし	□有 ☒無 自然石	複数の田の神講あり。No82からNo84は並列
No. 83 平成27年11月01日	薩摩川内市湯田町砂嶽、左から② 道路沿い	昭和9年(1934年)	僧型 立位	59 × 22 × 15 43×16	シキを被り長袖和服で右手に鎌、左手に稲の束を持つ	彩色なし	□有 ☒無 浮き彫り僧型立像	中原氏は当時墓石屋で天草から墓石を舟で運んだ
No. 84 平成27年11月01日	薩摩川内市湯田町砂嶽、左から③ 道路沿い	年代不詳	自然石	50 × 28 × 36	なし	彩色なし	□有 ☒無 自然石	複数の講間あり

番 号 撮影日	住 所 置 場 所	製作年月日	像型・形態	サイズcm	持ち物	彩色	祠	その他
No. 85 平成27年11月01日	薩摩川内市湯田町砂嶽、左から④ 道路沿い	年代不詳	自然石	105 × 58 × 29	なし	彩色なし	□有 ☒無 自然石	複数の講間あり
No. 86 平成27年11月01日	薩摩川内市湯田町 永迫 道路沿い角地	年代不詳	自然石	68 × 27 × 24	なし	彩色なし	□有 ☒無 自然石	以前複数の講間あり順に田の神講あったが現在なし
No. 87 平成27年11月01日	薩摩川内市湯田町 永迫 道路沿い角地	年代不詳	自然石浮き彫り 不明	59 × 66 × 35	不明。浮彫の像は読み取れない	彩色なし	□有 ☒無 自然石に浮き彫り 不明	以前複数の講間あり順に田の神講あったが現在なし
No. 88 平成27年11月01日	薩摩川内市五代町 羽田公民館敷地	年代不詳	自然石	115 × 55 × 80	なし	彩色なし	□有 ☒無 自然石	10年くらい前まで田の神講を行っていた
No. 89 平成27年11月01日	薩摩川内市小倉町 道路沿い敷地	年代不詳	自然石	87 × 74 × 25	なし	彩色なし	□有 ☒無 自然石	耕地整理記念碑と並ぶ。小高い丘から、大正14年現在地
No. 90 平成27年11月01日	薩摩川内市小倉町 道路沿い敷地	年代不詳	農民型 立位	60 × 28 × 25	シキ被り広袖上衣に長袴姿で右手メシゲ左手椀を持つ	彩色なし	□有 ☒無 単体彫り農民型立像	耕地整理記念碑と並ぶ。小高い丘から、大正14年現在地
No. 91 平成27年11月01日	薩摩川内市宮内町2003−1 道路沿い敷地	文化14年(1817年)	一石双体浮き彫り、男女像 立位	95 × 90 × 45 64×32、64×32	左男神はシキ被り着物姿で右手メシゲ左手スリコギ	右女神はシキを被り長袖和服・袴姿で右手メシゲ	□有 ☒無 道祖神的並立型	萩野□右衛門作。田の神講は公民館で行っていた
No. 92 平成27年11月15日	薩摩川内市陽成町本川白谷出口 道路沿い(左側)	不詳	自然石	53 × 42 × 33	なし	彩色なし	□有 ☒無 自然石	他の田の神を掘り上げた時に出てきたもの
No. 93 平成27年11月15日	薩摩川内市陽成町本川白谷出口 道路沿い(右側)	不詳	一石双体浮き彫り、男女像 立位	94 × 90 × 53 61×29、56×25	左男神は烏帽子被り袴と袴で右手扇子左手椀を持つ	右女神はシキを被り着物姿で両手でメシゲ持つ	□有 ☒無 道祖神的並立型	明治初期に盗んできたもの
No. 94 平成27年11月15日	薩摩川内市陽成町本川井川迫 道路沿い高台	不詳	自然石	35 × 34 × 14	なし	彩色なし	□有 ☒無 自然石	昭和30年頃ここに立てられた
No. 95 平成27年11月15日	薩摩川内市陽成町下大迫 龍仙庵跡地	不詳	自然石	66 × 81 × 21	なし	彩色なし	□有 ☒無 自然石	約15年位前まで田の神講あり。耕地整理記念碑と並立
No. 96 平成27年11月01日	薩摩川内市高城町矢立 道路沿い山裾	不詳	自然石	30 × 23 × 10	なし	彩色なし	□有 ☒無 自然石	かっては花・餅を供えていた。田の神講はなかった

番号 撮影日	住所 置場所	製作年月日	像型・形態	サイズcm	持ち物	彩色	祠	その他
No. 97 平成27年11月15日	薩摩川内市高城町 矢立 畑の隅	不詳	自然石	40 × 20 × 14	なし	なし(優しい主のおばさんが案内して下さる)	□有 ☒無 自然石	約20年前に大きな田の神が流され息子さんが代わりに
No. 98 平成27年11月15日	薩摩川内市陽成町本川柿田左 道路沿い敷地	嘉永5年(1852年)	郷士型 立位	40 × 20 × 13 33×23	笠を被り羽織・袴姿で右キネ左手おにぎりを持つ	彩色なし	□有 ☒無 浮き彫り 郷士型立像	持ち回りから固定に
No. 99 平成27年11月15日	薩摩川内市陽成町本川柿田右 道路沿い敷地	不詳	一石双体浮き彫り、男女像 立位	63 × 56 × 38 48×20,48×24	左女神はシキを被り着物姿で両手でメシゲ持つ	右男神は烏帽子被り袴姿で右手扇子左手おにぎり	□有 ☒無 道祖神的並立型	像上部に太陽と月が彫られている。以前堤防にあった
No. 100 平成27年11月15日	薩摩川内市陽成町中麦、妙徳寺 道路沿い	天保12年(1841年)	一石双体浮き彫り、男女像 立位	105×87 × 42 62×34, 70×38	左女神はシキを被り着物姿で右手にメシゲを持つ	右男神は陣笠被り羽織袴姿で右手にキネ	□有 ☒無 道祖神的並立型	像両脇に近所の人が娘の良縁願い植えたイボタノキ
No. 101 平成27年11月15日	薩摩川内市陽成町 並松 堤防の上	天保12年(1841年)	一石双体浮き彫り、男女像 立位	110×89 × 42 60×30,68×35	左女神はシキを被り着物姿で右メシゲ左手杖持つ	右男神は陣笠被り裃・袴右手スリコギ左手おにぎり	□有 ☒無 道祖神的並立型	以前大洪水で川に転落。河川改修工事で現在地に
No. 102 平成27年11月15日	薩摩川内市陽成町中麦 山裾	不詳	女性像 立位	61 × 31 × 30	日本髪を結い着物姿で右手にメシゲ左手は持ち物欠損	彩色なし	□有 ☒無 単体彫り 女性像立像	個人で祀る。一時期頭がなかったが山田氏にて復元
No. 103 平成28年01月10日	薩摩川内市陽成町合 道路沿い	不詳	農民型 立位	18 × 20 × 13	シキ被り長袖和服・袴姿で右手おにぎり左手メシゲ	彩色なし	□有 ☒無 単体彫り 農民型立像	No125とNo127と並列して山の方を向く
No. 104 平成28年01月10日	薩摩川内市城上町小川 水田	不詳	自然石(角柱)	104 × 40 × 29	なし	彩色なし	□有 ☒無 自然石	文字はなし。田の神講はかってはあったが現在はなし
No. 105 平成28年01月10日	薩摩川内市城上町小川 水田	不詳	自然石	72 × 28 × 23	なし	彩色なし	□有 ☒無 自然石	田の神講はかってはあったが現在はなしい
No. 106 平成28年01月10日	薩摩川内市城上町小川 道路沿い高台	不詳	農民型 立位	73 × 40 × 28 55×34	シキ被り長袖和服・長袴姿で右手メシゲ左手おにぎり	全体的に薄い赤茶色の彩色あり	□有 ☒無 浮き彫り 農民型立像	田の神講はかってはあったが現在はなし
No. 107 平成28年01月10日	薩摩川内市陽成町都合(つごう)	不詳	自然石	67 × 20 × 22	なし	彩色なし	□有 ☒無 自然石	田の神講は現在もあり
No. 108 平成28年01月10日	薩摩川内市都原 小幡 道路沿い水田	不詳	神像型 立位	68 × 48 × 30	頭部はセメント付け広袖和具に袴姿で両手で笏	顔のみ白く化粧	□有 ☒無 単体彫り 神像型立像	近所の人に聞くも詳細は不明

a. 薩摩半島　3-1 薩摩川内市の田の神石像

番号 撮影日	住所 置場所	製作年月日	像型・形態	サイズcm	持ち物	彩色	祠	その他
No. 109 平成28年12月11日	薩摩川内市都町 上手(かみて) 道路沿い高台	不詳	大黒天型 立位	63 × 32 × 20	破損したシキ被り広袖上衣に袴姿で右手小槌左手メシゲ	衣赤茶色残る	□有 ⊠無 単体彫り 大黒天型 立像	細い畦道の高台。3俵の俵の上に立つ
No. 110 平成29年02月26日	薩摩川内市 木場茶屋町 公民館近く墓地	不詳	神像型立像 立位	51 × 28 × 21	纓のある冠を被り長袖上衣裁着け袴で両手で笏	口元朱色で冠は黒	⊠有 □無 単体彫り 神像型立像	持ち回りから固定で現在講はなし
No. 111 平成29年02月26日	薩摩川内市 長利町 山中 道路沿い土手	不詳	自然石	25 × 30 × 45	鼻輪が通してある	鼻輪は黄色	⊠有 □無 自然石	農耕牛に似た自然石に鼻輪が通してある

No. B− 1	薩摩川内市 五代町 前向	不詳	自然石	68 × 68 × 30	なし	彩色なし	□有 ⊠無 自然石	集落で第3日曜日に田の神講行う
No. B− 2	薩摩川内市 五代町 前向	不詳	自然石	70 × 80 × 50	なし	彩色なし	□有 ⊠無 自然石	集落で第3日曜日に田の神講行う
No. B− 3	薩摩川内市 宮内町 別府 別府橘横	不詳	自然石	65 × 60 × 40	なし	彩色なし	□有 ⊠無 自然石	別府9と10班で田の神講行った。氏神と並立
No. B− 4	薩摩川内市 宮内町 別府 別府橘横	不詳	自然石	160 × 90 × 30	なし	彩色なし	□有 ⊠無 自然石	別府9と10班で田の神講行った。氏神と並立
No. B− 5	薩摩川内市宮内町4007−2 別府の田の神	不詳	田の神舞神職型 立位	105 × 70 × 30	シキ被り顔面一部破損し広袖上衣長袖右手メシゲ左スリコギ	彩色なし	□有 ⊠無 浮き彫り 田の神舞 神職型	
No. B− 6	薩摩川内市 宮内町 若宮神社付近	不詳	自然石	85 × 50 ×	なし	彩色なし	□有 ⊠無 自然石	個人グループで田の神講実施

番 号 撮影日	住 所 置場所	製作年月日	像型・形態	サイズcm	持ち物	彩色	祠	その他
No. B− 7	薩摩川内市五代町 下五代 公民館付近	不詳	自然石	140 × 65 × 65	なし	彩色なし	□有 ☒無 自然石	10年位前まで田の神講行っていた
No. B− 8	薩摩川内市五代町 下五代 公民館付近	不詳	一石双体浮き彫り、男女像 立位	110 × 80 × 35	左はシキ被り長袖和服で両手でメシゲ持ち	右は烏帽子被り広袖上衣長袴で右手メシゲ左手おにぎり	□有 ☒無 道祖神的並立型	彩色なし
No. B− 9	薩摩川内市楠元町 楠元下1299 個人宅	不詳	農民型 立位	20 × 10 ×	シキ被り着物姿で右手メシゲ左手おにぎり持つ	彩色なし	□有 ☒無 単体彫り農民型立像	
No. B−10	薩摩川内市五代町1569久留巣	天保14年(1843年)	自然石	115 × 65 × 40	なし	彩色なし	□有 ☒無 自然石文字彫	銘「天保十四年」「奉御田神」「□三月六日」
No. B−11	薩摩川内市上川内町4074−1 城峰公民館隣	不詳	自然石	45 × 65 × 10	なし	彩色なし	□有 ☒無 自然石	
No. B−12	薩摩川内市上川内町 桜井 公民館敷地	不詳	自然石	60 × 55 × 60	なし	彩色なし	□有 ☒無 自然石文字彫	毎年12月に田の神講
No. B−13	薩摩川内市御陵下町 上川内の田の神	昭和25年(1950年)	自然石	45 × 60 × 40	なし	彩色なし	□有 ☒無 自然石文字彫	銘「田神」「昭和二十五年吉日建立」
No. B−14	薩摩川内市国分寺町4719 国分寺の田の神	不詳	不詳	115 × 65 × 60	顔や衣類および持ち物などは不明	彩色なし	□有 ☒無 浮き彫り不明	持ち回りから固定に
No. B−15	薩摩川内市国分寺町3948 下台の田の神	不詳	自然石	80 × 80 × 50	なし	彩色なし	□有 ☒無 自然石	何度か移動して現在地に
No. B−16	薩摩川内市国分寺町4432 個人宅	不詳	一石双体浮き彫り、男女像 立位	35 × 35 × 20	左は陣笠被り長袖上衣に袴姿で右手メシゲ左手小槌	右はシキ被り裸体で右手スリコギ左手小槌持つ	□有 ☒無 道祖神的並立型	共に米俵の上に立つ
No. B−17	薩摩川内市東大小路町826 大島公民館敷地	不詳	郷士型 立位	30 × 25 ×	陣笠被り広袖上衣に長袴で右手メシゲ左手椀持つ	彩色なし	☒有 □無 浮き彫り郷士型立像	B−18と一緒に施錠した祠に安置
No. B−18	薩摩川内市東大小路町826 大島公民館敷地	不詳	一石双体浮き彫り、男女像 立位	30 × 25 ×	左は陣笠被り広袖上衣に長袴で右手メシゲで女性像	右陣笠被り広袖上衣に長袴で右手小槌左手椀	□有 ☒無 道祖神的並立型	ともに米俵の上に立つ

a. 薩摩半島　3-1 薩摩川内市の田の神石像　329

番号 撮影日	住所 置場所	製作年月日	像型・形態	サイズcm	持ち物	彩色	祠	その他
No. B−19	薩摩川内市御陵下町 本城 個人宅	不詳	農民型 立位	34 × 14 × 10	シキ被り小物姿で右手メシゲ左手おにぎりを持つ	彩色なし	□有 ☒無 単体彫り 農民型立像	
No. B−20	薩摩川内市向田町 日暮 日暮の田の神	嘉永5年(1852年)	一石双体浮き彫り、男女像 立位	67 × 110 ×	左シキ被り広袖上衣に袴で右手スリコギ左手おにぎり	右は広袖上衣に袴で右手メシゲ左手不明	□有 ☒無 道祖神的並立型	毎年11月23日に田の神講実施中
No. B−21	薩摩川内市神田町 向田 向田公園内	不詳	農民型 不明	100 × 130 ×	シキ被り衣類は不明で右手にメシゲ持つ	彩色なし	□有 ☒無 浮き彫り 農民型	在郷(ぜごう)でS40年ころまで田んぼ昔高城から運ぶ
No. B−22	薩摩川内市宮里町945 堀之内 個人宅	不詳	農民型 立位	25 × 12 ×	シキ被り長袖上衣に袴姿で右手メシゲ左手椀持つ	彩色なし	□有 ☒無 単体彫り 農民型立像	
No. B−23	薩摩川内市天辰町 天神馬場 時吉の田の神	不詳	女性像 立位	32 × 12 ×	シキ被り着物袴姿で右手メシゲ左手おにぎり持つ	彩色なし	☒有 □無 単体彫り 女性像立像	持ち回りの田の神でB−24と同一場所にあり
No. B−24	薩摩川内市天辰町 天神馬場 時吉の田の神	不詳	女性像 立位	32 × 12 ×	シキ被り着物袴姿で右手メシゲ左手おにぎり持つ	彩色なし	☒有 □無 単体彫り 女性像立像	
No. B−25	薩摩川内市天辰町 馬場 瀬脇の田の神	天保4年(1833年)	自然石 	80 × 34 ×	なし	彩色なし	□有 ☒無 自然石文字彫	銘「天保四己」「田之神」「柚木崎□」
No. B−26	薩摩川内市天辰町 坊之下 坊の下公民館	明和元年(1764年)	僧型 立位	65 × 46 ×	頭部欠損で僧衣で両手を胸で組んでいる	彩色なし	□有 ☒無 単体彫り 僧型立像	B−27、B−28と並立す
No. B−27	薩摩川内市天辰町 坊之下 寺上に田の神	文政9年(1826年)	僧型 立位	83 × 50 ×	シキ被り長袖上衣の僧衣で右手メシゲ左手稲束	彩色なし	□有 ☒無 単体彫り 僧型立像	
No. B−28	薩摩川内市天辰町 坊之下 寺上に田の神	不詳	自然石 	60 × 50 ×	なし	彩色なし	□有 ☒無 自然石	
No. B−29	薩摩川内市天辰町 碇山 碇山公民館	不詳	女性像 立位	65 × 25 ×	シキ被り長袖和服袴姿で右手メシゲ左手欠損で不明	不明	□有 ☒無 単体彫り 女性像立像	持ち回りから個人宅に
No. B−30	薩摩川内市平佐町 大明神 白羽火雷神社	不詳	僧型 立位	70 × 30 ×	シキ被り僧衣で持ち物は欠損にて不明	不明	□有 ☒無 単体彫り 僧型立像	

番号 撮影日	住 所 置場所	製作年月日	像型・形態	サイズcm	持ち物	彩色	祠	その他
No.B−31	薩摩川内市 天辰町 坊之下 公民館	昭和31年(1956年)	女性像 立位	43 × 26 ×	頭巾を被り広袖上衣に長袴で右手にメシゲ持つ	口、頬、メシゲが朱色	□有 ☒無 単体彫り 女性像立像	持ち回りの田の神
No.B−32	薩摩川内市 天辰町 皿山 有山の田の神	不詳	女性像 立位	90 × 23 ×	頭巾を被りきもの姿で右手メシゲ左手袖口を掴む	彩色なし	□有 ☒無 単体彫り 女性像立像	
No.B−33	薩摩川内市田崎町 田崎 田崎公民館	不詳	自然石	48 × 24 ×	なし	彩色なし	□有 ☒無 自然石	60年位前まで田の神講あり
No.B−34	薩摩川内市 田崎町 885 個人宅	不詳	女性像 立位	23 × 23 ×	シキ被り着物姿で右手メシゲで左手腕	彩色なし	□有 ☒無 単体彫り 女性像立像	
No.B−35	薩摩川内市平佐町 平佐 草原公民館	文化8年(1811年)	自然石	<u>120</u> × 110 ×	なし	彩色なし	□有 ☒無 自然石文字彫	銘「文化八年二月吉日」
No.B−36	薩摩川内市平佐町 喜入口 個人宅敷地内	不詳	女性像 立位	86 × 36 ×	シキ被り着物姿で右手メシゲ左手は袖口を掴む	彩色なし	□有 ☒無 単体彫り 女性像立像	B−37, B−38と並立
No.B−37	薩摩川内市平佐町 喜入口 個人宅敷地内	不詳	僧型 立位	65 × 20 ×	シキ被り長袖の僧衣で右手メシゲで左手腕を持つ	彩色なし	□有 ☒無 単体彫り 僧型立像	以前は持ち回りで現在は個人宅敷地に保管
No.B−38	薩摩川内市平佐町 喜入口 個人宅敷地内	不詳	田の神舞神職型 立位	50 × 35 ×	シキ被り広袖上衣裁着け付け袴で右手メシゲ左手スリコギ	彩色なし	□有 ☒無 単体彫り 田の神舞神職型	以前は持ち回りで現在は個人宅敷地に保管
No.B−39	薩摩川内市平佐町加治屋馬場 公民館	不詳	女性像 立位	33 × 17 ×	シキ被り着物姿で両手でメシゲを持つ	化粧あり	☒有 □無 単体彫り 女性像立像	享和4年から昭和43年まで田の神講の記録あり(最古)
No.B−40	薩摩川内市天辰町 碇山 個人宅敷地内	不詳	僧型 立位	77 × 40 ×	平たい帽子状のもの被り僧衣で持ち物は破損し不明	彩色なし	□有 ☒無 単体彫り 僧型立像	田の神講は以前は碇山下郷中であったが現在はなし
No.B−41	薩摩川内市天辰町坊ノ下1746-2 個人宅(坊ノ下)	不詳	女性像 立位	37 × 15 ×	シキ被り広袖上衣袴で右手メシゲ左手スリコギで米俵2俵の上	化粧あり	□有 ☒無 単体彫り 女性像立像	以前は持ち回りでH5年11月16日の田の神舞が最後
No.B−42	薩摩川内市天辰町坊ノ下1746-2 個人宅	不詳	田の神舞神職型 立位	28 × 17 ×	シキ被り広袖上衣に裁着け袴で右手鈴で左手欠損	陶磁器製である。彩色なし	□有 ☒無 単体彫り 田の神舞神職型	元は隈之城の持ち回りで引き取り手なく現在地に

a.薩摩半島　3-1 薩摩川内市の田の神石像　331

番号 撮影日	住所 置場所	製作年月日	像型・形態	サイズcm	持ち物	彩色	祠	その他
No. B−43	薩摩川内市 永利町 下手 下手集会所内	大正6年(1917年)	農民型 不明	38 × 38 × 25	シキ被り広袖上衣に袴姿で右手スリコギ左手稲束	化粧あり	□有 ☒無 単体彫り 農民型	銘「大正六年五月二十一日」東方と西方(B−44)を一緒に安置
No. B−44	薩摩川内市 永利町 下手 下手集会所内	不詳	農民型 立位	33 × 24 × 15	シキ被り広袖上衣袴姿で右手メシゲ左手おにぎりで米俵上	化粧あり	□有 ☒無 単体彫り 農民型立像	銘に集会所に安置し毎年11月に田の神講あり
No. B−45	薩摩川内市 永利町 山田山	不詳	農民型 立位	55 × 30 ×	シキ被り着物姿で右手メシゲ左手おにぎり持つ	彩色なし	□有 ☒無 単体彫り 農民型立像	
No. B−46	薩摩川内市 永利町 山田山	不詳	自然石	38 × 35 ×	牛の鼻輪を通してある	彩色なし	□有 ☒無 自然石	他所から移設され道祖神と並立
No. B−47	薩摩川内市永利町 石神668	不詳	自然石	90 × 70 ×	なし	彩色なし	□有 ☒無 自然石	耕地整理で妙春禅定尼の墓の隣に移設
No. B−48	薩摩川内市百次町 上野 上野公民館	不詳	大黒天型 立位	68 × 45 ×	シキ被り着物姿で右手メシゲ左手欠損しワラット背負う	彩色有り	□有 ☒無 単体彫り 大黒天型立像	佐多彦美翁碑と並ぶ
No. B−49	薩摩川内市 永利町 野首 野首公民館内	明治15年(1882年)	農民型 立位	107 × 45 ×	シキ被り長袖上衣ズボン姿で右手メシゲ左手おにぎり	化粧あり	□有 ☒無 単体彫り 農民型立像	台座に「明治十五年」の銘あり。持ち回りから固定に
No. B−50	薩摩川内市 百次町 和田	不詳	自然石	95 × 65 ×	なし	彩色なし	□有 ☒無 自然石	耕地整理記念碑と並立
No. B−51	薩摩川内市宮崎町宮崎南	不詳	農民型 立位	38 × 28 ×	シキ被り広袖上衣に袴姿で両手でメシゲ持つ	彩色なし	□有 ☒無 単体彫り 農民型立像	持ち回りから固定で資料では神像型と紹介
No. B−52	薩摩川内市陽成町上大迫 上大迫公民館近	不詳	自然石	63 × 63 × 24	なし	彩色なし	□有 ☒無 自然石	田の神講は刈り上げ後の日曜日に開催
No. B−53	薩摩川内市陽成町 宮小平 宮田の田の神	不詳	僧型 立位	43 × 17 × 13	頭丸め長衣の僧衣で両手で稲束を持つ	口と衣部分が朱色	□有 ☒無 単体彫り 僧型立像	資料では地蔵型で紹介されている。個人宅預かり
No. B−54	薩摩川内市陽成町 下大迫 個人宅	不詳	自然石	50 × 27 ×	なし	彩色なし	□有 ☒無 自然石	個人宅預かり

番　号 撮影日	住　所 置場所	製作年月日	像型・形態	サイズcm	持ち物	彩色	祠	その他
No.B−55	薩摩川内市陽成 町　松岡 木佐貫丸田の神	不詳	田の神舞神職 型 立位	56 × 31 × 22	シキ被り広袖 上衣に袴姿で 右手メシゲ左 手椀を持つ	鼻を小麦粉で 白く塗る	□有 □無 単体彫り 田の神舞 神職型	持ち回りの田の 神で田の神 講行う
No.B−56	薩摩川内市陽成 町　松岡 	不詳	農民型 立位	38 × 18 ×	シキ被り長袖 上衣に袴姿で 右手メシゲ左 手椀を持つ	彩色なし	☒有 □無 浮き彫り 農民型立 像	持ち回りから固 定でB−57と 一緒にブロック 小屋に安置
No.B−57	薩摩川内市陽成 町　松岡	不詳	農民型 立位	38 × 20 ×	シキ被り長袖 上衣に袴姿で 右手メシゲ左 手椀を持つ	彩色なし	☒有 □無 浮き彫り 農民型立 像	
No.B−58	薩摩川内市 西方町　浦小路 宮田の田の神	不詳	自然石	60 × 31 × 17	なし	彩色なし	□有 ☒無 自然石	昭和9年に道 路移設で現在 地に
No.B−59	薩摩川内市西方 町955-1浦小路 個人宅敷地	昭和48年(19 73年)	神像型 座位	71 × 34 ×	烏帽子束衣 冠束帯で両手 で笏を持つ	彩色あり	□有 ☒無 浮き彫り 神像型座 像	並立するたの かみ由来記に は昭和四十八 十月吉日とある
No.B−60	薩摩川内市西方 町白滝 諏訪神社付近	明治18年(18 85年)	神像型 座位	13 × 33 ×	冠被り衣は不 明であるが右 手笏で左手お にぎりを持つ	彩色なし	☒有 □無 浮き彫り 神像型座 像	持ち回りから固 定
No.B−61	薩摩川内市湯田 町湯田小学校横	不詳	自然石	45 × 30 × 16	なし	彩色なし	□有 ☒無 自然石	田の神講の時 ワラジを供え る
No.B−62	薩摩川内市湯田 町5924 伊勢美山内野	昭和18年(194 3年)	田の神舞神 職型 立位	34 × 18 × 13	頭髪があり広袖 上衣に袴姿で右 手鎌左手稲束を 持つ	彩色有り	□有 ☒無 浮き彫り 田の神舞 神職型	持ち回りの田 の神
No.B−63	薩摩川内市湯田 町6409 湯之元	不詳	僧型 立位	49 × 21 × 21	笠状のシキ被り 長衣の僧衣で右 手メシゲ左手袋 持つ	彩色有り	□有 ☒無 単体彫り 僧型立像	持ち回りの田の 神で明治末期に 野田か高尾野か らもらった
No.B−64	薩摩川内市湯田 町湯之元 湯之里霊園付近	不詳	自然石	107 × 53 ×	なし	彩色なし	□有 ☒無 自然石	H15年頃まで は三田の墓地 付近にあったも のを移設
No.B−65	薩摩川内市久住 町　里 個人宅	不詳	農民型 立位	60 × 25 ×	シキ被り袖広 上衣に袴で右 手メシゲ左手 キネ	彩色なし	□有 ☒無 単体彫り 農民型立 像	代々上野家の 田の神。左右 二つの米俵の 上に立つ
No.B−66	薩摩川内市中村 町　木屋園 藤山橘付近	明和5年(176 8年)	角柱文字彫	90 × 37 ×	なし	彩色なし	□有 ☒無 角柱文字 彫	銘「田の神」 「敬和五年二 月」

a. 薩摩半島　3-1 薩摩川内市の田の神石像　333

番号 撮影日	住所 置場所	製作年月日	像型・形態	サイズcm	持ち物	彩色	祠	その他
No. B−67	薩摩川内市湯田町 内門 井口橋付近	不詳	自然石	54 × 16 ×	なし	彩色なし	□有 ☒無 自然石	現在は田の神講なし
No. B−68	薩摩川内市湯田町 内門 井口橋付近	不詳	自然石	39 × 25 ×	なし	彩色なし	□有 ☒無 自然石	現在は田の神講なし
No. B−69	薩摩川内市湯田町 峠路 湯田簡易水道近	不詳	自然石	90 × 54 ×	なし	彩色なし	□有 ☒無 自然石	田の神講の仕組みは残るも飲食はなし
No. B−70	薩摩川内市湯田町 伊勢美山 右城橋付近	不詳	自然石	77 × 54 ×	なし	彩色なし	□有 ☒無 自然石	田の神講あり
No. B−71	薩摩川内市城上町 竹野	不詳	自然石	135 × 48 × 38	なし	彩色なし	□有 ☒無 自然石	田の神講あり
No. B−72	薩摩川内市城上町 下之段	不詳	僧型 立位	68 × 30 × 20	シキ被り長衣の僧衣で右手スリコギ左手おにぎり持つ	彩色有り	☒有 □無 単体彫り 僧型立像	H5年に現在地に移設され現在の田の神講はなし
No. B−73	薩摩川内市城上町 下之段	不詳	農民型 立位	32 × 18 × 14	シキ被り長袖和服袴姿で右手メシゲ左手おにぎり	化粧あり	☒有 □無 単体彫り 農民型立像	B−72と一緒の祠に
No. B−74	薩摩川内市城上町 長野公民館 公民館内	不詳	男性像 立位	43 × 23 ×	シキ被り着物姿右手不明左手おにぎりワラツト背負う	ちょび髭あり 陶器製。化粧あり	☒有 □無 単体彫り 男性像立像	以前持ち回り。現在はB−75と一緒にケースに
No. B−75	薩摩川内市城上町 長野公民館 公民館内	不詳	女性像 立位	46 × 18 ×	帽子被り着物袴姿で右手不明で左手おにぎり持つ	陶器製で化粧あり	□有 ☒無 単体彫り 女性像立像	
No. B−76	薩摩川内市城上町 宮下	不詳	自然石と角柱文字浮き彫り	89 × 42 × 31	なし	彩色なし	□有 ☒無 自然石と角柱浮き彫り	H16年に現在地に移設
No. B−77	薩摩川内市城上町 宇都川路	不詳	農民型 立位	20 × 12 × 7	シキ被り着物姿で右手スリコギ左手おにぎり持つ	化粧あり	□有 ☒無 単体彫り 農民型立像	持ち回りの田の神
No. B−78	薩摩川内市城上町吉川 平原山	不詳	自然石	72 × 70 × 28	なし	彩色なし	□有 ☒無 自然石	現在は田の神講なし

番　号 撮影日	住　所 置場所	製作年月日	像型・形態	サイズcm	持ち物	彩色	祠	その他
No. B−79	薩摩川内市城上町長野 高桑野	不詳	自然石	97 × 17 × 21	なし	彩色なし	□有 ☒無 自然石	現在は田の神講なし
No. B−80	薩摩川内市中村町 木屋園 ポンプ室付近	不詳	不明 不明	90 × 50 × 40	シキ被り袴姿で両手欠損詳細不明で米俵3俵背に担ぐ	彩色なし	□有 ☒無 単体彫り 不明	B−81と並列
No. B−81	薩摩川内市中村町 木屋園 ポンプ室付近	不詳	自然石	70 × 50 ×	なし	彩色なし	□有 ☒無 自然石	
No. B−82	薩摩川内市楠元町 楠元公民館	不詳	自然石文字彫	100 × 70 ×	なし	彩色なし	□有 ☒無 自然石文字彫	銘「田神」
No. B−83	薩摩川内市中村町 木屋園 木屋園公民館近	不詳	女性像 立位	75 × 27 ×	シキ被り着物姿で右手メシゲ左手袖口を掴む	彩色なし	□有 ☒無 単体彫り 女性像立像	
No. B−84	薩摩川内市水引町 草道上	大正12年(1923年)	自然石	54 × 46 ×	なし	彩色なし	□有 ☒無 自然石文字彫	銘「大正十二年十月」
No. B−85	薩摩川内市水引町 草道上	不詳	自然石	68 × 38 ×	なし	彩色なし	□有 ☒無 自然石	かっては池近くの道路脇にあったものを移設
No. B−86	薩摩川内市水引町 草道上	不詳	自然石	82 × 28 × 14	なし	彩色なし	□有 ☒無 自然石	
No. B−87	薩摩川内市水引町 草道下	不詳	自然石	50 × 20 ×	なし	彩色なし	□有 ☒無 自然石	
No. B−88	薩摩川内市小倉町 川底上	不詳	自然石	40 × 15 ×	なし	彩色なし	□有 ☒無 自然石	小倉川の改修で移動する可能性あり
No. B−89	薩摩川内市小倉町 川底上	不詳	自然石	65 × 57 ×	なし	彩色なし	□有 ☒無 自然石	
No. B−90	薩摩川内市小倉町 椎原	不詳	自然石	86 × 121 ×	なし	彩色なし	□有 ☒無 自然石	かってはこの付近は田んぼであった」

a. 薩摩半島　3-1 薩摩川内市の田の神石像　335

番号 撮影日	住所 置場所	製作年月日	像型・形態	サイズcm	持ち物	彩色	祠	その他
No. B－91	薩摩川内市小倉町 川底上	不詳	自然石	62 × 37 × 20	なし	彩色なし	□有 ☒無 自然石	B－92と並立
No. B－92	薩摩川内市小倉町 川底上	不詳	自然石	96 × 48 × 54	なし	彩色なし	□有 ☒無 自然石	
No. B－93	薩摩川内市小倉町 川底上	不詳	自然石	46 × 63 ×	なし	彩色なし	□有 □無 自然石	
No. B－94	薩摩川内市小倉町 川底中	昭和5年(1930年)	自然石文字彫り	180 × 34 ×	なし	彩色なし	□有 □無 自然石	銘「田神」「昭和五年四月十八日」
No. B－95	薩摩川内市小倉町 川底中	不詳	女性像 立位	67 × 53 ×	シキ被り着物姿で右手メシゲ左手おにぎり持つ	彩色なし	□有 □無 単体彫り女性像立像	かつてはB－94と並んでいた
No. B－96	薩摩川内市小倉町 川底下 川底橋付近	不詳	自然石	83 × 30 ×	なし	彩色なし	□有 ☒無 自然石	
No. B－97	薩摩川内市小倉町 川底下	不詳	自然石	115 × 56 ×	なし	彩色なし	□有 ☒無 自然石	裏山の山頂にあったものを国道3号の道路脇に移設
No. B－98	薩摩川内市小倉町 川底下	不詳	自然石	57 × 65 ×	なし	彩色なし	□有 ☒無 自然石	かっては人の高さほどあったが水害で2つに割れてしまう
No. B－99	薩摩川内市小倉町 川底下	不詳	一石双体浮き彫り 立位	60 × 57 ×	男女像	彩色なし	□有 □無 道祖神的並立型	川底石で石工西谷伸助の作かっては深い谷であった
No. B－100	薩摩川内市湯島町大迫 平島橋付近	不詳	一石双体浮き彫り 立位	103 × 81 × 68	両神ともシキ被り左神は着物両手メシゲ。右神袴右手メシゲ	彩色なし	□有 □無 道祖神的並立型	以前は別の場所にあった
No. B－101	薩摩川内市湯島町十文字2545	昭和10年(1935年)	一石双体浮き彫り 立位	116 × 55 × 30	男女像	彩色なし	□有 □無 道祖神的並立型	中国風の男女が線刻されていたとされる
No. B－102	薩摩川内市湯島町湯浦上4298 個人宅	不詳	不明 立位	55 × 36 × 20	風化強く顔や衣類及び持ち物など不明	彩色なし	□有 ☒無 浮き彫り不明	B－103と並立

番 号 撮影日	住 所 置場所	製作年月日	像型・形態	サイズcm	持ち物	彩色	祠	その他
No. B－103	薩摩川内市湯島町湯浦上4298 個人宅	不詳	僧型(地蔵型) 立位	78 ×　×28	頭丸め衣類ははっきりしないが右手扇子左手錫杖持つ	彩色なし	□有 ☒無 浮き彫り僧型立像(地蔵型)	資料では地蔵型と紹介されている
No. B－104	薩摩川内市湯島町湯浦下	大正15年(1926年)	一石双体浮き彫り 立位	74 ×58 ×	男女像	彩色なし	□有 ☒無 道祖神的並立型	銘「大正十五年九月」「江畑重助」
No. B－105	薩摩川内市水引町 浜田 個人持ち	文化3年(1806年)	農民型 立位	55 ×35 ×	シキ被り着物姿で右手メシゲ左手おにぎり	彩色なし	□有 ☒無 単体彫り農民型立像	銘「奉供養田神」「文化三丙寅九月吉日」
No. B－106	薩摩川内市網津町 網津中	不詳	自然石	69 ×54 ×	なし	彩色なし	□有 ☒無 自然石	B－107と並立
No. B－107	薩摩川内市網津町 網津中	不詳	自然石	58 ×57 ×	なし	彩色なし	□有 ☒無 自然石	
No. B－108	薩摩川内市港町江之口	大正10年(1921年)	一石双体浮き彫り 立位	113 ×101 ×	左神シキ被り右手メシゲ左手おにぎり。右神帽子被り両手キネ	両神着物姿。彩色なし	□有 ☒無 道祖神的並立型	銘「下網津青年団建立」「大正十年旧十月旧丑日」
No. B－109	薩摩川内市高江町 長崎 長崎公民館上	明治23年(1890年)	郷士型 立位	60 ×40 ×	陣笠被り裃と袴姿で両手でメシゲ持つ	像の上部に太陽が彫られる。彩色なし	□有 ☒無 浮き彫り郷士型立像	銘「明治二十三年」
No. B－110	薩摩川内市高江町 高江 宝満神社横	天明7年(1787年)	自然石文字彫	93 ×52 ×	なし	彩色なし	□有 ☒無 自然石	銘「天明七年□月」「御田神」、蓮弁状の台座あり
No. B－111	薩摩川内市高江町 瀬戸地 瀬戸地公民館近	不詳	自然石	122 ×39 ×36	なし	彩色なし	□有 ☒無 自然石	
No. B－112	薩摩川内市高江町 高江	不詳	自然石	101 ×56 ×20	なし	彩色なし	□有 □無 自然石	2個の自然石を組み合わせたもの
No. B－113	薩摩川内市高江町上高江6368 上高江公民館内	不詳	自然石	146 ×46 ×	なし	彩色なし	□有 □無 自然石	
No. B－114	薩摩川内市高江町上高江6368 上高江公民館内	不詳	自然石	82 ×31 ×31	なし	彩色なし	□有 □無 自然石	田の神講あり

番 号 撮影日	住 所 置場所	製作年月日	像型・形態	サイズcm	持ち物	彩色	祠	その他
No. B-115	薩摩川内市高江 町 永田5205	文政9年(1826 年)	不明	57 × 86 ×	シキ被り右手で メシゲ持つも顔 や衣は不明	彩色なし	□有 ☒ 浮き彫り 不明	家を建てる時 現在地に銘に 「文政九年八 月」
No. B-116	薩摩川内市高江 町 高江麓1849 個人宅敷地	不詳	石殿型	30 × 55 × 58	なし	彩色なし	□有 ☒ 石殿型	管理者はずっ と田の神として 祀っており石塔 の一部とも
No. B-117	薩摩川内市高江 町 高江麓1849 個人宅敷地	不詳	自然石	70 × 24 ×	なし	彩色なし	□有 ☒無 自然石	
No. B-118	薩摩川内市寄田 町 山之口	不詳	磨崖双体浮き 彫り 不明	250 × 230 ×	不明	彩色なし	□有 ☒無 磨崖双体 浮き彫り	以前は田の神 講を行ってい た
No. B-119	薩摩川内市寄田 町 前向	不詳	自然石浮き彫 り 立位	73 × 62 ×	像の詳細は風 化強く詳細不 明	彩色なし	□有 ☒無 自然石浮 き彫り	
No. B-120	薩摩川内市久見 崎町 諏訪神社	明治42年(19 09年)	角柱文字彫	120 × 63 × 30	なし	彩色なし	□有 ☒無 角柱文字 彫	銘「田の神」 「奉寄進」「明 治四十二年酉 □秋設立」
No. B-121	薩摩川内市久見 崎町 諏訪神社	弘化3年(1846 年)	一石双体浮き 彫り 立位	55 × 72 ×	男女像で両神と もシキ被り右神 着物着右手メシ ゲ左手スリコギ	右神は袴姿で 右手スリコギ左 手おにぎり	□有 ☒無 道祖神的 並立型	彩色なく銘「奉 寄進」弘化三 年半秋」「中村 治兵衛」
No. B-122	薩摩川内市白浜 町 八幡神社	不詳	大黒天型 立位	70 × 55 ×	シキ被り着物 姿で右手小槌 左手メシゲ持 つ	彩色なし	□有 ☒無 浮き彫り 大黒天型 立像	全体的に風化 が著しい
No. B-123	薩摩川内市田海 町 八幡 上之原自治会館	不詳	自然石文字 彫	65 × 55 × 30	なし	彩色なし	□有 ☒無 自然石文 字彫	銘「明治□ 御 田 三月吉日」
No. B-124	薩摩川内市田海 町 八幡 上之原自治会館	天明3年(178 3年)	自然石	45 × 40 × 30	なし	彩色なし	□有 ☒無 自然石	銘「天明三年 二月□□ 奉 御田神進 之・・・」
No. B-125	薩摩川内市田海 町 役田 役田公民館	不詳	僧型 立位	78 × 33 ×	シキ被り長衣の 僧衣で右手堀 棒持つ	彩色あり	□有 ☒無 単体彫り 僧型立像	
No. B-126	薩摩川内市田海 町 西川内 個人宅敷地	不詳	不明 立位	75 × 40 ×	シキ被るも風化 強く顔や衣お よび持ち物な ど不明	彩色なし	□有 ☒無 単体彫り 不明	

338　資料　田の神石像・全記録　2章　鹿児島県の田の神石像

番　号 撮影日	住　所 置場所	製作年月日	像型・形態	サイズcm	持ち物	彩色	祠	その他
No. B－127	薩摩川内市田海町　西川内 個人宅	不詳	大黒天型 立位	40 × 14 ×	シキ被り長袖上衣に袴姿で右手メシゲ左手盛椀持ち	陶器製で彩色あり	□有　⊠無 単体彫り 大黒天型立像	2俵の米俵の上に立つ。風呂敷を背負う
No. B－128	薩摩川内市中郷二丁目 火扇児童公園内	明治9年(1876年)	女性像 立位	140 × 100 × 130	被り物なく着物姿で右手メシゲ左手椀を持つ	彩色あり	□有　⊠無 浮き彫り 女性像立像	銘「明治九年二月吉日□納」「昭和四年十二月三日再彫刻
No. B－129	薩摩川内市中郷町　中郷上	不詳	僧型 座位	40 × 40 ×	頭丸め僧衣で右手不明で左手宝珠持つ	彩色なし	⊠有　□無 単体彫り 僧型座像	H14年河川工事で山田島公園に移設
No. B－130	薩摩川内市高城町　上手	明治6年(1873年)	角柱文字彫	147 × 37 ×	なし	彩色なし	□有　⊠無 角柱文字彫	銘「豊受大神」「明治六年癸酉三月吉日」
No. B－131	薩摩川内市高城町　妹背	元文3年(1738年)	僧型 座位	44 × 35 ×	頭部なく僧衣で左手メシゲで破損強く詳細不明	彩色なし	□有　⊠無 単体彫り 僧型座像	銘「元文三年午十月」「百姓三人田神講成就衆中」
No. B－132	薩摩川内市高城町　妹背	不詳	僧型 座位	43 × 44 ×	頭部なく僧衣で持ち物など不明	彩色なし	□有　⊠無 単体彫り 僧型座像	祇園神社から移設したもの高城川改修工事で度々移設
No. B－133	薩摩川内市高城町　本町	不詳	自然石	63 × 71 ×	なし	彩色なし	□有　⊠無 自然石	
No. B－134	薩摩川内市高城町　本町	不詳	自然石	60 × 49 × 38	なし	彩色なし	□有　⊠無 自然石	田の神講は現在なし
No. B－135	薩摩川内市高城町　高城籠	不詳	自然石	100 × 67 × 38	なし	彩色なし	□有　⊠無 自然石	
No. B－136	薩摩川内市高城町　矢立	不詳	自然石	96 × 42 × 22	なし	彩色なし	□有　⊠無 自然石	
No. B－137	薩摩川内市高城町　矢立	文政5年(1822年)	僧型 立位	115 × 30 × 30	シキ被り広袖上衣に裁着け袴姿で右手メシゲ左手袋	彩色あり	□有　⊠無 浮き彫り 僧型立像 裁着け袴	銘「文政五年二月八日」B－138と並立
No. B－138	薩摩川内市高城町　矢立	不詳	角柱文字彫	104 × 50 × 41	なし	彩色なし	□有　⊠無 角柱文字彫	銘「明□七年戌」「奉田神」

a. 薩摩半島　3-1 薩摩川内市の田の神石像　339

番号 撮影日	住所 置場所	製作年月日	像型・形態	サイズcm	持ち物	彩色	祠	その他
No. B−139	薩摩川内市高城町 矢立529 個人宅	不詳	農民型 立位	23 × 12 × 9	シキ被り着物姿で右手メシゲ左手おにぎり持つ	彩色あり	□有 ☒無 単体彫り 農民型立像	
No. B−140	薩摩川内市高城町 高城	不詳	自然石	45 × 26 ×	なし	彩色なし	□有 ☒無 自然石	現在は歴史資料館の屋外展示
No. B−141	薩摩川内市城上町 上塚	不詳	神像型 立位	93 × 37 × 17	冠を被り衣冠束帯で両手で笏を持つための穴あり	彩色なし	□有 ☒無 単体彫り 神像型立像	現在は田の神講は行われていない
No. B−142	薩摩川内市城上町 中間 中間橋付近	不詳	自然石	45 × 18 × 9	なし	彩色なし	□有 ☒無 自然石	勤労感謝の日に現在も田の神講あり
No. B−143	薩摩川内市城上町 今寺	不詳	自然石	56 × 26 × 14	なし	彩色なし	□有 ☒無 自然石	現在も田の神講あり
No. B−144	薩摩川内市城上町 下小川	不詳	僧型 座像	90 × 65 ×	頭丸め僧衣で右手メシゲ左手おにぎり持ち座像	舟型の光背を持つ。彩色なし	□有 ☒無 単体彫り 僧型座像	かつてはあったが、現在は田の神講は行われていない
No. B−145	薩摩川内市城上町上塚 小川路	不詳	大黒天型 椅像	23 × 13 ×	帽子被り長袖和服で右手小槌左手袋。米俵の上	彩色なし	□有 ☒無 単体彫り 大黒天型椅像	資料ではB−146とともに二体並立男女像と紹介
No. B−146	薩摩川内市城上町上塚 小川路	不詳	農民型 立位	34 × 15 × 15	帽子被り長袖上衣袴姿で右手メシゲ左手スリコギ	彩色なし	□有 ☒無 単体彫り 農民型立像	資料ではB−145とともに二体並立男女像と紹介
No. B−147	薩摩川内市城上町 下塚	不詳	農民型 立位	78 × 54 × 33	シキを被り長袖上衣袴姿で右手メシゲ左手おにぎり	彩色なし	□有 ☒無 浮彫り 農民型立像	H17年に現在地に移設
No. B−148	薩摩川内市城上町 川原段	不詳	自然石	73 × 40 × 26	なし	彩色なし	□有 ☒無 自然石	現在は田の神講なし
No. B−149	薩摩川内市城上町 川原段 個人宅敷地	不詳	女性像 立位	51 × 21 ×	シキを被り長袖上衣袴姿で右手おにぎり左手メシゲ	彩色なし	□有 ☒無 単体彫り 女性像立像	
No. B−150	薩摩川内市城上町 川原段	不詳	自然石	123 × 84 × 60	なし	彩色なし	□有 ☒無 自然石	

番号 撮影日	住所 置場所	製作年月日	像型・形態	サイズcm	持ち物	彩色	祠	その他
No. B−151	薩摩川内市城上町 川原段	不詳	自然石	112 × 116 ×	なし	彩色なし	□有 ⊠無 自然石	
No. B−152	薩摩川内市城上町 川原段	不詳	自然石文字彫	74 × 50 × 14	なし	彩色なし	□有 ⊠無 自然石文字彫	銘「田之神」
No. B−153	薩摩川内市城上町 川原段	不詳	農民型 不明	50 × 22 × 19	被り物不明で着物姿で右手メシゲ持つ	彩色なし	□有 ⊠無 単体彫り 農民型	風化強く被り物や左手の持ち物不明で携帯も不明
No. B−154	薩摩川内市城上町 小川	不詳	自然石	39 × 12 × 11	なし	彩色なし	□有 ⊠無 自然石	
No. B−155	薩摩川内市城上町 下之段	不詳	自然石	72 × 35 × 21	なし	彩色なし	□有 ⊠無 自然石	
No. B−156	薩摩川内市宮崎町宮崎南	不詳	農民型 立位	21 × 14 ×	シキ被り広袖上衣に袴姿であるが風化強く他は不明	彩色なし	□有 ⊠無 単体彫り 農民型立像	持ち回りから固定に
No. B−157	薩摩川内市川永野町川永野	明和6年(1769年)	僧型 立位	54 × 44 ×	シキ被り長袖上衣に裁着け袴姿で右手スリコギ左手椀	顔は米粉で目・鼻はインク	□有 ⊠無 単体彫り 僧型立像 裁着け袴	銘「二才中 明和六年 十月十六日」持ち回り
No. B−158	薩摩川内市青山町木場谷	平成11年(1999年)	女性像 立位	94 × 50 × 33	シキ被り長袖上衣に裁着け袴姿で右手メシゲ左手円を作る	彩色なし	□有 ⊠無 単体彫り 女性像立像	銘「平成11年8月吉日」。現在は講はなし
No. B−159	薩摩川内市青山町高貫公民館 公民館敷地	享保16年(1731年)	僧型 立位	76 × 34 × 15	頭丸め僧衣で両手で衣を握る	彩色なし	□有 ⊠無 単体彫り 僧型立像	持ち回りから固定で銘「奉造立田神」「享保十六年辛亥
No. B−160	薩摩川内市青山町木場谷	不詳	神像型 立位	90 × 53 ×	冠を被り衣冠束帯で右手で笏を持つ	彩色なし	□有 ⊠無 浮き彫り 神像型立像	角柱に神像型の浮き彫り
No. B−161	薩摩川内市青山町木場谷 小原郷の田の神	不詳	女性像 立位	24 × 12 ×	シキ被り長袖上衣袴姿で右手メシゲ左手おにぎり	彩色あり	□有 ⊠無 単体彫り 女性像立像	持ち回りの田の神
No. B−162	薩摩川内市青山町木場谷上	不詳	一石双体、男女像 立位	23 × × 25	両神ともシキ被り着物姿で右の神が右手メシゲで他不明	彩色あり	□有 ⊠無 道祖神的並立型	持ち回りの田の神

a.薩摩半島 3-1 薩摩川内市の田の神石像 341

番 号 撮影日	住 所 置場所	製作年月日	像型・形態	サイズcm	持ち物	彩色	祠	その他
No. B-163	薩摩川内市中福良町中福良上 中福良公民館内	不詳	農民型 立位	28 × 20 × 16	シキ被り着物姿で右てメシゲ左手キネを持つ	彩色あり	□有 ☒無 単体彫り 農民型立像	田の神講は主に男性のみで行われ女性には別の講
No. B-164	薩摩川内市青山町青山公民館 公民館敷地	不詳	女性像 立位	94 × 34 × 20	シキ被り着物姿で持ち物は不明	彩色なし	□有 ☒無 単体彫り 女性像立像	
No. B-165	薩摩川内市青山町青山上	不詳	農民型 椅像	60 × 38 ×	シキ被り着物姿で右手メシゲ左手飯盛り椀持ち	彩色なし	□有 ☒無 単体彫り 農民型椅像	持ち回りの田の神
No. B-166	薩摩川内市隈之城町850 個人宅	慶應4年(1868年)	農民型 立位	29 × 15 × 10	シキ被り広袖上衣に袴姿で右手メシゲ左手椀	彩色なし。B-167と床の間に並ぶ	□有 ☒無 単体彫り 農民型立像	銘「母為菩提下翁 治兵工」「功山壽信女慶應四辰二月十三日」
No. B-167	薩摩川内市隈之城町850 個人宅	不詳	農民型 立位	15 × 9 × 6	シキ被り着物姿で右手メシゲ左手は不明	彩色なし	□有 □無 単体彫り 農民型立像	B-166と個人宅床の間に並ぶ
No. B-168	薩摩川内市隈之城町842尾賀 個人宅	不詳	農民型 立位	29 × 16 × 10	シキ被り広袖上衣に袴姿で右手メシゲ左手は不明	彩色なし	□有 ☒無 単体彫り 農民型立像	個人所有の田の神
No. B-169	薩摩川内市隈之城町 尾賀 公民館付近	不詳	農民型 立位	74 × 48 × 28	顎紐付きシキ被り広袖上衣袴姿で右手メシゲ左手椀	彩色あり	□有 ☒無 単体彫り 農民型立像	田の神講なし
No. B-170	薩摩川内市隈之城町 尾賀 尾賀公民館内	不詳	僧型 立位	51 × 27 ×	シキ被り長袖上衣に袴姿で両手は欠損	彩色あり	□有 ☒無 単体彫り 僧型立像	田の神講なし
No. B-171	薩摩川内市勝目町勝目前 個人宅	不詳	僧型 立位	75 × 29 ×	シキ被り僧衣で持ち物などは不明	彩色なし。B-172と並立	□有 ☒無 単体彫り 僧型立像	昭和29年頃までは持ち回りで田の神講を行っていた
No. B-172	薩摩川内市勝目町勝目前 個人宅	不詳	女性像 立位	62 × 40 ×	破損強く両手でスリコギ持つが他は不明	彩色なし	□有 ☒無 単体彫り 女性像立像	昭和21年頃火災にあい頭部が一部破損
No. B-173	薩摩川内市勝目町勝目前 個人宅	不詳	農民型 立位	52 × 34 ×	シキ被り広袖上衣に袴姿で右手メシゲ左手椀	彩色あり	□有 ☒無 単体彫り 農民型立像	20年前まで田の神講を行っていた
No. B-174	薩摩川内市勝目町6001勝目後 個人宅	大正2年(1913年)	農民型 立位	23 × 14 ×	シキ被り広袖上衣に袴姿で右手メシゲ左手スリコギ	彩色あり	□有 ☒無 単体彫り 農民型立像	銘「大口 田ノ神 大正二年」

番　号 撮影日	住　所 置場所	製作年月日	像型・形態	サイズcm	持ち物	彩色	祠	その他
No. B−175	薩摩川内市隈之城町1659溝端 個人宅	嘉永2年(1849年)	女性像 立位	24 × 30 × 20	頭髪ありシキ被り広袖上衣袴姿で右手メシゲ左手椀	彩色あり	□有 ☒無 単体彫り 女性像立像	銘「嘉永二年西二月」
No. B−176	薩摩川内市隈之城町 溝端	昭和50年(1975年)	農民型 立位	16 × 11 ×	シキ被り広袖上衣に袴姿で両手それぞれおにぎり	彩色あり	□有 ☒無 単体彫り 農民型立像	持ち回りで銘「祝道岡正則光「昭和五十年十一月吉日
No. B−177	薩摩川内市尾白江町尾白江中央 個人宅庭	寛延3年(1750年)	神像型 立位	75 × 34 ×	冠被り長袖衣姿で両手で笏を持つ	彩色なし	□有 ☒無 単体彫り 神像型立像	銘「寛延三年庚午年 十月日 大原中」
No. B−178	薩摩川内市青山町5767-3高貫 個人宅敷地	不詳	農民型 立位	25 × 14 ×	シキ被り広袖上衣に袴姿で右手メシゲ左手椀	彩色あり	□有 ☒無 単体彫り 農民型立像	持ち回りから固定。B−179と並立
No. B−179	薩摩川内市青山町5767-3高貫 個人宅敷地	不詳	僧型 立位	12 × 11 ×	シキ被り僧衣で右手メシゲ左手椀を持つ	彩色あり	□有 ☒無 単体彫り 僧型立像	陶磁器製持ち回りから固定。B−178と並立
No. B−180	薩摩川内市平佐町 原公民館 公民館内	不詳	農民型 立位	53 × 29 ×	シキ被り長袖上衣に袴姿で右手メシゲ左手椀	彩色あり	□有 ☒無 単体彫り 農民型立像	持ち回りの田の神
No. B−181	薩摩川内市宮崎町宮崎原	不詳	僧型 立位	48 × 17 ×	シキ被り僧衣で右手メシゲで持つ(左手不明)	彩色あり	□有 ☒無 単体彫り 僧型立像	持ち回りの田の神で木製
No. B−182	薩摩川内市宮崎町宮崎原 個人所有	不詳	農民型 立位	28 × 13 ×	シキ被り着物姿で右手メシゲ左手椀を持つ	彩色なし	□有 ☒無 単体彫り 農民型立像	個人所有の田の神
No. B−183	薩摩川内市宮崎町宮崎原	不詳	農民型 立位	26 × 13 ×	シキ被り広袖上衣に袴姿で右手メシゲ左手椀	彩色なし	□有 ☒無 単体彫り 農民型立像	持ち回りの田の神
No. B−184	薩摩川内市宮崎町宮崎原	不詳	農民型 立位	26 × 15 ×	シキ被り広袖上衣に袴姿で右手メシゲ左手は不明	彩色あり	□有 ☒無 単体彫り 農民型立像	持ち回りの田の神
No. B−185	薩摩川内市勝目町勝目後	不詳	農民型 立位	37 × 25 ×	頭巾を被り広袖上衣に袴姿で右手メシゲ左手椀	彩色あり	□有 ☒無 単体彫り 農民型立像	持ち回りの田の神
No. B−186	薩摩川内市勝目町5373−1 個人宅	不詳	一石双体浮き彫り、男性像 立位	22 × 25 ×	両神ともシキ被り右手メシゲ左手椀	彩色なし	□有 ☒無 道祖神的並立型	持ち回りから宿止まり

a. 薩摩半島　3-1 薩摩川内市の田の神石像　343

番　号 撮影日	住　所 置場所	製作年月日	像型・形態	サイズcm	持ち物	彩色	祠	その他
No．B－187	薩摩川内市勝目町3565勝目後 個人宅	不詳	農民型 立位	23 × 12 ×10	シキ被り広袖上衣に袴姿で右手メシゲ左手スリコギ	粉で彩色	□有 ☒無 単体彫り 農民型立像	持ち回りから宿止まり
No．B－188	薩摩川内市勝目町5500勝目後 個人宅	天保年間から前迫家に伝えられている	農民型 立位	22 × 12 ×	シキ被り広袖上衣に袴姿で右手メシゲ左手椀持つ	彩色あり	□有 ☒無 単体彫り 農民型立像	個人所有の田の神
No．B－189	薩摩川内市山之口町7070－1 山之口公民館	不詳	農民型 立位	26 × 14 ×10	シキ被り着物姿で右手メシゲ左手スリコギを持つ	彩色あり	□有 ☒無 単体彫り 農民型立像	田の神講ないが4軒で持ち回りしている
No．B－190	薩摩川内市山之口町5020 個人宅敷地	不詳	地蔵型 立位	85 × 32 ×	烏帽子被り広袖着物姿で両手を胸に組む	彩色なし	□有 ☒無 単体彫り 地蔵型立像	台風で鼻と首折れセメント付け。60～70年前に盗まれた
No．B－191	薩摩川内市尾白江町3126鮫島 個人宅	不詳	僧型 立位	54 × 28 ×	シキ被り広袖上衣に袴姿で右手メシゲ左手稲穂持つ	彩色なし	□有 ☒無 単体彫り 僧型立像	持ち回りから宿止まり。首が折れてセメントで繋ぐ
No．B－192	薩摩川内市尾白江町3126鮫島 個人宅	嘉永3年(1850年)	農民型 立位	68 × 52 ×35	シキ被り広袖上衣に袴姿で右手メシゲ左手飯盛椀	彩色なし	□有 ☒無 単体彫り 農民型立像	銘「嘉永三年庚戌　二月吉日　奉造立大原　仁才中」
No．B－193	薩摩川内市都町7070－1柿田 個人宅	不詳	僧型 立位	26 × ×	シキ被り着物姿で右手メシゲ左手椀	彩色あり	□有 ☒無 単体彫り 僧型立像	持ち回りから宿止まり
No．B－194	薩摩川内市中福良町中福良	不詳	不明 不明	32 × 23 ×	被り物、衣および持ち物など不明	彩色あり	□有 ☒無 単体彫り 不明	持ち回りの田の神
No．B－195	薩摩川内市宮崎町馬場西	不詳	角柱文字彫	110 × 29 ×	なし(元は山中にあったが現在地に)	彩色なし	□有 ☒無 角柱文字彫	銘「□□(梵字カ)田神」。田の神講あり
No．B－196	薩摩川内市宮崎町馬場西	不詳	僧型 立位	85 × 36 ×	シキ被り僧衣で両手とも袖口を握る	彩色あり	□有 ☒無 単体彫り 僧型立像	B－215、B－217と並立。田の神講あり
No．B－197	薩摩川内市宮崎町馬場西	不詳	農民型 立位	70 × 32 ×	シキ被り着物姿で右手キネ左手メシゲ持つ	彩色あり	□有 ☒無 単体彫り 農民型立像	田の神講あり
No．B－198	薩摩川内市宮崎町宮崎原	不詳	神像型 立像	36 × 17 ×	被り物はなく狩衣で袋を背負っている	彩色あり	□有 ☒無 単体彫り 神像型立像	持ち回りの田の神

番号 撮影日	住所 置場所	製作年月日	像型・形態	サイズcm	持ち物	彩色	祠	その他
No. B−199	薩摩川内市宮崎町宮崎	天保3年(1832年)	不明	75 × 41 ×	被り物、衣および持ち物など不明	彩色なし	□有 ☒無 単体彫り 不明	銘「天保三年壬辰十月十五日建立」
No. B−200	薩摩川内市尾白江町尾白江永間	不詳	自然石	40 × 26 ×	なし	彩色なし	□有 ☒無 自然石	
No. B−201	薩摩川内市尾白江町田畑 個人宅	100年以上前からあり	僧型 立位	58 × 28 × 14	シキを被り着物姿で右手メシゲ左肩に袋をかつぐ	彩色なし	□有 ☒無 単体彫り 僧型立像	胴体でセメントで繋いでいる
No. B−202	薩摩川内市尾白江町館 尾白江公民	不詳	僧型 立位	28 × 17 × 7	総髪があり着物姿で右手メシゲ左手宝珠を持つ	彩色あり	□有 ☒無 単体彫り 僧型立像	持ち回りから固定
No. B−203	薩摩川内市尾白江町館 尾白江公民	不詳	農民型 立位	60 × 30 ×	シキ被り着物姿で右手メシゲ左手なし	彩色あり	□有 ☒無 単体彫り 農民型立像	銘「□□四年岡田□□」。田の神講あり
No. B−204	薩摩川内市隈之城町1253−4	文政2年(1819年)	角柱文字彫	90 × 42 ×	なし	彩色なし	□有 ☒無 角柱文字彫	銘「(梵字カ)田之神 文政二己卯 十月吉日 小路郷中」
No. B−205	薩摩川内市隈之城町公民館敷地 隈之城公民館	天保8年(1837年)	一石双体浮き彫り、男女像型 立位	98 × 130 ×	両神シキ被り左神広袖上衣袴姿で両手でスリコギを持つ	右神は着物姿で両手でスリコギを持つ	□有 ☒無 道祖神的 並立型	銘「奉造立隈之城郷内」「天保八年丁酉二月十六日」
No. B−206	薩摩川内市都町3834上手 個人宅	不詳	農民型 立位	60 × 70 × 30	シキ被り広袖上衣に裁着け袴で右手メシゲ左手椀	彩色なし	□有 ☒無 単体彫り 農民型立像	個人所有の田の神
No. B−207	薩摩川内市都町3834上手 都公民館	不詳	農民型 楕像	63 × 60 ×	シキ被り広袖上衣に裁着け袴で右手メシゲ左欠損	彩色あり	□有 ☒無 単体彫り 農民型椅像	持ち回りから固定。背をセメントでぐ。
No. B−208	薩摩川内市中郷2丁目2−6 川内歴史資料館	天保12年(1841年)以前と考えられる	一石双体浮き彫 立位	38 × 39 × 13	田の神馬頭観音の双体シキ被り広袖上衣袴姿で右手メシゲ左手椀	田の神のみ彩色あり	□有 ☒無 一石双体浮き彫り	古くから山崎家に伝わる個人所有の田の神H13年に寄贈
No. B−209	薩摩川内市都町3804麦 個人宅敷地	天保15年(1844年)	農民型 立位	67 × 54 ×	シキ被り広袖羽織に長袴姿で右手メシゲ左手椀飯	彩色なし	□有 ☒無 単体彫り 農民型立像	銘「天保十五年甲辰十二月吉日」「奉建立平江口(郷カ)中」
No. B−210	薩摩川内市平佐町800−3原 個人宅	不詳	農民型 座位	23 × 14 ×	シキ被り広袖上衣に袴姿で右手メシゲ左手椀	彩色なし	□有 ☒無 単体彫り 農民型座像	持ち回りから固定

a. 薩摩半島 3-1 薩摩川内市の田の神石像 345

3-2 薩摩川内市入来町の田の神石像

番号撮影日	住所置場所	製作年月日	像型・形態	サイズcm	持ち物	彩色	祠	その他
No. 1 平成27年08月30日	薩摩川内市入来町浦之名池頭竹原田 水田の高台	宝暦4年(1754年)	田の神舞神職型 立位	58 × 28 × 32	大シキ被り広袖上衣裁着け姿で右手スリコギ左手紐当てる	彩色なし	□有 ⊠無 単体彫り 田の神舞神職型	右足前に出して躍動的で後方からは男性根
No. 2 平成27年09月13日	薩摩川内市入来町浦之名 中須 道沿い高台	明治2年(1869年)	僧型 立位	110 × 56 × 40 57×34	シキ被り長袖和服裁着け袴姿で右手メシゲ左手スリコギ持つ	衣に薄い朱色残る	□有 ⊠無 浮彫り 入来地方石碑型	大きな自然石に浮彫られ、顔は風化強く詳細不明
No. 3 平成27年09月13日	薩摩川内市入来町之名市野々 道沿い高台	大正8年(1919年)	僧型 立位	94 × 80 × 55 43×20	シキ被り長袖和服裁着け姿で右手メシゲ左手腰紐を掴む	彩色なし	□有 ⊠無 浮彫り 入来地方石碑型	市野々の田ノ神Ⅱ。古石塔群と並んでいる
No. 4 平成27年09月13日	薩摩川内市入来町之名市野々 道沿い	文化5年(1808年)	僧型 立位	55 × 70 × 57 40×18	シキ被り長袖上衣裁着け袴姿で右手メシゲ左手腰紐を掴む	彩色なし	□有 ⊠無 浮彫り 入来地方石碑型	顔は風化強く表情不明。市野々の田ノ神Ⅲ
No. 5 平成27年09月13日	薩摩川内市入来町浦之名市野々 道沿い高台	文化5年(1808年)	僧型 立位	108 × 80 × 50 40×18	シキ被り長袖和服裁着け袴姿で右手メシゲ左手腰紐を掴む	彩色なし	□有 ⊠無 浮彫り 入来地方石碑型	市野々の田ノ神Ⅰ。顔は風化が強い
No. 6 平成27年08月30日	薩摩川内市入来町浦之名松下田 道沿い高台	元文2年(1737年)	田の神舞神職型 立位	59 × 48 × 30 市有形民俗文化財	メシゲを顔の横に掲げる。上着とメシゲ赤茶	□有 ⊠無 単体彫り 田の神舞神職型	後ろからは男茎型で生産と増産の古代からの信仰表現
No. 7 平成27年09月13日	薩摩川内市入来町副田猪鼻左 水田之路沿い	嘉永元年(1848年)	僧型 立位	130 × 60 × 30 45×36	シキ被り長袖和服裁着け袴で右手メシゲ左手スリコギで裸足	彩色なし	□有 ⊠無 浮彫り 入来地方石碑型	左手の持ち物はスリコギと思われるが扇子にも見える
No. 8 平成27年09月13日	薩摩川内市入来町副田猪鼻右 水田之路沿い	不詳	仏像型 立位	78 × 40 × 35	肩までの長い頭巾を被り、僧衣で両手は欠損	彩色なし	□有 ⊠無 単体彫り 仏像型立像	風化強く顔の表情は不明。足が見えている
No. 9 平成27年09月13日	薩摩川内市入来町副田 中組 道沿い高台	宝永8年(1711年)	仏像型 立位	68 × 40 × 33 県有形民俗文化財	肩まで頭巾を被り僧衣で腰を紐で結び、両手は欠損	風化が強く顔の表情は不明。彩色なし	□有 □無 単体彫り 仏像型立像	台座正面に地蔵菩薩を意味する梵字「カ」が刻銘
No. 10 平成27年09月13日	薩摩川内市入来町副田 山口 道沿い	不詳	僧型 立位	88 × 45 × 30 53×28	シキ被り長袖上衣裁着け袴姿で右手メシゲ左手スリコギ	全体的に薄い茶色	□有 ⊠無 浮彫り 入来地方石碑型	左手の持ち物はスリコギと思われるが扇子にも見える
No. 11 平成27年09月13日	薩摩川内市入来町副田早馬段 道沿い高台	不詳	自然石	65 × 35 × 20	なし	彩色なし	□有 ⊠無 自然石	文字などもなし
No. 12 平成27年09月13日	薩摩川内市入来町副田下手 道沿い高台	大正15年(1926年)	女性像 立位	83 × 40 × 35	豊富な髪に肩まで頭巾被り長袖着物着右手メシゲを持つ	彩色なし（左手は持ち物なし）	□有 ⊠無 単体彫り 女性像立像	着物の裾がめくれ上がり、別嬪さんのコメントあり

番　号 撮影日	住　所 置場所	製作年月日	像型・形態	サイズcm	持ち物	彩色	祠	その他
No. 13 平成27年09月13日	薩摩川内市入来町副田 辻原 道路沿い	不詳	僧型 立位	70 × 80 × 35 53×30×35	シキ被り長袖上衣に長袴姿で右手メシゲ左手スリコギ	彩色なし	□有 ☒無 浮彫り 入来地方 石碑型	交差点のガードレールの端の分かりにくい場所にあり
No. 14 平成27年09月13日	薩摩川内市入来町浦之名 堂園 道路沿い高台	天保7年(1836年)	僧型 立位	112 × 55 × 36 72×38	シキ被り長袖和服裁着け袴姿で右手メシゲ左手スリコギ	彩色なし	□有 ☒無 浮彫り 入来地方 石碑型	左手の持ち物はスリコギでなく扇子かもしれない
No. 15 平成27年09月13日	薩摩川内市入来町浦之名天貴美 道路沿い	不詳	僧型 立位	115 × 73 × 30	風化強く顔の表情や持ち物は不明	彩色なし	□有 ☒無 浮彫り 入来地方 石碑型	風化強い
No. 16 平成27年09月13日	薩摩川内市入来町浦之名 公民館	安永4年(1775年)	角柱浮き彫り	75 × 55 × 40	なし	彩色なし	□有 ☒無 角柱浮き彫り	銘「御田之神」彫り
No. 17 平成27年09月13日	薩摩川内市入来町浦之名 水田道路沿い	寛政7年(1795年)	僧型 立位	73 × 38 × 25 35×17	シキ被り長袖和服裁着け袴姿で右手メシゲ左手スリコギ	像全体が薄茶色	□有 ☒無 浮彫り 入来地方 石碑型	うるさい高齢者から挨拶がないと叱られた
No. 18 平成27年09月13日	薩摩川内市入来町浦之名 栗下 集会所敷地内	明和6年(1769年)	僧型 立位	125 × 63 × 38 56×38	シキ被り長袖和服裁着け袴姿で右手メシゲ左手扇子	顔・胸両手は白でシキと衣は黒で赤い縁取りあり	□有 ☒無 浮彫り 入来地方 石碑型	古くて堂々とした風格あり
No. 19 平成28年01月10日	薩摩川内市入来町浦之名 長野 人家入口	不詳	僧型 立位	106 × 58 × 30 46×20	シキ被り長袖和服・袴姿で右手扇子左手メシゲ	全体的に赤茶色に彩色	□有 ☒無 浮彫り 入来地方 石碑型	人家入口の高台
No. 20 平成28年01月10日	薩摩川内市入来町浦之名松下田 小高い山奥	文化4年(1807年)	僧型 立位	35 × 20 ×	頭丸め長袖和服・袴姿で右手メシゲ左手椀	彩色なし	□有 ☒無 浮彫り 入来地方 石碑型	岩は大きくて測定できず
No. 21 平成28年01月10日	薩摩川内市入来町副田 平石 道路沿い高台	不詳	農民型 立位	100 × 65 × 42 70×45	シキ被り長袖和服姿で右手メシゲ左手おにぎり	彩色なし	□有 ☒無 浮き彫り 農民型立像	石碑型ではないと思われる
No. 22 平成28年01月10日	薩摩川内市入来町浦之名鹿子田 墓地内	明和8年(1771年)	僧型 立位	110 × 65 × 30 58×33	シキ被り長袖和服袴姿で右手メシゲ左手おにぎり	彩色なし	□有 ☒無 浮彫り 入来地方 石碑型	
No. 23 平成28年01月10日	薩摩川内市入来町浦之名小豆迫 山裾	寛政9年(1797年)	僧型 立位	76 × 50 × 33 37×16	シキと左顔面破損し広袖上衣に長袴姿で右手メシゲ	彩色なし	□有 ☒無 浮彫り 入来地方 石碑型	桜の木の下に六地蔵などとあり、探すのに大変苦労す

a. 薩摩半島　3-2 薩摩川内市入来町の田の神石像　347

3-3 薩摩川内市東郷町の田の神石像

番号 撮影日	住所 置場所	製作年月日	像型・形態	サイズcm	持ち物	彩色	祠	その他
No. 1 平成28年11月20日	薩摩川内市東郷町烏丸 烏丸西 道路沿い	不詳	農民型 椅像	48 × 35 × 25	一部欠シキ被り上衣に股引き右手欠損で左手メシゲ	彩色なし	□有 ☒無 単体彫り 農民型椅像	石碑と並び石碑と並ぶ
No. 2 平成28年11月20日	薩摩川内市東郷町斧淵 諏訪神社境内	不詳	僧型 椅像	58 × 40 × 30	頭丸めシキ被り長袖上衣差袴姿で風化強く持ち物不明	彩色なし	□有 ☒無 単体彫り 僧型椅像	風化が強い
No. 3 平成28年11月20日	薩摩川内市東郷町穴野① 道路沿い	平成10年(1998年)	神像型座像 立位	170 × 118 × 98 サイズはおよそ	纓のある冠を被り衣冠束帯で両手で笏でなく男性根	顔と手および持ち物は白で他は黒色	□有 ☒無 単体彫り 神像型立像	持ち物が変わっているし背中に島津藩の文様あり
No. 4 平成28年11月20日	薩摩川内市東郷町穴野② 道路沿い	平成10年(1998年)	神像型座像 座位	170 × 80 × 90 サイズはおよそ	纓のある冠を被り衣冠束帯で両手で笏を持つ	すべて銀色	□有 ☒無 単体彫り 神像型座像	平成10年にえびの市より寄贈される
No. 5 平成28年11月20日	薩摩川内市東郷町穴野③ 道路沿い	平成10年(1998年)	農民型 座位	140 × 100 × 100	シキ被り長袖上衣に袴姿で右手メシゲ左手椀を持つ	顔と手・足は白で他は黒色あかのふちどりあり	□有 ☒無 単体彫り 農民型座像	他に5体の田の神像あり
No. 6 平成28年11月20日	薩摩川内市東郷町斧淵 道路沿い	不詳	僧型 立位	65 × 32 × 25	シキ被り総髪で長袖上衣差袴姿、右手欠損左手宝珠	彩色なし	□有 ☒無 単体彫り 僧型立像	裸足で両足見え、後方からは男性根
No. 7 平成28年11月20日	薩摩川内市東郷町穴野 穴野上 道路沿い広場	不詳	大黒天型 立位	76 × 35 × 30	総髪で帽子被り広袖上衣差袴姿で右手小槌左手メシゲ	一部に茶褐色残る	□有 ☒無 単体彫り 大黒天立像	後方からは男性根。2俵の米俵の上に立つ
No. 8 平成28年11月20日	薩摩川内市東郷町穴野 烏丸 道路沿い広場	不詳	僧型 立位	55 × 33 × 26	総髪で笠冠被り長袖上衣に差移姿で両手は欠損	顔と胸は白色	□有 ☒無 単体彫り 僧型立像	元は持ち回りの田の神で現在地に移設
No. 9 平成28年11月20日	薩摩川内市東郷町穴野 向江 道路沿い高台	不詳	僧型 立位	59 × 28 × 25	頭丸めシキ被り長袖上衣差袴で右手欠損左手逆さメシゲ	彩色なし	□有 ☒無 単体彫り 僧型立像	元は持ち回りの田の神で現在地に移設。首セメント付け
No. 10 平成28年11月20日	薩摩川内市東郷町烏丸 烏丸上 道路沿い高台	不詳	農民型 立位	38 × 22 × 17	肩までシキ被り長袖上衣裁着け袴姿で右手メシゲ左手スリコギ	彩色なし	□有 ☒無 単体彫り 農民型立像	後方からは四角張って見え。両足が見える
No. 11 平成28年11月20日	薩摩川内市東郷町 山田 道路沿い	明和7年(1770年) 市有形民俗文化財	農民型 立位	120 × 70 × 44	笠被り長袖上衣差袴姿で表情や持ち物などは不明	彩色なし	□有 ☒無 浮き彫り 農民型立像	町内で最も古い。(田の神だけでは56×32)

348　資料　田の神石像・全記録　2章　鹿児島県の田の神石像

3-4 薩摩川内市祁答院町の田の神石像

番 号 撮影日	住 所 置場所	製作年月日	像型・形態	サイズcm	持ち物	彩色	祠	その他
No. 1 平成28年10月02日	薩摩川内市祁答院町蘭牟田大坪 公民館敷地	天明2年(1782年)	田の神舞神職型 立位	70 × 40 × 25	前欠シキ被り広袖上衣長袴で右手メシゲ左手不明で襷掛け	黒小豆色白の彩色	⊠有 □無 単体彫り 田の神舞 神職型	ひどい目下がり口上がり柄の曲がったメシゲ袴襞歪み
No. 2 平成28年10月02日	薩摩川内市祁答院町蘭牟田麓東 道路沿い	不詳	農民型 椅像	48 × 28 × 26	シキ被り長袖上衣裁着け持右手メシゲ左手飯盛椀笑顔で持つ	彩色なし	□有 ⊠無 単体彫り 農民型椅像	大きな記念碑に紛れるようにポツンと置いてある
No. 3 平成28年10月02日	薩摩川内市祁答院町 蘭牟田 水田	不詳	地蔵型 立位	80 × 35 × 23 50×28×10	シキと左顔面破損し広袖上衣長袴姿で右手メシゲ左手不明	一部に赤茶色残る	□有 ⊠無 浮き彫り 地蔵型立像	
No. 4 平成28年10月02日	薩摩川内市祁答院町下手菊池田 水田道路沿い	不詳	農民型 立位	90 × 42 × 40	シキ被り広袖上衣長袴姿で右手メシゲ左手ску	シキは黒で上衣は赤色顔や胸などは白色	□有 ⊠無 単体彫り 農民型立像	草が絡みついて見つけるのが困難
No. 5 平成28年10月02日	薩摩川内市祁答院町下手菊池田 水田道路沿い	寛政3年(1791年)	僧型 椅像	120 × 75 × 46 78×56×28	大シキ光背様に被り広袖上衣裁着け袴で右手メシゲ左手指輪	シキ黒。衣は赤色。顔胸白色	□有 ⊠無 単体彫り 僧型椅像 裁着け袴	仏像風だが庶民的笑みあり
No. 6 平成28年10月02日	祁答院町下手轟 水田	不詳	僧型 椅像	90 × 70 × 50 52×45	頭丸めシキ被り広袖上衣長袴姿で右手メシゲ左手不明	シキは黒。上衣は赤で袴は白に黒の縦縞	□有 ⊠無 浮き彫り 僧型椅像 長袴	
No. 7 平成28年10月02日	薩摩川内市祁答院町下手大村岩下 道路沿い	不詳	僧型 立位	95 × 60 × 30 70×30	大シキ光背様被り広袖上衣裁着け袴で右手メシゲ左手指で輪	シキは黒。上衣は赤で袴は白に黒の縦縞	□有 ⊠無 浮き彫り 僧型立像 裁着け袴	頭丸める
No. 8 平成28年10月02日	薩摩川内市祁答院町蘭牟田薩摩田 道路沿い	不詳	自然石	58 × 46 × 28	なし	彩色なし	□有 ⊠無 自然石	2～3個の石が載せてある
No. 9 平成28年10月02日	薩摩川内市祁答院町下手轟 道路沿い	不詳	不明	70 × 40 × 40 53×25	風化強く被り物や持物は不明で広袖上衣に裁着け袴	彩色なし	□有 ⊠無 浮き彫り 不明	
No. 10 平成28年10月02日	薩摩川内市祁答院町下手上仕明 道路沿い	不詳	僧型 椅像	115 × 50 × 35 58×36	シキ被り広袖上衣に裁着け袴姿で頭陀袋様なもの下げる	口に紅あり	□有 ⊠無 浮き彫り 僧型椅像 裁着け袴	風化強く頭陀袋か否かは不明
No. 11 平成28年10月02日	薩摩川内市祁答院町下手大村松坂 道路沿い	不詳	僧型 椅像	90 × 75 × 35 66×55	シキ被り広袖上衣長袴姿で右手メシゲ左手不明	シキは黒。上衣は赤で袴は白に黒の縦縞	□有 ⊠無 浮き彫り 僧型椅像 長袴	頭丸める
No. 12 平成28年10月02日	薩摩川内市祁答院町下手馬頃尾 道路沿い	不詳	僧型 椅像	96 × 70 × 50 52×45	シキ被り広袖上衣長袴姿で右手メシゲ左手不明	シキは黒。上衣は赤で袴は白に黒の縦縞	□有 ⊠無 浮き彫り 僧型椅像 長袴	頭丸める

a. 薩摩半島　3-4 薩摩川内市祁答院町の田の神石像　349

3-5 薩摩川内市樋脇町の田の神石像

番　号 撮影日	住　所 置場所	製作年月日	像型・形態	サイズcm	持ち物	彩色	祠	その他
No.　1 平成28年11月20日	薩摩川内市樋脇町塔之原弥地山 道路沿い	寛政2年(1790年)	農民型 立位	85 × 46 × 46 市有形民俗文化財	大シキ被り着物に股引き右手メシゲ左手扇子	彩色なし	□有 ☒無 浮き彫り 農民型立像	後方からは男性像。田の神像のサイズは56×28cm
No.　2 平成28年11月20日	薩摩川内市樋脇町塔之原本庵 玉淵寺跡	正徳4年(1714年)	鎧兜姿武士像 立位	74 × 42 × 25	鎧兜姿右手に錫杖で左手に棒みたいなものを持つ	彩色なし	□有 ☒無 単体彫り 鎧兜姿武士像型	昭和57年に移設され兜面の田の神は江戸時代にはない
No.　3 平成28年11月20日	薩摩川内市樋脇町塔之原 牟礼 道路沿い	不詳	僧型 立位	75 × 54 × 27	誌公帽子様被り広袖上衣差袴姿で右手欠損左手おにぎり	彩色なし	□有 ☒無 単体彫り 僧型立像	記念碑と並び全身に地衣が強い
No.　4 平成28年11月20日	薩摩川内市樋脇町市比野 竹山 道路沿い高台	不詳	僧型 立位	70 × 40 × 17	風化強いが広袖上衣に差袴姿で持ち物は不明	彩色なし	□有 ☒無 浮き彫り 僧型立像	像の上に太陽が描かれている。頭丸める
No.　5 平成28年11月20日	薩摩川内市樋脇町市比野城之下 道路沿い高台	昭和23年(1948年)	自然石文字彫 	120 × 40 × サイズはおよそ	なし	彩色なし	□有 ☒無 自然石文字彫	「田之神」の刻銘あり
No.　6 平成28年11月20日	薩摩川内市樋脇町市比野 笹原 道路沿い水田	不詳	農民型 座位	68 × 48 × 45	大きなシキ被り長袖上衣袴姿で両手で大きなメシゲ	彩色なし	□有 ☒無 浮き彫り 農民型座像	口を真一文字ぬ結ぶ
No.　7 平成28年11月20日	薩摩川内市樋脇町比野向湯① 道路沿い	享保15年(1730年)	自然石文字彫	87 × 40 × 30	なし	彩色なし	□有 ☒無 自然石文字彫	「鉄奉造立田神一尊 大呂吉祥日」の刻銘あり
No.　8 平成28年11月20日	薩摩川内市樋脇町比野向湯② 道路沿い	不詳	自然石	55 × 48 × 44	なし	彩色なし	□有 ☒無 自然石	―
No.　9 平成28年11月20日	薩摩川内市樋脇町比野上段後 道路脇木之下	不詳	僧型 立位	120 × 90 × 25 サイズはおよそ	シキ被り長袖上衣に差袴姿で右手メシゲ左手椀	一部に茶褐色あり	□有 ☒無 浮き彫り 僧型立像	分かりにくい木のもとにあり地衣が強い。両足見える
No.　10 平成28年11月20日	薩摩川内市樋脇町比野矢箸野 道路沿い	不詳	農民型 立位	78 × 48 × 26	シキ被り長袖上衣裁着け姿で右手メシゲ左手スリコギ	シキには縄の文様あり。薄茶褐色残る	□有 □無 浮き彫り 農民型立像	シキの下でタオルを顎で結ぶ
No.　11 平成28年11月20日	薩摩川内市樋脇町市比野下之湯 道路沿い	不詳(昭和年代と思われる)	自然石文字彫 	90 × 40 × 20	なし	彩色なし	□有 ☒無 自然石文字彫	「田之神」の刻銘あり。下に2体の小さな田の神あり
No.　12 平成28年11月20日	薩摩川内市樋脇町塔之原 三島 道路沿い敷地	不詳	僧型 座位	64 × 44 × 40	総髪で長袖僧衣に袴姿で両手を合わせ座位保つ	彩色ないが地衣が強い	□有 ☒無 単体彫り 僧型座像	仁王様の横にあり

4　いちき串木野市の田の神石像

番号 撮影日	住所 置場所	製作年月日	像型・形態	サイズcm	持ち物	彩色	祠	その他
No. 1 平成28年02月13日	いちき串木野市高見町 公園内	不詳	農民型 立位	90×78×60 68×48	シキ不明で長袖上衣と袴姿で右手メシゲ左手椀	全身が白色に彩色し黒い線で縁取り	□有 ☒無 浮き彫り 農民型立像	自然石の上部がシキにもみえ両足見える。近くから移設
No. 2 平成28年02月13日	いちき串木野市薩摩山 空き地川沿い	大正13年(1924年)	一石双体浮き彫り男女像型 立位	50×45×29 25×21,28×22	左女神;頭髪流し留袖着物で右手手振錫杖左手不明	右男神;顎紐の笠被り長袖上衣袴姿で右手メシゲ左手椀	□有 ☒無 道祖神的並立型	男性像は頭にタオル被り顎で結びその上敷き笠載せる
No. 3 平成28年02月13日	いちき串木野市下名 芹ケ野 道路沿い	不詳	一石双体浮き彫り男女像型 不明	105×159×32 70×35,70×40	風化強く顔や着物・持ち物不明。左女性像で右男性像か?	線刻で薄いピンク色に顔面が着色してある	□有 ☒無 道祖神的並立型	
No. 4 平成28年02月13日	いちき串木野市平江 水田の高台	不詳	農民型 立位	95×62×50 70×45	シキ不明で長袖上衣と袴姿で右手メシゲ左手椀	全体が白く彩色されている	□有 ☒無 浮き彫り 農民型立像	大正年間初め盗まれ代わりに作成された。No1に似る
No. 5 平成28年02月13日	いちき串木野市野元 水田	天保15年(1844年)	田の神舞神職型 立位	68×50×35	シキ被り長袖和服・袴姿で右手大きなメシゲ左手椀	彩色なし	□有 ☒無 単体彫り 田の神舞神職型	シキの一部は破損で後方からは男性根
No. 6 平成28年02月13日	いちき串木野市中向 水田	不詳	田の神舞神職型 立位	50×33×24	シキ被り長袖上衣着け袴右手メシゲ垂直に左手腰紐に	彩色なし	□有 ☒無 単体彫り 田の神舞神職型	表情が怖いが、後方からは男性根。右足前に出す
No. 7 平成28年11月06日	いちき串木野市河原(こはい) 道路沿い高台	延享4年(1747年)	神像型立像 立位	70×30×30	冠から垂纓後ろに垂れ髭伸ばし胸の前で笏持つ	神官の威厳のある立ち姿。顔が白く彩色	□有 ☒無 単体彫り 神像型立像	県内でも初期の頃の作でもう1体は元文2年(1737年)
No. 8 平成28年11月06日	いちき串木野市上名(かみみょう) 交流センター敷地	文久2年(1862年)	一石双体浮き彫り男女像型 立位	90×110×55 50×35,50×44	左女神;髪束め留袖和服で右手手振錫杖左手物なし	男神;顎紐の笠被り長袖裁着け袴右手メシゲ左手	□有 ☒無 道祖神的並立型	右男神は笠を肩まで広がり顎で結ぶ
No. 9 平成28年11月06日	いちき串木野市上名 交流センター敷地	不詳	不明 胸のみ	60×70×45	シキ被り広袖上衣に袴姿で持ち物などは不明	彩色なし	□有 ☒無 単体彫り 不明	No8と一緒に並ぶ
No. 10 平成28年11月06日	いちき串木野市河内(かわち) 道路沿い	万延元年(1860年)	一石双体浮き彫り男女像型 立位	76×110×50 74×44,74×44	左女神;髪なく留袖和服姿で両手で大きなメシゲ持つ	右男神;冠被り長袖上衣差袴姿で両手で笏を持つ	□有 ☒無 道祖神的並立型	右の男神は神像型立像
No. 11 平成28年11月06日	いちき串木野市生福 坂下 水田高台	延享4年(1747年)	神像型立像 立位	85×55×36	纓のある冠被り衣冠束帯で両手笏持ち髭伸ばす	威厳がある立ち姿。彩色なし	□有 ☒無 単体彫り 神像型立像	背後までは行けるが前面からの撮影は厳しい
No. 12 平成28年11月06日	いちき串木野市生福生野(いくの) 水田	不詳	一石双体浮き彫り男女像型 立位	100×96×20 共に高さ50cm	左女神;髪を束ね留袖風和服で右手錫杖左手握り飯か宝珠	男神;顎紐笠被り長袖上着裁着け袴右手メシゲ左手椀	□有 ☒無 道祖神的並立型	男性像は頭にタオル被り顎で結びその上に敷き笠載せる

番 号 撮影日	住 所 置場所	製作年月日	像型・形態	サイズcm	持ち物	彩色	祠	その他
No. 13 平成28年11月06日	いちき串木野市 生野 福薗 神社境内	文久2年(1862年)	一石双体浮き彫り男女像型 立位	107×　×	左男神；髪束め留和服に右手振り鍋杖左手欠損	右男神；顎紐の笠被り長袖上衣裁着け袴右手メシゲ左手椀	□有 ☒無 道祖神的並立型	男性像は頭にタオル被り頸で結びその上に敷き笠載せる
No. 14 平成28年11月06日	いちき串木野市 生野 下石野① 個人宅敷地	元文3年(1738年)	神像型立像 立位	50×30×18	纓のある冠を被り衣冠束帯で両手で笏を持つ	彩色なし。H10年頃田畑の耕地整理で現在地	□有 ☒無 単体彫り 神像型立像	胴体に亀裂あり、祖父から大切に祀って来たとのこと
No. 15 平成28年11月06日	いちき串木野市 生野 下石野② 個人宅敷地	天保13年(1842年)	田の神舞神職型 立位	65×41×32	シキ被り長袖上衣に袴で右手メシゲ立て左手は椀	彩色なし	□有 ☒無 単体彫り 田の神舞 神職型	メシゲを垂直に持ちシキが左に傾く
No. 16 平成28年11月06日	いちき串木野市 生野 下石野③ 個人宅敷地	文久2年(1862年)	一石双体浮き彫り男女像型 立位	100×106×	左女神；髪束め留和服に右手振り鍋杖左手なし	右男神；顎紐の笠被り長袖上衣裁着け袴右手メシゲ左手椀	□有 ☒無 道祖神的並立型	男性像は頭にタオル被り頸で結びその上に敷き笠載せる
No. 17 平成28年11月06日	いちき串木野生 福大六野① 道路下水田	不詳	田の神舞神職型 立位	65×70×32	シキ被り長袖上衣に袴で右手メシゲを立て左手先欠損	彩色なし	□有 ☒無 単体彫り 田の神舞 神職型	地衣が強い
No. 18 平成28年11月06日	いちき串木野生 福大六野② 道路下水田	不詳	神像型立像 立位	50×30×18	纓のある冠を被り衣冠束帯で両手で笏を持つ	彩色なし	□有 ☒無 単体彫り 神像型立像	風化強く持ち物は不明だが笏を持つと思われる
No. 19 平成28年11月13日	いちき串木野市 冠岳 岩下 道路沿い高台	不詳	一石双体浮き彫り男女像型 立位	110×100×36 48×43、45×28	左女神；髪束ね長袖上衣袴姿で右手振り鍋杖左手は不明	右男神；顎紐あり笠被り長袖上衣差袴右手メシゲ左手椀	□有 ☒無 道祖神的並立型	差袴(さしこ)は裾を括らず
No. 20 平成28年11月13日	いちき串木野市 川上 小手前 道路沿い	不詳	田の神舞神職型 立位	74×80×46	肩までシキ被り広袖上衣差袴姿で右手メシゲ左手椀	彩色なし	□有 ☒無 単体彫り 田の神舞 神職型	立派な台石の上に立つ。両足が見える
No. 21 平成28年11月13日	いちき串木野市 川上 中組 水田高台	明治7年(1874年)	田の神舞神職型 立位	110×80×45	肩までシキ被り広袖上衣裁着け袴で右手メシゲ左手椀	彩色なし	□有 ☒無 単体彫り 田の神舞 神職型	立派な台石の上に立つ。両足が見える
No. 22 平成28年11月13日	いちき串木野市 下名別府旧塩田 川沿い堤防	文久2年(1862年)	田の神舞神職型 立位	75×72×30	肩までシキ被り広袖上衣袴姿で右手メシゲ左手椀	彩色なし	□有 ☒無 浮き彫り 田の神舞 神職型	傾斜がきつく撮影に苦労した。両足が見える
No. 23 平成28年11月13日	いちき串木野市 下名静之尾 静之尾公民館	不詳	田の神舞神職型 立位	101×78×16	頭丸めて広袖差袴姿で右手メシゲ左手椀	全体的に薄茶色	□有 ☒無 浮き彫り 田の神舞 神職型	以前は尻塞川の川べりにあった
No. 24 平成28年11月13日	いちき串木野市 下名静之尾高田 道路沿い荒地	文久3年(1863年)	田の神舞神職型 立位	70×70×30	頭丸めて広袖上衣差袴姿で右手メシゲ左手椀を持つ	彩色なし	□有 ☒無 浮き彫り 田の神舞 神職型	記念碑と並び昭和38年に現在地で台石は土の中

番号 撮影日	住 所 置場所	製作年月日	像型・形態	サイズcm	持ち物	彩色	祠	その他
No. 25 平成28年11月13日	いちき串木野市 内門 水田道路沿い	不詳	不明 胸像	44 × 38 × 36	胸像で丸坊主で耳が大きく両手を合わせている	彩色なし	□有 ☒無 単体彫り 胸像不明	地蔵型にも見える
No. 26 平成28年12月11日	いちき串木野市 荒川 大河内 道路下水田	不詳	農民型 立位	60 × 40 × 17	頭のタオル巻き長袖上衣に袴姿で持ち物は不明	彩色なし	□有 ☒無 浮き彫り 農民型立像	
No. 27 平成28年12月11日	いちき串木野市 荒川 大河内 水田	不詳	自然石	40 × 28 × 16	なし	彩色なし	□有 ☒無 自然石	
No. 28 平成28年12月18日	いちき串木野市 羽島 土川 水田	明治38年(1905年)	一石双体浮き彫り男女像型 立位	58 × 28 × 13 30×13, 28×12	風化強いが女神は髪を束ね和服で右手メシゲ	男神は冠を被った神像型立像と思われる	□有 ☒無 道祖神的 並立型	
No. 29 平成28年12月11日	いちき串木野市 羽島 萩元 交流センター内	不詳	農民型 立位	60 × 32 × 19	シキ被り長袖上衣裁着け袴で右手持ち物なく左手椀	袴は黒茶色で他はすべて白色	□有 ☒無 単体彫り 農民型立像	
No. 30 平成28年11月13	いちき串木野市 麓 入来家 個人宅庭	享保11年(1726年)	僧型 立位	63 × 32 × 23	シキ被り長袖上衣袴姿で右手錫杖左手衣に当て	彩色なし。隈之城から入来家が貰ったとか	□有 ☒無 単体彫り 僧型立像	個人宅の主人に丁寧に説明を頂く。この地域で最古
No. 31 平成28年12月18日	いちき串木野市 上名 袴田 道路沿い斜面	文久2年(1862年)	二石双体単体彫り男女像 立位	140 × 56 × 共に56×57×30	左女神;シキ被り広袖上衣に袴姿で右手メシゲ左手椀	右男神;襷の冠被り広袖上衣に袴姿で両手で笏	□有 ☒無 単体丸彫り 男女並立型	左側は女神の僧型立像で右は男神で神像型立像
No. 32 平成28年11月20日	いちき串木野市 市来町 水田道路沿い	不詳	神像型立像 立位	90 × 90 × 43 59×35	中国の道士風の冠被り衣冠束帯で両手で笏を持つ	彩色なし(昭和9年台座まで写されている)	□有 ☒無 浮き彫り 神像型立像	県立市来農芸高校実習田そばの路傍

a.薩摩半島　4いちき串木野市の田の神石像　353

番　号 撮影日	住　所 置場所	製作年月日	像型・形態	サイズcm	持ち物	彩色	祠	その他
No. B－ 1	いちき串木野市 上名 麓竹之下	文久2年(1862年)	一石双体浮き彫り男女像型 立位	72 × 105 × 43	左女神;髪束ね長袖上衣袴姿で右手手振り錫杖左手は不明	右男神;顎紐ある笠被り長袖上衣長袴右手メシゲ左手椀	□有 ☒無 道祖神的並立型	
No. B－ 2	いちき串木野市 上名 麓 南方神社北	文久7年(1867年)	不明 座位	58 × 75 × 38	不明	彩色不明	□有 ☒無 単体彫り不明	住民の方に聞き何度探すも不明
No. B－ 3	いちき串木野市 上名 麓	享保11年(1726年)	僧型 立位	63 × 35 × 20	シキ被り長袖上衣袴姿で総髪あり右手錫杖持つ	彩色なし	□有 ☒無 単体彫り僧型立像	入来家が隈之城町からもらってきた串木野市で最古
No. B－ 4	いちき串木野市 尾白江町	不詳	田の神舞神職型 立位	67 × 30 × 31	シキ被り長袖上衣袴姿で右手大メシゲ左手おにぎりか宝珠	彩色なし	□有 ☒無 単体彫り田の神舞神職型	大正年間に都町麦にあったもので盗まれたものとか
No. B－ 5	いちき串木野市 下名 深田下	不詳	農民型立像 立位	50 × 30 ×	笠形冠を被り長袖上衣で右手メシゲ左手椀を持つ	彩色なし	□有 ☒無 単体彫り農民型立像	下の着物は袴かズボンか不明
No. B－ 6	いちき串木野市 荒川 大河内	不詳	農民型立像 立位	60 × 40 × 17	シキ被り長袖上衣に裁着け袴姿で持ち物不明	彩色なし	□有 ☒無 浮き彫り農民型立像	
No. B－ 7	いちき串木野市 荒川 大河内	不詳	自然石	40 × ×	なし	彩色なし	□有 ☒無 自然石	
No. B－ 8	いちき串木野市 土川 小字垣内	明治38年(1907年)	一石双体浮き彫り男女像型 立位	34 × 28 × 12	左女神は髪を束ねて広袖上衣に袴姿	右男神は髪を束ねて広袖上衣に袴姿	□有 ☒無 道祖神的並立型	

5-1 日置市東市来町の田の神石像

番 号 撮影日	住 所 置場所	製作年月日	像型・形態	サイズcm	持ち物	彩色	祠	その他
No. 1 平成28年03月27日	日置市東市来町 養母元養母 水田(左側)	明和6年(1769年)	神像型立像 立位	95 × 46 × 27 県有形民俗文化財	纓付冠被り衣冠束帯的立位で地に着く長袖衣で両手で笏持つ	彩色なし	□有 ☒無 単体彫り 神像型立像	眉吊り上った憤怒相で顎鬚あり、神像型立像の発祥の地
No. 2 平成28年03月27日	日置市東市来町 養母元養母 水田(右側)	不詳	神像型立像 立位	76 × 34 × 26	纓付冠被り衣冠束帯的立位で地に着く長袖衣で両手で笏持つ	彩色なし	□有 ☒無 単体彫り 神像型立像	両手で笏を持ち恰好するも笏はなし。比較的新しい
No. 3 平成28年03月27日	日置市東市来町 湯田 人家の道路沿い	元文4年(1739年)	田の神舞神職型 立位	74 × 45 × 34 県有形民俗文化財	大笠状シキ被り表情豊かな笑顔で右手メシゲ笠上に載せた手椀	彩色なし	□有 ☒無 単体彫り 田の神舞神職型	前方はくくり袴後方から長袴姿で長袴から短袴の過渡期
No. 4 平成28年05月15日	日置市東市来町 神之川 道路沿い	寛延3年(1750年)	不明 立位	78 × 45 × 30	シキ被り長袖和服・ズボン姿で右手メシゲ左手椀	風化強くシキと顔面は破損し型不明。彩色なし	□有 ☒無 単体彫り 不明	記念碑などと並ぶ
No. 5 平成28年05月15日	日置市東市来町 南神之川 水田	不詳	僧型 立位	55 × 33 × 27	シキ被り長袖上衣くくり袴姿で右手メシゲ左手椀	風化強く表情など不明。彩色なし	□有 ☒無 単体彫り 僧型立像	細い道路で発見困難。地衣が多く着く。頭丸める
No. 6 平成28年03月27日	日置市東市来町 湯田 堀内① 交差点角地	安永6年(1777年)	田の神舞神職型 立位	97 × 90 × 45 78×48	被り物不明で長袖上衣裁着け袴姿で右手メシゲ左手椀	彩色なし	□有 ☒無 浮き彫り 田の神舞神職型	丸顔の田の神でメシゲ立てて持ち左手は下に下げ椀持つ
No. 7 平成28年12月25日	日置市東市来町 湯田 堀内② 道路交差点120	弘化5年(1848年)	田の神舞神職型 立位	120 × 90 × 45 78×60	被り物不明で長袖上衣裁着け袴姿で右手メシゲ左手椀	彩色なし	□有 ☒無 浮き彫り 田の神舞神職型	丸顔で下がり目の優しい表情でメシゲは顔横に挙げる
No. 8 平成28年12月25日	日置市東市来町 上伊作 水田の道路沿い	寛政11年(1799年)	田の神職型 立位	120 × 56 × 33 76×40	被り物不明で長袖上衣に短袴姿で右手メシゲ左手椀	彩色なし	□有 ☒無 浮き彫り 田の神舞神職型	メシゲは立てて持つが風化強く顔の表情は不明
No. 9 平成28年12月25日	日置市東市来町 麓上(ふもとかみ) 道路沿い	不詳	田の神舞神職型 立位	95 × 75 × 30 73×40	被り物不明で長袖上衣に短袴姿で右手メシゲ左手椀	彩色なし	□有 ☒無 浮き彫り 田の神舞神職型	メシゲは立てて持つが風化強く顔の表情は不明
No. 10 平成28年12月25日	日置市東市来町 湯田皆田 水田	不詳	田の神舞神職型 立位	67 × 36 × 36	大きなシキ被り広袖上衣袴姿で右手メシゲ左手飯盛椀	彩色なし	□有 ☒無 単体彫り 田の神舞神職型	メシゲは立てて持ち両足裸足で背中が膨らんで見える
No. 11 平成28年12月25日	日置市東市来町 湯田堅山 道路沿い	昭和63年(1988年)	田の神舞神職型 立位	78 × 40 × 34	シキ被り広袖上衣袴姿で右手メシゲ左手飯盛椀持つ	彩色なし(No10と酷似で同一作者？)	□有 ☒無 単体彫り 田の神舞神職型	メシゲは立てて持ち両足裸足で背中が膨らんで見える
No. 12 平成28年12月25日	日置市東市来町 養母鉾之原 道路沿い高台	寛延2年(1749年)	神像型立像 立位	92 × 40 × 35	纓の着いた冠被り衣冠束帯で両手で笏を持つ	彩色なし(他の多くの石造物と並ぶ)	□有 ☒無 単体彫り 神像型立像	顎鬚をたくわえ長い袖で台座まで垂れ台座一体の石像

a. 薩摩半島　5-1 日置市東市来町の田の神石像　355

番号 撮影日	住所 置場所	製作年月日	像型・形態	サイズcm	持ち物	彩色	祠	その他
No. 13 平成28年12月25日	日置市東市来町 養母 田代西 水田	不詳	田の神舞神職型 不明	55 × 35 × 35	シキ被り長袖上衣で右手メシゲ左手腕下半身土中	彩色なし	□有 ☒無 単体彫り 田の神舞 神職型	現在は上半身のみが地上に出ている
No. 14 平成28年12月25日	日置市東市来町養母田代西堂之迫 水田	不詳	田の神舞神職型 立位	115 × 57 × 40 70×45	シキ被り長袖上衣短袴姿で右手メシゲ左手握り飯	彩色なし	□有 ☒無 浮き彫り 田の神舞 神職型	風化強く顔の表情不明で短袴から裸足が見える
No. 15 平成28年12月25日	日置市東市来町養母 萩（おぎ） 水田畦道	元文4年(1739年)	神像型立像 立位	82 × 40 × 35	纓の着いた冠被り衣冠束帯で両手笏持つ	首はセメントで補修。彩色なし	□有 ☒無 単体彫り 神像型立像	神像型立像では県内最古。県の文化財には指定なし

5-2 日置市日吉町の田の神石像

番号 撮影日	住所 置場所	製作年月日	像型・形態	サイズcm	持ち物	彩色	祠	その他
No. 1 平成28年05月15日	日置市日吉町山田 道路沿い	宝永7年(1710年)	僧型 立位	75 × 50 × 28	大きなシキ背にまで被り長衣で右手欠け左手椀	風化強く表情などは不明。彩色なし	□有 ☒無 単体彫り 僧型立像	本町で最古で県内でも二番目に古い。素足姿
No. 2 平成28年05月15日	日置市日吉町城の下(しろのした) 水田	不詳	不明 立位	56 × 37 × 22	風化強く表情や持ち物などは判明できず	彩色なし	□有 ☒無 不明	
No. 3 平成28年05月15日	日置市日吉町中牟田 道路沿い	不詳	僧型 立位	90 × 40 × 03	大シキ背まで被り長衣袖僧衣で右手メシゲを手不明	持ち物と表情などは風化強く不明。彩色なし	□有 ☒無 単体彫り 僧型立像	四角い台座の下に蓮華紋の大きな台座あり
No. 4 平成28年05月15日	日置市日吉町吉利 鬼丸 神社境内	昭和2年(1927年)	自然石文字彫	120 × 50 × 35	なし	彩色なし	□有 ☒無 自然石文字彫	正面に「田之神」と彫ってある
No. 5 平成28年05月15日	日置市日吉町田平 水田	不詳	田の神舞神職型 立位	55 × 48 × 33	シキ被り長袖上衣にくくり袴姿で右手メシゲ左手椀	鼻筋が白く塗ってある	□有 ☒無 単体彫り 田の神舞神職型	大きな岩の上にある。素足
No. 6 平成28年05月15日	日置市日吉町扇尾 道路沿い	不詳	田の神舞神職型 立位	75 × 35 × 20	頭丸めシキ被り袖長上衣くくり袴姿で右手メシゲ左手破損	彩色なし	□有 ☒無 単体彫り 田の神舞神職型	他の記念碑などと並び口を開けた笑みを浮かべる
No. 7 平成28年05月14日	日置市日吉町笠ヶ野(かさごん) 道路沿い高台	宝暦7年(1757年)	仏像型 立位	180 × 80 × 45 67×46×14	シキ被り地まで届く長袖僧衣姿で両手大メシゲ持つ	地蔵の錫杖がメシゲに。彩色なし	□有 ☒無 浮き彫り 仏像型立像	大きな石の上に大きな石を舟形に削り浮き彫りにしてある

5-3 日置市伊集院町の田の神石像

番号 撮影日	住所 置場所	製作年月日	像型・形態	サイズcm	持ち物	彩色	祠	その他
No. 1 平成28年04月24日	日置市伊集院町 清藤(左側) 道路沿い	不詳	僧型 上半身のみ	78 × 40 × 33	点刻シキ被り細 長顔に袂短い上 衣姿で右手メシ ゲ左手不明	顔が白っぽく 彩色	□有 ☒無 単体彫り 僧型上半 身のみ	No3と雰囲気 が良く似てい る(右側)。背にワラ ット
No. 2 平成28年04月24日	日置市伊集院町 清藤(中央) 道路沿い	不詳	僧型 立位	60 × 22 × 33	シキ被り長衣・ 長袴姿前で帯 結ぶ右手メシ ゲ左手鍬	全体的に薄 茶色	□有 ☒無 単体彫り 僧型立位 長袴	しきは一部破 損。顔は風化 強く表情は不 明
No. 3 平成28年04月24日	日置市伊集院町 清藤(右側) 道路沿い	不詳	僧型 上半身のみ	84 × 40 × 33	大点刻シキ被り 総髪に袂短い上 衣姿で風化 強く持ち物不明	彩色なし	□有 ☒無 単体彫り 僧型上半 身のみ	No1からNo3 は並列してい る。背にワラ ット
No. 4 平成28年04月24日	日置市伊集院町 郡(こおり) 水田	不詳	田の神舞神 職型 立位	46 × 40 × 23	シキ被り筒袖上 衣長袴で帯結 び右手メシゲ左 手破損	彩色なし	□有 □無 田の神舞 神職型	細い水田の畦 道で撮影困 難。風化強く顔 の表情不明
No. 5 平成28年04月24日	日置市伊集院町 下谷口 水田高台	大正7年(191 8年)	石碑型	40 × 16 × 15	なし	なし	□有 ☒無 石碑型	雨の中線路 沿いで大変で した
No. 6 平成28年04月24日	日置市伊集院町 下谷口 水田高台	元文7年(1742 年)	田の神舞神 職型 立位	100 × 50 × 40	シキ被り長袖上 衣長着け袴で右 手メシゲ左手椀 で右足前	一部赤茶色 の彩色あり	□有 ☒無 単体彫り 田の神舞 神職型	躍動的。背後 からは陽石 型。背にワラ ット
No. 7 平成28年04月24日	日置市伊集院町 下谷口下方限 公民館横敷地	明治6年(1873 年)	田の神舞神職 型 立位	78 × 48 × 37	シキ被り長袖上 衣長着け袴で右 手メシゲ左手椀 で左足前	一部赤茶色 の彩色あり	□有 ☒無 単体彫り 田の神舞 神職型	躍動的だが風 化強く背後から は陽石型。背 にワラット
No. 8 平成28年04月24日	日置市伊集院町 大田中 水田	不詳	僧型 立位	72 × 37 × 32	シキ被り眉間に しわで顎髭翁風 長袖上衣・袴姿 手は両脇に輪	彩色なし	□有 ☒無 単体彫り 僧型立位	両手の輪は破 損し強く明確 ではない
No. 9 平成28年04月24日	日置市伊集院町 寺脇 水田	不詳	僧型 立位	70 × 42 × 35	後らに長いシキ 被り長袖上衣袴 姿で右手メシゲ 左手椀	彩色なし	□有 ☒無 単体彫り 僧型立位	シキは笠状で 後方に長く風 変り。ワラット 背負う
No. 10 平成28年04月24日	日置市伊集院町 寺脇バス停近く 道路沿い	不詳(かなり古 いと思われる)	道祖神的並 立型 立像	67 × 90 × 22 52×33, 52×33	風化が強く中2 体の顔の表情・ 着物・持ち物な どは不明	なし	□有 ☒無 道祖神的 並立型	走行中に偶然 見つけるも風 化強く2体の様 子全く不明
No. 11 平成28年04月24日	日置市伊集院町 飯牟礼 道路沿い	安永2年(177 3年)	田の神舞神 職型 立位	80 × 43 × 37	シキ被り長袖上 衣長着け袴で右 手メシゲ左手椀 で左足前	一部赤茶色 の彩色あり	□有 ☒無 単体彫り 田の神舞 神職型	袴の前割れあ り。背面袴腰あ り。背にワラット

5-4 日置市吹上町の田の神石像

番号 撮影日	住所 置場所	製作年月日	像型・形態	サイズcm	持ち物	彩色	祠	その他
No. 1 平成28年04月03日	日置市吹上町 与倉 下与倉 道路沿い（左側）	享保3年(1718年)	旅僧型 立位	85 × 35 × 25	甑のシキ被り袂短い上衣と裁着け袴右手メシゲ左手不明	彩色なし。粗い凝灰岩で風化強く顔表情不明	□有 ☒無 単体彫り 旅僧型 裁着け袴	背面に袴腰つく長袴が彫られ後方からは袴の種類異なる
No. 2 平成28年04月03日	日置市吹上町 与倉 下与倉 道路沿い（右側）	不詳	僧型 立位	70 ×43 × 28	頭部破損し長袖上衣にヒダ多い長袴右手錫杖の棒左手椀	粗い凝灰岩で彩色なし	□有 ☒無 浮き彫り 僧型立像 長袴	No1と並列
No. 3 平成28年04月03日	日置市吹上町 中田尻 公民館道路沿い	享保2年(1717年) 県有形民俗文化財	僧型 立位	95 ×40 × 30	肩までシキ被り長袖上衣ダ付き長袴で右手小メシゲ左手鍬	左手の鍵状に曲がった鍬は原始的。彩色なし	□有 ☒無 単体彫り 僧型立像 長袴	水波雲竜紋の上台・中台・下台あり、シキは編目が丁寧
No. 4 平成28年04月17日	日置市吹上町 永吉 麓 水田	不詳	自然石	70 × 35 × 27	胴体に見たてた石の上に頭らしい丸みのある石	なし	□有 ☒無 自然石	以前は2個の自然石が重なてあったがバラバラになる
No. 5 平成28年04月17日	日置市吹上町 永吉 下草田 道路沿い	不詳	旅僧型 立位	85 × 38 × 30	甑様シキ被り袂短い上衣裁着け袴右手メシゲ左腕で背ワラゾト	背後からは陽石に見える。彩色なし。凝灰岩	□有 ☒無 単体彫り 旅僧型 裁着け袴	背面に袴腰つく長袴が彫られ後から袴の種類異なる
No. 6 平成28年04月03日	日置市吹上町花塾里（けじゅくり） 砂防林松林端	享保8年(1723年)	僧型 立位	72 ×39 × 24	頭巾が肩の上迄垂れ長い袖の上衣にヒダの多い長袴をつける	左手に一束の稲を持ち右手に尖りのある宝珠？彩色なし	□有 ☒無 単体彫り 僧型立像 長袴	蓮弁の台石と角台石で麻や稲は錫とメシゲ持ち以前の型
No. 7 平成28年04月17日	日置市吹上町小野（左側） 道路沿い敷地	不詳	僧型 立位	48 × 30 × 20	シキ被り袂短い上衣・袴姿で破損強く顔持ち物は不明	彩色なし	□有 ☒無 単体彫り 僧型立像	No8と並立し風化強い。後から陽石状
No. 8 平成28年04月17日	日置市吹上町小野（右側） 道路沿い敷地	寛永3年(1750年)	僧型 立位	63 ×38 × 25	シキ被り袂短い上衣・裁着け姿で右手メシゲ左手椀	彩色なし。凝灰岩でシキは欠損し風化強い	□有 ☒無 単体彫り 僧型立像 裁着け袴	シキの一部は破損し。後から陽石状
No. 9 平成28年04月17日	日置市吹上町 田尻 上田尻 道路沿い	文化4年(1807年)	僧型 立位	72 ×32 × 36	甑シキ被り袂短い上衣と裁着け袴右手メシゲ左手椀	大きなシキ被り右足前で、彩色はなし	□有 ☒無 単体彫り 僧型立像 裁着け袴	風化強く顔の表情は不明、後から陽石状
No. 10 平成28年04月17日	日置市吹上町 今田 公民館	不詳	僧型 立位	75 × 46 × 33	シキ被り長袖和服裁着け袴で破損強く顔持ち物不明	彩色なく台座の雲竜紋から享保年間作か	□有 ☒無 単体彫り 僧型立像 裁着け袴	後方からは陽石状に見える
No. 11 平成28年04月17日	日置市吹上町 入来 道路沿い	不詳	僧型 立位	80 × 40 × 34	シキ被り長衣着るも風化強く顔や持ち物の詳細は不明	彩色なし	□有 ☒無 単体彫り 僧型立像	排水耕地記念碑などと並ぶ
No. 12 平成28年04月17日	日置市吹上町 中之里（左側） 道路沿い	不詳	不明	52 ×30 × 27	破損ひどく頭部は穴。顔や持ち物は不明。右手メシゲ？左手椀	彩色なし	□有 ☒無 単体彫り 不明	左手に椀と思われるものあり

a. 薩摩半島　5-4 日置市吹上町の田の神石像　359

番 号 撮影日	住 所 置場所	製作年月日	像型・形態	サイズcm	持ち物	彩色	祠	その他
No. 13 平成28年04月17日	日置市吹上町 中之里（右側） 道路沿い	不詳	旅僧型 立位	90 × 35 × 38	シキ被り長袖 上衣・裁着け 袴姿で右手メ シゲ左手椀	なし	□有 ☒無 単体彫り 旅僧型裁 着け袴	No11やま かの圃場整 備記念碑な どと並ぶ
No. 14 平成28年04月17日	日置市吹上町 湯之浦 道路沿い高台	明治17年(1884年)	僧型 立位	65 ×50 ×40	シキ被りマント状 の上衣・長袴姿 で右手膝に左手 メシゲ	顔や足など一 部が白く彩色	□有 ☒無 単体彫り 僧型立像 長袴	3つの高い 台石の上に 祀られてい る
No. 15 平成28年04月17日	日置市吹上町 和田 上和田 道路沿い	明治23年(1890年)	僧型 椅像	74 ×40 × 35	シキ被りマント様 上衣と短い袴姿 で右手鍬左手メ シゲ	彩色なし	□有 ☒無 単体彫り 僧型椅像	背に米俵 を背負う
No. 16 平成28年04月17日	日置市吹上町 和田 下和田 道路沿い水田	不詳	僧型 立位	80 × 38 × 40	シキ被り長袖和 服長袴で右手ワ ラヅトの紐持ち 左手メシゲ	米俵を背負 う。顔や衣な ど薄黄色彩色	□有 ☒無 単体彫り 僧型立像 長袴	横の小像物 は田の神で はないと、記 念碑と並ぶ
No. 17 平成28年04月17日	日置市吹上町 駒田 水田高台	不詳	僧型 立位	90 × 40 × 23	シキ被り長袖 衣・長袴姿で 右手メシゲ左 手鍬？	なし	□有 ☒無 単体彫り 僧型立像 長袴	案内板には 農民像と記 載あるが僧 型立像か

6-1 南さつま市金峰町の田の神石像

番号 撮影日	住所 置場所	製作年月日	像型・形態	サイズcm	持ち物	彩色	祠	その他
No. 1 平成28年04月03日	南さつま市金峰町大野 大塚 水田道路沿い	不詳	僧型 立位	75 ×40 ×30	頭巾風シキ被り長袖僧衣右手メシゲの柄持ち背にワラツト	地衣が多く付く。彩色なし	□有 ☒無 単体彫り 僧型立像	台石は土中に埋まる。風化強いが総髪か長く垂らした髪あり
No. 2 平成28年04月03日	南さつま市金峰町大野 京田① 水田(左側)	享保16年(1731年)	僧型 立位	80 ×35 ×20	シキとは判別不能な頭巾被り長袖の僧衣と長袴	両手で麻を持つ。彩色なし	□有 ☒無 単体彫り 僧型立像	これは田の神が麻畑の神でも、あったことにもなる
No. 3 平成28年04月03日	南さつま市金峰町大野 京田② 水田(右側)	不詳	僧型 立位	70 ×35 ×23	頭部破損し改作?長袖僧衣で両手で麻一枚持つ	なし	□有 ☒無 単体彫り 僧型立像	No2の田の神が風化したのでそれに模して作成したもの
No. 4 平成28年04月03日	南さつま市金峰町池辺 竹原 道路沿い水田	不詳	僧型 立位	86 ×40 ×33	シキ肩まで長袖僧衣二枚重ね長袴右手スリコギ左手メシゲ	帯紐前に長く垂らす。彩色なし	□有 ☒無 単体彫り 僧型立像 長袴	頭部は破損強く首でセメント付け頭の大きいでっぷりとしている
No. 5 平成28年04月03日	南さつま市金峰町池辺 塩屋堀 道路沿い敷地	嘉永4年(1851年)	僧型 立位	66 ×42 ×30	シキ被り長袖僧衣長袴で帯紐前に垂し両手メシゲ	彩色なし	□有 ☒無 単体彫り 僧型立像 長袴	波模様、六角柱、蓮華台、四角柱の四段の台石。背にワラツト
No. 6 平成28年04月03日	南さつま市金峰町池辺 稲葉 道路沿い敷地	安政2年(1855年)	僧型 立位	60 ×36 ×25	後跳ね上げたシキ被り長袖僧衣長袴で両手大メシゲ	彩色なし	□有 ☒無 単体彫り 僧型立像 長袴	蓮華台、六角柱、四角柱の台石。背にワラツト
No. 7 平成28年04月03日	南さつま市金峰町池辺 池辺中 道路沿い水田	享保5年(1720年)	僧型 立位	63 ×38 ×30	キャップ状シキ長袖僧衣長袴で右手台鍬左手メシゲ	帯紐を前に長く垂らす。彩色なし	□有 ☒無 単体彫り 僧型立像 長袴	僧型立位の鍬・メシゲ・ワラツト持ちの神
No. 8 平成28年04月03日	南さつま市金峰町大野 下馬場 道路沿い水田	正徳5年(1715年)	僧型 立位	58 ×36 ×25	お地蔵さんみたいな形で長袖の僧衣を着てシキなし	風化強く持ち物は不明。文字に朱色いれてある	□有 ☒無 単体彫り 僧型立像	蓮華台28cm六角柱、台石62×63×30cm
No. 9 平成28年04月03日	南さつま市金峰町池辺 門前 道路沿い	不明	僧型 立位	80 ×38 ×25	シキ被り僧衣と長袴で風化強く顔、持ち物不明	彩色なし	□有 ☒無 単体彫り 僧型立像 長袴	頭と胴体はセメント付け、頭と胸が間違えて逆方向、男根型
No. 10 平成28年04月03日	南さつま市金峰町尾下麓(左) 薬局敷地	文化11年(1814年)	僧型 立位	115×50 ×40	肩までシキ被り長袖僧衣で右手メシゲ左手鍬	彩色なし	□有 ☒無 単体彫り 僧型立像	No11と並列。ワラツト背負う
No. 11 平成28年04月03日	南さつま市金峰町 尾下麓(右) 薬局敷地	不詳	僧型 立位	90 ×40 ×30	長袖僧衣とヒダあり長袴で右手メシゲ左スリコギ?	彩色なし	□有 ☒無 単体彫り 僧型立像 長袴	頭部は欠落するも以前は立派な姿だったと思われる
No. 12 平成28年04月03日	南さつま市金峰町 高橋 川の高い堤防上	享保元年(1716年)	僧型 立位	73 ×34 ×25	シキ被り長袖僧衣姿で両手で鍬を持つ	彩色なし	□有 ☒無 単体彫り 僧型立像 長袴	蓮弁台21cm台石58cm×58cm。ワラツト背負う

番 号 撮影日	住 所 置場所	製作年月日	像型・形態	サイズcm	持ち物	彩色	祠	その他
No. 13 平成28年04月03日	南さつま市金峰町 牟田城 入り込んだ山中	不詳	僧型 立位	60 ×25 ×30	長袖僧衣と長袴で両手台鍬で背大ワラゾト背負う	彩色なし	□有 ☒無 単体彫り 僧型立像 長袴	台石上は蓮華紋で下は角台石。頭部シキの後部残して破損
No. 14 平成28年04月09日	南さつま市金峰町大坂 扇山 道路沿い	文化7年(1810年)	僧型 立位	55 ×29 ×25	シキ被り長袖の僧衣で右手鍬左手メシゲ背にワラット	胴体の割には顔が小さい鍬も小さい。彩色なし	□有 ☒無 単体彫り 僧型立像	切石の台石で、H5年の台風で流されたが元の場所に戻る
No. 15 平成28年04月09日	南さつま市金峰町白川 白川東 道路沿い水田	享保5年(1720年)	僧型 立位	87 ×39 ×37	シキ被り長袖の長衣で右手台鍬で左手メシゲ	ワラゾトを背負う。帯紐が前になびく。彩色なし。	□有 ☒無 単体彫り 僧型立像	蓮華台24cm台石26cmあり。庚申講の人々で建立された代表作
No. 16 平成28年04月09日	南さつま市金峰町白川 白川中 水田	文化10年(1813年)	僧型 立位	63 ×30 ×29	シキちょこんと被り長袖僧衣と長袴で右手鍬左手メシゲ	右肩にワラット背負う。彩色なし	□有 ☒無 単体彫り 僧型立像 長袴	刻字「橘口七〇〇〇」あり。メシゲ持つ左手は欠損
No. 17 平成28年04月09日	南さつま市金峰町白川 白川西 道路沿い高台	不詳	僧型 立位	90 ×30 ×30	肩まで大シキ被り長袖僧衣と長袴で右手鍬左手メシゲ	彩色なし	□有 ☒無 単体彫り 僧型立像 長袴	丸い顔に大きな耳でワラゾトが右肩にかけてある
No. 18 平成28年04月03日	南さつま市金峰町新山 道路沿い高台	元文元年(1736年)	僧型 立位	110 ×45 ×30	頭上に切石載せ長袖僧衣右右手不明で左手鍬	背にワラット背負う。彩色なし	□有 ☒無 単体彫り 僧型立像	顔面はセメント加工で切石はセメント付け
No. 19 平成28年04月09日	南さつま市金峰町 中津野 水田	安永6年(1777年)	旅僧型 立位	87 ×34 ×25	頭巾風大シキ被り僧衣裁着け袴で右手メシゲ左手碗	像全体が薄い赤茶色に彩色	□有 ☒無 単体彫り 旅僧型 裁着け袴	蓮華台あり。台座一体の男根型の田の神
No. 20 平成28年04月09日	南さつま市金峰町浦之名 道路沿い	寛政12年(1800年)	僧型 立位	70 ×30 ×30	シキ被り長袖僧衣と長袴で右手鍬左手メシゲ	面長な顔に大きな耳でシキ前方欠け、彩色なし	□有 ☒無 単体彫り 僧型立像 長袴	台石は粗削りの石柱。穏やかな感じの田の神。背にワラット
No. 21 平成28年04月09日	南さつま市金峰町 宮崎 道路沿い高台	享保17年(1732年) 県有形民俗文化財	僧型 立位	72 ×35 ×30	頭巾風大シキ被り長袖衣長袴で右手小メシゲ左手鍬	像全体が紅柄で着色されていたようである	□有 ☒無 単体彫り 僧型立像 長袴	左手に持つのは鍬状の鍬、もしくはスリコギ

6-2 南さつま市加世田の田の神石像

番号 撮影日	住所 置場所	製作年月日	像型・形態	サイズcm	持ち物	彩色	祠	その他
No. 1 平成28年06月05日	南さつま市加世田 村原花 道路沿い高台	昭和4年(1929年)	神像型座像 座位	70 × 56 × 30	右手メシギと思われるが欠け左手も持ち物不明	衣冠束帯の神像型で○に十の字の紋付の衣。彩色なし	□有 ⊠無 単体彫り 神像型座像	台座の二個の米俵に座り南薩摩では珍しい神像型
No. 2 平成28年06月05日	南さつま市加世田 村原花 道路沿い高台	不詳	僧型 立位	70 × 34 × 28	頭部欠損笠足載せ長袖長衣僧衣で両手メシゲを立て	彩色なし	□有 ⊠無 単体彫り 僧型立像	No1と並立。島津久逸公墓跡碑のある場所
No. 3 平成28年06月05日	南さつま市加世田 益山中小路 水田の道路沿い	不詳	不明 不明	65 × 30 × 25	シキ被るも顔顎だけ残る。風化強く顔も持ち物も不明	4方向に彫ある も不明。彩色なし	□有 ⊠無 単体彫り 不明	No4と並立。中小路はなかしょうじ
No. 4 平成28年06月05日	南さつま市加世田 益山中小路 水田の道路沿い	嘉永2年(1849年)	僧型 椅像	80 × 70 × 38	シキ被り長袖上衣に短袖で右手メシゲ	左手ワラヅトを持ち右肩から斜めに背負裸で彩色なし	□有 ⊠無 単体彫り 僧型椅像	台座の米俵2俵上に腰を下ろす珍しい形
No. 5 平成28年06月05日	南さつま市加世田 地頭所 道路沿い	文化年間(1804~1818年)	僧型 立位	98 × 45 × 38	シキを被り長袖の僧衣で右手メシゲ左手大きな鍬	ワラヅトを背負う裸足姿。彩色なし	□有 ⊠無 単体彫り 僧型立像	顔は眼と口のくぼみだけが残り表情は定かでない
No. 6 平成28年06月05日	南さつま市加世田 唐仁原 慰霊塔公園敷地	安永7年(1778年)	僧型 立位	77 × 45 × 46	頭部なく長袖・長袴姿で右手錫杖左手メシゲ	ワラヅト背負う足は上と下に分かれ亀に乗る?彩色なし	□有 ⊠無 単体彫り 僧型立像 長袴	下の足は亀の足かも
No. 7 平成28年06月05日	南さつま市加世田 唐仁原 慰霊塔公園敷地	不詳	僧型 立位	58 × 40 × 26	頭部は欠損し腕や持ち物は不明であるが僧衣姿	彩色なし	□有 ⊠無 単体彫り 僧型立像	
No. 8 平成28年06月05日	南さつま市加世田内布 坂道道路沿い小	不詳	旅僧型	75 × 35 × 30	シキ被り長衣短袴で頭陀袋様もの掛け裸足で持ち物不明	彩色なし	□有 ⊠無 単体彫り 旅僧型	田の神2体毎年1月7日鬼火焚で竹に刺した餅奉納
No. 9 平成28年06月05日	南さつま市加世田内布 坂道道路沿い大	不詳	僧型 立位	120 × 45 × 30	シキ被り長袖上衣に長袴姿で顔や持ち物は不明	彩色なし	□有 ⊠無 単体彫り 僧型立像 長袴	田の神にそれを付けていたと2人の住民の方に聞く
No. 10 平成28年06月05日	南さつま市加世田 内山下 道路沿い	江戸末期と推定	僧型 立位	55 × 30 × 35	平たいシキ被り襞の多い衣で両手で鍬の柄を突く	太鼓様俵を背負い顔は凹凸多くユーモラスな表情	□有 ⊠無 単体彫り 僧型立像 鍬持ち	薩摩半島の僧型立像鍬持ちと同様、特異で珍しい
No. 11 平成28年06月05日	南さつま市加世田 津貫中間 公民館敷地	不詳	旅僧型	70 × 28 × 29	シキ被り短上衣裁着け袴旅僧姿で右手メシゲ左手欠損	でワラヅト背負う。彩色なし	□有 ⊠無 単体彫り 旅僧型 裁着け袴	道路工事で現在地に移設される
No. 12 平成28年06月05日	南さつま市加世田津貫千河上 水田	不詳	田の神舞神職型 立位	93 × 50 × 40	大シキ被り右手メシゲ掲げ左手欠損で持ち物不明	長袖上衣にくくり袴姿。彩色なし	□有 ⊠無 単体彫り 田の神舞神職型	郷土史には左椀を持つとあり

番号 撮影日	住所 置場所	製作年月日	像型・形態	サイズcm	持ち物	彩色	祠	その他
No. 13 平成28年06月05日	南さつま市加世田 上津貫 道路沿い	文化11年(1814年)	僧型 立位	75 × ×	シキ被り袖広上衣に長袴で右手メシゲ左手椀で素足	素彩色なし	□有 ☒無 単体彫り 僧型立像 長袴	薩摩の僧型立像銀持ちツト負いの影響でワラツト背負う

364　資料　田の神石像・全記録　2章　鹿児島県の田の神石像

6-3 南さつま市笠沙町の田の神石像

番号 撮影日	住所 置場所	製作年月日	像型・形態	サイズcm	持ち物	彩色	祠	その他
No. 1 平成29年02月05日	南さつま市笠沙町赤生木 道路沿い	江戸中期、赤生木(あこうぎ)	僧型 立位	86 × 43 × 30 市有形民俗文化財	シキ被り長袖上衣に袴姿で右手にスリコギで左メシゲ	彩色なし	□有 ⊠無 単体彫り 僧型立像	右肩から裃装がけにワラヅトを背負う

a. 薩摩半島　6-3 南さつま市笠沙町の田の神石像　365

7 枕崎市の田の神石像

番 号 撮影日	住 所 置場所	製作年月日	像型・形態	サイズcm	持ち物	彩色	祠	その他
No. 1 平成28年06月05日	枕崎市田布川(たぶかわ)町 水田に面す敷地	1800年代(推定)	田の神舞神職型 立位	70 × 40 × 30 市有形民俗文化財	シキ被り長袖上衣に裁着け袴姿で右手にメシゲ左手椀	顔の表情不明で裸足で立つ。彩色なし	□有 ⊠無 単体彫り 田の神舞神職型	右手メシゲは顔横に振りかざす
No. 2 平成28年06月05日	枕崎市桜山町小園 公民館敷地	1710年頃(推定)	田の神舞神職型 立位	75 × 45 × 30 市有形民俗文化財	帽子状にシキ被り広袖上衣腰板袴で右手一部欠メシゲ左手椀	彩色なし	□有 ⊠無 単体彫り 田の神舞神職型	後方からは男性根に見える。前を紐で結び左足前
No. 3 平成28年06月05日	枕崎市萱野 茶畑道路沿い	明和10年とあるが寛政2年(1790年)の間違い	僧型 立位	42 × 33 × 23 市有形民俗文化財	頭部は欠損し袖広上衣に腰板の袴姿で右手欠け左手椀	彩色なし	□有 ⊠無 単体彫り 僧型立像	廃仏毀釈の影響か？背にワラツト背負い裸足

8-1 指宿市の田の神石像

番号 撮影日	住所 置場所	製作年月日	像型・形態	サイズcm	持ち物	彩色	祠	その他
No. 1 平成29年02月12日	指宿市岩本 上西 道路沿い	不詳	神職型袋負い型 立位	125 × 58 × 40	帽子状にシキを被り襷あり長袖上衣袴姿で両手でメシゲ	明るい黄色	□有 ☒無 単体彫り 神職型立像袋負い	背に大きな袋を背負う
No. 2 平成29年02月12日	指宿市新西方 渡瀬(左側) 集会所敷地	江戸時代	胸像のみで不明 市有形民俗文化財	34 × 36 × 23	風化強く不明	彩色なし	□有 ☒無 単体彫り 不明	
No. 3 平成29年02月12日	指宿市新西方 渡瀬(右側) 集会所敷地	江戸時代	胸像のみで不明 市有形民俗文化財	31 × 35 × 25	風化強く不明であるが背にワラゾトを背負う	彩色なし	□有 ☒無 単体彫り 不明	
No. 4 平成29年02月12日	指宿市池田 仮屋 道路沿い	不詳	神職型 立位	95 × 48 × 44	笠状シキ被り長袖上衣に袴姿で大盛リ飯の椀持つ	彩色なし	□有 ☒無 単体彫り 神職型立像	
No. 5 平成29年02月12日	指宿市池田 石嶺 道路沿い	不詳	神職型 椅像	56 × 35 × 32	シキ被り長袖上衣に袴姿で両手持ち物は不明	彩色なし	□有 ☒無 単体彫り 神職型椅像	背にワラゾト背負う
No. 6 平成29年02月12日	指宿市池田 新永吉① 水田	不詳	農民型 椅像	52 × 33 × 35	縦長シキ被り短袖上衣股引き野良着姿で両手でメシゲ持つ	顔が極端に大きい。彩色なし	□有 ☒無 単体彫り 農民型椅像	大変な道のりを歩きました
No. 7 平成29年02月12日	指宿市池田 新永吉② 水田	不詳	神職型 椅像	56 × 33 × 37	シキ被り長袖上衣に袴姿で持ち物は不明	彩色なし	□有 ☒無 単体彫り 神職型椅像	岩の上で撮影は不能
No. 8 平成29年02月12日	指宿市池田 新永吉③ 水田	不詳	不明 椅像	45 × 35 × 20	頭部なく袴姿で椅像であるが蔦に覆われている	彩色なし	□有 ☒無 単体彫り 不明	
No. 9 平成29年02月12日	指宿市十二町 柳田公民館内 公民館敷地	不詳	神職型 立位	60 × 48 × 45	大きなシキを被り長袖上衣に袴姿で右手でメシゲ持つ	彩色なし	□有 ☒無 単体彫り 神職型立像	
No. 10 平成29年02月12日	指宿市東方 木ノ下 道路沿い敷地	不詳	神職型 立位	70 × 40 × 28	シキ被り襷がけ短袖上衣裁着け袴姿で右手メシゲ	彩色なし	□有 ☒無 単体彫り 神職型立像	
No. 11 平成29年02月12日	指宿市東方 指宿神社 神社境内	不明	ムクノキ 市有形民俗文化財	× ×	樹齢300年で樹高21.1m 幹周り3.1m	彩色なし	□有 ☒無 ムクノキ	石像出現以前の原始的な形態を残す貴重な田の神
No. 12 平成29年02月12日	指宿市西方 中川公民館 公民館敷地	不詳	農民型 椅像	55 × 37 × 28	シキ被り長袖上衣股引きの野良着姿で持ち物不明	彩色なし	□有 ☒無 単体彫り 農民型椅像	

a. 薩摩半島　8-1 指宿市の田の神石像　367

8-2 指宿市山川の田の神石像

番　号　撮影日	住　所　置場所	製作年月日	像型・形態	サイズcm	持ち物	彩色	祠	その他
No.　1　平成29年02月12日	指宿市山川成川(左側)　道路沿い	不詳	神職型　立位	78 × 42 × 28	欠シキ被り襷がけ長袖上衣裁着け袴で右手メシゲ左飯盛り椀	背に2俵の袋背負う	□有 ⊠無　単体彫り神職型立像	凝灰質安山岩で明るい黄色で田仕事姿の神職型立像
No.　2　平成29年02月12日	指宿市山川成川(右側)　道路沿い	明和8年(1771年)	神職型　立位	78 × 38 × 26	シキ被り襷がけ短袖上衣裁着け袴で右手小メシゲ左団子風物	明るい黄色	□有 ⊠無　単体彫り神職型立像	これは古い田の神の南限。凝灰質安山岩

9-1 南九州市知覧町の田の神石像

番号 撮影日	住所 置場所	製作年月日	像型・形態	サイズcm	持ち物	彩色	祠	その他
No. 1 平成29年01月22日	南九州市知覧町 厚地 厚地下① 道路沿い高台	不詳	不明 立位	28 × 22 × 18 市有形民俗文化財	風化強く裁着け袴姿で両足見えるも他は破損強い	彩色なし	□有 ⊠無 単体彫り 不明	②とともに並んでいる
No. 2 平成29年01月22日	南九州市知覧町 厚地 厚地下② 道路沿い高台	不詳	不明 立位	50 × 28 × 22 市有形民俗文化財	風化強く裁着け袴姿で両足見えるも他は破損強い	彩色なし	□有 ⊠無 単体彫り 不明	
No. 3 平成29年01月22日	南九州市知覧町 長里樋与上 道路沿い水田	不詳	僧型 立位	84 × 50 × 35 市有形民俗文化財	シキ被り長袖上衣裁着け袴姿で右手メシゲ左手椀?	背にワラツトを背負う。彩色なし	□有 ⊠無 単体彫り 僧型立像 裁着け袴	前方は裁着け袴で後方からは、男性根である
No. 4 平成29年01月22日	南九州市知覧町 長里 松村① 道路沿い水田	不詳	不明 立位	35 × 25 × 24 市有形民俗文化財	大きなシキ以外は風化強く不明	彩色なし	□有 ⊠無 単体彫り 不明	
No. 5 平成29年01月22日	南九州市知覧町 長里 松村② 道路沿い水田	不詳	旅僧型 立位	58 × 30 × 23 市有形民俗文化財	シキ被り長袖上衣裁着け袴で頭陀袋下げ右手メシゲ左不明	彩色なし	□有 ⊠無 単体彫り 旅僧型 裁着け袴	地衣が著しく左手持ち物は不明だがオデグワと紹介
No. 6 平成29年01月22日	南九州市知覧町 瀬世(せせ) 道路沿い	不詳	僧型 立位	70 × 30 × 28 市有形民俗文化財	シキ被り長袖上衣裁着け袴姿で両手スリコギ様もの持つ	彩色なし	□有 ⊠無 単体彫り 僧型立像 裁着け袴	後方からは長袴
No. 7 平成29年01月29日	南九州市知覧町 東別府 飯野 道路沿い高台	不詳	僧型 立位	38 × 30 × 23 市有形民俗文化財	シキを被り長袖上衣に右手メシゲ左手お手鍬	彩色なし	□有 ⊠無 単体彫り 僧型立像	ワラツトを背負っている
No. 8 平成29年01月29日	南九州市知覧町 東別府 浮辺 水田道路沿い	不詳	僧型 立位	56 × 30 × 28 市有形民俗文化財	シキを被り長袖上衣に右手メシゲ左手お手鍬	彩色なし	□有 ⊠無 単体彫り 僧型立像	ワラツトを背負う
No. 9 平成29年01月29日	南九州市知覧町東別府加治佐古河 水田道路沿い	不詳	僧型 立位	40 × 40 × 20 市有形民俗文化財	大シキを被り長袖上衣に裁着け袴姿で左手メシゲ	彩色なし	□有 ⊠無 単体彫り 僧型立像 裁着け袴	左手メシゲは顔の横に掲げる
No. 10 平成29年01月29日	南九州市知覧町 東別府加治佐 水田道路沿い	不詳	僧型 立位	60 × 40 × 30 市有形民俗文化財	シキを被り襷ある上衣着て裁着け袴姿で右手メシゲ	彩色なし	□有 ⊠無 単体彫り 僧型立像 裁着け袴	頭丸める

9-2 南九州市川辺町の田の神石像

番号 撮影日	住所 置場所	製作年月日	像型・形態	サイズcm	持ち物	彩色	祠	その他
No. 1 平成29年02月05日	南九州市川辺町 中山田 下之口 道路沿い	享保年間(1716～1736年)	僧型 立位	65 × 43 × 28	頭部なく長袖上衣袴姿で右手メシゲ。風化強く他は不明	彩色なし	□有 ☒無 単体彫り 僧型立像	
No. 2 平成29年02月05日	南九州市川辺町 永田 道路沿い水田	享保9年(1724年)	僧型 立位 市有形民俗文化財	110 × 44 × 40	シキ被り長袖上衣袴姿で右手鍬左手メシゲ。ワラヅト背負う	彩色なく後方からは男性根	□有 ☒無 単体彫り 僧型立像	有田門、山下門、五反田門、薗田門、小薗門の人で作成
No. 3 平成29年02月05日	南九州市川辺町 高田高田城下 高田城敷地	明治25年(1892年)	大黒天型 立位 市有形民俗文化財	36 × 20 × 20	帽子を被り長袖に袴姿で右手に小槌左で福袋持つ	2俵の米俵の上に立つ。 彩色なし	□有 ☒無 単体彫り 大黒天型立像	H20年に盗難にあうが新聞等で掲載されると元の場所に
No. 4 平成29年02月05日	南九州市川辺町 野間 里 伊勢神社境内	不詳	祠型	65 × 44 × 35	なし	彩色なし	□有 ☒無 祠型	元は向かいの水田にあったが隣に石造物あり
No. 5 平成29年02月05日	南九州市川辺町 古殿(ふるとの) 道路沿い敷地	不詳	神像型 座位	23 × 35 × 20	頭部はなく座像であるが風化強く他は不明	彩色なし	□有 ☒無 単体彫り 神像型座像	3段の台石の上に座る
No. 6 平成29年02月05日	南九州市川辺町 清水 水元神社 神社境内	嘉永5年(1851年)	自然石 市有形民俗文化財	55 × 56 × 35	なし	彩色なし	□有 ☒無 自然石	「御田神」の刻銘あり
No. 7 平成29年02月05日	南九州市川辺町 神殿上里 道路沿い	享和2年(1802年)	僧型 椅像	57 × 36 × 25	笠状のシキを被り長袖上で右手メシゲで左手おにぎり	彩色なし	□有 □無 単体彫り 僧型椅像	背にワラヅト背負う
No. 8 平成29年02月05日	南九州市川辺町 神殿 下里 畑の中	寛政7年(1795年)	僧型 座位 市有形民俗文化財	48 × 38 × 30	頭丸めて袖長上衣に袴姿で両手を膝の上に置く	彩色なし	□有 ☒無 単体彫り 僧型座像	庚申塔であるが田の神として親しまれている

370 資料 田の神石像・全記録 2章 鹿児島県の田の神石像

9-3 南九州市頴娃町の田の神石像

番 号 撮影日	住 所 置場所	製作年月日	像型・形態	サイズcm	持ち物	彩色	祠	その他
No. 1 平成29年01月29日	南九州市頴娃町 牧之内牧淵別府 水田高台	不詳	僧型 椅像	83 × 50 × 40	シキ被り長袖上 衣袴姿で右手 お手鍬右手逆さ メシゲ	全体的に黄 金色	□有 ☒無 単体彫り 僧型椅像	耳たぶが大きく 頸鬚を蓄える
No. 2 平成29年01月29日	南九州市頴娃町 牧之内牧淵別府 水田	不詳	農民型 立位 市有形民俗文化財	70 × 35 × 35	背までの笠を 被り股引きの野 良着姿で左手 に鍬	笠一部に赤の 着色あり	□有 ☒無 単体彫り 農民型立 像	当時は着色さ れていた可能 性あり。ワラツト を背負う
No. 3 平成29年01月29日	南九州市頴娃町 牧之内 佃 道路沿い	文化13年(18 16年)推定	農民型 立位 市有形民俗文化財	78 × 42 × 30	シキ被り長袖 上衣股引き姿 で右手鍬左手 メシゲ逆に	彩色なし	□有 ☒無 単体彫り 農民型立 像	平成4年に現 在地に移設。 背にワラツト
No. 4 平成29年01月29日	南九州市頴娃町 牧之内南春向 道路沿い高台	不詳	田の神舞神 職型 立位 市有形民俗文化財	52 × 45 × 26	大シキ被り布 衣と括り袴で右 手棒状の物左 手メシゲ	彩色なし	□有 ☒無 単体彫り 田の神舞 神職型	右手の持ち物 は鍬ではない か。左手メシゲ は顔横に
No. 5 平成29年01月29日	南九州市頴娃町 御領(ごりょう) 道路沿い高台	弘化4年(184 7年)	田の神舞神 職型 立位 市有形民俗文化財	61 × 45 × 32	シキ被り長袖上 衣括り袴で右手 鍬左手メシゲ顔 横に立つ	腰に縄で包み 様の物下げる	□有 ☒無 単体彫り 田の神舞 神職型	庄屋、名主、名 頭、石工の名 が刻まれ社会 構造が理解
No. 6 平成29年01月29日	南九州市頴娃町 郡 郡山下 道路沿い高台	明治時代中期	農民型 立位 市有形民俗文化財	70 × 40 × 33	笠冠シキ被り 股引き野良着 姿で右手鍬左 手メシゲ	裸足で袋背 負う。彩色な し	□有 ☒無 単体彫り 農民型立 像	像の右肩に「郡 字村ノ上 頭七 歩 田地開 墾」の刻銘あり

a. 薩摩半島　9-3 南九州市頴娃町の田の神石像　371

10 鹿児島市の田の神石像

番号 撮影日	住所 置場所	製作年月日	像型・形態	サイズcm	持ち物	彩色	祠	その他
No. 1 平成28年03月27日	鹿児島市川上町 道路沿い	寛保元年(1741年)	田の神舞神職型 立位 県有形民俗文化財	82 × 42 × 30	笠様大シキ被り狩衣風上衣と裁着け袴で右手メシゲ左スリコギ	彩色なし	□有 ☒無 単体彫り 田の神舞 神職型	表情は少し笑みあり、左足を挙げ舞を舞う姿
No. 2 平成28年03月27日	鹿児島市山田町 JA谷山敷地内	享保8年(1723年)	僧型立像、雲竜紋の台座 立位 県有形民俗文化財	67 × 29 × 29	頭巾風大シキ被り長袖上衣腰ない長袴姿右手メシゲ左金剛杖	黄色の地衣がつく	□有 ☒無 単体彫り 僧型立像	顔は破損して表情は不明で後方からは陽石型である
No. 3 平成26年01月26日	鹿児島市東佐多浦 東下 鎮守神社境内	不詳だが享保21年(1736年)頃か?	田の神舞神職型 立位 市有形文化財	94 × 70 × 58	編目の大シキ被り長袖上衣長袴姿右手メシゲ左手椀	顔は白色で衣は赤茶色	□有 ☒無 単体彫り 田の神舞 神職型	故寺院三千夫先生が「この田の神今後とも宜しく」と
No. 4 平成28年05月25日	鹿児島市草牟田 鹿児島神社① 神社境内	不詳	自然石文字彫	96 × 60 × 40	なし	彩色なし	□有 ☒無 自然石文字彫	「田之神」の刻銘あり
No. 5 平成28年05月25日	鹿児島市草牟田 鹿児島神社② 神社境内	不詳	僧型袋負い型 椅像	26 × 16 × 16	総髪シキ被り長袖上衣袴姿で右手椀左手で袋背負う	彩色なし	□有 ☒無 単体彫り 僧型椅像 袋負い型	頭を右の傾ける
No. 6 平成28年03月27日	鹿児島市大竜町 吉田葬祭① 葬祭玄関右側	平成10年頃社長入手・建立	農民型 座位(胡坐)	45 × 35 × 30	大きな平たいシキ被り右手スリコギ左手メシゲ立つ	細い目と口大きな鼻あり。彩色なし	□有 ☒無 単体彫り 農民型座像	粗削りで現在鹿刻家の作品か?
No. 7 平成28年05月25日	鹿児島市大竜町 吉田葬祭② 葬祭玄関右側	不詳(平成10年頃社長が入手・建立)	農民型 椅像	68 × 20 × 15	丸い半円形のシキ被り右手メシゲ左手スリコギ持つ	彩色なし	□有 ☒無 単体彫り 農民型椅像	丸い顔の可愛い笑顔でちょこんと腰掛けましてくれる
No. 8 平成28年05月25日	鹿児島市山下町 料理店入口	不詳	農民型 座位	50 × 30 × 15	シキ被り着衣は不明で右手メシゲ左手スリコギ持つ	彩色なし	□有 ☒無 単体彫り 農民型座像	No6と似ており粗削りで近年の作と思われる同一作者か?
No. 9 平成28年05月25日	鹿児島市下荒田 荒田八幡① 神社境内	不詳	田の神舞神職型 立位	94 × 38 × 35	大きなシキ被り袖広上衣に裁着け袴で右手メシゲ左手椀	風化強く表情など不明。彩色なし	□有 ☒無 単体彫り 田の神舞 神職型	柔らかい石質下半身は崩れそうメシゲをシキに添える
No. 10 平成28年05月25日	鹿児島市下荒田 荒田八幡② 神社境内	不詳	僧型 座位(胡坐)	50 × 40 × 35	陣笠様のシキ被り僧衣に右手メシゲ左手椀	釜を前に据えている。彩色なし	□有 ☒無 単体彫り 僧型座像	面長な顔に顎鬚を生やしている
No. 11 平成28年05月29日	鹿児島市山下町 黎明館 屋外展示場	江戸中期から後期と推定	僧型 立位	80 × 37 × 32	厚い大シキ被り長袖着物袴で棒掛け右手メシゲ左手椀	背にワラツトあり。彩色なし	□有 ☒無 単体彫り 僧型立像	薩摩川内市尾白江町からS45年に現在地に寄贈
No. 12 平成28年05月25日	鹿児島市喜入町 前之原 鈴 水田	宝暦8年(1758年)	神像型 座位	43 × 40 × 28	頭部は欠損し衣冠束帯で両手輪組で膝の上に置く	彩色なし	□有 ☒無 単体彫り 神像型座像	

番号撮影日	住所置場所	製作年月日	像型・形態	サイズcm	持ち物	彩色	祠	その他
No. 13 平成28年01月15日	鹿児島市喜入町旧麓 公園敷地	元文元年(1736年)	田の神舞神職型 立位	58 × 38 × 28	シキ被り長袖上衣に裁着け袴姿で右手メシゲ左手スリコギ	彩色なし	□有 ☒無 単体彫り 田の神舞神職型	元文元年に天神付近にあり何度か移設され現在此地に
No. 14 平成28年01月15日	鹿児島市喜入町生見(ぬくみ) 水田角地	不詳	僧型 座位	34 × 30 × 24	シキ被り胸まではだけた衣着け右手大メシゲを顔横に	彩色なし	□有 ☒無 単体彫り 僧型座像	左手は膝の上に置くがシキの多数の穴は長年の風雨で！
No. 15 平成28年01月15日	喜入町生見帖池(ちょうち) 水田畦道	不詳	僧型 椅像	83 × 50 × 35	シキ肩まで被り広袖上衣襞ある長袴(裳)で左手メシゲ右手椀	彩色なし	□有 ☒無 単体彫り 僧型椅像 (薩摩型)	後方からは男性様に見える。頭を丸める
No. 16 平成28年01月15日	喜入町生見古殿(ふるどの) 道路沿い崖下	不詳	僧型 座位(胡座)	48 × 35 × 26	シキを被り顎鬚伸ばし長袖上衣袴姿で右手メシゲ左手は膝の上	彩色なし	□有 □無 単体彫り 僧型座像	右足は立てて左足は胡座。シキは一部破損
No. 17 平成28年05月31日	鹿児島市清水町田の浦入口 道路沿い	不詳	農民型 椅像	25 ×　×	シキ被り筒袖衣装で右手メシゲ左手椀で右足立てる	彩色なし	□有 ☒無 単体彫り 農民型椅像	眼尻の下がった丸い顔で、陶器製で15年位前に此地にあると
No. 18 平成28年01月15日	鹿児島市清水町祇園の洲公園内 公園敷地内	不詳	不明 不明	40 × 35 × 22	シキ被り風化強く持ち物・着物・表情など不明	彩色なし	□有 ☒無 単体彫り 不明	平たい石に彫ってあり、左肩に何か担いでいるか
No. 19 平成28年05月31日	鹿児島市清水町祇園の洲公園内 公園内敷地	不詳	農民型 椅像	40 × 25 × 19	シキ被り右手メシゲ左手椀？で風化強く着物不明	彩色なし	□有 ☒無 単体彫り 農民型椅	顔の表情など不明
No. 20 平成28年05月31日	鹿児島市薬師2丁目 小学校校庭内	安永2年(1773年)	田の神舞神職型 立位	144 × 67 × 50 像の高さは55	笠状シキ被り上衣に裁着け袴で右手椀を高く掲げる左手は膝の上	上衣は長い袖を左右に振り分けた形。彩色なし	□有 ☒無 浮き彫り 田の神舞神職型	大きな自然石に浮き彫りで袖の振りや動きのある姿態
No. 21 平成28年05月31日	鹿児島市武1丁目 武之稚園 幼稚園敷地内	安永7年(1778年)	田の神舞神職型 立位	150 ×　× 像の高さ100cm	肩まる大シキで狩衣風上衣と裁着け袴で右手メシゲ高く左手椀	彩色なし	□有 ☒無 浮き彫り 田の神舞神職型	大きな自然石に浮き彫り。右足挙げる
No. 22 平成28年07月10日	鹿児島市下田町下田 道路沿い	不詳	農民型 椅像	48 × 27 × 26	平たいシキ被り上衣ズボン姿で右手メシゲ左手椀	彩色なし	□有 ☒無 単体彫り 農民型椅像	裸足で半座位
No. 23 平成28年07月10日	鹿児島市坂元町川添 道路沿い高台	文化13年(1816年)	田の神舞神職型 立位	85 × 60 × 60	背までシキ被り広袖上衣と裁着け袴姿で右手メシゲ左手握り飯か	風化強く顔表情不明。彩色なし	□有 ☒無 単体彫り 田の神舞神職型	右膝まげて躍動的で稲荷川が流れている
No. 24 平成28年05月31日	鹿児島市伊敷6丁目新村 道路沿い角地	安永7年(1778年)	田の神舞神職型 立位	114 × 80 × 62 62×42	大シキ被り広袖上衣裁着け袴姿で右手メシゲ左手椀	衣の袖を大きく広げる。彩色なし	□有 ☒無 浮き彫り 田の神舞神職型	自然石に浮き鹿児島市の有形民俗文化財

番号 撮影日	住所 置場所	製作年月日	像型・形態	サイズcm	持ち物	彩色	祠	その他
No. 25 平成28年07月10日	鹿児島市小野町4丁目8 道路沿い角地	不詳	田の神舞神職型 立位	120 × 60 × 50	庇様シキ、上衣裁着け袴姿で右手メシゲ左手椀	彩色なし	□有 ☒無 浮き彫り 田の神 神職型	背に大きな背石あり
No. 26 平成28年07月10日	鹿児島市伊敷7丁目10 民家の入り口	寛政12年(1800年)	田の神舞神職型 椅像	85 × 60 × 55×38	大シキ被り広袖上衣に裁着け袴姿で右手メシゲ左手椀	足に脚絆巻き腰に蓑纏う。彩色なし	□有 ☒無 浮き彫り 田の神 神職型	自然石に浮き彫りで鹿児島市の有形民俗文化財
No. 27 平成28年07月10日	鹿児島市岡之原町花野(けの) 神社境内	不詳	田の神舞神職型 胡坐して座る	54 × 43 × 47	シキ被り襞ある上衣で胡座。右手挙げ左手帯紐掴む	風化強く持ち物表情不明	□有 ☒無 単体彫り 田の神 神職型	一風変わった田の神で他の石造物と並ぶ
No. 28 平成28年07月10日	鹿児島市皆与志町 中組 神社境内	享保8年(1723年)	田の神舞神職型 立位	68 × 46 × 38	大きなシキ被り袖広上衣にくくり袴姿で右手メシゲ左手椀	彩色なし	□有 ☒無 単体彫り 田の神 神職型	後方から見ると長袴姿で男根に
No. 29 平成28年07月10日	鹿児島市皆与志町 白木山 公民館敷地高台	不詳	田の神舞神職型 立位	62 × 40 × 30	大シキ被り袖広上衣の布衣に裁着け袴姿で右手破損左手椀	衣が赤茶色痕跡あり	□有 ☒無 単体彫り 田の神 神職型	シキの一部も破損している
No. 30 平成28年07月10日	鹿児島市吉田町石下谷 大塚 竹山の丘の上	寛政11年(1799年)	僧型 立位	78 × 40 × 25	大シキ被り長袖上衣長袴姿で右手メシゲ左手破損不明	口元の皺から年取る？彩色なし	□有 ☒無 単体彫り 僧型立像 長袴	胸のはだけた長袖衣で右手でメシゲを胸に当てる
No. 31 平成28年07月24日	鹿児島市吉田町本城 荒毛谷下 道路沿い角地	江戸時代とのこと	旅僧型 立位	45 × 43 × 30	大シキ被り筒状の上衣に裁着け袴で右手メシゲ左手椀	彩色なし。	☒有 □無 単体彫り 旅僧型 裁着け袴	頭陀袋下げ
No. 32 平成28年07月17日	鹿児島市吉田町宮の浦 吉水 道路沿い敷地	不詳	田の神舞神職型 立位	80 × 40 × 33	大シキを肩まで被り神職風の衣で右手メシゲ左手椀	顔は白くお化粧されている	☒有 □無 単体彫り 田の神 神職型	吉水阿弥陀堂と一緒に祀られている。以前は公民館内に
No. 33 平成28年07月17日	鹿児島市吉田町宮の浦 吉水 個人宅庭	不詳	僧型 立位	50 × 27 × 22	大シキ被り胸はだけた長袖衣裁着け袴で右手メシゲ左手飯盛椀	口紅を薄く	□有 ☒無 単体彫り 僧型立像 裁着け袴	以前は屋内にあったが現在は庭に
No. 34 平成28年07月17日	鹿児島市吉田町西佐多浦 鵜木 水田	享保21年(1736年)	自然石文字彫	120 × 60 × 30	なし	なし	□有 ☒無 自然石文字彫	本体の田の神はこの石碑横に祀られていたが盗まれる
No. 35 平成28年07月24日	鹿児島市上福元町諏訪南方神社 神社境内	不詳	僧型 立位	125 × 45 × 45	反円形シキ被り長袖上衣長袴右手羽子板様メシゲ左手飯盛椀	彩色なし	□有 ☒無 単体彫り 僧型立像 長袴	長い髪から女性にも見えるが後方からは男性根
No. 36 平成28年07月24日	鹿児島市上福元堂園 道路沿い	不詳(江戸末期？)	旅僧型 立位	78 × 55 × 40	大シキを翻し長袖羽織裁着け袴脚絆巻き右手メシゲ左不明	で彩色なし	□有 ☒無 単体彫り 旅僧型 裁着け袴	風化強く表情不明で台座に雲竜紋か彫刻背面は男性根

番号 撮影日	住所 置場所	製作年月日	像型・形態	サイズcm	持ち物	彩色	祠	その他
No. 37 平成28年07月24日	鹿児島市谷山中央4丁目 木之下 ちびっこ公園内	宝暦6年(1756年)	田の神舞神職型 立位 市有形民俗文化財	73 × 33 × 28	大シキ阿弥陀に被り狩衣様上衣指貫風袴で右手メシゲ左手椀	彩色なし	□有 ☒無 単体彫り 田の神舞神職型	背後は裾を引いた形で台座につなげる
No. 38 平成28年07月24日	鹿児島市谷山中央7丁目辻之堂 公民館の前庭	宝暦年間(1751〜1764年)と推測	田の神舞神職型 立位	70 × 27 × 25	大シキ被り狩衣様上衣指貫袴、右手メシゲ左手鈴様の物	以前は酸化鉄で化粧	□有 ☒無 単体彫り 田の神舞神職型	No37の木之下の田の神とよく似る。赤みがかった凝灰岩
No. 39 平成28年07月24日	鹿児島市谷山中央5丁目 鳥の森公園内	享保6年(1721年)	僧型 立位	65 × 30 × 24	大シキ被り袖長衣に長袖姿で右手不明左手棒状の金剛杖?	彩色なし	□有 ☒無 単体彫り 僧型立像 長袴	顔は破損し穴があき表情は不明。谷山では最古
No. 40 平成28年07月24日	鹿児島市谷山中央5丁目の32 上田公園内	大正11年(1922年)推測	僧型 立位	71 × 40 × 38	大シキ被り羽織に長袖姿で右手メシゲ左手飯盛り椀	風化強く顔の表情不明。彩色なし	□有 ☒無 単体彫り 僧型立像 長袴	谷山の碑文集に大正11年推測とあり。後方から男性根
No. 41 平成28年07月24日	鹿児島市谷山7丁目15 入来 入来ビル駐車場	享保11年(1726年)	僧型 立位 市有形民俗文化財	62 × 36 × 26	大シキ肩まで被り長袖に長袴姿で右手メシゲ左手スリコギ	彩色なし	□有 ☒無 単体彫り 僧型立像 長袴	背面は男根型で雲竜紋の台座が不釣り合いに厚い
No. 42 平成28年07月24日	鹿児島市谷山4丁目20 奥 公園敷地	大正13年(1924年)推測	僧型 立位	80 × 48 × 28	大シキ被り袂丸く袖長衣裾に3本の襞衣履き右手メシゲ左手握り飯	彩色なし	□有 ☒無 単体彫り 僧型立像	谷山の碑文集に大正13年と記載あり。背面は男性根
No. 43 平成28年07月24日	鹿児島市谷山2丁目45新入 桜川公園敷地	大正13年(1924年)推測	僧型 立位	75 × 45 × 44	大シキ阿弥陀に被り袖長衣姿で右手メシゲ左手大盛飯椀	彩色なし	□有 ☒無 単体彫り 僧型立像 長袴	谷山の碑文集に大正13年と記載あり。背面は男性根
No. 44 平成28年07月24日	鹿児島市宇宿町中間 梶原道 中間公民館敷地	寛政12年(1800年)	僧型 立位 市有形民俗文化財	75 × 35 × 28	肩まで被る大シキに長袖衣装長袴姿で右手メシゲ左手椀	総髪で風化強く表情不明。彩色なし	□有 ☒無 単体彫り 僧型立像 長袴	端正な感じで12年3月に現在地に移setup。背面は男性根
No. 45 平成28年07月24日	鹿児島市宇宿町4丁目32−1 個人宅庭	享保10年(1725年)	僧型 座位	97 × 58 × 48	大シキ被り長袖上衣裁着け袴姿で右手メシゲ左手椀	沓を履く。彩色なし	□有 ☒無 単体彫り 僧型座像 裁着け袴	右手メシゲをシキのヘリに。半身斜めに右足少し上げる
No. 46 平成29年06月18日	鹿児島市星ヶ峯3丁目 第三公園内	宝暦12年(1762年)	旅僧型 立位 市有形民俗文化財	81 × 56 × 37	シキ被り長袖上衣裁着け袴で右手メシゲ顔横掲げ左手は椀	彩色なし	□有 ☒無 単体彫り 旅僧型裁着け袴	五ヶ別府町蕨野から現在地に。頭陀袋下げる
No. 47 平成29年07月02日	鹿児島市花尾町茄子(なすび) 公園敷地	宝暦3年(1753年)	田の神舞神職型 立位 市有形民俗文化財	78 × 40 × 34	裁着け袴で右手柄だけの笑顔の眉目で口開き阿吽の「阿」の相。入念な作	膨らむ頬に笑顔の眉目で口開き阿吽の「阿」の相。入念な作	□有 ☒無 単体彫り 田の神舞神職型	彩色なく、レプリカが黎明館にある
No. 48 平成28年07月24日	鹿児島市皆与志町皆房 公園敷地	不詳	農民型 座位	53 × 60 × 53	広い頭のシキを被り左メシゲ持つも左手は不明	しゃがみこむ像は珍しく、彩色なし	□有 ☒無 単体彫り 農民型座像	

a. 薩摩半島　10 鹿児島市の田の神石像　375

番 号 撮影日	住 所 置 場 所	製作年月日	像型・形態	サイズcm	持ち物	彩色	祠	その他
No. 49 平成29年07月16日	鹿児島市西佐多町堤水流 中 道路沿い左側	不詳	石祠	60 × 75 × 53	なし	彩色なし	□有 ☒無 石祠型	
No. 50 平成29年07月16日	鹿児島市西佐多町堤水流 中 道路沿い右側	宝暦4年(1754年)	農民型 椅像	97 × 83 × 80 65×45×40	シキ頭巾風に被り広袖上衣で両手の持ち破損不明	顔が白く塗られ濃い紫色である	□有 ☒無 単体彫り 農民型椅像	
No. 51 平成29年07月16日	鹿児島市本城町野間下 公民館敷地	不詳	田の神舞神職型 立位	67 × 46 × 35	シキ被り布衣の上衣裁着け袴で右手メシゲ左手欠損	布衣と顔が薄赤色の着色色あり	☒有 □無 単体彫り 田の神舞神職型	
No. 52 平成29年07月16日	鹿児島市花尾町大平公民館 公民館敷地	安永7年(1778年)	田の神舞神職型 立位	90 × 50 × 50 57×32	3面にシキ被り広袖上衣裁着け袴で右手メシゲ左手椀	神職像が浮き彫りで彩色なし	☒有 □無 浮き彫り 田の神舞神職型	この石碑は田の神と早馬神の一体型で大変珍しい
No. 53 平成29年07月16日	鹿児島市五ヶ別府町川口 道路沿い敷地	安永10年(1781年)	僧侶型 立位 市有形民俗文化財	68 × 43 × 30	大シキを被り長袖上衣に長袴姿で右手メシゲ左手椀	彩色なし	□有 ☒無 単体彫り 僧型立像 長袴	右手のメシゲは顔の横に掲げ左手の持ち物は椀？
No. 54 平成29年07月16日	鹿児島市春山町森園 寺脇公民館横	寛保3年(1743年)	田の神舞神職型 立位 市有形民俗文化財	83 × 40 × 30	右手にメシゲで左手に椀で甑のシキを垂らし肩迄被り	右腕と胴体の間をくり抜き背面に袴を刻む丸彫り	☒有 □無 単体彫り 田の神舞神職型	松元地区では唯一の田の神舞で雲竜紋の台座あり
No. 55 平成29年07月16日	鹿児島市郡山町上園(うえぞの) 公園敷地	元文元年(1736年)	田の神舞神職型 立位 市有形民俗文化財	80 × 53 × 40	大きな甑のシキを被り右手にメシゲで左手に椀	風化が強く顔の表情などは不明。彩色なし	☒有 □無 単体彫り 田の神舞神職型	
No. 56 平成29年07月16日	鹿児島市福山町福山下(しも) 道路沿い崖	不詳	農民型 立位	36 × 17 × 13	シキ被り広袖上衣裁着け袴で手メシゲ左手椀	彩色なし	□有 ☒無 単体彫り 農民型立像	
No. 57 平成29年07月16日	鹿児島市山田町札下(ふだもと) 遊技場角地	享保12年(1727年)	田の神舞神職型 立位 市有形民俗文化財	79 × 45 × 42	甑シキ被り顎鬚を蓄え長袴を着け右手欠け左手椀	彩色なし	□有 ☒無 単体彫り 田の神舞神職型	正方形の台座2枚に八角形の台座と雲竜紋の台座あり
No. 58 平成29年07月16日	鹿児島市福山町福山中(なか) 水田畦道	不詳	不明 立位	100 × 50 × 46	甑のシキを被り丸彫り立像で右手メシゲ左手椀	彩色なし	□有 ☒無 単体彫り 不明	風化が強く形式や作者などは不明
No. 59 平成29年07月16日	鹿児島市中山町中福永(左側) 道路沿い空き地	不詳	旅僧型 立位	67 × 45 × 30	編目綺麗なシキ被り広袖上衣裁着け袴右手メシゲで手飯盛り椀	頭陀袋下げ、彩色なし	□有 ☒無 旅僧型 裁着け袴	風化強いが眉と目は残っており袴の後ろは台座と繋がる
No. 60 平成29年07月16日	鹿児島市中山町中福永(右側) 道路沿い空き地	不詳(比較的新しいものか)	農民型 椅像	35 × 20 × 14	大シキ阿弥陀に被り筒袖上衣裁着け袴右手メシゲ左手飯盛り椀	彩色なし	□有 ☒無 単体彫り 農民型椅像	眼尻は下がり笑った表情でちょこんと腰掛けている

376 資料 田の神石像・全記録 2章 鹿児島県の田の神石像

番 号 撮影日	住 所 置場所	製作年月日	像型・形態	サイズcm	持ち物	彩色	祠	その他
No. 61 平成29年07月17日	鹿児島市上福元町永田川左岸 道路沿い空き地	不詳(明治31年の刻銘有とも)	僧型 立位	70 × 35 × 33	シキ頭巾風に被り長袖上衣裁着け袴姿風化強く持ち物不明	彩色なし	□有 ⊠無 単体彫り 僧型立像 裁着け袴	七村(ななむら)橋の下流
No. 62 平成29年07月16日	鹿児島市中山町2丁目28-9 マンション角地	不詳	僧型 立位	66 × 32 × 30	頭巾風シキ被り長袖上衣長袴姿で右手メシゲ左手飯盛り椀	彩色なし	□有 ⊠無 単体彫り 僧型立像 長袴	にこやかな顔で鼻が欠け八角形の蓮弁台座で角柱あり
No. 63 平成29年07月16日	鹿児島市中山町自由が丘入口 交差点敷地	大正9年(1920年)	旅僧型 立位	76 × 63 × 74	頭巾シキを被り広袖上衣で右手メシゲ左手飯盛り椀	彩色なし	□有 ⊠無 単体彫り 旅僧型	袴の後ろは台座と繋がり支えている。頭陀袋下げる
No. 64 平成29年07月16日	鹿児島市中山町滝の下 道路沿い	享保年間(1716〜1736年)?	僧型 立位 市有形民俗文化財	95 × 43 × 37	大シキ肩まで被り長袖上衣長袴姿で右手メシゲ左手棒状の物	彩色なし	□有 ⊠無 単体彫り 僧型立像 長袴	棒状の物は金剛杖か錫杖？雲竜紋の4僧の台座あり
No. 65 平成29年07月17日	鹿児島市郡元1丁目鹿児島大学 キャンパス内	昭和4年(1929年)	田の神舞神職型 立位	116 × 52 × 70	シキ被り長袖上衣長袴で右手鈴左手は破損(以前メシゲか)	彩色なし	□有 ⊠無 単体彫り 田の神舞神職型	編目の菅笠を顎紐で結び丸顔あどけなく踊り始めそう
No. 66 平成29年07月17日	鹿児島市郡元1丁目鹿児島大学 キャンパス内	不詳	旅僧型 立位	77 × 60 × 50	背中まで大シキを被り長袖僧衣裁着け袴で右手メシゲ左手椀	彩色なし	□有 ⊠無 単体彫り 旅僧型 裁着け袴	顔面の表情は不明で袂を地面まで垂らし両足は揃える

番号 撮影日	住所 置場所	製作年月日	像型・形態	サイズcm	持ち物	彩色	祠	その他
No. B−1	鹿児島市上谷口町松元下	明和8年(1771年)	自然石文字彫	55 × ×	自然石表面に円を刻み円内に「田之神」と刻銘	彩色なし	□有 ☒無 自然石文字彫	
No. B−2	鹿児島市吉田町西佐多浦 公民館内	享保21年(1736年)	田の神舞神職型 立位	80 × 60 × 50 市有形民俗文化財	傘のような大シキ被り中国風衣装で右手メシゲ左手椀	シキの上部を除いて全身黒と白で彩色	□有 ☒無 単体彫り 田の神舞神職型	以前はNO34と水田畦道に祀られる。前田喜八作
No. B−3	鹿児島市吉田町本名上河内 公民館内	不詳(江戸時代か)	僧型 座位	70 × 55 × 37	大シキ被り袂広い長袖上衣長袴で両手でメシゲ両膝上に持つ	顔は白色	□有 ☒無 単体彫り 僧型座像 長袴	以前は稲荷神社境内。いたずらされ公民館内に
No. B−4	鹿児島市西坂元町 個人宅地	不詳	不詳 不詳	22 × 17 × 17	シキ被り右手で大きなメシゲを抱える	陶器製で彩色不明	□有 ☒無 単体彫り 不明	腰の背面に大きな男性の性器が巻きつけられる
No. B−5	鹿児島市花尾(はなお)町	明治22年(1889年)	石祠	× ×	祠の中に浮き彫りされた神職型の像を安置	彩色なし	□有 □無 石祠型	
No. B−6	鹿児島市上谷口町内田下	天保5年(1834年)	顔のみ	63 × 36 × 20×15	山川石の自然石に顔を浮き彫りにした素朴な田の神	全体的に黄褐色	□有 □無 浮き彫り 不明	
No. B−7	鹿児島市直木町植木牟田	宝暦3年(1753年)	旅僧型	53 × ×	瓶シキ被り右手メシゲ左手椀。袴を履いて前紐結ぶ	彩色なし	□有 □無 単体彫り 旅僧型	
No. B−8	鹿児島市直木町直木山方	寛政4年(1792年)	僧型 立位	36 × 17 × 13	肩まで垂れる瓶のシキを被り右手メシゲ左手椀	彩色なし	□有 ☒無 浮き彫り 僧型立像	
No. B−9	鹿児島市田上町広木4354	不詳(江戸中期)	僧型 立位	70 × 25 × 25	頭巾風シキ被り長袖上衣長袴姿右手メシゲ杖又はスリコギ	彩色なし	□有 ☒無 単体彫り 僧型立像 長袴	風化強く顔の表情は不明で袴の下から両足が覗く
No. B−10	鹿児島市和田町1丁目	宝暦2年(1752年)	旅僧型 立位	55 × 20 × 20	シキ光背風に被り袖無し上衣裁着け袴で右手メシゲ左手鈴	彩色なし	☒有 □無 単体彫り 旅僧型 裁着け袴	祠の高さは120cmで丸い顔でお腹が出た像
No. B−11	鹿児島市下福元町岩屋	文化2年(1805年)	石祠型	65 × 45 × 25	なし	彩色なし	□有 □無 石祠型	
No. B−12	鹿児島市田上町原田久保	不詳	僧型 座位	56 × 50 × 26	頭部はなく僧衣で右手は不明で左手はスリコギか?	彩色なし	□有 ☒無 単体彫り 僧型座像	

b. 県央区
1-1 霧島市国分の田の神石像

番号 撮影日	住所 置場所	製作年月日	像型・形態	サイズcm	持ち物	彩色	祠	その他
No. 1 平成25年12月07日	霧島市国分広瀬 小村新田 道路沿い	弘化4年(1847年)頃	田の神舞神職型 立位	100 × 47 ×	シキ被り長袖和服で右手メシゲ左手椀持つも現在破損	彩色なし。風化が激しく表情は読み取れない	□有 ⊠無 単体彫り 田の神舞神職型	神祠や保食神と3体並び堤防付近の遊水池脇にあった
No. 2 平成24年12月29日	霧島市国分上小川 森ノ木 水田	昭和31年(1956年)	田の神舞神職型 椅像	90 × 40 ×	シキ被り、長袖衣に袴姿で、右手メシゲ左手椀	彩色なし	□有 ⊠無 単体彫り 田の神舞神職型	大きな丸顔に笑顔、福神的目・鼻・口で巧みに作成
No. 3 平成27年09月18日	霧島市国分川内 口輪野 公園内敷地	昭和7年(1932年)	田の神舞神職型 立位	73 × 45 × 40	シキ被り顎髭長袖和服袴姿右手メシゲ左手椀右足上げメシゲ	彩色なし	□有 ⊠無 単体彫り 田の神舞神職型	大きな丸顔で庶民的な笑顔が特徴的。移転し現在地
No. 4 平成25年06月07日	霧島市国分下井 乙宮神社境内① 神社境内	不詳	田の神舞神職型 座位	68 × 46 ×	大きなシキ被り、左手にくぼみ、何かを持った跡	彩色なし	□有 ⊠無 単体彫り 田の神舞神職型	風化が強く表情不明。右手は左手と上下に合わせる
No. 5 平成25年06月07日	霧島市国分下井 乙宮神社境内② 神社境内	昭和12年(1937年)	記念碑	89 × 58 ×	厄払いの記念碑として建立された	彩色なし	□有 ⊠無 文字彫記念碑	乙宮神社の鳥居をくぐった左手、板碑に「田の神」
No. 6 平成25年12月07日	霧島市国分上小川 久満崎神社 神社境内	安永7年(1778年)	田の神舞神職型 立位	95 × 51 ×	シキ被り長袖上衣裁着け袴で右手メシゲ顔横左手持ち物	彩色なし	□有 ⊠無 単体彫り 田の神舞神職型	風化強く顔の表情不明で首と右上半身セメント付け
No. 7 平成25年08月22日	霧島市国分川原 市野々 (いちのの) 道路沿い	不詳	田の神舞神職型 椅像	71 × 47 ×	シキ被り長袖和服に袴姿で左手にメシゲを持ったような跡	彩色なし	□有 ⊠無 単体彫り 田の神舞神職型	風化により顔の表情は不明。後姿で袴をはいている
No. 8 平成25年08月03日	霧島市国分川内 芦原 道路沿い	不詳	田の神舞神職型 座位	70 × 58 ×	シキを被り長袖和服に袴姿で左手メシゲを持ったような跡	左手は膝の上。彩色なし	□有 ⊠無 単体彫り 田の神舞神職型	風化により顔の表情は不明 (稲富神社近く)
No. 9 平成25年08月04日	霧島市国分重久 剣之宇都 道路沿い	昭和11年(1936年)	田の神舞神職型 椅像	90 × 48 ×	シキ被り短袖上衣に袴姿で左手メシゲ右手鈴もで左膝を立つ	今にも踊りだしそうである。彩色なし	□有 ⊠無 単体彫り 田の神舞神職型	背面は腰まで帯紐を垂らし衣を着ている
No. 10 平成25年08月22日	霧島市国分 上之段 水田の道路沿い	不詳	田の神舞神職型 立位	56 × 28 ×	シキ被り長袖上衣に裁着け袴で右手メシゲ左手椀 田の神と初出会い	衣と袴に茶褐色残る	□有 ⊠無 単体彫り 田の神舞神職型	道路沿い高台から水田を見渡す
No. 11 平成25年08月22日	霧島市国分 上之段 水田の道路沿い	明治20年(1887年)	田の神舞神職型 立位	59 × 48 ×	シキ被り和服袴姿で右メシゲ左手椀。左膝前に	全体が赤茶色が残っている	□有 ⊠無 単体彫り 田の神舞神職型	背面に「御田上大隅國上の段村村平次郎」と刻銘あり
No. 12 平成25年08月22日	霧島市国分 上之段(左側) 水田(飯富神社西)	宝暦13年(1763年)	神像型座位 座位	66 × 35 ×	後ろに纓ある被り物で衣冠束帯で両手笏を持つ	彩色なし	□有 ⊠無 単体彫り 神像型座像	風化強く表情など不明で、首が折れておりセメント付け

番号 撮影日	住所 置場所	製作年月日	像型・形態	サイズcm	持ち物	彩色	祠	その他
No. 13 平成25年12月07日	霧島市国分 上之段(右側) 水田(飯富神社西)	明治20年(1887年)	田の神舞神職型 椅像	63 × 50 ×	シキ被り長袖和服裁着け袴で右手メシゲ左手椀で左膝前に	彩色なし	□有 ☒無 単体彫り 田の神舞 神職型	No11と作風が似ている。背面に「大隅國曽於郡上の段村、冨吉直助」と刻銘
No. 14 平成25年12月07日	霧島市国分敷根 門倉(かどくら) 道路沿い 水田	不詳	田の神舞神職型 椅像	70 × 44 ×	シキ被り長袖上衣に裁着け袴で右手メシゲ左手欠損	お腹が膨れて袴姿。彩色なし	□有 ☒無 単体彫り 田の神舞 神職型	江戸時代の都城(門倉)街道の傍らにある
No. 15 平成25年12月07日	霧島市国分敷根 門倉 道路沿い	不詳	原型をとどめておらず不明 不明	45 × 37 ×	不明	赤茶色に塗られた痕跡有り	□有 ☒無 単体彫り 不明	民家前の荒地にあり放置されるもくいとロープで囲む
No. 16 平成25年12月07日	霧島市国分敷根 赤川(あかがわ) 道路沿い	不詳	田の神舞神職型 椅像	80 × 50 ×	笠状のシキ被り長袖上衣に袴姿で右手メシゲ左手椀	彩色なし	□有 ☒無 単体彫り 田の神舞 神職型	半跏像の田の神と思われ、顔と足部にセメント等で補修
No. 17 平成25年12月07日	霧島市国分川内 鎮守尾橋 道路沿い	不詳	田の神舞神職型 立位	67 × 48 ×	シキ被り長袖長衣姿で右手メシゲ左手椀両足足袋	彩色なし。顔は人為的に損傷したものと思われる	□有 ☒無 単体彫り 田の神舞 神職型	橋の袂から、現在の位置に最近移動。「石工田畑喜蔵」
No. 18 平成25年12月07日	霧島市国分川内 鎮守尾橋 人家前道路沿い	安永6年(1777年)	田の神舞神職型 座位	75 × 52 ×	シキ状に大きな石載せ長袖上衣姿右手メシゲ?左手穴	彩色なし	□有 ☒無 単体彫り 田の神舞 神職型	足部がなく、頭はシキでなく別な大きな石が載せてある
No. 19 平成25年12月07日	霧島市国分 下井(したい) 道路沿い	嘉永4年(1851年)頃	田の神舞神職型 立位	88 × 38 ×	シキ被り長袖和服に裁着け袴で右手棒状の物左手椀	彩色なし	□有 ☒無 単体彫り 田の神舞 神職型	昭和11年検校川氾濫で現在地「下井村中市来助左」銘
No. 20 平成25年12月07日	霧島市国分 湊 公民館広場	不詳(江戸末期と推定)	旅僧型 立位	56 × 37 ×	シキ被り長袖上衣姿で持物不明で胸に頭陀袋下げる	彩色なし	□有 ☒無 単体彫り 旅僧型	左右には首のない石仏3体並列。後方からは男性根
No. 21 平成25年12月07日	霧島市国分 湊 人家道路沿い	不詳	田の神舞神職型 椅像	70 × 48 ×	シキ被り袖長和服姿で裸足で右膝立て右手メシゲ左手椀	彩色なし	□有 ☒無 単体彫り 田の神舞 神職型	左膝を立てて、穏やかでにっこり微笑んでいるように見える
No. 22 平成25年12月07日	霧島市国分松木 小鳥神社(左側) 神社境内	不詳	神像型座像 座位	21 × 33 ×	首から上なく両手先は欠損するも膝の上	彩色なし	□有 ☒無 単体彫り 神像型座 像	No23と同様に廃仏毀釈の成果首から上がない
No. 23 平成25年12月07日	霧島市国分松木 小鳥神社(右側) 神社境内	元文4年(1739年)	神像型座像 座位	30 × 38 ×	首から上なく両手先は欠損するも膝の上	彩色なし	□有 ☒無 単体彫り 神像型座 像	首から上がなく、両手先は欠損、後姿に襷らしきもの
No. 24 平成25年12月07日	霧島市国分清水 国分中学校前 学校正門前	不詳	自然石文字彫 	44 × 30 ×	なし	彩色なし	□有 ☒無 自然石文 字彫	自然石に「田ノ神」と刻んである

番号 撮影日	住所 置場所	製作年月日	像型・形態	サイズcm	持ち物	彩色	祠	その他
No. 25 平成25年12月07日	霧島市国分清水 久保田 高台	不詳	神像型座像 座位	60 × 50 ×	纓のある冠被り衣冠束帯で両手輪組で笏持つ頭部は破損	彩色なし	□有 ☒無 単体彫り 神像型座像	風化が強く顔の表情は分からないが背面にエイあり
No. 26 平成25年12月07日	霧島市国分清水 中台溝 水田脇の高台	不詳	自然石文字彫	151 × 53 ×	石の頂上に頭みたいな別石がセメントつけされている	彩色なし	□有 ☒無 自然石文字彫	自然石の中央に月輪があり中に「御田神」と刻まれる
No. 27 平成25年12月07日	霧島市国分重久 (しげひさ) 公民館	不明	大黒天型 立位	74 × 45 ×	頭に平たい頭巾被り長袖・袴姿で右手メシゲ左手稲束	彩色なし	□有 ☒無 単体彫り 大黒天型立像	2俵の米俵の上に乗って耳が大きく大黒様の格好
No. 28 平成25年12月07日	霧島市国分川内 本戸(ほんど) 山裾、大変な山奥	大正14年(1925年)	田の神舞神職型 椅像	91 × 50 ×	甑のシキ被りと和服袴姿で右手メシゲ左手シキをかざす	彩色なし	□有 ☒無 単体彫り 田の神舞神職型	ひだのある袴をはいて、顔の表情は穏やかに微笑む
No. 29 平成25年12月07日	霧島市国分川原 上薄木 山裾、大変な山奥	不詳	破損強く不明	19 × 11 ×	首から上がなく、上部は苔が生えている	彩色なし	☒有 □無 単体彫り 不明	以前は違う田んぼにあったが現在は田んぼの奥に
No. 30 平成25年12月07日	霧島市国分川原 上薄木 道路沿い	寛政2年(1790年)	文字彫石碑	92 × 43 ×	なし	彩色なし	□有 ☒無 文字彫石碑	「御水神、御田神、御山神」の銘、「三神の碑」とも呼称
No. 31 平成25年11月28日	霧島市国分 上之段 塚脇① 山裾の高台	不詳	破損強く不明 上半身のみ	67 × 35 × 20	両手欠損他の神と異なり目じり上がり仁王像を思わせる表情	彩色なし(下部は土に埋まっている)	□有 ☒無 単体彫り 不明	国分地区では唯一軽石で作られ、着衣の種別は不明
No. 32 平成25年11月28日	霧島市国分 上之段 塚脇② 山裾の高台	明治16年(1883年)	文字彫石碑	66 × 36 × 33	なし	彩色なし	□有 ☒無 文字彫石碑	「水神 田の神」と刻まれた石碑
No. 33 平成25年09月14日	霧島市重久道場口(どうじょうぐち) 道路沿い 水田	平成20年(2008年)	田の神舞神職型 椅像	65 × 49 × 33	シキ被り長袖上衣に袴姿で右手メシゲ左手椀	彩色なし	□有 ☒無 単体彫り 田の神舞神職型	「日清戦争碑再利用」とあり

1-2 霧島市牧園町の田の神石像

番号 撮影日	住所 置場所	製作年月日	像型・形態	サイズcm	持ち物	彩色	祠	その他
No. 1 平成25年12月15日	霧島市牧園町宿窪田（駅前）左 水田	不詳	自然石文字彫	119 × 69 ×	なし	彩色なし	□有 ☒無 自然石文字彫	自然石に「御田の神」と彫り。H14年の整備で現在地に
No. 2 平成25年12月15日	霧島市牧園町宿窪田（駅前）右 水田	不詳	田の神舞神職型 座位	52 × 45 ×	シキ被り長袖和服姿で下半身一部埋まり左手欠損右手メシゲ	彩色なし	□有 ☒無 単体彫り 田の神舞神職型	No1と共に現在地コンクリートで埋め込み。記念碑と
No. 3 平成25年12月15日	霧島市牧園町万膳 府島	文政4年(1821年)	田の神舞神職型 座位で胡坐	86 × 54 ×	簑笠付け両手で大きなメシゲ（神像型との混合型）	彩色なし	□有 ☒無 浮彫り 田の神舞神職型	大きな自然石に彫られ、上部には笠状の別石が乗る
No. 4 平成25年12月15日	霧島市牧園町中津川 横瀬、右 道路沿い	文化12年(1815年)	田の神舞神職型 椅像	75 × 41 × 45	長袖和服・袴姿で両手でメシゲ持ち右足は胡座かく	顔は白で眉は黒色。衣の一部は茶色	☒有 □無 単体彫り 田の神舞神職型	前掛けが首に巻いてある
No. 5 平成25年12月15日	霧島市牧園町中津川 横瀬、左 道路沿い	不詳	神像型座像 座位	35 × 26 × 20	頭部はなく両手も破損しているが両手は膝の上	彩色なし	☒有 □無 単体彫り 神像型座像	頭部は破損し別に石が載せてある
No. 6 平成25年12月15日	霧島市牧園町持松 堅神社 神社境内	享保20年(1735年)	神像型座像 座位 市有形民俗文化財	44 × 36 × 32	衣冠束帯の座像で顔には亀裂あり。両手は膝の上	彩色なし	☒有 □無 単体彫り 神像型座像	牧園町では最も古い。大きな木の根っこにある
No. 7 平成26年02月22日	霧島市牧園町田原公民館 公民館	文化11年(1814年)	田の神舞神職型 立位	65 × 38 × 40 47×34	帽子被り長袖上衣に袴姿で両手で大きなメシゲ	彩色なし	□有 ☒無 浮彫り 田の神舞神職型	65cmの石碑に浮彫りがしてある
No. 8 平成26年02月22日	霧島市牧園町寺原 高台	明治18年(1885年)	自然石文字彫	120 × 52 × 55	なし	彩色なし	□有 ☒無 自然石文字彫	寺原地区の田の畔からH22年5月に現在の農道に移転
No. 9 平成27年12月12日	霧島市牧園町宿窪田 川影 水田	平成元年(1989年)	記念碑文字彫	72 × 30 × 13	なし（大きく田の神の刻銘あり）	彩色なし	□有 ☒無 記念碑文字彫	昔あった自然石の田の神に代え平成に作られた
No. 10 平成27年12月12日	霧島市牧園町宿窪田 島田 水田	大正4年(1915年)	田の神舞神職型 立位	130 × 46 × 32	簑笠を被り左手に大きなメシゲ右手に稲穂を肩	彩色なし	□有 ☒無 浮き彫り 田の神舞神職型	俵に乗り踊っているように見える。記念碑に彫られている
No. 11 平成27年12月20日	霧島市牧園町下中津川伊邪那岐神社 神社境内	不詳	不明	49 × 33 × 22	両手と顔面は破壊され上着と縦筋入りの袴で立つ	彩色なし	□有 ☒無 単体彫り 不明	顔などは廃仏毀釈により破壊されたと思われる
No. 12 平成26年02月22日	霧島市牧園町上中津川 溝口 道路沿い水田	宝暦12年(1762年)	自然石文字彫 市有形民俗文化財	90 × 38 × 27	なし	彩色なし	□有 ☒無 自然石文字彫	中央に「御田之神」と刻まれる

番 号 撮影日	住 所 置場所	製作年月日	像型・形態	サイズcm	持ち物	彩色	祠	その他
No. 13 平成27年12月20日	霧島市牧園町持松 笹之段 道路沿い高台	宝暦7年(1757年)	神像型座像 座位	53 × 35 × 30	頭部は改作で衣冠束帯で両手は膝の上に置く	彩色なし	⊠有 □無 最近祠に 神像型座 像	以前は近くの田んぼにあった。誰か頭部を持ち帰る
No. 14 平成27年12月20	霧島市牧園町高千穂 栗川 雑木林小高い丘	明和6年(1769年)	自然石文字彫	41 × 27 × 21	自然石(たどり着くのに大変な思いでした)	なし	□有 ⊠無 自然石文 字彫	「御田之神 明和六年六月一二日 長右エ門」と刻銘

No.B-1	霧島市牧園町万膳下万膳 公民館内	天保7年(1836年)	田の神舞神職型 椅像	27 × 16 ×	大きな笠状のシキを被り右手メシゲ左手に椀	笠は赤茶色、顔は白で衣は黒色	⊠有 □無 単体彫り 田の神舞 神職型	以前は年3回講があったが、現在は公民館内に
No.B-2	霧島市牧園町万膳 中福良	不詳	田の神舞神職型 椅像	36 × 20 ×	笠状のシキ被り長袖和服・袴姿で右手メシゲ左手椀	全体は茶色で唇と頬が赤く塗られている	□有 ⊠無 単体彫り 田の神舞 神職型	以前は年3回講があったが、現在は持ち回りで保管
No.B-3	霧島市牧園町万膳 東中福良	大正13年(1924年)	田の神舞神職型 椅像	27 × 16 ×	笠が一部欠損長袖和服・袴姿で右手メシゲ左手椀	全体的に黒茶色で顔が白く塗られている	□有 ⊠無 単体彫り 田の神舞 神職型	木箱に納められ木札も一緒に納められ年1回あり
No.B-4	霧島市牧園町万膳成政(なりまさ)	不詳	田の神舞神職型 立像	20 × 12 ×	笠状のシキを被り長袖和服・袴姿で両手でメシゲ	全体的に黒茶色顔と胸が白く唇と頬紅あり	□有 ⊠無 単体彫り 田の神舞 神職型	成政集落11戸の家で持ち回りし年1回の講あり
No.B-5	霧島市牧園町万膳九日田	明治36年(1903年)	田の神舞神職型 椅像	× ×	笠状シキ被り長袖和服・袴姿で右手メシゲ左手椀	全体的に黒茶色で顔が白で口紅あり	□有 ⊠無 田の神舞 神職型	九日田集落9戸で持ち回り年2回あり。木箱に収納
No.B-6	霧島市牧園町万膳新改	不詳	田の神舞神職型 座位	13 × 15 ×	笠被り俵に右肘をつき横座で右手に打ち出の小槌	全体的に茶色で顔が白で口紅あり	□有 ⊠無 単体彫り 田の神舞 神職型	新改部落が成政集落から別れた時に新しく作成。年2回講あり

番号 撮影日	住所 置場所	製作年月日	像型・形態	サイズcm	持ち物	彩色	祠	その他
No. B-7	霧島市牧園町上中津川 荒瀬	不詳	神像型座像 / 座位	44 × 27 ×	帽子を被り、衣冠束帯で両手を組んで胡座かく	顔は肌色で帽子は黒色きれいに化粧してある	□有 □無 単体彫り 神像型座像	持ち周りで年2回講あり。民間の敷地から道路側に
No. B-8	霧島市牧園町上中津川 鶴	不詳	田の神舞神職型 / 椅像	35 × 27 ×	笠状のシキ被り長袖和服袴姿で右手メシゲ左手椀	顔・胸・持ち物は肌色で、上着は黒袴は茶色	□有 ☒無 単体彫り 田の神舞神職型	鶴集落民家の崖崩跡から掘り出され現在持ち回り
No. B-9	霧島市牧園町上中津川通山前	不詳	田の神舞神職型 / 座位	56 × 35 ×	頭巾を兜様に被り長袖和服姿で右手破損左手膝上	全体的に黒褐色で顔と首は白色	□有 ☒無 単体彫り 田の神舞神職型	年2回持ち回りで講を開催
No. B-10	霧島市牧園町上中津川	不詳	田の神舞神職型 / 椅像	30 × ×	笠状のシキ被り長袖和服姿で右手メシゲ左手椀	全体的に黒色で顔と胸原が白色で腹を出す	□有 ☒無 単体彫り 田の神舞神職型	持ち回りであったが講が途絶えて現在は民家で祀られる
No. B-11	霧島市牧園町上中津川西横瀬上	不詳	田の神舞神職型 / 座位	32 × 22 ×	笠状シキ被り長袖和服袴姿で右手なし左手メシゲ	全体的に黒茶色で顔は白色	□有 ☒無 単体彫り 田の神舞神職型	故重水嘉平次の作でH15年迄講あり。現在は民家に
No. B-12	霧島市牧園町上中津川板小屋下	不詳	田の神舞神職型 / 座位	25 × 16 ×	笠状のシキ被り長袖和服袴姿で右手メシゲ左手椀	笠・顔胸持ち物は白色で他は黒茶色	□有 ☒無 単体彫り 田の神舞神職型	持ち回りの田之上
No. B-13	霧島市牧園町上中津川板小屋中	明治25年(1892年)	田の神舞神職型 / 椅像	30 × 16 ×	笠状のシキ被り長袖和服姿で右手メシゲ左手椀	全体的に黒茶色で顔白いろ、持ち物は赤色	□有 ☒無 単体彫り 田の神舞神職型	持ち回りで年2回の講あり
No. B-14	霧島市牧園町上中津川下馬場	明治5年(1872年)	田の神舞神職型 / 椅像	37 × 19 ×	笠状のシキ被り長袖和服姿で右手メシゲ左手椀	全体的に黒色で顔と首筋は白色	□有 ☒無 単体彫り 田の神舞神職型	持ち回りで年2回講あり
No. B-15	霧島市牧園町上中津川上馬場	昭和25年(1950年)	田の神舞神職型 / 椅像	45 × 17 ×	笠状のシキ被り長袖和服姿で右手メシゲ左手椀	全体的に灰褐色で顔は白色	□有 ☒無 単体彫り 田の神舞神職型	持ち回りで年1回受け渡しを実施
No. B-16	霧島市牧園町持松臼崎下	不詳	田の神舞神職型 / 座位	33 × 15 ×	笠状のシキ被り長袖和服姿で右手メシゲ左手椀	全体的に灰色で頬紅と口紅あり	□有 ☒無 単体彫り 田の神舞神職型	昔えびの市から持って来られたとの事で年1回の講あり
No. B-17	霧島市牧園町持松	不詳	田の神舞神職型 / 椅像	33 × 20 ×	シキを兜状に被り長袖和服袴姿で右手でメシゲ下に持つ	なし	□有 ☒無 単体彫り 田の神舞神職型	代々民家に伝わる田の神
No. B-18	霧島市牧園町三体堂 中郡	不詳	田の神舞神職型 / 椅像	34 × 18 ×	笠状のシキ被り長袖和服袴姿で右手メシゲ左手椀	全体的に茶色で顔は白色で口紅と頬紅あり	□有 ☒無 単体彫り 田の神舞神職型	にっこり微笑んでいる

1-3 霧島市横川町の田の神石像

番号 撮影日	住所 置場所	製作年月日	像型・形態	サイズcm	持ち物	彩色	祠	その他
No. 1 平成25年12月15日	霧島市横川町下ノ前川内 高台	不詳	田の神舞神職型 座位	42 × 45 × 台座45	大シキ被り長袖上衣に袴姿で右手メシゲらしいもの	彩色なし	□有 ⊠無 単体彫り 田の神舞神職型	全体的に風化が強く苔に覆われている
No. 2 平成25年12月15日	霧島市横川町下ノ岩田 道路沿い	明治10年(1877年)	田の神舞神職型 椅像	39 × 24 ×	シキ被り長袖上衣に袴姿で右手メシゲ左手お椀	顔と首が白、シキは黒色で衣は茶色	□有 □無 単体彫り 田の神舞神職型	鎮シキを被り、大きく胸を開き袴を着ている
No. 3 平成25年12月15日	霧島市横川町下ノ大出水 シラス崖、左側	不詳	神像型座像 座位	65 × 67 × シラス崖の珍しい2体	岩穴のシラス崖に2体あり。烏帽子帽を被り衣冠束帯で両	彩色なし	□有 ⊠無 単体彫り 神像型座像	岩くりぬいた川が近くを流れ、うっそうとして見上げた岩
No. 4 平成25年12月15日	霧島市横川町下ノ大出水 シラス崖、右側	不詳	神像型座像	60 × 60 × シラス崖の珍しい2体	岩穴シラス崖に2体。冠被り衣冠束帯で手は膝上で組む	彩色なし	□有 ⊠無 単体彫り 神像型座像	穴のシラス崖に2体並んである。風化もつよいが珍しい
No. 5 平成25年12月15日	霧島市横川町中ノ黒葛原 高台	享保8年(1723年)頃か	山伏型 座位	58 × 39 × 市有形民俗文化財	頭にとんがり帽子様もの被り右手剣らしきもの左手膝の上	顔は白で、口紅と眉あり	□有 ⊠無 単体彫り 山伏型座像	享保8年ころに開墾されており恐らくこの頃に作成では
No. 6 平成25年12月15日	霧島市横川町中ノ下植村 葬儀場駐車場	不詳	田の神舞神職型 立位	38 × 27 ×	シキ被り長袖和服・袴姿で右手メシゲ左手は穴	口紅あり	⊠有 □無 単体彫り 田の神舞神職型	以前持ち回り。袴を着て笑顔が印象的。体をくわらせる
No. 7 平成25年12月15日	霧島市横川町ノ紫尾田 高台の洞窟	正保元年(1644年)か享保元年(1716年)	神職型座像 座位(胡座)	60 × 55 ×	纓ある冠被り着衣は衣冠で両手輪組で穴あり胡座	肩付近に朱色紫尾田中郡の洞窟から戦後現在地に	□有 ⊠無 単体彫り 神職型座像(胡座)	大型神像の流れ組み胡座姿で神像安座像への移行形
No. 8 平成25年12月15日	霧島市横川町ノ古城 道路沿い	享和3年(1803年)	神職型座像 座位	112 × 90 × 市有形民俗文化財	三角形の烏帽子被り着衣は衣冠で両手は前で輪組み	彩色なし。4月に飛ヶ原の子供達あんこ餅顔に塗る	□有 ⊠無 浮彫り 神職型座像	舟型石に浮き彫りで北之園No12と似る
No. 9 平成25年12月15日	霧島市横川町上ノ柿木 道路沿い	不詳	神職型立像 立位	115 × 90 ×	三角形の烏帽子被り長袖・袴で両手欠損	彩色なし(舟型石に浮き彫り)	□有 ⊠無 浮彫り 神職型立像	盗難や道路拡張工事などで3回移動して現在地
No. 10 平成25年12月15日	霧島市横川町上ノ正牟田 公民館	不詳	神像型座像 座位(胡座)	43 × 35 ×	大きなシキを兜の様に被り両手輪組で胡座をかく	彩色なし	□有 ⊠無 単体彫り 神像型座像	目がぎょろっとしている
No. 11 平成25年12月15日	霧島市横川町上ノ正牟田 高台	不詳	神像型座像 座位	110 × 63 × 60	衣冠束帯で両手輪組で胡座かく。風化強く頭部改作	彩色なし	□有 ⊠無 単体彫り 神像型座像	首がとれた痕跡あり横に小型の田の神もあるも消失
No. 12 平成25年12月15日	霧島市横川町上ノ北之園 道路沿い	不詳	神職型椅像 椅像	100 × 75 × 48 74×41	三角形の烏帽子被り長袖・袴で両手膝上で組む	彩色なし(舟型石に浮き彫り)	□有 ⊠無 浮彫り 神職型椅像	古城の田の神No8に似ている

番 号 撮影日	住 所 置場所	製作年月日	像型・形態	サイズcm	持ち物	彩色	祠	その他
No. 13 平成27年12月12日	霧島市横川町上ノ上小脇(左側) 公民館跡地	不詳	神像型座像 座位	46 × 45 × 34	纓のある冠被り衣冠束帯で両手を組みロ元はへの字	彩色なし	□有 ⊠無 単体彫り 神像型座像	公民館は現在はなく道路沿い畑の奥隅にある
No. 14 平成27年12月12日	霧島市横川町上ノ上小脇(右側) 公民館跡地	不詳	神像型座像 座位	45 × 90 × 36	頭部は改作で衣冠束帯で両手を膝上で組む	彩色なし	□有 ⊠無 単体彫り 神像型座像	道路拡張工事で現在地に移設
No. 15 平成27年12月12日	霧島市横川町上ノ 中尾田 道路沿い	不詳	神職型座像 座位(胡座)	90 × 56 × 48 56×38	三角形の烏帽子被り長袖・袴で両手膝上で輪組	三角の冠は朱色	□有 ⊠無 浮彫り 神職型座像	資料では着衣の衣紋は仏像を思わせるとある
No. 16 平成27年12月12日	霧島市横川町招魂社(左側) 社内崖湶	不詳	不明 座位	50 × 40 × 18	崖に埋もれて顔しか明確でない全面苔に覆われる	なし(近所の人に案内して貰い大変な思いを)	□有 ⊠無 単体彫り 不明	頭部の形状が表情と異なる
No. 17 平成27年12月12日	霧島市横川町招魂社(右側) 社内崖湶	不詳	仏像型座像 座位(胡座)	80 × 70 × 25	帽子を被り僧衣を纏い両手輪組で胡座をかく	なし(近所の人に案内して貰い大変な思いを)	□有 ⊠無 単体彫り 仏像型座像	堂々とした体とおおらかな笑顔
No. 18 平成27年12月12日	霧島市横川町ノ 上深川 道路沿い	不詳	地蔵型立像 立位	57 × 27 × 14 30×13	風化強く顔や着物の詳細は不明、両手合わせる	彩色なし	□有 ⊠無 浮き彫り 地蔵型立像	化顔

番 号 撮影日	住 所 置場所	製作年月日	像型・形態	サイズcm	持ち物	彩色	祠	その他
No. B- 1	霧島市横川町中ノ 山之口No1 民家の石垣上	不詳	田の神舞神職型 座位	65 × 30 ×	シキを被り長袖和服・袴姿で右手メシゲ左手椀	彩色なし	□有 ☒無 単体彫り 田の神舞神職型	民家の石垣の上にある
No. B- 2	霧島市横川町中ノ 山之口No2 民家	不詳	田の神舞神職型 座位	46 × 23 ×	シキを被り長袖和服・袴姿で右手メシゲ左手椀	彩色なし	□有 ☒無 単体彫り 田の神舞神職型	少し開いた口が特徴的
No. B- 3	霧島市横川町中ノ下尾田公民館 公民館内	不詳	田の神舞神職型 椅像	33 × 21 ×	シキを被り長袖和服・袴姿で右手メシゲ左手椀	全体的に灰いろで顔は白く塗られている	□有 ☒無 単体彫り 田の神舞神職型	公民館に保管されている
No. B- 4	霧島市横川町中ノ 植村No1 民家	不詳	僧型 座位	60 × 22 ×	頭と顔の一部が破損、僧衣で両手を膝の上で組む	彩色なし	□有 ☒無 自然石に浮き彫り 僧型座像	昔は持ち回りしていたが重いので現在地で祀られる
No. B- 5	霧島市横川町中ノ 植村No2 水田	不詳	田の神舞神職型 座位	51 × 40 ×	シキを被り長袖和服・袴姿で右手メシゲ左手不明	彩色なし	□有 ☒無 単体彫り 田の神舞神職型	以前はシラス土手の穴にあるも土砂崩れで現在の土手に
No. B- 6	霧島市横川町中ノ 下植村① 民家	不詳	僧型 座位	65 × 45 ×	丸坊主で僧衣で胡座をかき右手椀左手メシゲ	彩色なし	□有 ☒無 単体彫り 僧型座像	昔は持ち回りしていたが重いので現在地で祀られる
No. B- 7	霧島市横川町中ノ 下植村② 民家	文政8年(1825年)	田の神舞神職型 椅像	58 × 42 ×	シキを被り長袖和服・袴姿で右手メシゲの痕跡あり	彩色なし	□有 ☒無 単体彫り 田の神舞神職型	顔面は風化強く表情は不明
No. B- 8	霧島市横川町下ノ 赤水 民家	寛保3年(1743年)	僧型 座位 市有形民俗文化財	61 × 48 ×	笠被り長袖の衣を着て両手組んで膝の上で胡座かく	全体的に赤茶色	□有 ☒無 単体彫り 僧型座像	地域で年1回講あり
No. B- 9	霧島市横川町下ノ 赤水公民館 公民館内	不詳	田の神舞神職型 椅像	41 × 19 ×	シキを被り長袖和服・袴姿で右手メシゲ左手椀	顔と椀の中が白色	□有 ☒無 単体彫り 田の神舞神職型	昔は持ち回りしていたが公民館内年1回祭りあり
No. B-10	霧島市横川町下ノ小原公民館 公民館内①	不詳	田の神舞神職型 椅像	40 × 19 ×	シキ被り長袖和服袴姿右手メシゲ下に持ち左手左耳の横	全体的にこげ茶色で顔は白色	□有 ☒無 単体彫り 田の神舞神職型	持ち回りしていたが公民館に保管。結んだ腰紐が特徴
No. B-11	霧島市横川町下ノ小原公民館 公民館内②	昭和7年(1932年)	田の神舞神職型 椅像	39 × 18 ×	シキ被り長袖和服・袴姿で右手メシゲ左手椀	全体的にこげ茶色で顔は白色	□有 ☒無 単体彫り 田の神舞神職型	昔は持ち回りしていたが公民館内に保管
No. B-12	霧島市横川町下ノ前田内公民館 公民館内	明治32年(1899年)	田の神舞神職型 座位	33 × 17 ×	大シキ被り両膝立て野良着姿で右手メシゲ左手椀	顔は白く口紅と頬紅あり	□有 ☒無 単体彫り 田の神舞神職型	

番 号 撮影日	住 所 置場所	製作年月日	像型・形態	サイズcm	持ち物	彩色	祠	その他
No. B-13	霧島市横川町下 ノ 岩穴 民家	明治10年(1877年)	田の神舞神職型 椅像	39 × 42 ×	鎮シキ被り大きく胸開いた長袖和服・袴姿右手メシゲ左手椀	衣は紫茶色で顔と首そして椀が白く彩色	□有 ☒無 単体彫り 田の神舞神職型	
No. B-14	霧島市横川町下 ノ 馬渡公民館 公民館内	寛政4年(1792年)	田の神舞神職型 椅像	62 × 37 ×	シキ被り長袖和服・袴で両手でメシゲ下に今にも踊り出しそう	全体的ににげ茶色で顔と胸が白く彩色	□有 ☒無 単体彫り 田の神舞神職型	以前は持ち回りで現在は公民館内に
No. B-15	霧島市横川町下 ノ 馬渡 民家の庭	不詳	田の神舞神職型 立位	69 × 31 ×	シキを被り長袖和服・袴姿で右手メシゲ左手椀持つ	彩色なし	□有 ☐無 単体彫り 田の神舞神職型	どっしり数十年前まで相手集落とカ比べのおっとい田の神とか
No. B-16	霧島市横川町上 ノ 上深川① 小池近辺	享保18年(1733年)	僧型 座位	40 × 25 ×	シキ被り丸坊主僧衣姿で胡座で両手首欠損持ち物不明	彩色なし	□有 ☒無 単体彫り 僧型座像	頭のシキは小さく胡座をかいて腰を下ろす(以前民家)
No. B-17	霧島市横川町上 ノ 上深川② 小池近辺	不詳	田の神舞神職型 座位	41 × 20 ×	円光様帽子被り長袖和服・袴姿米袋上立ち持ち物なし	彩色なし	□有 ☒無 単体彫り 田の神舞神職型	仏像を思わせる円光様帽子が異様である
No. B-18	霧島市横川町上 ノ 道路沿い	不詳	神像型座像 座位	104 × 54 ×	烏帽子を被り衣冠束帯様で笏を持っている様子	彩色なし	□有 ☐無 浮き彫り 神像型座像	道路沿い崖下に浮き彫りの彫られている
No. B-19	霧島市横川町上 ノ 木浦(きうら) 民家	明治29年(1896年)	田の神舞神職型 立位	43 × 35 ×	シキ被り胸開いた長袖和服袴姿右手メシゲ左手椀	全体的に薄茶色で顔は白色で口紅と頬紅	□有 ☒無 単体彫り 田の神舞神職型	昭和63年頃までは田の神講の持ち回りであった
No. B-20	霧島市横川町上 ノ 茶屋① 民家	不詳	田の神舞神職型 立位	23 × 15 ×	シキを被り長袖和服・袴姿で両手メシゲ持つ	全体的ににげ茶色	□有 ☒無 単体彫り 田の神舞神職型	昭和60年頃まで持ち回り。加治木石で黒の漆が塗られる
No. B-21	霧島市横川町上 ノ 茶屋② 民家	不詳	田の神舞神職型 立位	28 × 20 ×	シキを被り長袖和服・袴姿で右手メシゲ左手稲穂	全体的土色頭の小さな頭巾様の物はシキ	□有 ☒無 単体彫り 田の神舞神職型	耳たぶふっくらして口開き笑ってる様にも大黒天に似る
No. B-22	霧島市横川町上 ノ 下本町 道路沿い	不詳	田の神舞神職型 立位	70 × 25 ×	シキ被り長袖和服・袴姿で右手メシゲ左手は不明	なし	□有 ☒無 浮き彫り 田の神舞神職型	山ヶ野では唯一の田の神

1-4 霧島市隼人町の田の神石像

番号 撮影日	住所 置場所	製作年月日	像型・形態	サイズcm	持ち物	彩色	祠	その他
No. 1 平成24年12月22日	霧島市隼人町小浜 馬場 10号線畑の一角	不詳	田の神舞神職型 立位	85 × 90 ×	シキ被り長袖和服・袴姿で身体を右に傾け両手でメシゲ	メシゲと衣の一部が薄い赤茶色	□有 ☒無 浮彫り 田の神舞神職型	半円形の自然石を平たく削り、そこに浮彫されている
No. 2 平成24年12月22日	霧島市隼人町小浜埒 里山 道路沿い	昭和6年(1931年)	田の神舞神職型 椅像	55 × 26 ×	シキ被り長袖和服・袴姿で右手メシゲ左手椀	背部に一部茶褐色色あり	□有 ☒無 単体彫り 田の神舞神職型	腰から下にかけて体系を細かく絞っているのが特徴
No. 3 平成24年12月22日	霧島市隼人町小浜埒(左側) 道路沿い高台	不詳	田の神舞神職型 座位	32 × 40 ×	首から上がなく長袖上衣に裁着け袴姿で右手にメシゲ	彩色なし	□有 ☒無 単体彫り 田の神舞神職型	膝を曲げた座像で昔から首がない
No. 4 平成24年12月22日	霧島市隼人町小浜(右側) 道路沿い高台	不詳	田の神舞神職型 立位	55 × 22 ×	甑シキ被り長袖布袴姿で右手メシゲの柄のみ左手欠損	彩色なし	□有 ☒無 単体彫り 田の神舞神職型	首のあたりは破壊を受けたような痕跡あり
No. 5 平成24年12月22日	霧島市隼人町松永下小鹿野しも 水田の一角	享保16年(1731年)	田の神舞神職型 立位	67 × 50 ×	シキ被り布衣と袴姿で右手大メシゲ立て左手椀持った痕跡	彩色なし	□有 ☒無 単体彫り 田の神舞神職型	下小鹿野橋近くの畦道にある
No. 6 平成24年12月22日	霧島市隼人町松永 平熊 道路沿い	明治25年(1892年)	自然石文字彫	94 × 72 × 44	なし	彩色なし	□有 □無 自然石文字彫	自然石に「田ノ神」彫られた記念碑とNo.26と石造物並ぶ
No. 7 平成25年08月14日	霧島市隼人町見次(みつぎ) 道路沿い	不詳	田の神舞神職型 椅像	67 × 48 ×	シキ被り長袖和服裁着け袴で両手メシゲ右膝を立てる	口は赤く塗られている	☒有 □無 単体彫り 田の神舞神職型	コンクリートの祠の中に右膝を少し立てて鎮座
No. 8 平成25年06月11日	霧島市隼人町松永花山公民館 公民館	昭和10年(1935年)	田の神舞神職型 立位	115 × 60 ×	シキ被り長袖和服裁着け袴で右手メシゲ左手椀の痕跡	彩色なし	□有 ☒無 単体彫り 田の神舞神職型	長袖の衣を着て足は大きく開いており、躍動感あり
No. 9 平成25年06月11日	霧島市隼人町松永 蒲江神社 神社境内	明治9年(1876年)	石塔型	100 × 43 × 33	なし	彩色なし	□有 ☒無 石塔型	蒲江神社の本殿横にある
No. 10 平成25年06月11日	霧島市隼人町松永 宇都公民館 公民館	大正5年(1916年)	不詳 5体の田の神	105 × 65 ×	1枚の板石に5体の田の神が彫られ同じ恰好で2列に	彩色なし	□有 ☒無 浮彫り 不明	着衣や表情は分からないが々恰好で2列に並ぶ
No. 11 平成25年08月14日	霧島市隼人町野久美田中山神社 神社境内	不詳	田の神舞神職型 座位 メシゲ左手椀	40 × 34 ×	メシゲ被り長袖和服・袴姿で右手メシゲ左手椀	衣の一部が薄い茶褐色色	☒有 □無 単体彫り 田の神舞神職型	左手と顔の表情は風化強く不明。近年現在地に移転
No. 12 平成25年08月14日	霧島市隼人町野久美田公民館 公民館	不詳	田の神舞神職型 立位	43 × 18 ×	シキ被り長袖和服・袴姿で右手メシゲ左手椀	彩色なし	□有 ☒無 単体彫り 田の神舞神職型	顔のシワまではっきりと顔の表情が分かる

番 号 撮影日	住 所 置場所	製作年月日	像型・形態	サイズcm	持ち物	彩色	祠	その他
No. 13 平成25年08月04日	霧島市隼人町 姫城 山野温泉 温泉横道路沿い	明治9年(1876年)	田の神舞神職型 立位	65 × 43 ×	大シキ被り長袖和服裁着け袴で右手メシゲ左手椀の痕跡	彩色なし	□有 ☒無 単体彫り 田の神舞神職型	長袖の衣を着て、足は大きく開き躍動感あり
No. 14 平成25年07月19日	霧島市隼人町 姫城(ひめぎ) 人家の庭	不詳	田の神舞神職型 椅像	39 × 29 ×	シキ被り長袖和服・袴姿で左手メシゲ右手椀の痕跡	彩色なし	□有 ☒無 単体彫り 田の神舞神職型	個人宅にあり
No. 15 平成25年08月04日	霧島市隼人町 姫城 新七(左) 公園の一角	享保16年(1731年)	自然石文字彫	60 × 32 ×	なし	彩色なし	□有 ☒無 自然石文字彫	「奉造立田神享保十六年五月六日施主敬白」とある
No. 16 平成25年08月04日	霧島市隼人町 姫城 新七(右) 公園の一角	不詳	石碑文字彫	62 × 37 ×	なし	彩色なし	□有 ☒無 石碑型文字彫	中央に丸い圓が彫られ、その中に「田之神」と彫られる
No. 17 平成25年08月04日	霧島市隼人町 姫城 民家の庭	不詳	田の神舞神職型 椅像	51 × 32 ×	シキを被り、長袖和服・袴姿で右手メシゲ左手椀	彩色なし	□有 ☒無 単体彫り 田の神舞神職型	数年前先代が別な場所の区画整理で移動した物移設
No. 18 平成25年08月04日	霧島市隼人町小浜 埒上 水田	昭和初期か	田の神舞神職型 椅像	44 × 16 ×	シキ被り長袖和服・袴姿で右手メシゲ左手椀	顔を白く塗られている	□有 ☒無 単体彫り 田の神舞神職型	No2の早鈴神社西のものと作者は同一と思われる
No. 19 平成25年12月07日	霧島市隼人町 小浜早鈴神社南 道路沿い高台	不詳	不明 座位	37 × 38 ×	頭部は欠損。ユニークで両足が見える面白い恰好した田の神	彩色なし	□有 ☒無 単体彫り 不明	持ち物などは不明
No. 20 平成25年08月04日	霧島市隼人町 小浜早鈴神社南 道路沿い高台	昭和5年(1930年)	田の神舞神職型 立位	65 × 26 ×	シキを被り、長袖和服・袴姿で右手メシゲ左手椀	顔を白く塗られている	□有 ☒無 単体彫り 田の神舞神職型	No2とNo18の早鈴神社南西と似る「石工 矢野秋男」の銘
No. 21 平成25年08月04日	霧島市隼人町松永 石関橋近く 山野(命がけ)	不詳	不詳 座位	55 × 75 ×	右の1体は長袖の衣に手を合わせて足を組む	彩色なし	□有 ☒無 浮彫り 不明	一枚の板石に2体彫られた田の神で、左部分は欠損
No. 22 平成25年12月07日	霧島市隼人町 住吉 道路沿い	不詳	田の神舞神職型 立位	50 × 38 ×	シキを被り、長袖和服・袴姿で右手メシゲ左手椀	彩色なし	□有 ☒無 単体彫り 田の神舞神職型	風化強く表情は不明。下半身はセメントに埋められる
No. 23 平成25年12月07日	霧島市隼人町 真孝 松山① 道路沿い	明治30年(1897年)	石碑	75 × 30 ×	なし	彩色なし	□有 ☒無 石碑型	石に彫られていたようであるが、風化で確認不能
No. 24 平成25年12月07日	霧島市隼人町 真孝 松山② 公園敷地一角	明和7年(1770年)	不明	95 × 60 ×	風化強く明確でないが、かすかにメシゲを持つ	彩色なし	□有 ☒無 浮彫り 不明	高さ95cmの石材に田の神が彫られているがはっきりせず

番　号 撮影日	住　所 置場所	製作年月日	像型・形態	サイズcm	持ち物	彩色	祠	その他
No. 25 平成25年12月07日	霧島市隼人町 内村 道路沿い	文政5年(1822年)	自然石文字彫	43 × 45 ×	なし	彩色なし	□有 ⊠無 自然石文字彫	草むらに埋もれこんで非常に探しにくい
No. 26 平成25年12月22日	霧島市隼人町 松永 平熊 道路沿い	天明4年(1784年)	自然石文字彫	88 × 36 × 30	なし	彩色なし	□有 ⊠無 自然石文字彫	No6と一緒に並ぶ、後でINで田の神と判明
No. 27 平成27年09月21日	霧島市隼人町 小浜 早鈴神社 神社境内	不詳	不明 椅像	85 × 45 × 35	袴らしきものを着て右手は膝の上で左手をかざす格好	彩色なし	□有 ⊠無 単体彫り 不明	風化が強く頭部は後で載せられた感じがする
No. 28 平成24年01月26日	霧島市国分宮内 鹿児島神宮境内 神社境内	天明元年(1781年)	田の神舞神職型 椅像	91 × 55 × 32 県有形無形文化財	大きなシキ被り、布衣にくくり袴姿で右手メシゲ左手椀	彩色なし。顔は翁面に似て、横幅広く顎鬚あり	□有 ⊠無 田の神舞神職型	灰白色の荒い火成岩、右足を軽く前に出し今にも踊りだしそう

No. B-1	霧島市隼人町 小田 人家の庭	明和6年(1769年)	神像型座像 座位	57 × 47 ×	衣冠束帯両手膝上で組み目閉じて穏やかな表情	彩色なし	□有 ⊠無 単体彫り 神像型座像	家主がもう処分したとのこと
No. B-2	霧島市隼人町 東郷 人家の庭	不詳	田の神舞神職型 立位	75 × 28 ×	シキ被り長袖和服にズボンで右手メシゲ左手挙げる	顔とメシゲは白く衣は朱色に塗られた形跡あり	□有 ⊠無 単体彫り 田の神舞神職型	
No. B-3	霧島市隼人町西 光寺 家畜市場	大正14年(1925年)	自然石文字彫	136 × 85 ×	なし	彩色なし	□有 ⊠無 単体彫り 自然石文字彫	「田神」と彫られている

1-5 霧島市溝辺町の田の神石像

番 号 撮影日	住 所 置場所	製作年月日	像型・形態	サイズcm	持ち物	彩色	祠	その他
No. 1 平成25年06月11日	霧島市溝辺町 石原溝辺公民館 みそめ館	天明4年(1784年)	農民型 立位	60 × 28 × 市有形民俗文化財	シキ被り野良着姿で右手メシゲ左手スリコギ持ち裸足	衣がベンガラ色。右顔面が欠ける	□有 ☒無 単体彫り 農民型立像	庚申講と田の信仰が結びつき貴重。H5年に現在地
No. 2 平成25年06月11日	霧島市溝辺町 祝儀園 竹子 道路沿い	宝暦12年(1762年)	田の神舞神職型 椅像	57 × 45 × 38 市有形民俗文化財	兜様にシキ被り長袖和服袴姿で右手メシゲ左手膝上	衣は赤色の彩色痕あり	□有 ☒無 単体彫り 田の神舞神職型	兜の様にシキを深く被り、右膝を立てる
No. 3 平成27年11月29日	霧島市溝辺町 竹子 宮脇 墓地	不詳	仏像型(大日如来) 座位	57 × 35 × 33	頭髪を結上げ頭部に宝冠あり右手にメシゲ左手膝上	彩色なし	□有 ☒無 単体彫り 仏像型(大日如来)	民家裏心慶寺分寺跡の墓地にあり仏像かと思うとメシゲあり
No. 4 平成27年11月29日	霧島市溝辺町 竹子 石井口 墓地	不詳	不明 上半身のみ	39 × 27 × 15	丸坊主の顔に着物や持ち物は不明	なし	□有 ☒無 浮き彫り 不明	入口に「石井口の田の神」とあり
No. 5 平成28年04月02日	霧島市溝辺町 竹子 木場 木場公民館内	嘉永6年(1853年)	田の神舞神職型 立位	50 × 30 × 28	シキ被り長袖和服裾着け袴で右手メシゲ左手飯盛り椀	顔と持ち物白衣はこげ茶色	□有 ☒無 単体彫り 田の神舞神職型	兜様にシキ被り、右膝立つ。No.2と似る。以前は持ち回り
No. 6 平成25年06月11日	霧島市溝辺町 竹子 石井口 人家の庭	不詳	僧型 立位	75 × 52 × 35	大三角シキ被り長袖上衣に袴姿で右手錫杖左手メシゲ	全体的に赤茶色の彩色痕あり	□有 ☒無 単体彫り 僧型立像	民家の庭に祀られ、おじいさんが自慢げに教えてくれる
No. 7 平成28年04月02日	霧島市溝辺町 玉利 道路沿い高台	元文4年(1739年)	僧型 椅像	80 × 40 × 35	総髪で笠状のシキ被り長袖上衣袴で右手メシゲ左手椀を膝上	全体的に赤茶色の彩色痕あり	□有 ☒無 単体彫り 僧型椅像	腰かけた形で頭髪のある珍しい田の神

1-6 霧島市霧島の田の神石像

番　号 撮影日	住　所 置場所	製作年月日	像型・形態	サイズcm	持ち物	彩色	祠	その他
No.　1 平成27年12月20日	霧島市霧島 田口 蓬泉館近く野原	不詳	田の神舞神職型 立位	24 × 10 × 10	シキ被り長袖上衣に袴姿で両手でメシゲ持つ	彩色なし（奥に2体の小さい田の神あり）	☒有 □無 単体彫り 田の神舞神職型	明治初期祖父が開田時の田の神盗まれ昭和に戻る
No. B-1	霧島市霧島田口 狭名田（さなだ）	嘉永3年（1850年）頃	石碑	64 × 36 ×	なし	なし	□有 ☒無 石碑型	安山岩の石碑型で島津家第28代当主斉彬の頃建立
No. B-2	霧島市霧島田口 野上（のがみ）	明治27年（1894年）	石碑	94 × 34 ×	なし	なし	□有 ☒無 石碑型	毎年10月5日に式典あり
No. B-3	霧島市霧島田口 前田	平成13年（2001年）	田の神舞神職型 座位	59 × 33 ×	シキを被り長袖和服・袴姿で右手メシゲ左手椀	なし	□有 ☒無 単体彫り 田の神舞神職型	平成13年に耕地整理が終了したために建立す

1-7 霧島市福山町の田の神石像

番号 撮影日	住所 置場所	製作年月日	像型・形態	サイズcm	持ち物	彩色	祠	その他
No. 1 平成24年05月12日	霧島市福山町 福地古中渡 水田	天明時代（178 1～1788年）	神像型座像 座位	43 × 47 ×	頭部は改作で束 帯で両手輪組で 穴なく風化激し く容姿は不明	彩色なし	□有 ☒無 単体彫り 神像型座 像	頭部は欠損し 丸石が載せて ある。背面胃に 「寄進天明」と
No. 2 平成24年05月12日	霧島市福山町 国師 水田	不詳	木造の仏像 立位	30 × 11 × 5	冠を被り、長衣 で両手は破損	彩色なし（木 色）	☒有 □無 単体彫り 仏像型立 像	初めは田の神 とは思わなかっ た
No. 3 平成24年05月12日	霧島市福山町小 廻 大玉神社 神社境内	不詳	不明 立位	60 × 32 ×	頭部欠損で石 がのせてあり、 両手も破損	彩色なし	□有 ☒無 単体彫り 不明	No4との2体建 立は田に下る 神と山に帰る 田の神を意味
No. 4 平成24年05月12日	霧島市福山町小 廻 大玉神社 神社境内	平成20年（20 08年）	田の神舞神 職型 椅像	40 × 21 ×	シキ被り長袖 和服・袴姿で 右手メシゲ左 手にお椀	彩色なし（本 来の田の神は 近年失わる）	□有 ☒無 田の神舞 神職型	No3並ぶ。以前 は別の田の神 （寛保元年、17 41年）あり
No. 5 平成25年06月17日	霧島市福山町 佳例川 道路沿い	明治33年（19 00年）	三角形の石 碑	50 × 50 × 25	文字型の県内 でも珍しい三 角形の田の神	彩色なし	□有 ☒無 石碑型	地元の前田盛 喜（後に折田家 に養子）が改田 した時に建立
No. 6 平成24年05月12日	霧島市福山町 大廻 高台	不詳	田の神舞神 職型 椅像	65 × 34 ×	シキ被り長袖 和服・袴姿で 両手は欠落	彩色なし	□有 ☒無 単体彫り 田の神舞 神職型	風化強く表情 は不明、以前 水田にあった が幾度も移転
No. 7 平成26年01月30日	霧島市福山町福 地 中渡 高台	不詳	不明 立位	34 × 25 ×	シキを被るも 風化激しく表 情は不明。左 手にメシゲ	なし	□有 ☒無 浮き彫り 不明	毎年1月12日 福地地区神祭 りで新堀の住 民御幣立てる
No. 8 平成26年01月30日	霧島市福山町堀 之頭 吉野 水田	不詳	不明 上半身のみ	15 × 12 × 60×42×38	シキを被り上 半身のみで両 手も存在しな い	上半身の上 着が白く塗ら れている	☒有 □無 浮き彫り 不明	石殿型の祠の 中にある
No. 9 平成26年01月30日	佳例川比曽木野 地区大屋敷 水田	寛政12年（18 00年）	神像型座像 座位	53 × 36 ×	両手と首から上 欠損し衣冠束帯 で手に笏を持っ た痕跡あり	彩色なし。頭 部は後から 新しい物が 載せてある	□有 ☒無 単体彫り 神像型座 像	宮崎県から 持ってきたと伝 えられている。 大変な山奥！

394　資料　田の神石像・全記録　2章　鹿児島県の田の神石像

2-1 姶良市加治木町の田の神石像

番号 撮影日	住所 置場所	製作年月日	像型・形態	サイズcm	持ち物	彩色	祠	その他
No. 1 平成24年12月22日	姶良市加治木町 日本山 里 人家	天保年間(1830～1843年)	田の神舞神職型 椅像 市有形民俗文化財	82 × 33 × 40	甑シキ被り右手メシゲ膝前で持ち左手シキを支える	彩色なし。笑顔の目鼻口などが巧みに刻まれる	□有 ☒無 単体彫り 田の神舞 神職型	袖はタスキで短くたくし上げ、袴で今にも踊りだしそう
No. 2 平成24年12月22日	姶良市加治木町 反土 吉原 川の堤防沿い	不詳	田の神舞神職型 立位	133 × 65 × 44	頭巾風シキ被り筒袖の上衣長袴姿で両手でメシゲ	顔は壊れ表情不明で彩色はない	□有 ☒無 単体彫り 田の神舞 神職型	足袋にたすき掛けで、甑のシキの目や袴など美しい
No. 3 平成24年12月22日	姶良市加治木町 城(じょう) 高台	不詳	田の神舞神職型 椅像	30 × 20 × 18	頭巾風シキ被り右膝立て上衣袖上げ長袴膝がけ右手メシゲ左手椀	彩色なし	☒有 □無 単体彫り 田の神舞 神職型	端正な顔で小型である。以前は持ち回りと思われる
No. 4 平成24年12月22日	姶良市加治木町 小山田 徳永 大井山神社境内	安永8年(1779年)	田の神舞神職型 椅像 市有形民俗文化財	70 × 40 × 40	シキを被り、石に腰掛けた格好で顔と両手破損が強い	彩色なし	□有 ☒無 単体彫り 田の神舞 神職型	大きく長い袴は右膝立て動きのある姿態で面白い
No. 5 平成24年12月22日	姶良市加治木町 小山田 迫 公民館	安永10年(1781年)	神像型座像 座位(胡坐的)	57 × 48 × 37	烏帽子被り衣冠束帯で右欠けた笏左手膝上	彩色なし。梅木水田から昭和54年移設	□有 ☒無 単体彫り 神像型座像	装束はきれいに作られており、冠を被り両足は組む
No. 6 平成24年12月22日	姶良市加治木町 小山田 中郷 水田	元文5年(1740年)	神職型座像 座位	49 × 36 ×	頭巾風シキ肩まで被り長衣上衣袴姿で右手メシゲ左手椀	頭巾の内側は赤茶色	☒有 □無 単体彫り 神職型座像	神職型で町内最古で優しい顔で頭の形が印象的
No. 7 平成24年12月22日	姶良市加治木町 隈原 神社境内	宝暦13年(1763年)	田の神舞神職型 座位	50 × 50 × 50	シキ被り長袖上衣襷掛けで裁着け袴で右手メシゲ左手不明右	前に出した左足は膝をつく。彩色なし	☒有 □無 単体彫り 田の神舞 神職型	顔半分は破損されており、残り半分が首に載せてある
No. 8 平成24年12月22日	姶良市加治木町 菖蒲谷(右側) 高台	明治14年(1881年)	田の神舞神職型 椅像	61 × 33 ×	シキ被り上衣の胸を大きく広げ右手メシゲ左手欠落	顔面が白色	□有 ☒無 単体彫り 田の神舞 神職型	鼻が治してあるのが惜しい。右手のメシゲに製作日が記載
No. 9 平成24年12月22日	姶良市加治木町 菖蒲谷(真ん中) 高台	寛保元年(1741年)	神像型座像 座位	37 × 39 ×	頭部欠損の衣冠束帯で両手輪組で穴なし	彩色なし	□有 ☒無 単体彫り 神像型座像	神像型で町内最古。No21の田中公民館と同年の作
No. 10 平成24年12月22日	姶良市加治木町 菖蒲谷(側)左 高台	不詳	神像型座像 座位	37 × 45 ×	頭部欠損の衣冠束帯で両手輪組で穴なし	彩色なし	□有 ☒無 単体彫り 神像型座像	No8～No10は一緒に並んでいるが、もう1体あったり盗難
No. 11 平成24年12月22日	姶良市加治木町 西別府 桑迫 公民館	不詳	田の神舞神職型 立位	99 × 73 ×	シキ被り長袖の僧衣でメシゲを持つ。目と口に穴あり	彩色なし	□有 ☒無 浮き彫り 田の神舞 神職型	大型で粗削りであるが表情は不明。目と口に穴あける
No. 12 平成24年12月22日	姶良市加治木町 桃元野 道路沿い	不詳	神像型座像 上半身のみ	80 × 80 ×	衣冠束帯で右手に笏を彫られている姿	顔面と肩が白色	□有 ☒無 浮き彫り 神像型座像	上半身のみで顔面と肩が削られているのが惜しい

番 号 撮影日	住 所 置場所	製作年月日	像型・形態	サイズcm	持ち物	彩色	祠	その他
No. 13 平成24年12月22日	姶良市加治木町上木田隈媛神社前 神社前道路沿い	明和4年(1767年)	神像型座像 座位	65 ×53 ×40 県有形民像文化財	纓ある冠被り衣冠束帯両手輪組で穴、仏像様の穏やかな顔	彩色なくアルミフェンスで囲む	□有 ☒無 単体彫り神像型座像	顔は柔和で端正な顔立ちで、両袖は左右に跳ね上がる
No. 14 平成24年12月22日	姶良市加治木町木田 西ノ原 公民館	不詳	田の神舞神職型 椅像	82 ×40 ×	甑のシキ被り胸はだけた上衣・袴姿で右手メシゲ下に持つ	顔面と腹白シキと袴は黒S59年微笑みの石仏展に	□有 ☒無 単体彫り田の神舞神職型	笑顔の農民風の田の神舞でどの部分もしっかり刻む
No. 15 平成24年12月22日	姶良市加治木町弥勒 公民館	不詳 一次盗難にあう	田の神舞神職型 椅像	46 ×35 ×37	頭巾風のシキを被り両手は欠損し持ち物不明	彩色なし	□有 ☒無 単体彫り田の神舞神職型	やや前かがみで福々しい笑顔は今にも踊りだしそうで躍動感あり
No. 16 平成24年12月22日	姶良市加治木町木田(左側) 公民館	不詳	田の神舞神職型 立位	95 ×60 ×40	傘状の大きなシキ被り羽織・長袴姿で両手でメシゲ	顔白で衣赤色大きい顔と眼尻下がる細い眼と大口	□有 ☒無 単体彫り田の神舞神職型	お腹が出ていて、袴をはいて何とも言えない笑顔
No. 17 平成24年12月22日	姶良市加治木町木田(右側) 公民館	不詳	田の神舞神職型 椅像	90 ×35 ×44	編目明確な丸いシキ被右手メシゲ左手はシキに充てる	赤い口紅以外は全体的に黒色	□有 ☒無 単体彫り田の神舞神職型	顔表情や手の動き可愛く腹が出て見飽きない。以前持ち回り
No. 18 平成24年12月22日	姶良市加治木町西反土 千鳥橋近く	文政元年(1818年)	田の神舞神職型 立位	59 ×45 ×27	頭巾様のシキ被り着流しの着物着て両手でメシゲ持つ	顔は白で赤い口紅あり、他は薄い茶色	☒有 □無 単体彫り田の神舞神職型	顔を前に突き出た動きある姿態。アルミフェンスの祠
No. 19 平成24年12月22日	姶良市加治木町萩原 人家入り口石碑横	不詳、文化元年(1804年)石碑横に	不明 座位	54 ×25 ×	頭は丸めてシキを被り、両手でメシゲを持つ	彩色なし	□有 ☒無 単体彫り不明	庚申供養石碑の横にあり顔は削られて年代不詳
No. 20 平成24年12月22日	姶良市加治木町反土田中(左側) 公民館庭	不詳	不明(神像型?) 椅像	62 ×40 ×29	頭巾風のもの被り衣の胸を大きく広げ左手メシゲか?	右足を少し上げ腰掛けているのか?彩色なし	□有 ☒無 単体彫り不明(神像型?)	風化と破損が強く顔の表情が分かりにくい
No. 21 平成24年12月22日	姶良市加治木町反土田中(右側) 公民館庭	寛保元年(1741年)	神像型座像 座位	55 ×42 ×32	衣冠束帯頭部セメント繋ぎ両手損壊し襞多い衣袖跳ね上げ	彩色なく 神像型としては町内最古	□有 ☒無 単体彫り神像型座像	No9の菖蒲谷のものと同年の作で何らかの関連が?
No. 22 平成24年12月22日	姶良市加治木町仮屋町(左側) 郷土館庭	明治元年(1868年)頃	田の神舞神職型 椅像	75 ×30 ×24	甑のシキを被り、右手はメシゲを左手はシキを抱える	彩色なし。上衣の袖を肩までたくし上げ襷がけ	□有 ☒無 単体彫り田の神舞神職型	満面に笑み浮かべた姿。田中の田口宅から町に寄贈
No. 23 平成24年12月22日	姶良市加治木町仮屋町(右側) 郷土館庭	宝暦12年(1762年)	神像型座像 座位	49 ×30 ×	長い纓を垂らした衣冠束帯で両手は膝の上	彩色なし。 よく見るとあごひげあり	□有 ☒無 単体彫り神像型座像	後ろに纓を持つ神像型は菖蒲谷の寛保元年に次ぐ
No. 24 平成24年12月22日	姶良市加治木町於里 人家	安永3年(1774年)	田の神舞神職型 椅像	65 ×37 ×28	シキ被り筒袖の上衣・裁着け袴で両手で大メシゲ	彩色なし	□有 ☒無 単体彫り田の神舞神職型	顔は壊された上を再度刻んである

番　号 撮影日	住　所 置場所	製作年月日	像型・形態	サイズcm	持ち物	彩色	祠	その他
No. 25 平成24年12月22日	姶良市加治木町 田中 公民館	大正12年(192 3年)	田の神舞神職 型 椅像	43 × 25 ×	甑のシキ被り長 袖上衣・長袴 で右手メシゲ 左手椀	彩色なし。 運転手さんが 手配してくれ 拝見	□有 ⊠無 単体彫り 田の神舞 神職型	以前は持ち回 りであったが現 在は公民館に あり、祭りなし
No. B- 1	姶良市加治木町 日木山 里 末永清一氏宅内	不詳	田の神舞神職 型 椅像	36 × 21 ×	甑のシキ被り右 手はメシゲを膝 の前で持ち左手 はシキ支える	彩色なし。 二瀬戸石で 作成	□有 ⊠無 単体彫り 田の神舞 神職型	彫りがあまい 姿・形に笑った 表情が可愛い 小型の物
No. B- 2	姶良市加治木町 日木山 里 犬童利春氏宅内	大正中頃	田の神舞神 職型 椅像	36 × 22 ×	甑のシキ被り右 手はメシゲを膝 の前で持ち左手 はシキ支える	彩色なし。 二瀬戸石で 作成	□有 ⊠無 単体彫り 田の神舞 神職型	蔵王岳の石切 り場で祖父と同 じ職場の石工 金右エ門作
No. B- 3	姶良市加治木町 反土 吉原 今村鉄枝氏宅内	不詳	田の神舞神 職型 立位	32 × 22 ×	風化強く顔は表 情不明で長袖 和服袴で右手メ シゲか	彩色なし	□有 ⊠無 単体彫り 田の神舞 神職型	庭に氏神と並 列しレース台 風で破損す
No. B- 4	姶良市加治木町 反土 吉原 徳永実利氏宅内	不詳	田の神舞神 職型 立位	22 × 10 ×	シキ被り前かが みに顔を突き出 し長袖和服・袴 姿両手でメシゲ	不明	□有 ⊠無 単体彫り 田の神舞 神職型	製作表現技術 がうまい
No. B- 5	姶良市加治木町 反土 吉原 徳永洋子氏宅内	不詳	田の神舞神 職型 椅像	34 × 16 ×	シキを被り長袖 和服・袴姿で 右手メシゲ左 手椀	不明	□有 ⊠無 単体彫り 田の神舞 神職型	にっこり笑って いる姿が可愛い
No. B- 6	姶良市加治木町 小陣 公民館内	不詳	田の神舞神 職型 椅像	53 × 21 ×	シキを被り長袖 和服・袴姿で 右手メシゲ左 手椀	不詳	□有 ⊠無 単体彫り 田の神舞 神職型	にっこり笑って いる姿が可愛 い

b. 県央区　2-1 姶良市加治木町の田の神石像　397

番号 撮影日	住所 置場所	製作年月日	像型・形態	サイズcm	持ち物	彩色	祠	その他
No. B-7	姶良市加治木町 小陣 福永和則氏宅内	不詳	田の神舞神職型 椅像	48 × 23 ×	シキを被り長袖和服・袴姿で右手メシゲ左手椀	不明	□有 ⊠無 単体彫り 田の神舞 神職型	穏やかな表情
No. B-8	姶良市加治木町 萩原 枝元長雄氏宅内	不詳	田の神舞神職型 座位	30 × 28 ×	シキを被るも風化強く表情等不明	彩色なし	□有 ⊠無 単体彫り 田の神舞 神職型	天明8年(1788年)の氏神と屋敷植木に隠れるようにあり
No. B-9	姶良市加治木町 田中 公民館内	大正12年(1923年)	田の神舞神職型 椅像	43 × 25 ×	シキを被り長袖和服・袴姿で右手メシゲ左手椀	彩色なし	□有 ⊠無 単体彫り 田の神舞 神職型	以前は持ち回りであったが現在は公民館内に
No. B-10	姶良市加治木町 川原 外村武雄氏宅内	不詳	田の神舞神職型 椅像	21 × 19 ×	シキを被り長袖和服・袴姿で両手でメシゲ持つ	不明	□有 ⊠無 単体彫り 田の神舞 神職型	以前持ち回り。大胆な容態の踊りで顔の表情面白い
No. B-11	姶良市加治木町 西反土前 田代敏男市宅内	明治33年(1900年)	田の神舞神職型 椅像	37 × 23 ×	シキを被り長袖和服・袴姿で右手メシゲ左手椀	赤いメシゲと顔は白く化粧	□有 □無 単体彫り 田の神舞 神職型	腹の十字印は非常に珍しい
No. B-12	姶良市加治木町 上浜 森山氏宅庭	幕末の頃	田の神舞神職型 立位	88 × 40 ×	風化強く両手は破損するもシキを被り袴を履く	彩色なし	□有 ⊠無 単体彫り 田の神舞 神職型	幕末に新田の干拓したとき作成され一時東京に行く
No. B-13	姶良市加治木町 高井田 公民館前	昭和56年(1981年)	僧型 座位	60 × 28 × 22	シキ被り僧衣姿で右手メシゲ左手椀で胡座かく	彩色なし	□有 ⊠無 単体彫り 僧型座位	昭和56年本土原の作者から購入したもの
No. B-14	姶良市加治木町 上木田 公民館内	不詳	田の神舞神職型 椅像	39 × 19 ×	シキ被り長袖和服・袴姿で右手メシゲ左手椀	不明	□有 ⊠無 単体彫り 田の神舞 神職型	以前は持ち回りで顔の表情は温和な笑みあり
No. B-15	姶良市加治木町 上木田 公民館内	昭和14年(1939年)	田の神舞神職型 椅像	46 × 21 ×	シキ被り長袖和服・袴姿で右手メシゲ左手椀	不明	□有 ⊠無 単体彫り 田の神舞 神職型	舌出しの田の神で珍しくユニークな顔をしている
No. B-16	姶良市加治木町 中福久後 公民館内	文化2年(1805年)	田の神舞神職型 椅像	40 × 21 ×	シキ被り長袖和服・袴姿で両手でメシゲ背中にワラヅトを下げる	不明	□有 ⊠無 単体彫り 田の神舞 神職型	以前は持ち回りで姿が動的で楽しそう。ワラヅトは珍しい
No. B-17	姶良市加治木町 楠園 公民館内	不詳	田の神舞神職型 椅像	38 × 19 ×	シキ被り長袖和服・袴姿で右手メシゲ左手椀	不明	□有 ⊠無 単体彫り 田の神舞 神職型	以前は持ち回りで姿がユーモラスである
No. B-18	姶良市加治木町 弥勒 持ち回り	不詳	田の神舞神職型 椅像	28 × 17 ×	シキ被り長袖和服・袴姿で右手メシゲ左手椀	不明	□有 □無 単体彫り 田の神舞 神職型	小型であるが形が良く整っている

番 号 撮影日	住 所 置場所	製作年月日	像型・形態	サイズcm	持ち物	彩色	祠	その他
No. B-19	姶良市加治木町 岩原東 濱田兼春氏宅内	不詳	神像型座像 座位	42 × 37 ×	衣冠束帯で両 手輪組で笏を 持つ穴がある	彩色なし	□有 ⊠無 単体彫り 神像型座 像	毎年各戸を持 ち回り下田の 神
No. B-20	姶良市加治木町 岩原東 岡山明弘氏宅内	不詳	田の神舞神 職型 椅像	21 × 15 ×	シキ被り長袖 和服・袴姿で 右手メシゲ左 手椀	不明	□有 ⊠無 単体彫り 田の神舞 神職型	小型で可愛ら しい
No. B-21	姶良市加治木町 岩原東 黒田トメ氏宅内	不詳	田の神舞神 職型 椅像	37 × 22 ×	シキ被り長袖 和服・袴姿で 右手メシゲ左 手椀	不明	□有 ⊠無 単体彫り 田の神舞 神職型	以前は持ち回 り
No. B-22	姶良市加治木町 須崎 白濱新氏宅内	明治年間	田の神舞神 職型 椅像	25 × 13 ×	シキ被り長袖 和服・袴姿で 右手メシゲ左 手椀	不明	□有 ⊠無 単体彫り 田の神舞 神職型	以前は持ち回 り
No. B-23	姶良市加治木町 中野 永吉篤則氏宅内	昭和年間	田の神舞神 職型 椅像	31 × 16 ×	シキ被り長袖 和服・袴姿で 右手メシゲ左 手椀	不明	□有 ⊠無 単体彫り 田の神舞 神職型	同形のものが 町内に数個あ りとても可愛く て愛らしい
No. B-24	姶良市加治木町 楠原 公民館内	不詳	田の神舞神 職型 椅像	32 × 15 ×	シキ被り長袖 和服・袴姿で 両手その一部欠 けたメシゲ	不明	□有 ⊠無 単体彫り 田の神舞 神職型	風化強くかなり 古いものと思わ れる
No. B-25	姶良市加治木町 長谷 吉永高雄氏宅内	明治以前	田の神舞神職 型 椅像	30 × 21 ×	シキ被り長袖和 服袴で右手メシ ゲ左手その上置 き上向く姿	不明	□有 ⊠無 単体彫り 田の神舞 神職型	小型、かなり古 いと思われる
No. B-26	姶良市加治木町 畠中博氏宅土手	不詳	田の神舞神 職型 椅像	65 × 32 ×	バラバラになっ ていたものを繋 ぐも頭部と右肩 補修	瓶の部分も破 壊されるも刀を 差す穴があり 顔も明確	□有 ⊠無 単体彫り 田の神舞 神職型	粘土で作った 焼き物
No. B-27	姶良市加治木町 麓 園田フジエ氏宅	不詳	田の神舞神 職型 椅像	34 × 17 ×	シキを被り長袖 和服・袴姿で 右手メシゲ左 手椀	不明	□有 ⊠無 単体彫り 田の神舞 神職型	持ち回りでお 椀には焼酎を ついであげる ため黒くる
No. B-28	姶良市加治木町 新開 小原親志氏宅	天保11年(18 40年)	田の神舞神 職型 立位	30 × 22 ×	シキを被り長袖 和服・袴姿で 右手メシゲ左 手椀	黒塗りで陶器 を思わせる地 肌	□有 ⊠無 単体彫り 田の神舞 神職型	どこか女性的 な顔立ちで優 しそうである
No. B-29	姶良市加治木町 宮田ヶ平 坂元利夫氏宅	不詳	田の神舞神 職型 立位	54 × 35 ×	シキを被り長袖 和服袴姿で右 手にメシゲで 左手椀	不明	□有 ⊠無 単体彫り 田の神舞 神職型	全国版グラビア の「フォト」に紹 介される
No. B-30	姶良市加治木町 宮田ヶ平 坂元利夫氏宅	不詳	田の神舞神 職型 立位	18 × 12 ×	シキ被り長袖 和服・袴姿で右 肩に袋で左手に 刀指す穴あり	不明	□有 ⊠無 単体彫り 田の神舞 神職型	持ち回りで、粘 土で作った焼 き物で最も小 型である

b. 県央区　2-1 姶良市加治木町の田の神石像　399

番号 撮影日	住所 置場所	製作年月日	像型・形態	サイズcm	持ち物	彩色	祠	その他
No. B-31	姶良市加治木町 伊部野 林道内	不詳	田の神舞神職型 椅像	40 × 20 ×	シキを被り長袖 和服・袴姿で 右手メシゲで 左手椀	不明	□有 ☒無 単体彫り 田の神舞 神職型	笑顔が優しい 田の神
No. B-32	姶良市加治木町 伊部野 道路沿い土手	明治41年(1908年)	石碑	70 × 28 ×	なし	彩色なし	□有 無 石碑	前面に「田之 神」と刻銘
No. B-33	姶良市加治木町 伊部野 公民館内	万延元年(1860年)	田の神舞神 職型 椅像	28 × 16 ×	シキを被り長袖 和服・袴姿で 右手メシゲで 左手椀	不明	□有 ☒無 単体彫り 田の神舞 神職型	かっぱを思わ せるような可愛 い田の神
No. B-34	姶良市加治木町 川内 道路沿い	不詳	不明 不明	44 ×88 ×	大きな岩の塊 で作られている が上半身欠落 す	彩色なし	□有 ☒無 単体彫り 不明	どのような田の 神か不明
No. B-35	姶良市加治木町 川内 川内貞夫氏宅内	不詳	田の神舞神 職型 椅像	27 × 20 ×	シキを被り長袖 和服袴姿で右 手メシゲで左 手椀	不明	□有 ☒無 単体彫り 田の神舞 神職型	以前は川内全 体で持ち回りB －36と対
No. B-36	姶良市加治木町 川内 東木義男氏宅内	不詳	田の神舞神 職型 椅像	36 × 20 ×	シキを被り長袖 和服袴姿で右 手にメシゲで 左手椀	不明	□有 ☒無 単体彫り 田の神舞 神職型	以前は川内全 体で持ち回りB －35と対
No. B-37	姶良市加治木町 川内 東木義男氏宅内	明治41年(1908年)	田の神舞神職 型 椅像	26 × 16 ×	シキを被り長 袖和服袴姿 で右手メシゲ で左手椀	不明	□有 ☒無 単体彫り 田の神舞 神職型	典型的な田の 神
No. B-38	姶良市加治木町 川内 川内近則氏宅内	昭和9年(1934年)	田の神舞神 職型 椅像	26 × 17 ×	シキを被り長 袖和服袴姿 で右手にメシ ゲで左手椀	不明	□有 ☒無 単体彫り 田の神舞 神職型	典型的な田の 神
No. B-39	姶良市加治木町 川内 屋所澄好氏宅内	昭和31年(1956年)	田の神舞神 職型 椅像	24 × 13 ×	シキを被り長 袖和服袴姿 で右手にメシ ゲで左手椀	不明	□有 □無 単体彫り 田の神舞 神職型	川内と東川内 が分かれる前 は川内全体で ち持ち回り
No. B-40	姶良市加治木町 曲田 岩崎氏梅畑土手	明治以前	田の神舞神 職型 椅像	77 × 70 ×	シキを被り長 袖和服袴姿 で両手でメシ ゲ	彩色なし	□有 ☒無 浮き彫り 田の神舞 神職型	風化強く顔の 表情は不明
No. B-41	姶良市加治木町 市野々 大山定志氏宅内	明治以前	神像型座像 座位	36 × 47 ×	纓のある冠を 被り衣冠束帯 で笏を持つよ うな恰好	不明	□有 ☒無 単体彫り 神像型座 像	冠の先と鼻が 欠けているの が惜しい
No. B-42	姶良市加治木町 辺川中 公民館内	明治頃の作	田の神舞神 職型 椅像	50 × 40 ×	シキを被り長 袖和服袴姿 で両手でメシ ゲ	不明	□有 ☒無 単体彫り 田の神舞 神職型	公民館前に あったが盗まれ たので現在は 公民館内

郵 便 は が き

892-8790

168

鹿児島市下田町二九二―一

図書出版
南方新社 行

料金受取人払郵便

鹿児島東局
承認

300

差出有効期間
2027年2月
4日まで

有効期限が
切れましたら
切手を貼って
お出し下さい

ふりがな 氏 名		年齢　　　　歳
住　　所	郵便番号　　　　－	
Ｅメール		
職業又は 学校名		電話（ 自宅 ・ 職場 ） （　　　　　）
購入書店名 （所在地）		購入日　　月　　日

書名 （ 　　　　　　　　　　　 ） 愛読者カード

本書についてのご感想をおきかせください。また、今後の企画について
のご意見もおきかせください。

本書購入の動機（○で囲んでください）
　　　 A　新聞・雑誌で　（　紙・誌名　　　　　　　　　　　 ）
　　　 B　書店で　　C　人にすすめられて　　D　ダイレクトメールで
　　　 E　その他　（　　　　　　　　　　　　　　　　　 ）

購読されている新聞, 雑誌名
　　　 新聞　（　　　　　　　　 ）　　雑誌　（　　　　　　　 ）

直 接 購 読 申 込 欄

本状でご注文くださいますと、郵便振替用紙と注文書籍をお送りします。内容確認の後、代金を振り込んでください。 （送料は無料）		
書名		冊
書名		冊
書名		冊
書名		冊

番 号 撮影日	住 所 置場所	製作年月日	像型・形態	サイズcm	持ち物	彩色	祠	その他
No.B-43	姶良市加治木町辺川下 公民館内	大正時代の頃	田の神舞神職型 椅像	41 × 24 ×	シキを被り長袖和服袴姿で右手メシゲで左手椀	不明	□有 ☒無 単体彫り 田の神舞神職型	顔をくしゃくしゃにして笑っているのが印象的
No.B-44	姶良市加治木町堤水流 向江豊次氏宅庭	安政4年(1857年)	田の神舞神職型 椅像	57 × 42 ×	シキを被り長袖和服袴姿で右手に大きなメシゲ	不明	□有 ☒無 単体彫り 田の神舞神職型	顔の表情が印象的で以前鶴原にあったが家の移転で現在地に
No.B-45	姶良市加治木町堤水流 田の土手	不明	不明	80 × 62 ×	草藪の中に隠れるようにあり分類など不明	不明	□有 ☒無 自然石に浮き彫り 不明	いつごろからここにあるのかも分からない
No.B-46	姶良市加治木町堤水流 田の道路沿い	不明	不明	91 × 57 ×	分類など不明だが昔から田の神として祀られる	不明	□有 ☒無 自然石に浮き彫り 不明	柔らかい岩であるために造立当時どのような型か不明

2-2 姶良市の田の神石像

番号 撮影日	住所 置場所	製作年月日	像型・形態	サイズcm	持ち物	彩色	祠	その他
No. 1 平成25年07月07日	姶良市東餅田 道路沿い	不詳（推定江戸時代）	不明 椅像	120 × 90 × 50 85×50	風化・破損がひどく詳細は不明	彩色なし	□有 ⊠無 浮り彫り 不明	羽迫石で作られている
No. 2 平成25年07月07日	姶良市東餅田 高橋（左側） 道路沿い	不詳	農民型 椅像	40 × 20 ×	シキ被り半袖上衣と腰巻き姿で右手メシゲ左手椀	シキとメシゲ・お椀は黄色、顔や手足は白色	⊠有 □無 単体彫り 農民型像	No1～No3は同じ祠の中に。資料集にはなくIN情報で入手
No. 3 平成25年07月07日	姶良市東餅田 高橋（真ん中） 道路沿い	不詳	女性像 椅像	55 × 25 ×	帽子被りベストとスカート姿で両手メシゲ持ち大きな目	帽子・メシゲ・ソックスは黄色。顔・手・足は白色	□有 □無 単体彫り 女性像椅像	農民像・女性像・男性像の3体がセットで石造と並ぶ
No. 4 平成25年07月07日	姶良市東餅田 高橋（右側） 道路沿い	不詳	男性像 椅像	25 × 20 ×	シキ被りふんどし野良着姿で右手メシゲ左手膝上	シキはこげ茶色でメシゲふんどしはオレンジ色	□有 □無 単体彫り 男性像椅像	高橋公民館向かいに水神と祠が道路沿いの一角にある
No. 5 平成25年07月07日	姶良市東餅田 高橋 道路沿い	不詳	田の神舞神職型 立位	46 × 15 ×	シキ被り袖広上衣モンペ姿で右手メシゲ左手椀	彩色なし	□有 □無 単体彫り 田の神舞神職型	No2～No4と同じ敷地内にあり、持ち回りと思われる
No. 6 平成25年07月07日	姶良市西餅田 建昌（左側） 職業訓練校庭	不詳	不明 立位	120 × 90 × 65	シキを被り、右手にメゲ左手は不明で風化強い	彩色なし	□有 □無 浮き彫り 不明	現在は職業訓練校庭内にNo7と並ぶ。風化強く羽迫石
No. 7 平成25年07月07日	姶良市西餅田 建昌（右側） 職業訓練校庭	宝暦11年(1761年)	神像型座像 座位	86 × 50 × 26	冠様帽子被り束帯的上衣姿で持ち物不明。両手は前で組む	彩色なし	□有 ⊠無 単体彫り 神像型座像	現在は、No6と校庭内に並んでいる。頭部は改作
No. 8 平成25年07月07日	姶良市三拾町 （左側） 水田	享和2年(1802年)	田の神舞神職型 立位	95 × 60 × 45	シキ被り長袖上衣・長袴で襷がけで両手大メシゲ	体部とメシゲが赤茶色	□有 ⊠無 浮き彫り 田の神舞神職型	顔面の損傷がひどく襞の多い袴に襷をかけている
No. 9 平成25年07月07日	姶良市三拾町 （右側） 水田	不詳（江戸時代推定）	田の神舞神職型 椅像	75 × 48 × 30	頭巾風シキ被り狩衣風上衣長袴で襷がけ両手メシゲを斜めに	彩色なし	□有 ⊠無 単体彫り 田の神舞神職型	風化強いが顔と目の窪みは残る。No8と並立
No. 10 平成25年07月07日	姶良市大山 大山公民館前 公民館横廊下	天明元年(1781年)	田の神舞神職型 座位	110 × 80 × 45	頭丸め笠状シキ被り襞のある長袴で両手大メシゲ	上顔面が黄色でメシゲは茶褐色	□有 □無 単体彫り 田の神舞神職型	ひだの多い袴姿
No. 11 平成25年07月07日	姶良市大山東 大峰 水田	寛延4年(1751年)	田の神舞神職型 座位	73 × 56 × 25 52×30	頭丸め鉄兜状シキ被り筒袖上衣襞ある長袴右手メシゲ左手欠損	羽織とメシゲは赤色、袴は黒色	□有 ⊠無 単体彫り 田の神舞神職型	顔の横にメシゲを逆さに持ち腰に棒切れを刀状にさす
No. 12 平成25年07月07日	姶良市下名（しもみょう）西田 道路沿い	文化2年(1805年)	田の神舞神職型 立位	98 × 77 × 36 71×66×52 市指定有形民俗文化財	シキ被り襷がけ上衣に袴姿で右手メシゲ左手シキの下に	シキと体全体が茶褐色。盗難防止でコンクリート固定	□有 □無 単体彫り 田の神舞神職型	曲がったメシゲや眼尻下がった目などユーモラスな顔

番号 撮影日	住所 置場所	製作年月日	像型・形態	サイズcm	持ち物	彩色	祠	その他
No. 13 平成25年07月07日	姶良市下名 中川原 公民館	天明元年(1781年)	田の神舞神職型 立位	90 × 50 ×45 70×32	頭丸め少シキ被り長袖上衣袴で襷かけ右手メシゲ左手不明	彩色は羽織と袴は薄赤色	□有 ☒無 浮彫り 田の神舞神職型	ひだの多い袴姿で盗難防止でコンクリート固定
No. 14 平成25年07月07日	姶良市寺師 酒田 人家の庭	安永7年(1778年)	田の神舞神職型 椅像	125×90 ×63	頭丸め肩までシキ被り短袖上衣長袴で両手大メシゲ	メシゲと羽織・袴は赤茶色	□有 ☒無 単体彫り 田の神舞神職型	巨大石に丸彫り大きな田の神で祈祷師の教えで現在地
No. 15 平成25年07月07日	姶良市船津 字船津原 高台	不詳	神像型座像 座位	70 × 60 × 50	シキ被るも頭部は改作、直衣風上衣で両手は欠損	彩色なし	□有 ☒無 単体彫り 神像型座像	高い高台の上にあり、頭部は明らかに改作
No. 16 平成26年01月26日	姶良市宮島町44－3 人家(福岡庭園)	江戸時代後期の1805年頃	田の神舞神職型 椅像	80 × 60 × 57 市有形民俗文化財	シキ被り袖広上衣裁着け袴で空仰ぎ手で両手メシゲ	顔は白色で、タスキは赤色	□有 ☒無 単体彫り 田の神舞神職型	もとは木津志の城入り口に、上脇家に残る堂崎のものに似る
No. 17 平成26年01月26日	姶良市平松 山之口重富公園 公園駐車場	明和9年(1772年)	神像型座像 座位	59 × 65 × 50	衣冠束帯で両手輪笏で穴あり。風化と破損が強い	彩色なし。No18と並ぶ	□有 ☒無 単体彫り 神像型座像	風化強く表情不明。台座に刻銘、烏帽子と思われる
No. 18 平成25年07月07日	姶良市平松 山之口重富公園 公園駐車場	安永4年(1775年)	田の神舞神職型 椅像	79 × 50 × 30	シキ被り水干風上衣裁着け袴で右手鈴(小槌)左手棒状の物	腰に帯を巻く。彩色なし	□有 ☒無 単体彫り 田の神舞神職型	胸に宝珠を描き襞ある袴着て耳が大きい。No17並立
No. 19 平成26年01月26日	姶良市平松 触 田稲荷神社 神社境内	元文2年(1737年)	田の神舞神職型(神主型) 立位	94 × 76 × 55 市有形民俗文化財	シキ被り布衣袴姿で右手メシゲ左手椀、左膝前に出し神主姿	メシゲと顔が赤褐色	□有 ☒無 単体彫り 田の神舞神職型	翻った袂は躍動感、棒掛けの田の神舞の場面
No. 20 平成26年01月26日	姶良市木津志(きづし) 堂崎 人家	文化2年(1805年)	田の神舞神職型 座位	100×80 × 50 市有形民俗文化財	頭丸め頭巾風シキ被り長袖上衣長袴で襷がけ両手メシゲ	彩色なし。探すのと写真撮りに大変な苦労	□有 ☒無 単体彫り 田の神舞神職型	曲面様大きな顔で顎を突き出し左足を前に今に踊り出しそう
No. 21 平成26年01月26日	姶良市木津志 宮ノ前 水田	不詳	田の神舞神職型 座位	96 × 67 × 58 市有形民俗文化財	頭丸め肩までシキ被り長袖上衣袴襷がけ右手メシゲ膝上で左椀	彩色なし	□有 ☒無 単体彫り 田の神舞神職型	No20の田の神舞型にも似ている。空仰ぎ手で今も踊り出しそう
No. 22 平成26年01月26日	姶良市寺師 字二股 黒葛野 高台	不詳	田の神舞神職型 椅像	80 × 50 × 35	頭丸め背までシキ被り長袖上衣・長袴で右手メシゲ左手椀	メシゲと顔・羽織・袴の一部が赤褐色	□有 ☒無 単体彫り 田の神舞神職型	大きなメシゲを振りかざすような躍動感あり
No. 23 平成26年02月08日	姶良市船津 春花(はるげ) 公民館	明治18年(1885年)	田の神舞神職型 椅像	70 × 40 × 30	頭丸め頭巾風シキ被り長袖上衣袴かけ左手大メシゲ右手腹に	シキ・顔・両手は白色、羽織・袴は赤でメシゲ青色	□有 ☒無 単体彫り 田の神舞神職型	右手は顔に当てて遠くを見るような恰好で目は窪む
No. 24 平成26年01月26日	姶良市西餅田 楠元 水田	正徳2年(1712年)	地蔵型座像 座位	50 × 41 × 23 28×27	僧衣で頭前から右体部は破壊されて、お腹で紐を結ぶ	彩色なし。前面上部は破壊、背面台座に刻銘	□有 ☒無 浮彫り 地蔵型座像	正徳二壬天(1712)奉造●田の神●前原●右衛の刻銘

b. 県央区　2-2 姶良市の田の神石像　403

番号 撮影日	住所 置場所	製作年月日	像型・形態	サイズcm	持ち物	彩色	祠	その他
No. 25 平成26年04月12日	姶良市西餅田 楠元 高台	正徳2年(1712年)	神像型座像 座位	53 × 43 × 30 市有形民俗文化財	烏帽子被り両手輪組で笏持ち束帯で胡床顎鬚あり	憤怒の様相で威厳深い。彩色なし(サイズ33×29)	☒有_□無 浮彫り 神像型座像	この山の神の前にNo24の田の神の広がる水田前に
No. 26 平成26年04月12日	姶良市北山 中甑 水田	不詳	田の神舞神職型 立位	65 × 26 × 28	シキ被り短い上衣長袴姿で右手メシゲ左手欠損	少量の口紅あり	□有_☒無 単体彫り 田の神舞神職型	
No. 27 平成26年04月12日	姶良市北山 中甑 水田の高台	不詳	田の神舞神職型 椅像	55 × 38 × 28	大シキ被り長袖上衣長袴で空を仰いで両手メシゲでタスキ掛け	彩色なし	□有_☒無 単体彫り 田の神舞神職型	上半身がセメントで補修してある。No16の面影あり。頭丸め
No. 28 平成26年04月12日	姶良市上名 黒瀬字宮ノ脇 水田	享保17年(1732年)	祠型	75 × 56 × 54 31×27	珍しい屋根のある祠型である	彩色なし	□有_☒無 祠型	黒島神社東側
No. 29 平成26年04月12日	姶良市上名(かんみょう)内山田 道沿い高台	不詳	神像型座像 座位	50 × 50 × 30	烏帽子被り衣冠束帯の直衣姿で両手は胡座組んだ両足の上	彩色なし	□有_☒無 単体彫り 神像型座像	台座の正面に宝珠模様6個彫ってある。袂は両側に垂らす
No. 30 平成26年04月12日	姶良市豊留(とよとめ) 早馬神社境内	不詳	祠堂入り自然石	57 × 24 ×	黒い硬い石を削り貫いた壁と同質の笠石を乗せたお堂の中に	彩色なし	☒有_□無 自然石	表面に顔や膝らしきものが彫られているようである
No. 31 平成28年05月21日	姶良市東餅田姶良市民俗資料館 民俗歴史資料館	江戸時代(推定)	神姿の田の神武士像? 椅像	83 × 41 × 30	前側大きく破損したシキ被り袴姿で両手でメシゲ	彩色なし。神姿;炉山(はしやま)の田の神	□有_☒無 単体彫り 不明(武士像?)	首折れ頭部の欠損強く角ばった顔に眼の窪み残る
No. 32 平成28年05月21日	姶良市東餅田姶良市民俗資料館 民俗歴史資料館	文政時代(1818～1830年)	仏像型(福岡家の田の神) 椅像	40 × ×	大シキ被り袖広羽織と袴姿で右手メシゲ左手椀	顔は肌色	□有_☒無 単体彫り 仏像型椅像	福岡家、十日町の持ち回り
No. 33 平成28年05月21日	姶良市東餅田姶良市民俗資料館 民俗歴史資料館	不詳	田の神舞神職型 椅像	26 × ×	大シキ被り袖広羽織と袴姿で右手メシゲ左手椀	顔は白で他は濃い青色で衣類に赤茶残る	□有_☒無 単体彫り 田の神舞神職型	十日町の持ち回り田の神
No. 34 平成28年05月21日	姶良市東餅田姶良市民俗資料館 民俗歴史資料館	不詳	田の神舞神職型 立位	31 × ×	袂の短い羽織袴姿で右手椀左手メシゲで帽子様にシキ被る	顔、胸、手は白色で他は茶色	□有_☒無 単体彫り 田の神舞神職型	西の妻の持ち回り
No. 35 平成28年05月21日	姶良市東餅田姶良市民俗資料館 民俗歴史資料館	不詳	田の神舞神職型 椅像	31 × ×	シキ被り羽織・裁着け袴姿で右手メシゲ左手椀持つ	顔と胸の一部白色	□有_☒無 単体彫り 田の神舞神職型	木津志の持ち回り

番号 撮影日	住所 置場所	製作年月日	像型・形態	サイズcm	持ち物	彩色	祠	その他
No.B－1	始良市上名 内山田 —— 公民館内	明和2年(1765年)	神像型座像 —— 座位	48× ×	烏帽子被り衣冠束帯の直衣姿で両手は胡座を組んだ両足の上	顔は白他は茶色	□有 ⊠無 単体彫り 神像型座	持ち回りで現在は公民館内。袂は両側垂らす
No.B－2	始良市大山 —— 公民館内	不詳	田の神舞神職型 —— 椅像	40×20×15	帽子様シキ被り筒袖上衣と裁着け袴で右手メシゲ左手椀	彩色不明	□有 ⊠無 単体彫り 田の神舞神職型	持ち回りであったが、事情により公民館内に
No.B－3	始良市鍋倉 宇都	安永6年(1777年)	田の神舞神職型 —— 立位	55× ×	シキ被り短袖上衣に差袴姿で持ち物不明	顔は白でシキは青黒で衣は茶色	□有 ⊠無 単体彫り 田の神舞神職型	「田之神宇都相中」の刻銘あり
No.B－4	始良市鍋倉 水流寺	不詳	神像型座像 —— 座位	27× ×	纓の着いた冠を被り衣冠束帯で両手を膝上で組む	顔は白色で冠と衣は黒色	□有 ⊠無 単体彫り 田の神像型座像	持ち回りの田の神
No.B－5	始良市豊留	不詳	田の神舞神職型 —— 立位	68× ×	シキ被り長袖上衣に差袴姿で両手でメシゲ持つ	顔は白で頬紅と口紅がありシキは黒で衣茶色	□有 ⊠無 単体彫り 田の神舞神職型	持ち回りの田の神
No.B－6	始良市中津野	不詳	神像型座像 —— 座位	19× ×	冠被り衣冠束帯で両手は膝上で組む	顔と上衣は白で冠と袴は黒色	□有 ⊠無 単体彫り 神像型座像	持ち回りの田の神
No.B－7	始良市寺師 岩元	不詳	田の神舞神職型 —— 立位	36× ×	平たい帽子被り長袖上衣に裁着け袴姿で右手スリコギ左手椀	顔と胸は肌色で衣は茶色	□有 ⊠無 単体彫り 田の神舞神職型	持ち回りの田の神
No.B－8	始良市寺師 長安馬場	文久2年(1862年)	田の神舞神職型 —— 椅像	30× ×	シキ被り長袖上衣に裁着け袴姿で右手メシゲ左手椀	顔は肌色で持ち物は白色シキと衣類は黒色	□有 ⊠無 単体彫り 田の神舞神職型	持ち回りの田の神
No.B－9	始良市船津 —— 公民館内	不詳	神像型座像 —— 座位	43× ×	冠を被り衣冠束帯で両手は膝上で組む	顔と上衣は白色で冠と衣は黒色	□有 ⊠無 単体彫り 神像型座像	持ち回りの田の神
No.B－10	始良市平松 触田上	不詳	田の神舞神職型 —— 座位	18× ×	帽子状シキ被り長袖上衣に袴姿で持ち物不明	彩色不明	□有 ⊠無 単体彫り 田の神舞神職型	「奉寄進 谷元」の刻銘あり。持ち回りの田の神
No.B－11	始良市平松 触田上	昭和35年(1960年)	田の神舞神職型 —— 椅像	24× ×	帽子状シキ被り長袖上衣姿で右手メシゲ左手椀	顔は白色で被り物と衣は濃い群青色	□有 ⊠無 単体彫り 田の神舞神職型	「奉寄進 益満」の刻銘あり。持ち回りの田の神
No.B－12	始良市平松 触田上	不詳	田の神舞神職型 —— 不明	33× ×	丸シキ被り長袖上衣裁着け袴姿で右手メシゲ左手椀	顔以外はすべて黒色	□有 ⊠無 単体彫り 田の神舞神職型	持ち回りの田の神

b.県央区　2-2 始良市の田の神石像　405

番号 撮影日	住所 置場所	製作年月日	像型・形態	サイズcm	持ち物	彩色	祠	その他
No. B−13	姶良市平松 触 田下	昭和3年(1928 年)	田の神舞神職型 立位	34 × ×	帽子風にシキ被り長袖上衣に袴姿で右手メシゲ左手椀	顔と胸は肌色で被り物と衣は濃い群青色	□有 ☒無 単体彫り 田の神 神職型	「御田之神様」の刻銘あり。持ち回りの田の神
No. B−14	姶良市北山 中 甑東	不詳	田の神舞神職型 立位	65 × ×	シキ被り長袖上衣に袴姿で右手メシゲ逆さに持ち左手椀	全体的に黒いぽい感じ	□有 ☒無 単体彫り 田の神舞 神職型	持ち回りの田の神
No. B−15	姶良市北山 山 花	不詳	田の神舞神職型 不明	31 × ×	不明	彩色不明	□有 ☒無 単体彫り 田の神 神職型	持ち回りの田の神
No. B−16	姶良市大山 大 山東	大正8年(1919 年)	田の神舞神職型 立位	38 × ×	帽子風にシキ被り長袖上衣に袴姿で右手メシゲ左手椀	顔と胸は肌色で衣は灰色から黒色	□有 ☒無 単体彫り 田の神舞 神職型	「上中組合」の刻銘あり。持ち回りの田の神
No. B−17	姶良市大山 大 山東	不詳	田の神舞神職型 立位	29 × ×	帽子風にシキ被り長袖上衣に袴姿で右手メシゲ左手椀	顔は肌色で他はこげ茶色	□有 ☒無 単体彫り 田の神舞 神職型	持ち回りの田の神
No. B−18	姶良市大山 大 山西	不詳	田の神舞神職型 座位	47 × ×	シキ被り長袖上衣裁着け袴姿で右手メシゲ左手椀、前を紐で結ぶ	顔は肌色で黒い顎鬚があり他は紫色	□有 ☒無 単体彫り 田の神舞 神職型	持ち回りの田の神
No. B−19	姶良市大山 大 山西	不詳	田の神舞神職型 立位	48 × ×	帽子風にシキ被り長袖上衣に袴姿で右手メシゲ左手椀	顔と胸は白両手と持ち物黄土色他は濃い紫色	□有 □無 単体彫り 田の神舞 神職型	持ち回りの田の神
No. B−20	姶良市下名 古 馬場上	文化11年(1814 年)	田の神舞神職型 立位	68 × ×	帽子風にシキ被り長袖上衣に袴姿で両手でメシゲ	左足前に出し躍動的。顔両手メシゲ白で上衣青色	□有 □無 単体彫り 田の神舞 神職型	「奉寄進十月吉日」の刻銘あり。持ち回りの田の神
No. B−21	姶良市下名 古 馬場下	不詳	田の神舞神職型 立位	45 × ×	大シキを被り広袖上衣に裁着け袴で右手メシゲ左手椀	顔と胸は白で他は紫色で朱色の縞	□有 □無 単体彫り 田の神舞 神職型	持ち回りの田の神
No. B−22	姶良市下名 新 馬場	不詳	田の神舞神職型 椅像	47 × ×	笠状のシキを被り長袖上衣に裁着けとくり袴姿で右手メシゲ左手椀	顔は白色全体的に群青色で胸元朱色	□有 □無 単体彫り 田の神舞 神職型	陶器製。持ち回りの田の神
No. B−23	姶良市下名 中 川原	明治13年(1880 年)	田の神舞神職型 立位	31 × ×	丸いシキ被り長袖上衣に袴姿で両手でメシゲ持つ	顔と胸は白色で他は濃い灰色で赤色の縞あり	□有 □無 単体彫り 田の神舞 神職型	「城光寺利助」の刻銘あり。持ち回りの田の神
No. B−24	姶良市下名 中 川原	文化2年(1805 年)	田の神舞神職型 立位	35 × ×	丸いシキ被り長袖上衣に袴姿で両手でメシゲ持つ	顔、胸とメシゲは白色で他は濃い灰色	□有 □無 単体彫り 田の神舞 神職型	「中川原門中」の刻銘あり。持ち回りの田の神

番号 撮影日	住所 置場所	製作年月日	像型・形態	サイズcm	持ち物	彩色	祠	その他
No. B-25	姶良市下名 中川原	不詳	田の神舞神職型 / 不明	37 × ×	帽子風にシキ被り長神上衣に袴姿で右手メシゲ左手椀	顔、胸、両手持ち物は白色で他は濃い紫色	□有 ☒無 単体彫り 田の神舞神職型	持ち回りの田の神
No. B-26	姶良市下名 中川原	昭和24年(1949年)	田の神舞神職型 / 椅像	35 × ×	シキ被り袖長上衣に括り袴姿で右手メシゲ左手椀	顔は白色で他はこげ茶色	□有 ☒無 単体彫り 田の神舞神職型	持ち回りの田の神
No. B-27	姶良市下名 鶴田	不詳	田の神舞神職型 / 立位	34 × ×	笠状シキ被り袖広上衣に括り袴姿で右手メシゲ左手椀	顔は白色で頬紅と毛重は赤色で他は黒色	□有 ☒無 単体彫り 田の神舞神職型	持ち回りの田の神
No. B-28	姶良市北山 宮脇	不詳	田の神舞神職型 / 立位	64 × ×	シキ被り短神上衣に袴姿で両手でメシゲ持首を傾ける	白、赤、緑、茶色及び黒色で鮮やかな色どり	□有 ☒無 単体彫り 田の神舞神職型	ち持ち回りの田の神
No. B-29	姶良市北山 山花	文政9年(1826年)	田の神舞神職型 / 椅像	29 × ×	帽子状シキ被り袖広上衣裁着け袴右手メシゲ左手椀	顔と胸は肌色で他は灰色から黒色	□有 ☒無 単体彫り 田の神舞神職型	持ち回りの田の神
No. B-30	姶良市北山 中甑 西下	不詳	田の神舞神職型 / 椅像	28 × ×	シキ被り袖広上衣に裁着け袴姿で右手メシゲ左手椀	メシゲと腹は赤色で他は黒色で白で顔の縁取り	□有 ☒無 単体彫り 田の神舞神職型	持ち回りの田の神
No. B-31	姶良市北山 中甑 岸薗	寛政5年(1793年)	田の神舞神職型 / 立位	25 × ×	笠状のシキ被り短袖上衣に袴姿で両手でメシゲ持つ	顔は白色で他は黒色	□有 ☒無 単体彫り 田の神舞神職型	持ち回りの田の神
No. B-32	姶良市北山 中甑 上薗	不詳	田の神舞神職型 / 椅像	28 × ×	笠状のシキ被り袖広上衣に裁着け袴右手メシゲ左手椀	顔は白色で他は黒色	□有 ☒無 単体彫り 田の神舞神職型	持ち回りの田の神
No. B-33	姶良市北山 中甑 東上	不詳	田の神舞神職型 / 座位	33 × ×	シキ状に上が彫られ長袖上衣に袴姿で右手にメシゲ	顔、胸と手は白色でメシゲは赤色他は濃い紫色	□有 ☒無 浮き彫り 田の神舞神職型	持ち回りの田の神
No. B-34	姶良市北山 内甑 下	明治13年(1890年)	田の神舞神職型 / 椅像	38 × ×	帽子状のシキ被り長袖上衣に裁着け袴右手メシゲ左手椀	被り物と持ち物は黒色で他は白色	□有 ☒無 浮き彫り 田の神舞神職型	持ち回りの田の神
No. B-35	姶良市木津志 木津志東	不詳	田の神舞神職型 / 立位	33 × ×	帽子状のシキ被り長袖上衣に裁着け袴姿右手メシゲ左手椀	顔と持ち物は白色で他はこげ茶色赤で縞作る	□有 ☒無 単体彫り 田の神舞神職型	持ち回りの田の神
No. B-36	姶良市木津志 上ノ段	昭和38年(1963年)	不明 / 立位	26 × ×	三角形の帽子被り持ち物や着物は不明	白と薄紫色で黒い線で縞あり	□有 ☒無 単体彫り 不明	持ち回りの田の神

b. 県央区　2-2 姶良市の田の神石像　407

番号 撮影日	住所 置場所	製作年月日	像型・形態	サイズcm	持ち物	彩色	祠	その他
No. B－37	姶良市木津志 向江脇	不詳	田の神舞神職 型 立位	11 × ×	帽子状のシキ被 り長袖上衣に裁 着け袴姿右手メ シゲ左手椀	顔は白色で 墓は黒から 群青色	□ 有 ⊠ 無 単体彫り 田の神舞 神職型	持ち回りの田 の神

2-3 姶良市蒲生町の田の神石像

番号 撮影日	住所 置場所	製作年月日	像型・形態	サイズcm	持ち物	彩色	祠	その他
No. 1 平成26年·07月07日	姶良市蒲生町北中 北 神社境内	享保10年(1725年)	田の神舞神職型 立位	72 × 33 ×	シキ被り袖冠和服と括り袴姿 右手メシゲ左手奉行を作る	シキは緑で和服と袴はピンク色	□有 ⊠無 単体彫り 田の神舞 神職型	久目神社入り口にあり、紐で袴を結び棒状もの挿す
No. 2 平成26年·07月07日	姶良市蒲生町漆 漆下 道路沿い	享保3年(1718年)	田の神舞神職型 椅像 県有形民俗文化財	110 × 100 × 80	シキ被り上衣胸をはだけ棒がけ長袴姿で両手で大メシゲ	彩色なし。壮大で豪放な彫りは田の神の代表作	□有 ⊠無 単体彫り 田の神舞 神職型	長袴に襷掛け立膝姿で田の神舞型では県内最古
No. 3 平成26年·07月07日	姶良市蒲生町漆 竹牟礼(左側) 道路脇の高台	不詳	不明 椅像	108 × 110 × 65	風化と損傷が強く判読不能で、両手は欠損	彩色なし	□有 □無 浮き彫り 不明	団体営土地総合整備事業漆地区記念碑あり
No. 4 平成26年·07月07日	姶良市蒲生町漆 竹牟礼(右側) 道路脇の高台	不詳	自然石	50 × 80 × 40	なし	彩色なし	□有 ⊠無 自然石	No3の横にある自然石
No. 5 平成26年·07月07日	姶良市蒲生町中福良 公民館	安永9年(1780年)	田の神舞神職型 立位	87 × 51 × 23 52×30	シキ被り長袖和服括り袴姿で右手メシゲ左手扇子	顔は白で他は黒色	□有 ⊠無 浮き彫り 田の神舞 神職型	長方形の石材に浮彫
No. 6 平成26年·07月07日	姶良市蒲生町久末迫 畠田 水田	元文4年(1739年)	山伏修行僧型 立位	67 × 37 × 40	平たいシキ被り長袖和服括り袴右手メシゲ左手持ち物なし	彩色なし	□有 ⊠無 単体彫り 山伏修行 僧型立像	彫りの深い顔立ちの修行僧で舌を出している
No. 7 平成26年·07月07日	姶良市蒲生町下久徳三池原 水田	明和5年(1768年)	石碑型農作業姿の立像 立位 県有形民俗文化財	140 × 70 ×	頭丸め袂のない上衣とズボン姿で右手メシゲ左手椀	内径が80X70cmでメシゲ・上衣・袴など赤茶色	□有 ⊠無 浮き彫り 農民型立像農作業	短い衣と袴の農作業姿で、石碑型としては県内最古
No. 8 平成26年·07月07日	姶良市蒲生町下久徳 早馬 道路沿い	不詳	田の神舞神職型 立位	61 × 30 ×	シキ被り袖広上衣・袴姿で右手メシゲ左手椀	襟もとなどの一部に薄い赤茶色	□有 ⊠無 単体彫り 田の神舞 神職型	顔面損傷がひどい。南天園前土手の道路沿にある
No. 9 平成26年·07月07日	姶良市蒲生町春花 人家	不詳	田の神舞神職型 椅像	50 × 20 × 20	シキ被り袖広上衣・袴姿で右手メシゲ左手椀	赤の口紅あり	□有 ⊠無 単体彫り 田の神舞 神職型	羽織に袴をはいて、口が大きく舌を出している
No. 10 平成26年·07月07日	姶良市蒲生町春花 人家	不詳	田の神舞神職型 椅像	28 × 15 × 11	シキ被り袖広上衣・袴姿で右手メシゲ左手椀	彩色なし	⊠有 □無 単体彫り 田の神舞 神職型	No9の横の祠に木箱に入れて保管されている
No. 11 平成26年·01月26日	姶良市蒲生町久末高校 高台	不詳	田の神舞神職型 椅像	65 × 25 × 22	シキ被り野良着姿右手メシゲ左手スリコギ両手でクロス	顔と胸部が白色で他は灰色で、赤い口紅と頬紅	□有 ⊠無 単体彫り 田の神舞 神職型	元は持ち回りの物。舌だし田の神で両手を交差す
No. 12 平成26年·07月07日	姶良市蒲生町北中 高台	享保15年(1730年)	不明 座位	42 × 37 × 63×52×37	風化と破損が強く両手も欠損している	彩色なし	□有 ⊠無 浮き彫り 不明	風化と破損ひどく判読無理

番号 撮影日	住 所 置場所	製作年月日	像型・形態	サイズcm	持ち物	彩色	祠	その他
No. 13 平成26年01月26日	姶良市蒲生町米 丸 小川内 水田	天明4年(1784 年)	田の神舞神職 型 立位	54 × 35 × 25	シキ被り長袖 上衣・長袴で 左手メシゲ右 手扇子	顔は白色で腰 ひもは赤色	□有 ☒無 単体彫り 田の神舞 神職型	背中の支えと なる背石があ る。親しみのあ る顔
No. 14 平成28年05月21日	姶良市蒲生町北 北上(きたうえ) 道路沿い	明和5年(1768 年)	自然石文字	76 × 32 × 25	自然石	彩色なし	□有 ☒無 自然石文 字彫	「田之神」の文 字あり

3-1 姶良郡湧水町（旧吉松町）の田の神石像

番 号 撮影日	住 所 置 場 所	製作年月日	像型・形態	サイズcm	持ち物	彩色	祠	その他
No. 1 平成25年11月17日	姶良郡湧水町川西 永山 道路沿い	平成14年(2002年)	農民型 座位	46 × 32 × 20	シキを被り長袖和服と袴姿で両手でメシゲを持つ	彩色なし	□有 ☒無 単体彫り 農民型座像	No.2の自然石と一緒にある。新しい物である
No. 2 平成25年11月17日	姶良郡湧水町川西 永山 道路沿い	不詳	自然石	37 × 40 × 25	なし	彩色なし	□有 ☒無 自然石	No.1 の農民型と一緒にある
No. 3 平成25年11月17日	姶良郡湧水町川添 池田 道路沿い	昭和28年(1953年)	農民型夫婦像、男性像 座位	36 × 30 × 20	シキを被り、長袖和服・袴姿で、右手椀左手スリコギ	袴とシキは黒、両手は肌色で他は白色	□有 ☒無 単体彫り 農民型夫婦像男性	No.4と一緒に並ぶが、こちらは男性像
No. 4 平成25年11月17	姶良郡湧水町川添 池田 道路沿い	不詳であるがNo.3と夫婦像のため一緒か	農民型夫婦像、女性像 座位	21 × 12 × 11	シキを被り、長袖和服・袴姿で、右手スリコギ左手メシゲ	袴とシキは黒、両手は肌色で胸元肌着は桃色	□有 ☒無 単体彫り 農民型夫婦像女性	No.3と一緒に並ぶが、こちらは女性像
No. 5 平成25年11月17日	姶良郡湧水町上川添 道路沿い	文化13年(1816年)	自然石文字彫	74 × 77 × 10	なし	彩色なし	□有 ☒無 自然石文字彫	「御田神」の文字あり。水神様と並ぶ
No. 6 平成25年11月17日	姶良郡湧水町下中津川 道路沿い	不詳	自然石	58 × 50 × 35	なし	彩色なし	□有 ☒無 自然石	草に埋もれるも田を見守っている
No. 7 平成25年11月17日	姶良郡湧水町下中津川 古川 道路沿いの山際	不詳	自然石文字彫	104 × 30 × 16	なし	彩色なし	□有 ☒無 自然石文字彫	「田神」の文字あり
No. 8 平成25年11月17日	姶良郡湧水町下中津川 町 水田	標柱には天保10年とあるが、判読不能	自然石	40 × 65 × 20	なし	彩色なし	□有 ☒無 自然石	国道268号線沿いに石造物群、東端の草に埋もれたもの
No. 9 平成25年11月17日	姶良郡湧水町川西 四ツ枝前 道路沿いの高台	昭和5年(1930年)	農民型 座位	×	シキを被り長袖和服と袴姿で右手メシゲ左手スリコギ	彩色なし	□有 ☒無 単体彫り 農民型座像	京町石工 春田浅吉
No. 10 平成25年11月23日	姶良郡湧水町川西 松山 道路沿い	昭和7年(1932年)	農民型 立位	70 × 35 × 20	シキを被り広袖上衣に裁着け袴で右手メシゲ左手飯盛り椀	彩色なし	□有 ☒無 単体彫り 農民型立像	石工 宮田初
No. 11 平成25年11月23日	姶良郡湧水町川西 陣前 線路沿いの水田	不詳	自然石	70 × 65 × 32	なし	彩色なし	□有 ☒無 自然石	文字か模様か不明
No. 12 平成25年11月17日	姶良郡湧水町川西 四ツ枝後	昭和6年(1931年)	農民型 立位	63 × 33 × 18	シキ被り広袖上衣に裁着け袴で右手メシゲ左手飯盛り椀	彩色なし	□有 ☒無 単体彫り 農民型立像	No.9と同じ石工宮田初

番 号 撮影日	住 所 置場所	製作年月日	像型・形態	サイズcm	持ち物	彩色	祠	その他
No. 13 平成25年11月23日	姶良郡湧水町般 若寺 山下 集会所の庭	不詳	農民型 座位	58 × 40 × 25	シキを被り長袖 和服・袴で右手 杵左手に桝（四 角い物）	彩色なし	□有 ⊠無 単体彫り 農民型座 像	山下地区集会 所の敷地に石 塔やNo14と一 緒に並ぶ
No. 14 平成25年11月23日	姶良郡湧水町般 若寺 山下 集会所の庭	不詳	不明 座位	28 × 26 × 15	摩耗が激し く、両手も欠 けている	彩色なし	□有 ⊠無 単体彫り 不明	山下地区集会 所の敷地に石 塔やNo13と一 緒に並ぶ
No. 15 平成25年11月23日	姶良郡湧水町般 若寺 神社境内	明和9年（177 2年）	神像型座像 座位 県民俗文化財	76 × 56 × 34	冠を被り、衣冠 束帯の両手輪 組で穴あり（笏を 刺す）	冠は黒、顔は 白、装束は灰 色	⊠有 □無 単体彫り 神像型座 像	袖が張り出して 角張る。県の民 俗文化財 （S43,3,29）
No. 16 平成25年11月23日	姶良郡湧水町鶴 丸 道路沿い高台	安政7年（186 0年）	農民型 立位 町民族文化財	76 × 34 × 23	笠被り広袖上 衣裁着け袴姿 で右手メシゲ 左手米ビツ	彩色なし	□有 ⊠無 単体彫り 農民型立 像	個人宅のもの を、大正3年に 田圃の排水工 事で移転
No. 17 平成25年11月23日	姶良郡湧水町鶴 丸 亀鶴園 高台	天保7年（183 6年）	石碑	68 × 30 × 13	なし	彩色なし	□有 ⊠無 石碑型	鶴丸分団詰所 西側の丘
No. 18 平成25年11月23日	姶良郡湧水町鶴 丸原口後（うしろ）	不詳	神像型座像 座位	36 × 31 × 10	風化強いが、 衣冠束帯で両 手を別々に膝 の上に置く	彩色なく、隣 の祠には山の 神が祀られて いる	⊠有 □無 単体彫り 神像型座 像	古い祠の中に あり、顔は摩耗 が強く判別が 困難
No. 19 平成25年11月23日	姶良郡湧水町鶴 丸 原口前 道路沿い	不詳	神像型立像 立位	84 × 45 × 25	纓のある冠を 被り衣冠束帯 で両手輪組で 穴なし	彩色なし	□有 ⊠無 単体彫り 神像型立 像	入り組んだ道 路脇にあり

3-2 姶良郡湧水町（旧栗野町）の田の神石像

番号 撮影日	住所 置場所	製作年月日	像型・形態	サイズcm	持ち物	彩色	祠	その他
No. 1 平成25年11月09日	姶良郡湧水町稲葉崎 原田 水田	不詳	農民型 椅像	44 × 29 × 23	シキ被り長袖和服に袴姿で右手メシゲ左手は椀	シキは茶色で顔と胸は白色	☒有 □無 単体彫り 農民型椅像	此の田の神は圃場整備記念として我らの豊作を祈る関係者一同にて建立す
No. 2 平成25年08月22日	姶良郡湧水町幸田 大牟礼 道路沿い	大正12年(1923年)	農民 椅像	68 × 36 × 34	シキ被り長袖和服に袴姿で右手メシゲ左手は椀	顔と胸は白色、口は赤色	□有 ☒無 単体彫り 農民型椅像	道路沿いに石碑と一緒にある
No. 3 平成25年08月24日	姶良郡湧水町北 本村 公民館	不詳	農民型 椅像	54 × 40 × 30	シキ被り長袖上衣裁着け袴姿で右手メシゲ左手椀	胸の一部が薄赤茶色	☒有 □無 単体彫り 農民型椅像	
No. 4 平成25年11月09日	姶良郡湧水町北方 真中馬場 道路沿い	江戸時代中期1700年頃 町民俗文化財	女性像 座位	65 × 44 × 23	御高祖頭巾被り長袖和服姿で右手メシゲ左手椀	衣は薄い茶色	☒有 □無 女性像座	町の有形民俗文化財でH9年3月31日に指定
No. 5 平成25年11月09日	姶良郡湧水町北方 小屋敷 道路沿い	不詳	農民型 座位	72 × 45 × 30	大きなシキを被り長袖和服姿で両手でメシゲ	胸の一部が赤茶色	☒有 □無 単体彫り 農民型座	半袖の羽織を紐で結して、首はセメント付けで足を組む
No. 6 平成25年11月09日	姶良郡湧水町北方 小屋敷 道路沿い	不詳	自然石	40 × 36 × 20	自然石で頭部は石を載せた感じ	彩色なし	☒有 □無 自然石	No5と一緒に祠に入れてある
No. 7 平成25年11月09日	姶良郡湧水町田尾原 高台	不詳	女性像 上半身のみ	30 × 20 × 16	上半身のみの両手輪組で像は小さい。髷を結う	彩色なし	☒有 □無 単体彫り 女性像胸	昭和40年に祠建造
No. 8 平成25年11月09日	姶良郡湧水町米永 上原恒次 槇村 高台	不詳	農民型 座位	56 × 30 × 22	シキを被り風化激しく長袖和服姿で両手でメシゲ	口の一部に赤い口紅	□有 ☒無 単体彫り 農民型座像	首にしめ縄あり
No. 9 平成25年11月09日	姶良郡湧水町恒次 二渡 高台	不詳	神像型座像 座位	55 × 55 × 30	纓のある冠を被り衣冠束帯で両手輪組して膝上に置く	顔が白く眼と眉が黒く口紅が塗られている	☒有 □無 単体彫り 神像型座像	赤い大きなエプロンが掛けてある
No. 10 平成25年11月09日	姶良郡湧水町米永 会田(左側) 道路沿い	不詳	農民型 座位	68 × 24 × 18	シキ被り上衣とズボン姿で右手メシゲ左手スリコギ	衣とスリコギは緑色で、ズボンは黄色シキは肌色	□有 ☒無 単体彫り 農民型座像	祠の中に2体の田の神と牧神と一緒にある
No. 11 平成25年11月09日	姶良郡湧水町米永 会田(右側) 道路沿い	不詳	僧型 座位	58 × 45 × 30	三角形の帽子に僧衣姿で右手メシゲ左手スリコギ	衣は赤色で、メシゲは緑、帽子は薄い肌色	□有 ☒無 単体彫り 僧型座像	祠の中に2体の田の神と牧神と一緒にある
No. 12 平成25年11月09日	姶良郡湧水町米永馬場迫(左) 道路沿い	不詳	農民型夫婦像、男性像 立位と思われる	50 × 30 × 20	左手にスリコギを持つ(左手にはなし)	顔と衣は白で目は黒で口紅あり	☒有 □無 単体彫り 農民型夫婦像男性	No13と同じ祠にあり、夫婦像と思われる。首セメント付

b. 県央区　3-2 姶良郡湧水町（旧栗野町）の田の神石像　413

番 号 撮影日	住 所 置場所	製作年月日	像型・形態	サイズcm	持ち物	彩色	祠	その他
No. 13 平成25年11月09日	姶良郡湧水町米 永馬場道（右） 道路沿い	不詳	農民型夫婦像、 女性像 楕像	46 × 33 × 15	カーブのつい た帽子を被る 両手はセメント 付け	顔と衣は白で 目は黒で口紅 あり	⊠有 □無 単体彫り 農民型夫 婦像女性	No12と同じ祠 で夫婦像と思 われる
No. 14 平成25年11月09日	姶良郡湧水町木 場 水窪 高台	寛保4年(1744 年)	農民型 立位	48 × 35 × 22	シキ被り長袖 和服裁着け袴 姿で手にメシ ゲ左手キネ	彩色なし。 左足を前に出 す	□有 ⊠無 単体彫り 農民型立 像	年号の刻まれ たものでは町 内では最も古 い

4-1 薩摩郡さつま町（旧鶴田町）の田の神石像

番号 撮影日	住所 置場所	製作年月日	像型・形態	サイズcm	持ち物	彩色	祠	その他
No. 1 平成25年12月22日	薩摩郡さつま町紫尾井出原(左) 道路沿い高台	宝永2年(1705年)	仏像型(地蔵型) 立位	74 × 36 × 39 町有形民俗文化財	脚部は完全であるが、頭部が3分の2と右腕の一部が欠け	袴の腰板が残る。彩色なし	□有 ☒無 単体彫り 仏像型立像	紫尾山を中心に山岳4仏教の母胎として田の神信仰が形成
No. 2 平成25年12月22日	薩摩郡さつま町紫尾井出原(右) 道路沿い高台	不詳	僧型 座位	70 × 43 × 26	頭は丸めて風化強く着物や顔の表情不明で両手は欠落	彩色なし	□有 ☒無 単体彫り 僧型座像	風化が強くNo1と、阿弥陀像、馬頭観音などと並ぶ
No. 3 平成25年12月22日	薩摩郡さつま町紫尾 紫尾西 人家	不詳	農民型 立位	137 × 79 × 75×35	大きなシキ被り長袖和服裁着け袴姿で左手欠け右手なし	衣に薄く朱色残る	□有 ☒無 浮き彫り 農民型立像	大シキを被り、シキは同時に浮彫の縁のアーチになる
No. 4 平成25年12月22日	薩摩郡さつま町鶴田大角 道路沿い	明和2年(1765年)	農民型 椅像	70 × 50 × 50	一部損壊シキ被け広袖上衣裁着け袴姿で右手メシゲ左手欠損	顔が赤色	□有 ☒無 単体彫り 農民型椅像	シキの前面の一部と顔の半分が欠損。背中に腰板あり
No. 5 平成25年12月22日	薩摩郡さつま町鶴田迫川内 水田	不詳	農民型 椅像	55 × 33 × 24	長袖和服姿でシキの一部と右手欠損で左手にメシゲ	彩色なし	□有 ☒無 単体彫り 農民型椅像	風化が強いが、排水対策事業竣工記念碑と並ぶ
No. 6 平成25年12月22日	薩摩郡さつま町鶴田柏原小路下手 水田道路	寛政2年(1790年)	僧型 椅像	113 × 110 × 25 84×53	小笠を被り広袖上衣裁着け袴姿で右手メシゲ左手指で穴	朱色が一部残っている	□有 ☒無 浮き彫り 僧型椅像 メシゲ持ち	浮き彫り田の神の源流ともいわれている。近くから移設

b.県央区　4-1 薩摩郡さつま町（旧鶴田町）の田の神石像　415

4-2 薩摩郡さつま町（旧薩摩町）の田の神石像

番号 撮影日	住所 置場所	製作年月日	像型・形態	サイズcm	持ち物	彩色	祠	その他
No. 1 平成25年12月22日	薩摩郡さつま町 永野吉川 水田	明治初期(推定)	農民型 立位	60 × 21 × 30	坊主頭に笠被り素足で長袖和服とズボン右手メシゲ左手キネ	顔は白色で衣赤色シキは黒色	□有 ☒無 単体彫り 農民型立像	草草鞋の紐まで細かく描いてある
No. 2 平成25年12月22日	薩摩郡さつま町 黒島 公民館	不詳	農民型 立位	64 × 40 × 30	シキ被り広袖和服裁着け袴姿で右手上げてメシゲ左手スリコギ	メシゲと顔の一部が赤色	□有 ☒無 単体彫り 農民型立像	風化強く表情は不明
No. 3 平成25年12月22日	薩摩郡さつま町 求名下手中組み 道路沿い高台	不詳	農民型 立位	85 × 83 × 63	坊主頭シキ被り長袖和服裁着け袴姿で右手欠損右手は輪	衣の一部が少し赤茶色	□有 ☒無 単体彫り 農民型立像	現在もイの日にお供えをする。目の前の場所から移転
No. 4 平成25年12月22日	薩摩郡さつま町 永野 池山 池山公民館	不詳	農民型 座位	40 × 38 × 28	頭巾を被り長袖和服に木靴履く。右手メシゲ左手椀	絵柄の衣(白地に黒の斑点模様)メシゲと木靴赤	□有 □無 単体彫り 農民型座像	鈴山の山口栄蔵氏をモデルに石工が刻んだとか
No. 5 平成25年12月22日	薩摩郡さつま町 広橋(左側) 水田の高台	不詳	田の神舞神職型	62 × 38 × 26	破損のシキ被り布衣に裁着け袴姿で右手は欠損左手輪	額が赤茶色	□有 □無 単体彫り 田の神舞神職型	長袖の布衣を着るが後方が長袴である
No. 6 平成25年12月22日	薩摩郡さつま町 広橋(右側) 水田の高台	不詳	僧型 座位	62 × 60 × 70×70×60	頭を丸め光背あり広袖上衣袴姿で右手メシゲ左手椀	彩色なし	□有 □無 浮彫り 僧型座像	シキでなく光背に思われる
No. 7 平成26年01月19日	薩摩郡さつま町 永野 薬師 公民館	160年位前(推定)	女性像 立位	57 × 40 × 25	シキ状笠被り広袖羽織裁着け袴姿で右手メシゲ左手に穴	顔と胸は白、衣は黄色と黒の縞模様	☒有 □無 単体彫り 女性像立	垂らし髪で縦縞模様の衣をまとい胸から腹を広げその中程に羽織の紐結ぶ
No. 8 平成26年01月19日	薩摩郡さつま町 中津川 武 公民館	寛政10年(1798年)	山伏像 椅像	100 × 70 × 33 72×48	総髪の山伏像で広袖の上衣に右手如意棒左手膝上	彩色なし	□有 ☒無 浮彫り 山伏像椅像	背面に「田神」と刻銘あり
No. 9 平成26年01月19日	薩摩郡さつま町 中津川弓之尾下 水田道路沿い	天保2年(1831年)	女性像 椅像	110 × 56 × 32 68×30	結髪があり羽織と裁着け袴姿で両手でメシゲ	羽織の一部とずぼんが赤色	□有 ☒無 浮彫り 女性像椅像	自然石の浮彫で、風化が強く表情は不明であるが髪あり
No. 10 平成26年01月19日	薩摩郡さつま町 中津川 別野 水田	昭和5年(1930年)	女性像 椅像	70 × 43 × 36 57×30	結髪があり羽織裁着け袴姿で右手メシゲ左手スリコギ	像全体はベンガラ色で、ほほ紅あり	□有 ☒無 浮彫り 女性像椅像	自然石の浮彫で、羽織とズボンをはく
No. 11 平成26年01月19日	薩摩郡さつま町 求名 熊田 公民館	不詳	農民型 立位	65 × 33 × 24	風化が強くシキ被り長袖和服姿で右手メゲ左手は輪	衣は薄茶色	□有 ☒無 単体彫り 農民型立像	熊田集落センター内にあり、茶色の羽織とズボンをはく
No. 12 平成26年01月19日	薩摩郡さつま町 求名下狩宿 神社境内	不詳	女性像 立位	122 × 52 × 36 83×29	丸髷(まるまげ)を結い長袖羽織と袴姿で右手メシゲ左手欠落	髪は黒色で赤茶色の髻を付け羽織・袴は赤茶色	□有 ☒無 単体彫り 女性像立像	比叡神社鳥居奥にあり、自然石の女性像が浮彫に

番　号 撮影日	住　所 置場所	製作年月日	像型・形態	サイズcm	持ち物	彩色	祠	その他
No. 13 平成26年03月30日	薩摩郡さつま町 求名 上狩宿 道路沿い高台	不詳	仏像型 椅像	116 × 70 × 35 75×52	禿頭の山伏様に刻まれ背石に敷紋あり右手メシゲ左手輪握	羽織の襟元と頭部の光背は赤色	□有 ☒無 浮彫り 仏像型椅像	にらみつけるような顔が特徴的で仏像的イメージあり
No. 14 平成26年03月30日	薩摩郡さつま町 求名 上中福良 水田	不詳	農民型 立位	70 × 40 × 27	シキ被り長袖和服裁着け袴姿で右手スリコギ左手メシゲ	彩色なし	□有 ☒無 単体彫り 農民型立像	水田の道路沿いに圃場整備記念碑と並んで建立
No. 15 平成29年04月16日	薩摩郡さつま町 求名 中福良 道路沿い空き地	延享5年(1748年)	神職型立像 立位	66 × 40 × 28	笠状シキ被り広袖上衣裁着け袴姿で右手メシゲ下げ左手椀	彩色なし。移設して現在地に	□有 ☒無 単体彫り神職型立像メシゲ持ち	上眼閉じ加減で穏やかな庶民的な表情である
No. 16 平成29年04月16日	薩摩郡さつま町 求名 中福良 個人宅	不詳	不明 椅像	55 × 33 × 35	破損したシキを被り広袖上衣に袴姿で両手破損持ち物不明	胸元は朱色が残る	□有 ☒無 単体彫り 不明	50年位前に中津川から移設したとのこと

b.県央区　4-2 薩摩郡さつま町（旧薩摩町）の田の神石像　417

4-3 薩摩郡さつま町（旧宮之城町）の田の神石像

番号 撮影日	住所 置場所	製作年月日	像型・形態	サイズcm	持ち物	彩色	祠	その他
No. 1 平成26年01月05日	薩摩郡さつま町 柊野 柊野下 高台の公園	不詳(以前は中間地区)昭和20年台にここに	女性像 立位	96×60×68 62×30×30	丸髷を結い長袖羽織と袴姿で右手メシゲ左手欠損	髪は黒色で体全体は赤茶色	□有 ☒無 浮彫り 女性像立	丸髪の田の神は珍しく、柊野に3体ある中で2体だけ
No. 2 平成25年12月22日	薩摩郡さつま町 柊野（くきの） 水田	不詳	農民型 椅像	65×35×45	一部欠損したシキを被り、な長袖和服に両手は破損	なし	□有 ☒無 単体彫り 農民型椅像	うつむきかげんな表情
No. 3 平成25年12月22日	薩摩郡さつま町 柊野 水田	不詳	農民型 椅像	78×46×33 55×27	シキを被り、野良着姿で右手穴で左手破損両足曖足	なし	□有 ☒無 浮彫り 農民型椅像	腹部が膨らんでいる
No. 4 平成26年01月05日	薩摩郡さつま町 内小川田 高台	文化13年(1816年)	尼像 立位	90×48×30 73×40	長髪笠被り長袖羽織裁着け袴姿で脚絆巻く右手椀左手メシゲ	頬と口に紅色	□有 ☒無 浮彫り 尼像立像	頬笑みを浮かべ、胸下げでに薬で作ったワラヅトあり
No. 5 平成26年01月05日	薩摩郡さつま町 時吉馬場 道路沿い高台	文政14年(1831年)	農民型 座像	87×67×25 57×37	頭丸め長袖和服裁着け袴姿で右手椀左手メシゲ	身体は赤茶色	□有 ☒無 浮彫り 農民型座像	胸下げでに薬で作ったワラヅトあり
No. 6 平成26年01月05日	薩摩郡さつま町 時吉 道路沿い高台	不詳	女性像 立位	195×84×90 95×58	豊富な髪あり羽織と袴姿で右手椀左手錫杖もの	身体に薄く茶褐色あり	□有 ☒無 浮彫り 女性像立像	胸下げでに薬で作ったワラヅトあり
No. 7 平成26年01月05日	薩摩郡さつま町 白男川 中間 運動公園の一角	不詳	神職型椅像 椅像	53×30×18	大きな笠を被り法衣で括り袴をはき右手破損し左手に椀	破損した顔に白く塗られている	☒有 □無 単体彫り 神職型椅	祠というより六地蔵横の土管の中にある
No. 8 平成26年01月05日	薩摩郡さつま町 白男川 中間 水田の道路沿い	不詳	農民型 立位	52×25×20	シキを被り長袖の着物姿で右手にメシゲ左手に椀	顔は肌色でシキは茶色着物は黒と茶色が縦縞	☒有 □無 単体彫り 農民型立像	泊野川の橋の袂に祠あり
No. 9 平成26年01月05日	薩摩郡さつま町 虎居 一ツ木 水田の高台	不詳	農民型 立位	82×48×33	笠後方にずらし被り広袖上衣括り袴脚絆で右手メシゲ左手輪	顔と衣は白、笠・手・襟元・帯は赤	☒有 □無 単体彫り 農民型立像	面白い化粧。胸下げのワラヅトあり
No. 10 平成26年01月05	薩摩郡さつま町 平川段カ野 道路沿い草むら	不詳	農民型 椅像	60×44×30	シキを後ろにずらして被り長袖和服で両手は欠損	彩色なし	□有 ☒無 単体彫り 農民型椅像	風化が強く、シキも一部欠けて両手もない
No. 11 平成26年01月05日	薩摩郡さつま町 泊野 高峰 道路沿い	宝暦2年(1752年)	神職型立像 立位	60×33×28	シキ被り長袖和服裁着け袴姿で右手と顔面損壊し左手横顔	顔は白色で頬と口紅が赤色	☒有 □無 単体彫り 神職型立像	明治初期の廃仏毀釈で損壊し、宮之城では7番目に古い
No. 12 平成26年01月05日	薩摩郡さつま町 泊野 宮田 道路沿い高台	不詳	農民型 座位	51×38×25	笠被り長袖和服で右手メシゲ左手杵を持ち胸に袋下げ	笠は黒色でメシゲは黄色、ほぼ紅があり	□有 ☒無 単体彫り 農民型座像	カラフルで、胸に白に赤ふち付き手提げ袋下げる

番号 撮影日	住所 置場所	製作年月日	像型・形態	サイズcm	持ち物	彩色	祠	その他
No. 13 平成26年01月05日	薩摩郡さつま町 泊野宮田上(左) お堂前敷地	明和5年(1768年)	地蔵型 立位	64 × 17 × 148×78×38	シキを被り頭丸めて僧衣姿で右手椀左手メシゲ	彩色なし	□有 ☒無 浮き彫り 地蔵型立像	高さ148cmの大きな板石に浮彫されている
No. 14 平成26年01月05日	薩摩郡さつま町 泊野宮田上(右) お堂前敷地	明和7年(1770年)	仏像型 座位	60 × 45 × 33	頭髪あり光背かざし袖広羽織姿で右手メシゲ左手宝珠	彩色なし	□有 ☒無 単体彫り 仏像型座像	光背を持つ仏像型は大変珍しく、飛天光みたいである
No. 15 平成26年01月05日	薩摩郡さつま町 泊野 大平 道路沿い高台	不詳	旅僧型 立位	53 × 40 × 28	頭丸めシキ被り広袖和服裁着け袴姿で右手メシゲ下げ左手椀	彩色なし	□有 ☒無 単体彫り 旅僧型裁着け袴	出水地方の旅僧型か？岩の上にあり、横に馬頭観音
No. 16 平成26年01月19日	薩摩郡さつま町 虎居大角 水田の道路沿い	文化2年(1805年)	女性型 立位	75 × 36 × 130×70×40	櫛をさした丸髷で長袖和服とモンペ姿で左手欠損	顔と衣の一部は茶褐色。胸下げのワラツトあり	□有 ☒無 浮き彫り 女性像立像	舟型の板石に浮彫で女性像、長袖の衣にモンペ姿
No. 17 平成26年01月19日	薩摩郡さつま町 舟木 道路沿い	不詳	農民型 椅座	125 × 75 × 35	大笠被り長袖和服裁着け袴と脚絆巻き右手メシゲ左手椀	顔は黄で、衣は茶色で他灰色	□有 ☒無 単体彫り 農民型椅像	髪があり、米俵に座るが、恵比寿型でなく農民型
No. 18 平成26年01月05日	薩摩郡さつま町 二渡 水田	平成15年(2013年)	僧型 座位	65 × 50 × 35	笠を被り法衣と袴姿で足を組み右手メシゲ左手は宝珠	彩色なし	□有 ☒無 単体彫り 僧型座像	耕地整理記念碑と並び、新しいものである
No. 19 平成26年01月19日	薩摩郡さつま町 二渡 須杭 道路沿い	安永5年(1776年)	女性像 立位	115 × 45 × 32 60×25	頭髪があり羽織と袴姿で右手錫杖状のものを左手宝珠	衣は一部薄い茶褐色	□有 ☒無 浮き彫り 女性像立像	舟型の板石に浮彫。髪あり羽織と袴をはく。風化強い
No. 20 平成26年01月19日	薩摩郡さつま町 山崎 荒瀬 水田の高台	不詳	農民型 椅像	60 × 40 × 25	一部陥没したシキを被り野良着姿で両手は欠落	右手一部と腰ひもは赤色	□有 ☒無 単体彫り 農民型椅	風化が強く、頭部は一部陥没し、記念碑の前に立つ
No. 21 平成26年01月19日	薩摩郡さつま町 山崎 古野 道路沿い	不詳	石碑型	76 × 36 × 26	なし	彩色なし	□有 ☒無 石碑型	「田神」と彫られている。道路沿いだが、分かりにくい
No. 22 平成26年01月19日	薩摩郡さつま町 久富木大献町 公民館の南側	不詳	自然石	135 × 85 × 35	なし	彩色なし	□有 ☒無 自然石	ワラツトが掛けてある
No. 23 平成26年01月19日	薩摩郡さつま町 久富木 角郷 水田	不詳	農民型 椅像	74 × 40 × 25	シキを被り長袖和服で右手欠落左手は風化強い	彩色なし	□有 ☒無 単体彫り 農民型椅像	胸下げのワラツトあり。横に耕地整理記念碑あり
No. 24 平成26年01月19日	薩摩郡さつま町 山崎 山崎上 道路沿い	寛政5年(1793年)	神職型(女官型) 立位	80 × 40 × 35	シキを被り直衣で後ろ大きな据垂れ右手メシゲ左手輪作る	彩色なし	□有 ☒無 単体彫り 神職型立像女官型	端正な顔立ちで左足を前に出す。頭を丸める

b.県央区　4-3薩摩郡さつま町（旧宮之城町）の田の神石像　419

番号 撮影日	住所 置場所	製作年月日	像型・形態	サイズcm	持ち物	彩色	祠	その他
No. 25 平成26年03月30日	薩摩郡さつま町 湯田旧塘池 堤防下道路沿い	宝暦8年(1758年)頃か	女性像 立位	138 × 100 ×46 80×40	髪があり羽織と袴姿で両手でメシゲを持つ	衣は赤茶色	□有 ☒無 浮彫り 女性像立像	道路沿いに記念碑と共に。H17年5月に県道拡張のため川合いから現在地に移動
No. 26 平成26年03月30日	薩摩郡さつま町 広瀬豆漬寺下 道路沿いの小川	不詳	地蔵型 立位	80 × 68 × 40 48×28	頭は丸め被り物不明で僧衣姿で右手メシゲ左手椀	彩色なし	□有 ☒無 浮彫り 地蔵型立像	道路沿いに記念碑と共に。H17年5月に県道拡張のため川合いから現在地に移動
No. 27 平成26年03月30日	薩摩郡さつま町 広瀬佐志中(右) 神社境内	不詳	地蔵型 座位	106 × 80 × 13 55×33	頭丸めて被り物と着物は不明で右手メシゲ左手椀	彩色なし	□有 ☒無 浮彫り 地蔵型座像	常香山極楽寺東側境内の2個は並ぶ右側で腹が出る
No. 28 平成26年03月30日	薩摩郡さつま町 広瀬佐志中(左) 神社境内	不詳	自然石	87 × 89 × 35	なし	彩色なし	□有 ☒無 自然石	No27と並んでいる
No. 29 平成26年03月30日	薩摩郡さつま町 広瀬仮星原 水田	不詳	僧型 立位	110 × 140 × 42 84×47	笠を被り頭丸めて僧衣で右手メシゲ左手スリコギ	彩色なし	□有 ☒無 浮彫り 僧型立像	自然石に浮彫りされており、笠を被り僧と思われる
No. 30 平成26年03月30日	薩摩郡さつま町 白男川梁原 道路沿い	不詳	石碑	77 × 28 × 23	なし	彩色なし	□有 ☒無 石碑	石碑に頭部がセメントで付けてある。畜魂碑と離れてあり
No. 31 平成26年03月30日	薩摩郡さつま町 白男川梁原 水田	不詳	不明 立位	63 × 35 × 22	頭部と左手は欠損し右手にメシゲを持つ	彩色なし	□有 ☒無 単体彫り 不明	像型は不明。羽織と袴を付ける
No. 32 平成29年04月16日	薩摩郡さつま町 泊野市野(左) 水田棚田の中	享保13年(1728年)	神職型 立位	74 × 40 × 38 町有形民俗文化財	甑シキ被り広袖上衣裁着け袴姿右手欠け左手下げ小メシゲ膝上	彩色なし	□有 ☒無 単体彫り神職型立像メシゲ持ち	薩摩郡山地では丸彫りで膨れ小さいメシゲが特徴的
No. 33 平成29年04月16日	薩摩郡さつま町 泊野楠八重 水田棚田の中	年代不詳	神職型 立位	52 × 35 × 32	シキ被り広袖上衣裁着け袴左手小メシゲ垂らし右手持ち物なし	目じりを下げた顔は庶民的。彩色なし	□有 ☒無 単体彫り神職型立像メシゲ持ち	彩色なくNo32と同じ頃の作と思われる
No. 34 平成29年04月16日	薩摩郡さつま町 泊野市野(右) 水田棚田の中	不詳	不明 胸像	58 × 36 × 22	シキ被り長袖上衣に袴姿で右手にメシゲで左手欠損	衣の首あたりに赤線あり	□有 ☒無 単体彫り 不明(胸像)	No32と並んでいる

5-1 伊佐市（菱刈地区）の田の神石像

番号 撮影日	住所 置場所	製作年月日	像型・形態	サイズcm	持ち物	彩色	祠	その他
No. 1 平成25年08月18日	伊佐市菱刈町 前目 堂山 道路沿い	江戸期（推定）	神像型椅像 椅像	104 × 90 × 63	纓のない小さい冠被り衣冠束帯で両手輪組で穴あり	袖左右に跳ね上げ冠と束帯は黒、衣類はベンガラ色	□有 ☒無 単体彫り 神像型椅	大きな田の神で以前は堂山路付近の土手にあり、道路拡張工事で現在地に
No. 2 平成25年08月18日	伊佐市菱刈町 川北 麓中 道路沿い	江戸期（推定）	僧型 立位	55 × 47 × 39	光背と笠を被り、広袖上衣に袴姿で右手メシゲ左手椀	顔と持ち物以外はベンガラ色（赤の明るい色）	☒有 □無 浮彫り 僧型立位	光背の上に大きな笠があり、風化が強く顔の表情不明
No. 3 平成25年08月18日	伊佐市菱刈町 前目 道路沿い	江戸期（推定）	神像型椅像 椅像	104 × 78 × 56	纓のない小冠被り衣冠束帯で両手膝の上持ち物なし	顔以外はベンガラ色	□有 □無 単体彫り 神像型椅像	横に寛延3年（1750年）の水神社を祭る龍形石燈あり
No. 4 平成25年08月18日	伊佐市菱刈町 川北 築地 水田	江戸期（推定）	神像型座像 座位	90 × 95 × 45	纓のない小さい冠被り衣冠束帯で両手輪組で穴あり	冠と束帯は黒色	□有 ☒無 単体彫り 神像型座像	広い伊佐平野を見渡せる南向きに設置されている
No. 5 平成25年08月18日	伊佐市菱刈町 重留 重留東 水田の高台	平成11年（1999年）	農民型 座位	65 × 46 × 28	大きな顔にシキを被り、右手にメシゲ、左手に椀を持つ	シキと羽織は赤、衣は黄色でカラフル	□有 ☒無 単体彫り 農民型座像	田の神を稚拙に作っていた人から寄贈されたもの
No. 6 平成25年08月18日	伊佐市菱刈町 重留 水田	平成11年（1999年）	農民型 椅像	62 × 47 × 37	広袖長single衣に袴姿で右手にメシゲ左手に椀	彩色なし	□有 ☒無 単体彫り 農民型椅像	圃場整備が完成した年「黄金の菱刈郷」記念碑と共に建設業者の寄贈
No. 7 平成25年08月18日	伊佐市菱刈町 花北 道路沿い	江戸期（推定）	農民型 立位	98 × 58 × 20	顔は風化強く広袖上衣に袴姿で右手メシゲ左手に椀	田の神全体と背景が赤茶色	□有 ☒無 浮彫り 農民型立	花北城裾野の水田に、大正5年に墓坪に、戦後河川改修中現在地に
No. 8 平成25年08月18日	伊佐市菱刈町 市山 上市山 公民館敷地	江戸期（推定）	農民型（妊婦姿） 座位	50 × 22 × 26	シキを被り、腹が出ており、両手でかばっている	顔以外は赤色	☒有 □無 単体彫り 農民型座像妊婦姿	背面に逆さまに庚申の文字があり、この台座は庚申塔を再利用
No. 9 平成25年08月18日	伊佐市菱刈町 市山 下市山 公民館敷地	江戸期（推定）	神像型座像 座位	27 × 27 ×	木造で冠被り衣冠束帯で両手は膝の上で共に穴	彩色なし	☒有 □無 単体彫り 神像型座像	公民館西の天神堂の本尊をこの祠に納めて田の神とした
No. 10 平成25年08月18日	伊佐市菱刈町 市山 下市山 道路沿い	明治後期（推定）	農民型 座位	71 × 33 ×	シキを被り長袖上衣で右手にメシゲ左手に椀	彩色なし	☒有 □無 単体彫り 農民型座像	上市山の個人が、明治時代に設置したという
No. 11 平成25年08月24日	伊佐市菱刈町川北、旧湯之尾駅 道路沿い	江戸期（推定）	神像型座像 座位	98 × 63 × 43	纓のない冠被り衣冠束帯で両手輪組で穴なし	冠は黒で束帯は水色そして衣・袴は灰色	□有 □無 単体彫り 神像型座像	以前旧湯之尾農協脇にあったが、道路拡張で現在地
No. 12 平成25年08月18日	伊佐市菱刈町 川北 小原 道路沿い	江戸期（推定）	神像型座像 座位	34 × 27 × 20	冠被り衣冠束帯で両手で笏持ち風化強く表情不明	顔と襟元は白で、他は薄い赤茶色	□有 □無 単体彫り 神像型座像	大正の頃、隣村の人達がオットイに来て秋の稲刈り後化粧して戻したか伝えあり

b.県央区　5-1 伊佐市（菱刈地区）の田の神石像　421

番号 撮影日	住所 置場所	製作年月日	像型・形態	サイズcm	持ち物	彩色	祠	その他
No. 13 平成25年08月24日	伊佐市菱刈町 徳辺 小路 / 水田	江戸期(推定)、18世紀末とも？	神像型座像 / 座位	88×70×47	纓のない冠被り衣冠束帯で両手輪組で穴あり	彩色なし(野尻町No15)	□有 ☒無 単体彫り 神像型座像	「日州雅楽」の銘あり、野尻町三ヶ野山西原には「毛利雅楽」の銘のものあり右石工作
No. 14 平成25年08月24日	伊佐市菱刈町 徳辺 楠本 / 神社境内	江戸期(推定)	僧型 / 座位	62×43×30	頭巾を被り長袖上衣の僧衣で両手膝上で持ち物なし	笠は黒色、僧衣は赤色	□有 ☒無 単体彫り 僧型座像	日枝神社(橋本公民館)前の敷地にあり
No. 15 平成25年08月24日	伊佐市菱刈町 田中 / 人家の角の高台	江戸期(推定)	神像型椅像 / 椅子	85×75×40	纓のない冠被り衣冠束帯で両手も膝上で持ち物なし	彩色なし	□有 □無 単体彫り 神像型椅像	昭和50年(1983年)圃場整備の際に現在地に移転
No. 16 平成25年08月24日	伊佐市菱刈町 市山 東市山 / 道路沿い	明治後期(推定)	農民型 / 座位	80×35×25	シキを被り長袖上衣に袴姿で右手メシゲ左手椀	シキと衣は赤茶色	□有 □無 単体彫り 農民型像	市山の菖蒲谷青木在住の個人の私物が自治会に寄贈
No. 17 平成25年08月24日	伊佐市菱刈町 市山 上市山 / 神社境内	明治43年(1910年)	農民型 / 座位	104×72×79	シキを被り右手にメシゲ左手に椀を持つ	彩色なし	☒有 □無 単体彫り 農民型座像	金石文より個人が孫の十二歳を祝って建立したと伝わる
No. 18 平成25年08月24日	伊佐市菱刈町 下手 / 個人宅高台	享保16年(1731年)	僧型 / 座位	62×35×	頭巾を被り長袖上衣の僧衣で右手に扇子左手に餅	顔と持ち物以外はベンガラ色	□有 ☒無 単体彫り 僧型座像	個人所有、以前飛城山、昭和47年豪雨に遭い現在地に
No. 19 平成25年09月08日	伊佐市菱刈町 下手 仁王 / 仁王集会場敷地	江戸期(推定)	神像型座像 / 座位	60×56×	纓着き冠被り衣冠束帯で両手膝上右手団子左手輪作る	顔と団子は白色、衣と袴ベンガラ色	□有 ☒無 単体彫り 神像型座像	美坂土手の記念碑脇にあったが、昭和58年現在地
No. 20 平成25年09月08日	伊佐市菱刈町 下手 / 水門横道路沿い	江戸期(推定)	農民型 / 立位	69×60×	風化強くシキを被り右手にメシゲ左手に椀を持つ	彩色なし	□有 ☒無 自然石浮き彫り農民型立像	自然石に薄肉彫してあり、現在は風化によりわかりにくい
No. 21 平成25年09月08日	伊佐市菱刈町 下手 仲間 / 道路沿い高台	江戸期(推定)	農民型 / 立位	58×110×43 / 70×72	シキ被り長袖上衣に裁着け袴姿で右手メシゲ左手椀	顔は白色で、他はベンガラ色	□有 ☒無 自然石浮き彫り農民型立像	自然石に浮彫してある
No. 22 平成25年09月08日	伊佐市菱刈町 下手 下手前目 / 道路沿い敷地	安永10年(1781年)	自然石(線刻) / 立位	121×52×	自然石に両手で棒を持つ神官姿で以前はあり	なし	□有 ☒無 自然石(線刻)	自然石に線刻で書かれた気品あり、風化強く詳細不明
No. 23 平成25年09月08日	伊佐市菱刈町 下名 / 道路沿い	江戸期(推定)	神像型椅像 / 椅像	102×63×	纓のない冠被り衣冠束帯で両手輪組で穴あり	顔は白で、他はベンガラ色	□有 ☒無 単体彫り 神像型椅像	台座には子供たちが硬い石で叩きトリモチ作った跡
No. 24 平成25年09月08日	伊佐市菱刈町 共進 / 道路沿い	昭和33年(1958年)	神像型椅像 / 椅像	104×86×	纓のない冠被り衣冠束帯で両手輪組で穴なく	背と両袖島津の文様、顔と両手以外ベンガラ色	□有 ☒無 単体彫り 神像型椅像	正々堂々とした田風格あり

番号 撮影日	住所 置場所	製作年月日	像型・形態	サイズcm	持ち物	彩色	祠	その他
No. 25 平成25年09月22日	伊佐市菱刈町重留 島村 道路沿い	江戸期(推定)	神像型座像 座位	79 × 85 ×	頭部は改作で、衣冠束帯で両手笏組で穴なし	彩色なし	□有 ☒無 単体彫り 神像型座像	廃仏毀釈で頭部は損壊されたが、昭和50年頃頭部改作
No. 26 平成25年09月22日	伊佐市菱刈町田中 神社境内	享保13年(1728年)	角柱石	62 × 26 × 16	なし	彩色なし	□有 ☒無 角柱石	豊受姫神社境内にあり。田の神講と庚申講を合わせた物
No. 27 平成25年08月18日	伊佐市菱刈町花北 人家の高台	不詳	神像型座像 座位	58 × 40 × 57	風化強く纏付き冠被り衣冠束帯で両手笏組で穴なし	彩色なし	□有 ☒無 単体彫り 神像型座像	風化が強くて顔の表情は不明。石祠と並ぶ
No. 28 平成25年08月18日	伊佐市菱刈町川北 湯尾之神社 神社境内	延享4年(1747年)	自然石文字彫	93 × 60 × 15	なし	彩色なし	□有 ☒無 自然石文字彫	庚申塔と田の神習合型。天下泰平、庚申講、五穀豊穣

番号	住所 置場所	製作年月日	像型・形態	サイズcm	持ち物	彩色	祠	その他
No.B－ 1	伊佐市菱刈町重留 菅原神社	明治初期(推定)	農民型 座位	27 × 22 ×	シキを被り長袖上衣に袴姿で右手メシゲ左手に椀	シキは黄色衣はオレンジ色	□有 ☒無 単体彫り 農民型座像	以前は持ち回りの田の神であったが神社に安置
No.B－ 2	伊佐市菱刈町下手 個人宅	昭和11年(1936年)	農民型 座位	52 × 40 ×	シキ被り広袖上衣に袴姿で右手鎌左手に稲穂持つ	顔・手・持ち物は白でシキや衣はベンガラ色	□有 ☒無 単体彫り 農民型座像	
No.B－ 3	伊佐市菱刈町前目 個人宅	江戸期(推定)	農民型 立位	108 × 82 ×	シキ被り広袖上衣袴姿で右手稲穂右肩乗せ左手メシゲ	彩色なし	□有 ☒無 単体彫り 農民型立像	両足が見えている
No.B－ 4	伊佐市菱刈町山田 山田公民館横	江戸期(推定)	僧型 座位	42 × 28 ×	帽子を被り僧衣で右手メシゲ左手椀持つ	全体がベンガラ色	□有 ☒無 単体彫り 僧型座像	以前は個人宅近くの畦にあったが明治45年に現在地に
No.B－ 5	伊佐市菱刈町平沢津 平沢津集会所	大正期(推定)	農民型 椅像	39 × 23 ×	シキ被り長袖上衣に右手メシゲ左手稲穂持つ	彩色なし	☒有 □無 単体彫り 僧型椅像	以前持ち回り田の神であったが現在は集会所に安置
No.B－ 6	伊佐市菱刈町川北字都 個人宅	江戸期	僧型 座位	37 × 24 ×	帽子を被り僧衣で右手椀左手も椀持つ	彩色なし	□有 ☒無 単体彫り 僧型座像	先祖は菱刈楠本集落に住んだがイボの神ともって来た

番 号 撮影日	住 所 置場所	製作年月日	像型・形態	サイズcm	持ち物	彩色	祠	その他
No. B－ 7	伊佐市菱刈町 川北宇都	明治期(推定)	農民型 座位	26 × 16 ×	シキを被り長袖上衣に袴姿で右手メシゲ左手椀	シキとメシゲの柄は黒色で衣はベンガラ色	□有 ⊠無 単体彫り 農民型座像	以前持ち回り田の神であったが現在は集会所に安置
No. B－ 8	伊佐市菱刈町 川北愛都	平成14年(2002年)	農民型 椅像	22 × 14 ×	シキ被り長袖上衣裁着け袴姿で右手メシゲ左手椀	全体が木製	□有 □無 単体彫り 農民型椅像	以前持ち回りの神であったが現在は集会所に安置
No. B－ 9	伊佐市菱刈町 川北麓上	明治期(推定)	農民型 椅像	25 × 13 ×	シキを被り長袖上衣に裁着け袴姿で両手で椀持つ	シキと衣は青色椀は茶色	□有 ⊠無 単体彫り 農民型椅像	以前持ち回りの神であったが現在は集会所に安置
No. B－10	伊佐市菱刈町 川北築地 個人宅	明治初期(推定)	農民型 椅像	27 × 16 ×	シキ被り長袖上衣裁着け袴姿で右手メシゲ左手椀	全体的に群青色	□有 □無 単体彫り 農民型椅像	40年位前に知人から譲り受けた
No. B－11	伊佐市菱刈町 田中	大正初期	農民型 座位	26 × 16 ×	シキを被り広袖上衣に袴姿で右手メシゲ左手椀	衣は灰色でシキは黒色気味で顔は白色	□有 ⊠無 単体彫り 農民型座像	持ち回りの田の神
No. B－12	伊佐市菱刈町 田中	大正初期	農民型 椅像	23 × 14 ×	シキ被り長袖上衣裁着け袴姿で右手メシゲ左手椀	シキは黒色で衣は灰色で顔は白く頬紅あり	□有 ⊠無 単体彫り 農民型椅像	持ち回りの田の神
No. B－13	伊佐市菱刈町 田中	大正初期	農民型 椅像	28 × 16 ×	シキを被り広袖上衣に袴姿で右手メシゲ左手椀	顔は白色で衣は灰色	□有 □無 単体彫り 農民型椅像	持ち回りの田の神
No. B－14	伊佐市菱刈町 築地上	昭和6年(1931年)	農民型 胸像	33 × 21 ×	シキ被り衣や持ち物は不明	シキは茶色他は白色で一部ピンク色	□有 ⊠無 単体彫り 農民型胸像	持ち回りの田の神
No. B－15	伊佐市菱刈町 築地上	昭和36年(1961年)	農民型 座位	19 × 19 ×	帽子被り両手でメシゲ持つ	帽子と手・メシゲは茶色で衣はオレンジ色	□有 ⊠無 単体彫り 農民型座像	持ち回りの田の神
No. B－16	伊佐市菱刈町 築地中 個人宅	昭和50年(1975年)	神像型座像 座位	19 × 14 ×	冠被り衣冠束帯で持ち物はなし	シキは黒色で衣は赤色	□有 ⊠無 単体彫り 神像型座像	
No. B－17	伊佐市菱刈町 築地中 個人宅	明治期(推定)	僧型 座位	31 × 30 ×	帽子を被り僧衣で両手組む	帽子は黒色で衣は赤色	□有 ⊠無 単体彫り 僧型座像	
No. B－18	伊佐市菱刈町 築地下	昭和初期(推定)	掛け軸	× ×	観音様を描いている	紙でできた掛け軸で観音様描かれている	□有 ⊠無 単体彫り 掛け軸	持ち回りの田の神

番 号 撮影日	住 所 置場所	製作年月日	像型・形態	サイズcm	持ち物	彩色	祠	その他
No. B−19	伊佐市菱刈町築地下	昭和初期(推定)	厨子	24 × 15 ×	木製	彩色あり	□有 ⊠無 厨子	女性のみで1年間の持ち回りの田の神
No. B−20	伊佐市菱刈町築地下	江戸期(推定)	神像型座像 座位	34 × 24 ×	冠被り衣冠束帯で両手で笏を持つ	彩色なし	□有 ⊠無 単体彫り 神像型座像	持ち回りの田の神
No. B−21	伊佐市菱刈町築地下	昭和初期(推定)	厨子	44 × 29 ×	木製	彩色なし	□有 ⊠無 厨子	1年間の輪番で持ち回りの田の神
No. B−22	伊佐市菱刈町麓中	明治初期(推定)	厨子	72 × 47 × 56	木製	彩色なし	□有 ⊠無 厨子	自治会所有で持ち回り田の神。1年間の輪番で各家庭

b. 県央区　5-1 伊佐市（菱刈地区）の田の神石像　425

5-2 伊佐市（曾木・針持地区）の田の神石像

番　号 撮影日	住　所 置場所	製作年月日	像型・形態	サイズcm	持ち物	彩色	祠	その他
No. 1 平成25年09月29日	伊佐市大口 曾木 上牟田 道路沿い	江戸期(推定)	農民型 椅像	50 × 25 ×	大シキ被り広袖上衣に袴姿で右手メシゲ左手椀	顔は白で他は赤色	☒有 ☐無 単体彫り 農民型椅像	以前は田の神講があったが現在はなし。両足が見える
No. 2 平成25年09月29日	伊佐市大口 曾木 諏訪 公民館敷地	江戸期(推定)	農民型 立位	75 × 52 ×	大シキ被り広袖上衣裾姿で右手メシゲ左手持ち物なし	彩色なし	☒有 ☐無 単体彫り 農民型立像	例祭はなく付近の年寄りが花を供える。両足が見える
No. 3 平成25年09月29日	伊佐市大口 曾木 中央 道路沿い高台	江戸期(推定)	農民型 椅像	82 × 66 ×	シキ被り広袖上衣に裁着け袴姿で右手メシゲ左手椀	両足先が見える。顔は白色、他はベンガラ色	☐有 ☒無 単体彫り 農民型椅像	ひさし様せり出す巨岩の下にあり、近くの個人が30年前から管理
No. 4 平成25年09月29日	伊佐市大口 曾木 下馬場 水田高台	江戸期(推定)	神像型座像 座位	60 × 43 ×	纓のある冠を被り衣冠束帯で両手を膝の上で左手団子	顔と両手は白色、衣はベンガラ色、シキと帯は黒	☐有 ☒無 単体彫り 神像型像	毎年7月中旬の日曜日に3神祭の時に田の神講も行う
No. 5 平成25年09月29日	伊佐市大口 針持 野下 道路沿い	江戸期(推定)	僧型 椅像	77 × 62 ×	大笠被り広袖上衣裁着け袴姿で両手損壊持ち物不明	彩色なし	☐有 ☒無 単体彫り 僧型椅像 裁着け袴	風化が強く表情は不明。講などはない

No. B－1 	伊佐市大口 曾木 後村 個人宅	江戸期(推定)	農民型 椅像	42 × 22 ×	シキ被り広袖上衣下の衣不明で右手不詳(鈴か)左手メシゲ	メシゲは黒で衣は薄紫	☐有 ☒無 単体彫り 農民型椅像	以前水田にあったものを自宅に持ち帰る
No. B－2 	伊佐市大口 曾木 	江戸期(推定)	農民型 座位	30 × 23 ×	シキ被り広袖上衣に袴姿で右手に棒で左手メシゲ	シキは黒色で衣は赤色	☐有 ☒無 単体彫り 農民型座像	持ち回りの田の神
No. B－3 	伊佐市大口 曾木 個人宅	江戸期(推定)	農民型 椅像	53 × 25 ×	シキ被り広袖は赤色上衣に裁着け袴姿で右手メシゲ左手椀	衣は赤色	☐有 ☒無 単体彫り 農民型椅像	
No. B－4 	伊佐市大口 曾木 個人宅	明治初期(推定)	神像型座像 座位	39 × 27 ×	冠を被り風変りな衣冠束帯で右手を膝の上左手団子	顔と型付近は茶色	☐有 ☒無 単体彫り 神像型座像	
No. B－5 	伊佐市大口 曾木 川西 川西公民館前	江戸期(推定)	僧型 座位	57 × 40 ×	シキ被り広袖上衣に僧衣で右手メシゲ左手持ち物なし	全体的に肌色で一部褐色残る	☐有 ☒無 単体彫り 僧型座像	以前は持ち回りの田の神で現在は自治会所有
No. B－6 	伊佐市大口 曾木 門前 門前公民館内	江戸期(推定)	農民型 立位	46 × 27 ×	シキ被り広袖上衣に裁着け袴姿で右手メシゲ左手スリコギ	顔と持ち門は白シキと衣は灰色	☐有 ☒無 単体彫り 農民型立像	以前は持ち回りの田の神で現在は自治会所有

426　資料　田の神石像・全記録　2章　鹿児島県の田の神石像

番 号 撮影日	住 所 置場所	製作年月日	像型・形態	サイズcm	持ち物	彩色	祠	その他
No. B− 7	伊佐市大口 曾木 門前 個人宅	不詳	農民型 立位	65 × 34 ×	シキ被り広袖上 衣に裁着け袴姿 で右手メシゲ左 手輪	全体的に肌 色	□有 □無 単体彫り 農民型立 像	
No. B− 8	伊佐市大口 曾木 萩原 萩原公民館内	明治22年(188 9年)	農民型 立位	50 × 27 ×	シキ被り上衣 袴姿と思われ るが両手不明 で持ち物なし	黒色、肌色及 び赤色で彩 色	□有 ☒無 単体彫り 農民型立 像	以前は持ち回 りの田の神で 現在は自治 会所有
No. B− 9	伊佐市大口 曾木 萩原 	不詳	農民型 座位	56 × 40 ×	シキ被り上袖上 衣裁着け姿で 右手メシゲ左手 持ち物なし	シキは黒、顔 は白で衣はピ ンク色	□有 □無 単体彫り 農民型座 像	個人宅にあっ たものを昭和 57年頃現在地 に
No. B−10	伊佐市大口 針持 田原 個人宅	江戸期(推定)	農民型 椅像	38 × 26 ×	シキ被り広袖 上衣に袴姿で 右手メシゲ左 手は棒	全体的に灰 色	□有 ☒無 浮き彫り 農民型椅 像	
No. B−11	伊佐市大口 針持 田原 	明治期(推定)	農民型 立位	52 × 24 ×	シキ被り広袖 上衣に裁着け袴 姿で右手メシ ゲ左手椀	彩色なし	□有 ☒無 単体彫り 農民型立 像	持ち回りの田 の神
No. B−12	伊佐市大口 針持 田原 個人宅	江戸期(推定)	自然石	40 × 45 ×	なし	彩色なし	□有 ☒無 自然石	
No. B−13	伊佐市大口 針持 笠松 個人宅	江戸期(推定)	農民型 座位	22 × 16 ×	シキ被り広袖 上衣に裁着け 袴姿で右手メ シゲ左手なし	顔以外は黒 色	□有 ☒無 単体彫り 農民型座 像	
No. B−14	伊佐市大口 針持 笠松 	昭和52年(197 7年)	僧型 座位	37 × 25 ×	帽子を被り広 袖上衣の僧衣 で右に棒で 左手に団子	帽子は灰色 上衣は濃い緑 色で下衣は黄 色	□有 ☒無 浮き彫り 僧型座像	持ち回りの田 の神
No. B−15	伊佐市大口 針持 笠松 個人宅	江戸期(推定)	農民型 椅像	40 × 22 ×	シキ被り広袖 上衣にズボン 姿で右手メシ ゲ左手団子	シキとズボン は黒で衣は赤 色	□有 ☒無 単体彫り 農民型椅 像	
No. B−16	伊佐市大口 針持 小谷 	江戸期(推定)	農民型 座位	44 × 19 ×	シキ被り長袖 上衣に裁着け 袴姿で右手メ シゲ左手椀	顔と胸元は肌 色で他は黒色	□有 ☒無 単体彫り 農民型座 像	以前は持ち回 りの田の神で 現在は自治 会所有
No. B−17	伊佐市大口 針持 堂山 堂山公民館内	文政11年(18 28年)	僧型 椅像	34 × 21 ×	先尖りシキ被り 広袖上衣裁着け 袴姿で右手メシ ゲ左手棒	顔は肌色で他 は濃い紫色	□有 ☒無 僧型椅像 裁着け袴	以前は持ち回 りの田の神で 現在は自治 会所有
No. B−18	伊佐市大口 針持 屋敷段 	江戸期(推定)	農民型 立位	32 × 17 ×	平たいシキ被り 長袖上衣に裁 着け袴姿で持 ち物なし	彩色なし	□有 ☒無 単体彫り 農民型立 像	以前は持ち回 りの田の神で 現在は自治 会所有

b. 県央区　5-2 伊佐市（曾木・針持地区）の田の神石像　427

番号 撮影日	住所 置場所	製作年月日	像型・形態	サイズcm	持ち物	彩色	祠	その他
No. B−19	伊佐市大口 針持 高塚	江戸期(推定)	農民型 座位	52 × 30 ×	シキ被り広袖上衣に裁着け袴姿で右手メシゲ左手椀	顔と胸は肌色で他は黒色	□有 ⊠無 単体彫り 農民型座像	
No. B−20	伊佐市大口 針持 高塚 個人宅	江戸期(推定)	農民型 座位	34 × 15 ×	シキ被り広袖上衣に裁着け袴姿で右手メシゲ左手椀	顔と胸は肌色で他は薄紫色	□有 ⊠無 単体彫り 農民型座像	
No. B−21	伊佐市大口 針持 高野 個人宅	江戸期(推定)	農民型 立位	43 × 19 ×	シキ被り広袖上衣に裁着け袴姿で右手メシゲ左手椀	顔と胸は肌色で他は黒っぽい青色	□有 ⊠無 単体彫り 農民型立像	
No. B−22	伊佐市大口 針持 高野 高野公民館内	安永5年(1776年)	農民型 座位	53 × 27 ×	シキ被り広袖上衣に裁着け袴姿で右手メシゲ左手団子	派手な彩色あり。ただし着しく明確ではない	□有 ⊠無 単体彫り 農民型座像	以前は持ち回りの田の神で現在は自治会所有
No. B−23	伊佐市大口 針持 釘野々 釘野々公民館内	江戸期(推定)	農民型 立位	70 × 30 ×	シキ被り長袖上衣にズボン姿で右手メシゲ左手に棒	派手な彩色あり	□有 ⊠無 単体彫り 農民型立像	以前は持ち回りの田の神で現在は自治会所有
No. B−24	伊佐市大口 針持 上瀬戸 上瀬戸公民館内	文政年間(1818〜1829年)	農民型 椅像	45 × 25 ×	シキ被り広袖上衣裁着け袴姿で右手メシゲ左手打ち出の小槌	派手な彩色あり	□有 ⊠無 単体彫り 農民型椅像	以前は持ち回りの田の神で現在は自治会所有
No. B−25	伊佐市大口 針持 上瀬戸 上瀬戸公民館内	昭和20年(1945年)以降	農民型 立位	41 × 25 ×	シキ被り広袖上衣に裁着け袴姿で衣は青色両手でメシゲ	顔と胸は肌色で衣は青色	□有 ⊠無 単体彫り 農民型立像	以前は持ち回りの田の神で現在は自治会所有
No. B−26	伊佐市大口 針持 上瀬戸 上瀬戸公民館内	江戸期(推定)	神像型座像 座位	30 × 26 ×	冠を被り衣冠束帯で両手合わせて持ち物はなし	顔は肌色で冠は黒色、衣は肌色と黒色で彩色	□有 ⊠無 単体彫り 神像型座像	以前は持ち回りの田の神で現在は自治会所有
No. B−27	伊佐市大口 針持 上瀬戸 上瀬戸公民館内	江戸期(推定)	農民型 立位	23 × 10 ×	シキ被り長袖上衣に裁着け袴姿で両手持ち物なし	顔は肌色でシキと衣は濃い青色上衣は青色	□有 ⊠無 単体彫り 農民型立像	以前は持ち回りの田の神で現在は自治会所有
No. B−28	伊佐市大口 針持 田代 田代公民館内	明治期(推定)	農民型 座位	33 × 25 ×	シキ被り長袖上衣に裁着け袴姿で右手メシゲ左手団子	シキと持ちものは黒、上衣は緑で袴は赤色	□有 ⊠無 単体彫り 農民型座像	以前は持ち回りの田の神で現在は自治会所有
No. B−29	伊佐市大口 針持 田代 田代公民館内	明治期(推定)	農民型 椅像	47 × 26 ×	シキ被り長袖上衣に裁着け袴姿で両手持ち物なし	全体的に灰色で面白い顔をしている	□有 ⊠無 単体彫り 農民型椅像	持ち回りの田の神
No. B−30	伊佐市大口 針持 西方 個人宅	明治期(推定)	神像型座像 座位	31 × 28 ×	纓付き冠を被り衣冠束帯で両手あわせ持ち物なし	顔と胸は肌色で他は紫色	□有 ⊠無 単体彫り 神像型座像	

番　号 撮影日	住　所 置場所	製作年月日	像型・形態	サイズcm	持ち物	彩色	祠	その他
No.B−31	伊佐市大口 針持　西方 個人宅	寛政7年(1795 年)	農民型 椅像	69 × 50 ×	シキ被り広袖上 衣に裁着け袴姿 で右手メシゲ左 手椀	お腹が出てい る。彩色なし	□有　⊠無 （単体彫り） 農民型椅 像	

b.県央区　5-2伊佐市（曾木・針持地区）の田の神石像　429

5-3 伊佐市（大口地区）の田の神石像

番号 撮影日	住所 置場所	製作年月日	像型・形態	サイズcm	持ち物	彩色	祠	その他
No. 1 平成925年09月29日	伊佐市大口下青木農協支所前 道路沿い高台	明治45年（1912年）	農民型、袋負い型 座位	68 × 51 × 43	シキ被り広袖和服長袴姿右手メシゲ左手稲穂持ち米袋背負う	彩色なし。後方からは男性根	☒有 ☐無 単体彫り 袋負い農民型座像	毎年1月14日穂垂れ引きに個々にメモチを供える
No. 2 平成925年09月29日	伊佐市大口上青木泉徳寺跡 道路沿い高台	昭和15年（1940年）	農民型、袋負い型 座位	60 × 48 × 37	シキ被り広袖和服長袴姿右手鎌左手稲穂持ち米袋背負う	口回りが青色。後方からは男性根	☒有 ☐無 単体彫り 袋負い農民型座像	毎年4月中旬に供え物と清掃を行う
No. 3 平成925年09月29日	伊佐市大口上青木 更生 道路沿い	昭和61年（1986年）	農民型 座位	70 × 50 × 45	シキ被り広袖和服袴姿で右手メシゲ左手握り飯を持つ	木造で彩色彩色なし。後方からは男性根	☒有 ☐無 単体彫り 農民型座像	個人蔵で、毎年盆と正月に団子を供える。背面に墨書
No. 4 平成925年09月29日	伊佐市大口上青木東 納骨堂敷地	江戸期（推定）	農民型 座位	63 × 50 × 27	風化強く長袖和服で両手破損。頭部だけ補修か	彩色なし（石工は地元の村山勇太郎といわれる）	☐有 ☒無 単体彫り 農民型座像	毎年穂垂れ引きの時餅や花を供える
No. 5 平成925年09月29日	伊佐市大口原田 永尾 道路沿いの一角	江戸期（推定）	農民型 椅位	56 × 32 × 38	風化強く表情は不明で右手メシゲを持っていたという	彩色なし	☐有 ☒無 単体彫り 農民型椅像	道路の角に石塔と並ぶ。例祭はなし
No. 6 平成925年09月29日	伊佐市大口原田 西原 道路沿い	昭和9年（1934年）	農民型、袋負い型 座位	60 × 30 × 40	シキ被り広袖和服袴姿右手鎌左手稲穂持ち米袋背負う	彩色なし。後方からは男性根	☐有 ☒無 単体彫り 袋負い農民型座像	耕地整理の記念碑と並ぶ。毎年5月に馬頭観音と例祭
No. 7 平成925年09月29日	伊佐市大口篠原 陣の尾（左側） 道路沿い高台	江戸期（推定）	夫婦像、神像型女神 座位 夫婦像	60 × 62 ×	シキを被り衣冠束帯で持ち物はなし	彩色なし	☒有 ☐無 単体彫り 神像型座像夫婦像	No7とNo8は夫婦像で、共に神官型である
No. 8 平成925年09月29日	伊佐市大口篠原 陣の尾（右側） 道路沿い高台	江戸期（推定）	夫婦像、神像型男神 座位 夫婦像	60 × 54 ×	シキを被り衣冠束帯で両手膝の上で持ち物はなし	彩色なし	☒有 ☐無 単体彫り 神像型座像夫婦像	風化が強く、表情は不明で男髪は首をセメントで補修か
No. 9 平成925年09月29日	伊佐市大口目丸 中目丸 神社境内	明治43年（1910年）	農民型,袋負い型 座位	58 × 34 × 30	シキ被り広袖和服袴姿右手メシゲ左手団子持ち米袋を背負う	彩色なし	☐有 ☒無 単体彫り 袋負い農民型座像	聖之宮神社6月燈で地蔵も一緒に例祭をする（7月24日）
No. 10 平成925年09月29日	伊佐市大口目丸 下目丸 舞之宮神社境内	不詳	農民型 座位	20 × 13 × 8	シキ被り広袖和服長袴姿で両手でメシゲを持つ	彩色なし。後方からは男性根	☐有 ☒無 単体彫り 農民型座像	農業技術員が宮之城で貰い受け平成初めに現在地
No. 11 平成925年09月29日	伊佐市大口篠原 神社境内	不詳	自然石	85 × 45 ×	なし	彩色なし	☒有 ☐無 自然石	篠原諏訪神社社殿横の祠にある
No. 12 平成925年09月29日	伊佐市大口篠原 瓦部石 水田	不詳	自然石	84 × 46 ×	なし。篠原ガランドンの田の神と呼ばれ、ガラッパ除け	彩色なし	☐有 ☒無 自然石	ガラッパ除けや農耕神として祀られたが現在は田の神として

番号 撮影日	住 所 置場所	製作年月日	像型・形態	サイズcm	持ち物	彩色	祠	その他
No. 13 平成925年09月29日	伊佐市大口 篠原 山之口 道路沿いの人家	不詳	僧型 座位	39 × 32 ×	頭部は破損し僧衣で右手にメシゲ左手に椀を持つ	彩色なし(個人像)	□有 ☒無 単体彫り 僧型座像	頭部は破損し自然石が載せてある。以前は祖先の水田に
No. 14 平成925年09月29日	伊佐市大口 木ノ氏 販売店の敷地	江戸期(推定)	農民型 座位	50 × 45 ×	シキ被り広袖和服長袴姿で持ち物なく左手は輪を作る	彩色なし(個人像)	☒有 □無 単体彫り 農民型座像	風化が強く、以前はメシゲと椀を持っていた
No. 15 平成925年09月29日	伊佐市大口 木ノ氏 水田の空き地	明治44年(1911年)	農民型 座位	74 × 53 ×	シキ被り広袖和服長袴姿で右手メシゲ左手に椀	彩色なし(個人寄贈)。後方からは男性根	□有 ☒無 単体彫り 農民型座像	大きな木造の祠に2体の施贓物と並ぶ。二代目の物
No. 16 平成25年10月06日	伊佐市大口 里 小水流 小水流公民館	昭和16年(1941年)	農民型、袋負い型 座位	62 × 45 × 31	シキ被り広袖和服長袴姿で右手鎌左手稲穂持ち米袋背負う	顔と衣の一部が薄い赤茶色	□有 ☒無 単体彫り 袋負い農民型座像	石工は宮路仙骨で後方からは男性根
No. 17 平成25年10月06日	伊佐市大口 原田 公民館	江戸期(推定)	僧型 座位	57 × 45 ×	頭部破損し自然石で補修。僧衣で両手で団子を持つ	彩色なし	□有 ☒無 単体彫り 僧型座像	原田公民館の敷地、昭和15年頃まで田の神祭り実施
No. 18 平成925年09月29日	伊佐市大口 原田 平田 水田	明治43年(1910年)	農民型 座位	85 × 55 ×	シキ被り広袖和服長袴姿で右手メシゲ左手に椀を持つ	彩色なし。後方からは男性根	□有 ☒無 単体彫り 農民型像	風化が強く表情不明。明治41年の耕地整理碑と並ぶ
No. 19 平成25年10月20日	伊佐市大口 大田 鶴田 公民館	明治期(推定)	農民型、袋負い型 座位	71 × 41 ×	シキ被り長袖和服で右手メシゲ左手椀持ち米袋背負う	彩色なし	□有 ☒無 単体彫り 袋負い農民型座像	大田自治会館の裏にあり、風化が強く表情は不明
No. 20 平成25年10月12日	伊佐市大口 大田 木崎 道路沿い	明治期(推定)	農民型 座位	53 × 30 ×	シキ被り長袖和服袴姿で右手メシゲ左手椀	彩色なし	☒有 □無 単体彫り 農民型像	風化が強くか青の表情は不明
No. 21 平成25年10月12日	伊佐市大口 篠原 舟ノ川 道路沿い	江戸期(推定)	農民型 椅像	53 × 25 ×	大シキ被り長袖上衣裁着け袴姿で右手メシゲ左手S	彩色なし。後方からは男性根	□有 ☒無 単体彫り 農民型椅像	毎年公民館行事で赤飯を炊きワラヅトに入れ首に掛ける
No. 22 平成25年10月20日	伊佐市大口 牛尾 馬場ノ元 集会場敷地	江戸期(推定)	田の神神職型 座位	64 × 40 ×	頭部破損でS30年頃改作し長袖和服姿で両手も破損	彩色なし	□有 ☒無 単体彫り 田の神舞神職型	牛尾集会場敷地内に他の石造群と並ぶ
No. 23 平成25年10月20日	伊佐市大口 牛尾 堂ノ迫 神社境内	江戸期(推定)	神仏型 椅像	69 × 38 ×	風化が進み顔や両手など不明。腹が膨らんでいる	彩色なし	☒有 □無 単体彫り 神仏型椅像	以前は水田にあったが、熊野神社境内の祠に安置
No. 24 平成25年10月20日	伊佐市大口 牛尾 上牛尾 道路沿いの水田	大正初期(推定)	農民型 椅像	64 × 43 ×	シキ被り長袖和服袴姿で右手メシゲ左手に椀	彩色なし	☒有 □無 単体彫り 農民型椅像	永尾橘右岸の水田脇の祠にあり

番号 撮影日	住所 置場所	製作年月日	像型・形態	サイズcm	持ち物	彩色	祠	その他
No. 25 平成25年10月20日	伊佐市大口 牛尾 永野原 道路沿い	大正7年(1918年)	農民型 椅像	89 × 67 ×	大きなシキ被り長袖和服袴姿で右手メシゲ左手椀	彩色なし	☒有 ☐無 単体彫り 農民型椅像	諏訪神社入り口の祠にあり。風化強く顔の表情は不明
No. 26 平成25年10月20日	伊佐市大口 牛尾 奈良野 道路沿い高台	昭和10年(1935年)	神像型座像 座位	56 × 33 ×	あご紐ある帽子被り広袖和服袴姿で右手メシゲ左手椀	彩色なし	☐有 ☒無 単体彫り 神像型座像	水溜矢四朗氏が熊本県天草で刻石したもの自治会寄贈
No. 27 平成25年08月24日	伊佐市大口 上青木泉徳寺跡 道路沿い高台	江戸期(推定)	農民型 座位	50 × 45 ×	頭部は改作で広袖上衣に袴姿で持ち物はなし	彩色なし	☐有 ☒無 単体彫り 農民型座像	No2と並立

No. B－ 1	伊佐市大口 里 中古川	文化13年(1816年)	自然石	94 × 43 ×	なし	彩色なし	☐有 ☒無 自然石文字彫	「田之神」の刻銘あり
No. B－ 2	伊佐市大口 里 中古川	文化13年(1816年)	神像型座像 座位 市有形民文化財	16 × 12 ×	木造で衣冠束帯で両手膝の上で持ち物はなし	顔茶色で冠は黒色	☐有 ☒無 単体彫り 神像型像	B－1と元町実業回り田の神と一対と言われている
No. B－ 3	伊佐市大口 里 元町 個人宅	江戸期(推定)	農民型 立位	45 × 30 ×	シキ被り広袖和服裁着け袴姿で右手メシゲ左手棒	彩色なし	☐有 ☒無 単体彫り 農民型立像	毎年12月の最初の申の日に氏神と共に例祭あり
No. B－ 4	伊佐市大口 里 元町 専念寺跡	江戸期(推定)	農民型 座位	35 × 35 ×	シキ被り長袖和服裃姿で両手でメシゲを持つ	彩色なし	☐有 ☒無 単体彫り 農民型座像	例祭などはなく由来も不詳
No. B－ 5	伊佐市大口 里 上町	不詳	僧型 座位	60 × 51 ×	被り物なく僧衣で両手は欠損している	彩色なし	☐有 ☒無 単体彫り 僧型座像 個人像	S32年に田んぼにあったものを現在地に。個人像
No. B－ 6	伊佐市大口 里	寛政元年(1789年)	神像型座像 座位	46 × 43 ×	頭部のない衣冠束帯で両手も欠損している	彩色なし	☐有 ☒無 単体彫り 神像型像	廃仏毀釈のせいか頭部ない。S61年に現在地に安置

432　資料　田の神石像・全記録　2章　鹿児島県の田の神石像

番 号 撮影日	住 所 置場所	製作年月日	像型・形態	サイズcm	持ち物	彩色	祠	その他
No.B－7	伊佐市大口 里	享保6年(1721 年)	神像型座像 (詳細不明)	60 × 50 ×	被り物なく詳細 不明で持ち物 はなく資料は 武士像	彩色なし	□有 ☒無 単体彫り 神像型座 像	里町自治会所 有。毎年10月 フラゾトに餅入 れ例祭行う
			座位	市有形民俗文化財				
No.B－8	伊佐市大口 里 羽弥田島	明治期(推定)	農民型、袋負 い型	54 × 44 ×	シキ被り長袖和 服ズボン姿で右 手メシゲ左手椀 米袋背負う	彩色なし	□有 ☒無 単体彫り 袋負い農 民型椅像	川島自治会所 有で毎年11月 23日に祀りあり
			椅像					
No.B－9	伊佐市大口 大田	明治43年(19 10年)	農民型	73 × 43 ×	シキ被り広袖 上衣に袴姿で 右手メシゲ左 手椀	彩色なし	□有 ☒無 単体彫り 農民型座 像	個人像で像背 面に明治43年 10月4日新薗 直座衛門
			座位					
No.B－10	伊佐市大口 大田 原ノ巣	不詳	神像型座像	52 × 42 ×	風化強く被り物 や衣は明らか ではなく持ち物 なし	彩色なし	□有 ☒無 単体彫り 神像型座 像	
	個人宅		座位					
No.B－11	伊佐市大口 大田 大田郡山	江戸期(推定)	神像型座像	55 × 46 ×	風化強く被り物 や衣は明らか ではなく持ち物 なし	彩色なし	□有 ☒無 単体彫り 神像型座 像	自治会所有
			座位					
No.B－12	伊佐市大口 牛尾永野	大正期(推定)	農民型	64 × 34 ×	シキ被り広袖 上衣に袴姿で 右手メシゲ左 手椀	彩色なし	□有 □無 単体彫り 農民型座 像	自治会所有
	牛尾永野橘左岸		座位					
No.B－13	伊佐市大口木ノ 氏元小星	江戸期(推定)	農民型	56 × 36 ×	シキ被り広袖 上衣に袴姿で 右手欠損し左 手椀	彩色なし	□有 ☒無 単体彫り 農民型座 像	
	個人宅		座位					
No.B－14	伊佐市大口木ノ 氏	明治31年(189 8年)	農民型	42 × 21 ×	平たいシキを 被り広袖上衣 袴姿で右手メ シゲ左手椀	彩色なし	□有 □無 単体彫り 農民型座 像	
	個人宅		座位					
No.B－15	伊佐市大口木ノ 氏	不詳	自然石	77 × 61 ×	なし	彩色なし	□有 ☒無 自然石	自治会所有
No.B－16	伊佐市大口篠原 肥し中川原	平成12年(20 00年)	農民型	54 × 44 ×	平たいシキを 被り広袖上衣 袴姿で右手メ シゲ左手椀	彩色なし	□有 ☒無 単体彫り 農民型椅 像	
			椅像					
No.B－17	伊佐市大口篠原 山之口	大正13年(19 24年)	僧型、袋負い 型	36 × 30 ×	シキ被り広袖上 衣僧衣で右手メ シゲ左手椀で米 袋背負う	彩色なし	☒有 □無 単体彫り 袋負い僧 型座像	自治会所有
			座位					
No.B－18	伊佐市大口篠原 諏訪	昭和10年(19 35年)	農民型	44 × 26 ×	シキを被り広袖 上衣に袴姿で 右手メシゲ左 手椀	彩色なし	□有 ☒無 単体彫り 農民型座 像	
	個人宅		座位					

b. 県央区　5-3 伊佐市（大口地区）の田の神石像　433

番 号 撮影日	住 所 置場所	製作年月日	像型・形態	サイズcm	持ち物	彩色	祠	その他
No. B−19	伊佐市大口篠原 榎田	不詳	自然石	52 × 42 ×	なし	彩色なし	☐有 ☒無 自然石	自治会所有
No. B−20	伊佐市大口 青木栗平 個人宅	江戸期(推定)	農民型 座位	41 × 21 ×	風化強くシキ 被り広袖上衣 に袴姿で持ち 物はなし	彩色なし	☐有 ☒無 浮き彫り 農民型座 像	
No. B−21	伊佐市大口 上青木多々良石	昭和59年(19 84年)	農民型 椅像	52 × 32 ×	シキを被り広袖 上衣に袴姿で 右手鎌と稲穂 左手椀	木製で木肌 色	☐有 ☒無 単体彫り 農民型椅 像	
No. B−22	伊佐市大口 青木 個人宅	大正4年(191 5年)	僧型、袋負い 型 座位	56 × 37 ×	シキ被り広袖上 衣僧衣姿で右 手メシゲ左手椀 持ち米袋背負う	彩色なし	☐有 ☒無 単体彫り 袋負い僧 型座像	
No. B−23	伊佐市大口 青木 個人宅	元文元年(173 6年)	神像型座像 座位	51 × 54 ×	詳細は不明で 持ち物はなし	彩色なし	☐有 ☒無 単体彫り 神像型座 像	
No. B−24	伊佐市大口 原田崩下	大正5年(191 6年)	農民型、袋負 い型 座位	56 × 33 ×	シキ被り広袖上 衣の僧衣姿で右 手メシゲ左手椀 持ち米袋背負う	彩色なし	☐有 ☒無 単体彫り 袋負い農 民型座像	
No. B−25	伊佐市大口 下原田	享保6年(1721 年)	神像型座像 座位	34 × 23 × 市有形民俗文化財	烏帽子を被り 狩衣姿で右 手メシゲ左手 持ち物なし	烏帽子と衣 は紫色	☐有 ☒無 単体彫り 神像型座 像	持ち回りの田 の神

5-4 伊佐市（本城地区）の田の神石像

番号 / 撮影日	住所 / 置場所	製作年月日	像型・形態	サイズcm	持ち物	彩色	祠	その他
No. 1 / 平成25年09月22日	伊佐市菱刈南浦柳野 / 高台	江戸期(推定)	神像型座像 / 座位	56 × 52 ×	冠は不明で衣冠束帯で両手で笏持ち両袖は角張る	彩色なし	□有 ⊠無 浮彫り神像型座像	自然石に浮彫されて背面は自然石のまま
No. 2 / 平成25年08月18日	伊佐市菱刈荒田 / 水田の道路沿い	明治27年(1894年)	大黒天型 / 立位	103 × 60 ×	笠被り広衣上に長袴姿で右手メシゲ左手椀持つ	彩色なし	□有 ⊠無 単体彫り大黒天型立像	笠冠を被り、大きな耳がある
No. 3 / 平成925年08月24日	伊佐市菱刈南浦爪ノ峰 / 水田	明治後期(推定)	農民型 / 立位	62 × 39 × 26	シキ被り長袖上衣裁着け袴姿で右手メシゲ左手椀	全体的に赤色	□有 ⊠無 浮彫り農民型立像	荒田天神の前にある田の神と同じ作者と思われる
No. 4 / 平成925年08月24日	伊佐市南浦本城宇都 / 道路沿い	天保14年(1843年)	大黒天型 / 座位	32 × 30 ×	シキ被り長袖上衣俵上に座り右手メシゲ左手椀と小槌	顔以外は薄い薄赤色	⊠有 □無 単体彫り大黒天型座像	一部欠けた笠を被り、背中に袋を担いでいる珍しい像
No. 5 / 平成25年09月22日	伊佐市菱刈川南町舟津田 / 道路沿い	明治後期(推定)	神像型座像	80 × 70 ×	纓のない冠を被り衣冠束帯で両手輪組で穴なし	彩色なし	□有 ⊠無 単体彫り神像型座像	以前の南側太良新田母溝脇から道路工事で移転
No. 6 / 平成25年09月22日	伊佐市菱刈南浦小川添	平成24年(2012年)	農民型 / 椅型	53 × 35 ×	シキ被り半袖上衣に袴姿で右手にメシゲ左手に椀	彩色なし	□有 ⊠無 単体彫り農民型椅像	H24年1月までは首がない風化した田の神と2体あり
No. 7 / 平成26年02月02日	伊佐市菱刈南浦本城 / 南方神社境内	天明元年(1781年)	神像型座像 / 座位 市有形民俗文化財	101 × 72 × 62	纓なし冠被り衣冠束帯両手輪組で穴なく袖張り出す	彩色なし	□有 ⊠無 単体彫り神像型座像	南方神社右の敷地にあるも分かりにくい
No. 8 / 平成26年02月02日	伊佐市菱刈南浦永池 / 高台	明治41年(1908年)	夫婦像 / 立位	64 × 60 ×	共にシキ被り広袖上衣に袴姿で左像は右手に急須	右像は右手に椀、左手に槌を持つ。顔が朱色	⊠有 □無 単体彫り夫婦像	2像1体の田の神これ以外なく右男性で大黒天の槌持つ

番号 撮影日	住所 置場所	製作年月日	像型・形態	サイズcm	持ち物	彩色	祠	その他
No.B− 1	伊佐市菱刈 川南山下	江戸期(推定)	神像型座像 座位	62 × 53 ×	冠を被り衣冠束帯で両手で笏を持つ	彩色なし	□有 ☒無 単体彫り 神像型座像	風化強く顔の表情など不明で自治会所有
No.B− 2	伊佐市南浦 南永前田	江戸期(推定)	神像型座像 座位	62 × 47 ×	冠を被り衣冠束帯で両手で笏を持つ	彩色なし	□有 ☒無 単体彫り 神像型座像	風化強く顔の表情など不明で自治会所有
No.B− 3	伊佐市菱刈 南浦楠原	江戸期(推定)	神像型座像 座位	28 × 24 ×	冠を被り衣冠束帯で両手で笏を持つ	衣は赤茶色で顔と胸は白色	□有 ☒無 単体彫り 神像型座像	自治会所有
No.B− 4	伊佐市菱刈 荒田西川	江戸期(推定)	農民型 立位	136 × 65 ×	シキ被り長袖上衣に裁着け袴姿で右手メシゲ左手椀	彩色なし	□有 ☒無 浮き彫り 農民型立像	自治会所有
No.B− 5	伊佐市菱刈 荒田下 個人宅	江戸期(推定)	農民型 立位	118 × 73 ×	シキ被り長袖上衣に裁着け袴姿で両手でメシゲ	彩色なし	□有 ☒無 浮き彫り 農民型立像	自治会所有
No.B− 6	伊佐市菱刈 荒田下 荒田天神橋左岸	明治37年(1904年)	農民型 立位	65 × 38 ×	頭髪が長袖上衣ににズボン姿で右手メシゲ左手椀	顔と足は肌色衣は青色メシゲは赤色	□有 ☒無 浮き彫り 農民型立像	自治会所有で昭和30年頃に道路工事で現在地に
No.B− 7	伊佐市菱刈 荒田 大峰	平成18年(2006年)	農民型 座位	62 × 30 ×	シキ被り長袖上衣に長袴姿で右手メシゲ左手椀	彩色なし	□有 ☒無 浮き彫り 農民型座像	自治会所有
No.B− 8	伊佐市菱刈 下荒田 下荒田公民館内	明治期(推定)	僧型 座位	61 × 42 ×	シキ様の帽子被り僧衣で手を組んで持ち物はなし	顔は白色で他はベンガラ色	□有 ☒無 単体彫り 僧型座像	自治会所有
No.B− 9	伊佐市菱刈 荒田 下荒田 個人宅	文政8年(1825年)	自然石文字彫	95 × 45 ×	なし	彩色なし	□有 ☒無 自然石文字彫	
No.B−10	伊佐市菱刈 瓜ノ峰 瓜ノ峰公民館内	明治期(推定)	大黒天型 座位	25 × 18 ×	シキ被り長袖上衣に袴姿で担いだ袋を握っている	顔は白で他は青色	□有 ☒無 単体彫り 大黒天型座像	自治会所有
No.B−11	伊佐市菱刈 荒田西川 個人宅	明治期(推定)	尼僧型 座位	38 × 28 ×	先の尖ったぼうしを被り僧衣で両手組み持ち物なし	全体的に茶色	□有 ☒無 単体彫り 尼僧型座像	以前は持ち回りの田の神
No.B−12	伊佐市本城町 阿弥陀堂 阿弥陀堂内	明治期(推定)	神像型座像 座位	44 × 40 ×	冠を被り衣冠束帯で右手不明で左手も持ち物なし	彩色あり	□有 ☒無 単体彫り 神像型座像	持ち回りの田の神で自治会所有

436　資料　田の神石像・全記録　2章　鹿児島県の田の神石像

番　号 撮影日	住　所 置場所	製作年月日	像型・形態	サイズcm	持ち物	彩色	祠	その他
No. B−13	伊佐市本城 比良	昭和55年(1980年)	農民型 椅像	30 × 24 ×	シキ被り広袖上衣に袴姿で右手メシゲ左手椀	木製で木肌色	□有 ⊠無 単体彫り 農民型椅像	持ち回りの田の神で自治会所有
No. B−14	伊佐市菱刈 親交今市	昭和初期(推定)	農民型 椅像	16 × 11 ×	シキ被り長袖上衣に裁着け袴姿で右手メシゲ左手なし	顔と手は白で衣は赤色	□有 ⊠無 単体彫り 農民型椅像	持ち回りの田の神で自治会所有
No. B−15	伊佐市菱刈 荒田 荒田上	昭和17年(1942年)	農民型 座位	42 × 30 ×	鉢巻し長袖上衣に長袴姿で右手メシゲ左手椀	赤い鉢巻で衣は薄紫色	□有 ⊠無 単体彫り 農民型座像	持ち回りの田の神で自治会所有
No. B−16	伊佐市菱刈 荒田 荒田下	昭和初期(推定)	農民型 立位	28 × 19 ×	鉢巻し長袖上衣に長袴姿で両手でメシゲを持つ	緑の鉢巻で赤い上衣と黄色の袴	□有 ⊠無 単体彫り 農民型立像	持ち回りの田の神で自治会所有
No. B−17	伊佐市菱刈 場ノ木 場ノ木公民館内	明治初期(推定)	農民型 	32 × 27 ×	シキ被り広袖上衣に長袴姿で右手メシゲ左手椀持つ	顔と胸は白でシキと衣は紫色	□有 ⊠無 単体彫り 農民型立像	持ち回りの田の神で自治会所有
No. B−18	伊佐市菱刈 田ノ口 場ノ木公民館内	昭和54年(1979年)	神像型椅像 椅像	34 × 26 ×	冠を被り衣冠束帯で両手は膝の上で背にメシゲ	顔と手は白で上衣は紫袴は青色	□有 ⊠無 単体彫り 神像型椅像	持ち回りの田の神で自治会所有
No. B−19	伊佐市菱刈 下荒田 公民館内	明治20年(1887年)	農民型 立位	40 × 30 ×	シキ被り長袖上衣に裁着け袴姿で右手椀左手メシゲ	シキは茶色上衣は青色袴は群青色	□有 ⊠無 単体彫り 農民型立像	持ち回りの田の神で自治会所有
No. B−20	伊佐市菱刈 前目 市資料館内	江戸期(推定)	地蔵型 座位	24 × 15 ×	帽子被り広袖上衣姿で右手メシゲ左手持ち物なし	全体的に灰色から薄紫いろ	□有 ⊠無 単体彫り 地蔵型座像	菱刈ふるさといきがいセンターに寄贈

b. 県央区　5-4 伊佐市（本城地区）の田の神石像　437

5-5 伊佐市（山野地区）の田の神石像

番号 撮影日	住所 置場所	製作年月日	像型・形態	サイズcm	持ち物	彩色	祠	その他
No. 1 平成25年10月12日	伊佐市大口 潤辺（ふちべ） 保食神社境内	江戸期(推定)	神像型座像 座位	47 × 43 ×	纓の付いた冠被り衣冠束帯で右手は膝上左手は輪	両袖は角張る。彩色なし	⊠有 □無 単体彫り 神像型座像	顔は摩耗強く袖の両袖は角ばる
No. 2 平成25年10月12日	伊佐市大口 平出水 王城 水田高台	享保6年(1721年)	仏像型(大日如来) 座位 県有形民俗文化財	60 × 45 ×	冠を被り穏やかな顔で衣の襞が複雑、印を結ぶ	彩色なし	□有 ⊠無 単体彫り 仏像型・ 大日如来	
No. 3 平成25年10月12日	伊佐市大口 平出水 向江 公民館敷地	不詳	農民型 立位	61 × 26 ×	シキを被り長袖和服・袴姿で右手メシゲ左手椀を持つ	首と襟元が茶色	□有 ⊠無 単体彫り 農民型立像	石造りで首はセメント付けされている
No. 4 平成25年10月12日	伊佐市大口 山野平原前 水田	昭和63年(1988年)	農民型 立位	52 × 23 ×	シキを被り長袖和服・袴姿で右手メシゲ左手椀	彩色なし	□有 ⊠無 単体彫り 農民型立像	記念碑と共に祀られている
No. 5 平成25年10月20日	伊佐市大口 小川内前田 神社境内	江戸期(推定)	神像型座像 座位	62 × 44 ×	烏帽子を被り狩衣姿で右手持ち物なく左手は輪	彩色なし	□有 ⊠無 単体彫り 神像型座像	石造りで烏帽子を被り狩衣姿
No. 6 平成25年10月12日	伊佐市大口 下木原 水田	江戸期(推定)	神像型座像 座位	55 × 38 ×	纓の付いた冠被り衣冠束帯で右手輪作り左手団子	彩色なし	□有 ⊠無 単体彫り 神像型座像	春村田之神像の説明文字盤と共に
No. 7 平成25年10月20日	伊佐市大口 上松 公民館敷地	江戸期(推定)	農民型 椅像	52 × 40 ×	破損したシキを被り長袖袴姿で持ち物はなし	彩色なし	□有 ⊠無 単体彫り 農民型椅像	頭部の一部と左手は破損
No. 8 平成25年10月20日	伊佐市大口 上之馬場 公民館敷地	明和3年(1766年)	神像型座像 座位 市有形民俗文化財	50 × 40 ×	纓の付いた冠被り衣冠束帯で右手輪造り左手団子	彩色なし	⊠有 □無 単体彫り 神像型座像	山野熊野（権現)神社鳥居右側に馬頭観音と
No. 9 平成25年10月20日	伊佐市大口 下木原 上中 公民館敷地	大正5年(1916年)	僧型 座位	56 × 44 ×	帽子を被り僧衣姿で右手にメシゲ左手に椀を持つ	彩色なし	□有 ⊠無 単体彫り 僧型座像	白っぽい石の田の神
No. 10 平成25年10月20日	伊佐市大口 平出水谷口 公民館敷地	江戸期(推定)	神像型座像 座位	45 × 40 ×	纓付き冠被り衣冠束帯両手に持ち物なく膝上に玉石	彩色なし。	⊠有 □無 単体彫り 神像型座像	摩耗強く顔の表情などは不明

番　号 撮影日	住　所 置場所	製作年月日	像型・形態	サイズcm	持ち物	彩色	祠	その他
No.B- 1	伊佐市大口 小木原 個人自宅	不詳	農民型 座位	54 × 30 ×	衣服など不明 で持ち物はな し	彩色なし	□有 ⊠無 単体彫り 農民型座 像	風化強く 顔など不 明
No.B- 2	伊佐市大口 小木原 個人自宅	昭和4年(1929 年)	僧型 座位	58 × 46 ×	平たい円盤状 のシキ被り僧衣 で右手メシゲ 左手椀	シキと椀は黒 メシゲと衣は 青で顔は肌色	□有 ⊠無 単体彫り 僧型座像	以前水田 にあった が自宅屋 敷に安置
No.B- 3	伊佐市大口 小木原下 不明	江戸期(推定)	農民型 立位	74 × 48 ×	瓦状のシキ被り 長袖上衣に袴 姿で右手鎌左 手稲穂	彩色なし	□有 ⊠無 単体彫り 農民型立 像	
No.B- 4	伊佐市大口 小木原中	江戸期(推定)	農民型 座位	56 × 48 ×	シキ被り広袖 上衣に袴姿で 右手は輪作り 左手メシゲ	彩色なし	□有 ⊠無 単体彫り 農民型座 像	
No.B- 5	伊佐市大口 小木原 堺町	昭和34年(19 59年)	神像型座像 座位	35 × 34 ×	衣冠束帯で両 手で団子を持 つ	冠は黒色で他 は白から肌色	□有 ⊠無 単体彫り 神像型座 像	堺町小組 合所有
No.B- 6	伊佐市大口山野 上之馬場 個人宅	江戸期(推定)	神像型座像 座位	54 × 40 ×	縷のある冠を 被り衣冠束帯 で右手輪作り 左手団子	彩色なし	□有 ⊠無 単体彫り 神像型座 像	
No.B- 7	伊佐市大口 山野 門田 菅原神社前	寛政8年(1796 年)	神像型座像 座位	32 × 38 ×	頭部と両手は 欠損するも衣 冠束帯と思わ れる	彩色なし	□有 ⊠無 単体彫り 神像型座 像	資料には 僧衣姿と 紹介
No.B- 8	伊佐市大口 山野 石井	江戸期(推定)	農民型 座位	65 × 45 ×	平たい円盤状 シキ被り長袖上衣 袴姿で右手棒 左手輪を作る	彩色なし	□有 ⊠無 単体彫り 農民型座 像	石井自治 会所有
No.B- 9	伊佐市大口 山野 石井	江戸期(推定)	神像型座像 座位	47 × 47 ×	頭部丸石が載り 衣冠束帯で右 手持ち物なく左 手輪を作る	彩色なし	□有 ⊠無 単体彫り 神像型座 像	石井自治 会所有
No.B-10	伊佐市大口 山野石井 川東	昭和52年(19 77年)	農民型 座位	10 × 6 ×	陶器製でシキ 被り長袖上衣 に袴姿で両手 で瓢箪	全体的にこげ 茶色	□有 ⊠無 単体彫り 農民型座 像	石井川東 小組合所 有
No.B-11	伊佐市大口 山野石井 川西	明治22年(18 89年)	掛け軸(紙 製)	× ×	庚申掛け軸で 青面金剛・猿・ 鶏など描かれ る	彩色あり	□有 ⊠無 掛け軸	石井川東 小組合所 有で持回 り田の神
No.B-12	伊佐市大口 山野 上斉	江戸期(推定)	神像型座像 座位	40 × 37 ×	広袖上衣の衣 冠束帯で両手 だ玉石を持つ	茶褐色色の 痕跡あり	⊠有 □無 単体彫り 神像型座 像	尾之上自 治会所有

b.県央区　5-5伊佐市（山野地区）の田の神石像　439

番　号 撮影日	住　所 置場所	製作年月日	像型・形態	サイズcm	持ち物	彩色	祠	その他
No. B−13	伊佐市大口 山野 尾之上 個人宅	昭和7年(1932年)	農民型 座位	45 × 41 ×	平たい円盤状シキ被り広袖上衣袴姿で右手メシゲ左手椀	全体的に肌色	⊠有 □無 単体彫り 農民型座像	昭和7年旧10月3日立主岩坪吉次朗
No. B−14	伊佐市大口 山野 荒平	不詳	自然石	75 × 44 ×	なし	彩色なし	□有 ⊠無 自然石	明治初期に盗まれた台座のみ飾る
No. B−15	伊佐市大口 小川内 尾崎 個人宅	平成3年(1991年)	農民型 座位	66 × 38 ×	シキ被り長袖上衣に袴姿で右手メシゲで左手椀	全体的に薄い肌色	□有 ⊠無 単体彫り 農民型座像	背面に平成3年1月大口市櫨丁野作
No. B−16	伊佐市大口 山野 井立田	江戸期(推定)	農民型 椅像	63 × 33 ×	シキ被り長袖上衣にズボン姿で右手メシゲで左手輪	全体的に肌色で一部青がみられる	□有 ⊠無 単体彫り 農民型椅像	井立田自治会所有
No. B−17	伊佐市大口 山野 松ケ平	江戸期(推定)	神像型座像 座位	58 × 35 ×	纓の付いた冠を被り衣冠束帯で右手は輪作り左手団子	彩色なし	□有 ⊠無 単体彫り 神像型座像	平原自治会所有
No. B−18	伊佐市大口 平出水 新柳北	江戸期(推定)	神像型座像 座位	47 × 40 ×	風化強く被り物は不明で衣冠束帯で持ち物はなし	彩色なし	□有 ⊠無 単体彫り 神像型座像	平出水向江下小組合所有
No. B−19	伊佐市大口 平出水 勝毛	文政6年(1823年)	農民型 座位	76 × 46 ×	シキ被り長袖上衣に袴姿で右手輪を作り左手は団子	彩色なし	□有 ⊠無 単体彫り 農民型座像	中央上・中小組合所有
No. B−20	伊佐市大口 平出水 個人宅	昭和9年(1934年)	農民型 座位	52 × 34 ×	シキ被り広袖上衣袴姿で右手メシゲ左手椀、背に米俵	彩色なし	□有 ⊠無 単体彫り 農民型座像	刻銘あり昭和9年1月18日名前・年齢あり建立

5-6 伊佐市（羽月地区）の田の神石像

番号 撮影日	住所 置場所	製作年月日	像型・形態	サイズcm	持ち物	彩色	祠	その他
No. 1 平成25年09月08日	伊佐市大口 堂崎 水田高台	平成11年（1999年）	農民型 椅像	61 × 53 ×	平たいシキを被り右手にメシゲ、左手に椀を持つ	顔と持ち物は白色、他は赤色	□有 ☒無 単体彫り 農民型椅像	例祭はないが、花などを供える。寄贈者奥薗操氏
No. 2 平成25年09月08日	伊佐市大口 金波田（右側） 道路沿い集会所	不詳	自然石	60 × 85 ×	なし	前面が茶色に塗られている	□有 ☒無 自然石文字彫	自然石正面に「○御田之」刻字あり
No. 3 平成25年09月08日	伊佐市大口 金波田（左側） 道路沿い集会所	江戸期（推定）	神像型座像 座位	55 × 41 ×	纓付き冠被り衣冠束帯で両手膝上で右手に団子	彩色なし	□有 ☒無 単体彫り 神像型座像	No2と一緒に他の石造物群とある。頭部一部破損
No. 4 平成25年09月08日	伊佐市大口 堂崎公民館 道路沿い公民館	江戸期（推定）	神像型座像 座位	81 × 64 ×	纓付き冠被り衣冠束帯で両手膝上で右手団子	風化強い。彩色なし	□有 ☒無 単体彫り 神像型像	毎年、4月に祈願祭、9月には解願祭を行う
No. 5 平成25年09月08日	伊佐市大口 金波田上 水田の高台	江戸期（推定）	神像型座像 座位	52 × 50 ×	烏帽子を被り衣冠束帯で両手で笏を持つ	背面が赤茶色	□有 ☒無 単体彫り 神像型像	毎年収穫前に田んぼの関係者が集まり、神官のお祓いと田の神講
No. 6 平成25年09月08日	伊佐市大口 下殿山山ノロ 神社境内	江戸期（推定）	農民型 座位	62 × 40 ×	大きなシキを被り右手にメシゲで左手に団子	彩色なし	□有 ☒無 単体彫り 農民型座像	風化が強く表情は不明
No. 7 平成25年10月06日	伊佐市大口 下殿瀬戸 水田	平成13年（2001年）	農民型 椅像	61 × 46 ×	大きな平たいシキを被り、右手にメシゲ左手に椀	彩色なし	☒有 □無 単体彫り 農民型椅像	毎年田植え前に豊作祈願。以前の田の神は盗難にあう
No. 8 平成25年10月06日	伊佐市大口 川岩瀬川岩瀬下 民家の庭	明治43年（1910年）	農民型 椅像	54 × 30 ×	平たいシキ被り右手にメシゲ左手は持ち物なし	彩色なし	□有 ☒無 単体彫り 農民型椅像	毎年、正月、田植え前後、秋収穫後に焼酎・餅を供える
No. 9 平成25年10月06日	伊佐市大口川岩 瀬棚ヶ丸（左側） 道路沿い高台	江戸期（推定）	不明（武士像？） 立位	93 × 45 ×	風化が強く詳細は不明。持ち物はなし	彩色なし	□有 ☒無 単体彫り 不明（神像型？）	No10と一緒に並ぶ資料に、武士姿と記載あり
No. 10 平成25年10月06日	伊佐市大口川岩 瀬棚ヶ丸（右側） 道路沿い高台	江戸期（推定）	神像型座像 座位	46 × 40 ×	纓の付いた冠被り衣冠束帯で両手輪組で穴なし	彩色なし	□有 ☒無 単体彫り 神像型座	以前は毎年秋に田の神講を実施していたが現在はなし
No. 11 平成25年10月06日	伊佐市大口 白木 山ノ神 公民館	明治40年（1907年）	農民型 座位	60 × 48 ×	シキを被り広袖上衣に袴姿で両手でメシゲを持つ	後方からは男性根。彩色なし	☒有 □無 単体彫り 農民型像	馬頭観音、山の神、田の神が並べて祀ってある
No. 12 平成25年10月06日	伊佐市大口 白木 上白木 道路沿い	江戸期（推定）	神像型座像 座位	40 × 37 ×	纓の付いた冠被り衣冠束帯で両手は組まずに膝上	彩色なし	☒有 □無 単体彫り 神像型座像	以前は毎年餅を備えたが、現在は個人別に行う

番号 撮影日	住所 置場所	製作年月日	像型・形態	サイズcm	持ち物	彩色	祠	その他
No. 13 平成25年10月06日	伊佐市大口 白木下 公民館	明治26年（1893年）	神像型座像 座位	60 × 44 ×	四角帽子様被り衣冠束帯で右手メシゲ左手なし	特に衣は茶褐色	☒有 ☐無 単体彫り神像型座像	白木公民館横No14と並ぶ。古老No13オカボ（陸稲）の神
No. 14 平成25年10月06日	伊佐市大口 白木下 公民館	江戸期（推定）	僧型 椅像	79 × 45 ×	シキ被り広袖上衣に裁着け袴姿で両手持ち物なし	全体的に茶褐色	☒有 ☐無 単体彫り僧型椅像裁着け袴	No14は田んぼ（水稲）の田の神
No. 15 平成25年10月06日	伊佐市大口 大島 用水路道路沿い	江戸期（推定）	神像型座像 座位	84 × 55 ×	風化が強い纓付き冠被り衣冠束帯で両手で団子を持つ	彩色なし	☐有 ☒無 単体彫り神像型座像	顔は摩耗が強く表情は不明。2体の石造物と並ぶ
No. 16 平成25年10月06日	伊佐市大口 大島 樋ノ口 道路沿い	江戸期（推定）	神像型座像 座位	44 × 42 ×	風化が強く纓の付いた冠を被り両手は膝の上に置く	彩色なし	☐有 ☒無 単体彫り神像型座像	昭和20年頃までは田の神講が行われていた
No. 17 平成25年10月12日	伊佐市大口 鳥巣 園田 道路沿い高台	江戸期（推定）	農民型 立位	73 × 45 × 32	シキ被り広袖上衣裁着け袴姿で右手欠損左手メシゲ	襦袢は赤茶色	☐有 ☒無 単体彫り農民型立像	圃場整備記念碑の前に立つ
No. 18 平成25年10月06日	伊佐市大口 田代 道路沿い	江戸期（推定）	農民型 座位	55 × 50 ×	シキ半分欠け風化強く衣は不明で右手欠損左手輪	彩色なし	☐有 ☒無 単体彫り農民型座像	毎年3回例祭、その後公民館に集まって田の神講

番号 撮影日	住所 置場所	製作年月日	像型・形態	サイズcm	持ち物	彩色	祠	その他
No. B－1	伊佐市大口 鳥巣 個人宅	明治期(推定)	農民型 座位	59 × 38 ×	シキ被り広袖 上衣に袴姿で 右手にメシゲ 左手椀	彩色なし	☒有 □無 単体彫り 農民型座 像	以前は供え物 していたが現 在はなし
No. B－2	伊佐市大口 鳥巣下 自治会所有	江戸期(推定)	農民型 座位	67 × 65 ×	シキ被り広袖 上衣袴姿で右 手メシゲ左手 持ち物なし	彩色なし	☒有 □無 単体彫り 農民型座 像	以前は供え物 していたが現 在はなし
No. B－3	伊佐市大口 大島神社 神社境内	江戸期(推定)	神像型座像 座位	60 × 51 ×	纓の付いた冠 を被り衣冠束 帯で右手膝に 左手団子	彩色なし	□有 ☒無 単体彫り 神像型座 像	以前あった例 祭は途絶えて いる
No. B－4	伊佐市大口 大島山之口	明治42年(19 09年)	農民型 立位	69 × 41 ×	顔面破損し長 袖上衣ズボン 姿で右手メシ ゲ左手棒	彩色なし	□有 ☒無 自然石浮 き彫り農 民型立像	
No. B－5	伊佐市大口 下殿 個人宅	江戸期(推定)	農民型 立位	43 × 26 ×	先尖シキ被り 広袖上衣に袴 姿で右手メシゲ 左手輪作る	全体的にピン ク色から紫色	□有 ☒無 単体彫り 農民型立 像	
No. B－6	伊佐市大口 下殿 個人宅	江戸期(推定)	農民型 立位	39 × 28 ×	シキ被り広袖 上衣に袴姿で 右手メシゲ左 手は棒	全体的にピン ク色から紫色	□有 ☒無 単体彫り 農民型立 像	
No. B－7	伊佐市大口 白木下 大口白木殿跡	江戸期(推定)	神像型座像 座位	60 × 41 ×	纓の付いた冠 を被り衣冠束 帯で右手輪作 り左手なし	薄い茶色の痕 跡あり	☒有 □無 単体彫り 神像型座 像	白木自治会の 所有
No. B－8	伊佐市大口 白木上 長野	明治40年(190 7年)	農民型 座位	58 × 39 ×	シキ被り長袖 上衣袴姿で右手 メシゲ左手持 ち物なし	シキは黒で衣 は赤茶色	☒有 □無 単体彫り 農民型座 像	白木自治会の 所有
No. B－9	伊佐市大口 白木 池ノ尻 個人宅	明治期(推定)	自然石	61 × 44 ×	なし	彩色なし	□有 ☒無 自然石	明治初期に新 橋三蔵氏が天 草から入植開 田時に持込
No. B－10	伊佐市大口 白木 山ノ神 公民館敷地	明治40年(19 07年)	農民型 座位	60 × 46 ×	シキ被り広袖 上衣に袴姿で 両手でメシゲを 持つ	彩色なし	□有 ☒無 単体彫り 農民型座 像	馬頭観音や山 の神と一緒に 祀られる
No. B－11	伊佐市大口 下殿 包ノ原 公民館内	寛政元年(178 9年)	神像型座像 座位	54 × 44 ×	風化著しく強く 頭部や衣など は不明で持ち 物なし	彩色なし	☒有 □無 単体彫り 神像型座 像	以前は持ち回 り、現在は公民 館で田の神講 あり
No. B－12	伊佐市大口金波 田(かなはだ) 個人宅	江戸期(推定)	農民型 立位	21 × 10 ×	被り物は不明 で広袖上衣に 袴姿と思われ 持ち物なし	木製。全体的 にこげ茶色	□有 ☒無 浮き彫り 農民型立 像	言い伝えによる と羽月田んぼ 開田の際作ら れたとか

b. 県央区　5-6 伊佐市（羽月地区）の田の神石像　443

番号 撮影日	住 所 置場所	製作年月日	像型・形態	サイズcm	持ち物	彩色	祠	その他
No. B−13	伊佐市大口 下殿 高津原	文政7年(1824年)	農民型 椅像	82 × 36 ×	シキ被り袖上衣袴姿で右手メシゲ左手椀、稲束背負う	彩色なし	☒有 □無 浮き彫り 農民型椅像	資料には地蔵農民型と紹介あり
No. B−14	伊佐市大口 宮人 大住 個人宅	文化7年(1810年)	神像型座像 座位	29 × 27 ×	襷の付いた冠を被り衣冠束帯で右手は輪左手は団子	彩色なし	□有 ☒無 単体彫り 神像型像	背面に刻銘。文化7庚午9月7日施主草柊田十郎左衛門
No. B−15	伊佐市大口 宮人 曾木 個人宅	昭和期(推定)	農民型 立位	51 × 21 ×	シキ被り長袖上衣に袴姿で右手メシゲ左手椀	彩色なし	□有 ☒無 単体彫り 農民型立像	曾木の滝公園内
No. B−16	伊佐市大口 宮人 八代 個人宅	江戸期(推定)	農民型 立位	77 × 26 ×	シキ被り長袖上衣にズボン姿で持ち物はなし	彩色なし	□有 ☒無 単体彫り 農民型立像	
No. B−17	伊佐市大口 宮人 八代 那智神社前	江戸期(推定)	神像型座像 座位	58 × 46 ×	衣冠束帯で右手は輪を作り左手は団子を持つ	彩色なし	□有 ☒無 単体彫り 神像型座像	神社例祭と一緒に田の神講あり
No. B−18	伊佐市大口 宮人 平田	江戸期(推定)	神像型座像 座位	43 × 27 ×	木製で烏帽子被り衣冠束帯で両手は持ち物なし	年1回の歌唱あり	□有 ☒無 単体彫り 神像型座像	宮人自治会所有で以前持ち回りが現在大王神社本殿
No. B−19	伊佐市大口 宮人 個人宅	昭和初期(推定)	僧型 座位	47 × 41 ×	帽子被り広袖上衣に袴姿で右手メシゲ左手椀	陶器製で衣は黒色	□有 ☒無 単体彫り 僧型座像	年1回化粧していたが現在はしていない
No. B−20	伊佐市大口 田代 崎山東 個人宅	明治期(推定)	僧型 椅像	43 × 18 ×	シキ被り僧衣で右手メシゲ左手は輪を作る	顔など白っぽく塗ってある	□有 ☒無 単体彫り 僧型椅像	風化強く被り物は烏帽子と思われる
No. B−21	伊佐市大口 田代 崎山	明治期(推定)	神像型座像 座位	52 × 50 ×	烏帽子被り衣冠束帯で右手持ち物なく左手輪を作る	彩色なし	□有 ☒無 単体彫り 神像型座像	B−22と並立しており2体は夫婦田の神と言われている
No. B−22	伊佐市大口 田代 崎山	明治期(推定)	神像型座像 座位	46 × 38 ×	風化強く被り物は不明で衣冠束帯で右手輪作り左手団子	彩色なし	□有 ☒無 単体彫り 神像型座像	
No. B−23	伊佐市大口 田代 新田	江戸期(推定)	神像型座像 座位	55 × 70 ×	風化強く被り物は不明で衣冠束帯で両手前で組む	彩色なし	□有 ☒無 単体彫り 神像型座像	資料には農民型とあるが神像型座像である
No. B−24	伊佐市大口 田代 道川内	江戸期(推定)	神像型座像 座位	61 × 62 ×	襷の付いた冠を被り衣冠束帯で両手は前で組む	彩色なし	☒有 □無 単体彫り 神像型座像	

番号 撮影日	住所 置場所	製作年月日	像型・形態	サイズcm	持ち物	彩色	祠	その他
No. B−25	伊佐市大口 田代 辺母木	大正期(推定)	農民型	45 × 32 ×	平たい円盤状 のシキ被り右手 メシゲ左手に 椀持つ	彩色なし	□有 ☒無 単体彫り 農民型座像	祖父は神官で 田の神を造立 した、背面に刻 銘あり
	個人宅		座位					
No. B−26	伊佐市大口 田代 辺母木	江戸期(推定)	神像型座像	67 × 70 ×	纓の付いた冠 を被り衣冠束 帯で両手風化 のため不明	彩色なし	□有 ☒無 単体彫り 神像型座 像	資料では武士 像と紹介されて いる
	個人宅		座位					

b. 県央区　5-6 伊佐市（羽月地区）の田の神石像　445

c. 大隅半島
1-1 曽於市大隅町の田の神石像

番号 撮影日	住所 置場所	製作年月日	像型・形態	サイズcm	持ち物	彩色	祠	その他
No. 1 平成27年07月19日	曽於市大隅町 中之内 吉井 水田	不詳	不明 座位	35 × 33 × 18	不明	彩色なし	□有 ☒無 単体彫り 不明	風化強く、全体像は不明。近くの住民は田の神とのこと
No. 2 平成27年07月19日	曽於市大隅町 月野 岡元 水田	不詳	不明 座位	50 × 30 × 28	軽石製の素朴な田の神でシキ被るが両手何もなし	彩色なし	□有 ☒無 単体彫り 不明	墓苑横の水田にあり。風化が強く像型など不明
No. 3 平成27年07月19日	曽於市大隅町 月野 広津田 公民館敷地	弘化4年(1847年)頃	神職型座像大隅型 座位	140 × 70 × 40	頭巾背に垂らし広袖和服袴右手メシゲ左手はスリコギ垂直に持つ	彩色なし	□有 ☒無 単体彫り 神職型座像大隅型	大隅地方特有神職型座像で丸彫り田の神像で最大級
No. 4 平成27年07月19日	曽於市大隅町 月野 久久保 公園敷地	明治39年(1906年)	僧型 座位	68 × 52 × 35	頭巾を被り長袖羽織に神姿で右手メシゲ左手スリコギ	彩色なく目・鼻・口がはっきりし持ち物は垂直	□有 ☒無 単体彫り 僧型座像	リアルな顔立ち台風で顔と首、足元が破損し修復
No. 5 平成27年01月19日	曽於市大隅町 荒谷 大迫 道路脇高台	昭和46年(1971年)	農民型 椅像	65 × 34 × 40	瓶のシキ被り野良着姿で右手メシゲで左手スキ	彩色なし	□有 ☒無 単体彫り 農民型椅像	荒谷開田の碑と共に並ぶ。傘は縄を巻き込んで作成
No. 6 平成27年07月19日	曽於市大隅町 恒吉 春田 水田	不詳	農民型 立位	100 × 40 × 28	シキ被り長袖和服姿で右手メシゲ左手小椀で裸足	彩色なし	□有 ☒無 単体彫り 農民型立像	風化強く顔の表情などは不明(廃仏毀釈?)
No. 7 平成27年07月19日	曽於市大隅町須田 木下須田木(左) 公民館敷地	不詳	農民型、女性像 立位	81 × 44 × 35	髪があり、シキ被り着物姿で右手メシゲ左手稲穂	衣類や持ち物に橙色痕あり	□有 ☒無 単体彫り 農民型立像女性像	裸足姿で顔は女性像と思われる
No. 8 平成27年07月19日	曽於市大隅町 恒吉 野町 川沿い水田畦道	平成16年(2004年)	地蔵型 座位	48 × 40 × 30	笠を被り、右手にメシゲ、左手にめしを盛る椀	彩色なし	□有 ☒無 単体彫り 地蔵型座像	近年の作で地蔵のような顔をして、左足立てる
No. 9 平成25年08月15日	曽於市大隅町 大谷 中大谷 道路沿い	元治2年(1865年)	神職型座像大隅型 上半身のみ	90 × 70 × 40	頭巾背に垂し広袖和服袴右手メシゲ左手スリコギ垂直に持つ	彩色なし	□有 ☒無 単体彫り 神職型座像大隅型	スリコギの輪郭は明確なのに顔は明確でない(破損か)
No. 10 平成27年07月19日	曽於市大隅町 中之内 入角 水田	明和2年(1765年)	田の神舞神職型 立位	64 × 38 × 28	笠を被り布衣に括り袴姿で右手メシゲ左手椀で右右前 市有形民俗文化財	彩色なし	□有 ☒無 単体彫り 田の神舞神職型	市内では最も古く、後方から男性根
No. 11 平成26年01月31日	曽於市大隅町 岩川弥五郎の里 伝説の里公園	平成8年(1996年)	農民型 座位	93 × 61 × 46	シキを被り長袖和服に袴姿で右手メシゲ左手スリコギ	彩色なし	□有 ☒無 単体彫り 農民型座像	頭部と笠がセメント付け弥五郎の伝説の里公園内
No. 12 平成27年07月19日	曽於市大隅町須田 木下須田木(右) 公民館敷地	宝暦4年(1754年)	神像型座像 座位	50 × 40 × 35	頭部は丸石で代用で衣冠束帯で右手には穴がある	彩色なし	□有 ☒無 単体彫り 神像型座像	曽於市内で最も古い

番　号 撮影日	住　所 置場所	製作年月日	像型・形態	サイズcm	持ち物	彩色	祠	その他
No. 13 平成26年01月31日	曽於市大隅町 岩川弥五郎の里 伝説の里公園	平成8年(1996年)川崎工業から寄贈	田の神一家の本家 上半身のみ	80 × 68 × 25	頭部麻糸織り甑のシキ被り羽織袴姿で弥五郎うちわ	彩色なし	□有　☒無 単体彫り 田の神一家、本家	弥五郎伝説の里、田の神一家として創設
No. 14 平成26年01月31日	曽於市大隅町 岩川弥五郎の里 伝説の里公園	平成8年(1996年)川崎工業から寄贈	田の神一家の長男 上半身のみ	110 × 50 × 33	甑のシキ冠を被り和服姿で両手に打ち出小槌を持つ	彩色なし	□有　☒無 単体彫り 田の神一家、長男	田の神の一家として創設され、働いて田んぼ開墾造成
No. 15 平成26年01月31日	曽於市大隅町 岩川弥五郎の里 伝説の里公園	平成8年(1996年)川崎工業から寄贈	田の神一家の女の子 座位	68 × 45 × 36	甑のシキを被り結髪できもの姿左手頬に当てる	彩色なし	□有　☒無 単体彫り 田の神一家、女子	田の神一家として創設され、父母の感謝の気持ち持つ
No. 16 平成26年01月31日	曽於市大隅町 岩川弥五郎の里 伝説の里公園	平成8年(1996年)川崎工業から寄贈	カッパ像 立位	63 × 34 × 37	頭に皿水で右手日傘左手フクベ(酒入り)背中に甲羅	彩色なし	□有　☒無 単体彫り 田の神一家、河童	田の神として創設、山の神は春には山を下り田中に甲羅の田の神に
No. 17 平成27年11月26日	曽於市大隅町 中之内 西笠木 個人宅敷地	不詳	農民型 座位	53 × 50 × 40	笠を被り長袖和服で大変細い両手でメシゲ持つ	彩色なし。右手横に「田ノ神」と彫ってある。	□有　☒無 単体彫り 農民型座像	個人宅地内にある軽石製で左手とその下部は破損
No. 18 平成26年01月31日	曽於市大隅町 中之内 榎木段	不詳	農民型 座位	32 × 30 × 21	シキ被り長袖和服で右手メシゲ左手椀を持つ	彩色なし	□有　☒無 単体彫り 農民型座像	水田奥にあり所有者の話では10年位前に購入す
No. 19 平成27年12月04日	曽於市大隅町 岩川 大隅町郷土館	不詳	自然石	43 × 37 × 30	自然石で顔だけは確認できるが、あと持ち物も不明	彩色なし	□有　☒無 自然石	自然石の田の神とされ溶結性凝灰岩製
No. 20 平成27年12月04日	曽於市大隅町 岩川 大隅町郷土館	不詳	農民型 胸像	38 × 36 × 20	シキ被り顔は温和で右手メシゲ左手スリコギ	彩色なし	□有　☒無 単体彫り 農民型胸像	下半身は彫られていなく上半身のみ彫られている
No. 21 平成27年12月04日	曽於市大隅町 岩川 大隅町郷土館	不詳	僧型 立位	62 × 22 × 22	シキ被り僧衣で両手は外されている(廃仏毀釈?)	彩色なし	□有　☒無 単体彫り 僧型立像	顔面・シキの一部破壊、両肩は凹凸があり両手外さる

c. 大隅半島　1-1 曽於市大隅町の田の神石像　447

番号 撮影日	住所 置場所	製作年月日	像型・形態	サイズcm	持ち物	彩色	祠	その他
No. B－1	曽於市大隅町 中之内 柳井谷	平成10年(1998年)	農民型 立位	102 × ×	笠を被り長袖和服で右手柄のみのメシゲ左手椀	衣が薄青色。家主が作成し左側に田の神と彫った石	□有 ☒無 単体彫り 農民型立像	個人宅でコンクリート製の素朴な田の神で西郷隆盛似
No. B－2	曽於市大隅町 中之内 柳井谷	不詳	僧型 立位	× ×	シキ被り羽織袴姿で右手メシゲ左手スリコギ	彩色なし。左肩部が欠けている	□有 ☒無 単体彫り 僧型立像	崖のガマに祀ったが現在埋まって発見は困難
No. B－3	曽於市大隅町 大谷里脇	不詳	農民型 胸像	63 × ×	欠けたシキを被り長袖和服で右手椀左手メシゲ	彩色なし	□有 □無 単体彫り 農民型胸像	自然石に顔が大きく上半身のみ彫られている持ち物が逆
No. B－4	曽於市大隅町 中之内 柳井谷	不詳	石柱型文字彫	38 × ×	なし	彩色なし	□有 ☒無 石柱型文字彫	休耕田脇の山側の杉木の下に祀られている
No. B－5	曽於市大隅町	不詳	女性像 立位	34 × ×	おかっぱの髪形で着物着て右手メシゲ左手椀	全体的に赤色の彩色痕あり	□有 ☒無 単体彫り 女性像立像	以前は持ち回りで顔面は風化し鼻筋は確認可能
No. B－6	曽於市大隅町 上坂元	不詳	農民型 座位	32 × ×	シキ被り長袖和服と袴姿で両手でメシゲを掴む	彩色なし	□有 ☒無 単体彫り 農民型座像	軽石製でシキは中央部から欠落
No. B－7	曽於市大隅町 月野 下水堀	昭和8年(1933年)	農民型 立位	62 × ×	シキ被り着物姿で右手鈴を持つも足元で左手破損	彩色なし	□有 ☒無 単体彫り 農民型立像	シキ前面部破損し右手は鈴を持つ神舞型左手破損するも何かを差し込んだ跡あり
No. B－8	曽於市大隅町 岩川 上諏訪	明治末期(推定)	農民型 座位	41 × ×	頭巾を被り長袖和服で両手でメシゲを持つ	彩色なし	□有 ☒無 単体彫り 農民型座像	個人宅地の軽石製崖の中に祀られている
No. B－9	曽於市大隅町 岩川 中之内	不詳	不明	52 × ×	被り物や衣類は明確でない	彩色なし	□有 ☒無 単体彫り 不明	比較的薄い軽石に顔のみ彫らる。崖から見下ろす
No. B－10	曽於市大隅町 大谷 飛佐	大正時代頃	不明	× ×	被り物や衣類は明確でない軽石製で素朴な田の神	彩色なし	□有 ☒無 単体彫り 不明	大正時代に鮫島銀次郎作。現在土砂の中に埋もれる
No. B－11	曽於市大隅町 大谷 沖上	不明	不明 胸像	37 × ×	被り物や衣類は明確でない。軽石製素朴な田の神	彩色なし	□有 ☒無 単体彫り 不明	頭上やや陥没し胴体は両手が彫られたように見える
No. B－12	曽於市大隅町 坂元木場ヶ迫	安政4年(1857年)	祠堂型	90 × ×	なし	彩色なし	□有 □無 祠堂型	谷奥の崖上にあり、屋根の左が欠落。中に木札あり

番号 撮影日	住 所 置場所	製作年月日	像型・形態	サイズcm	持ち物	彩色	祠	その他
No. B-13	曽於市大隅町 岩川 葛原	明治5年(1872年)	女性像 立位	50 × ×	シキ被り長袖和服と袴姿で右手スリコギ左手メシゲ	彩色なし	□有 ☒無 単体彫り 女性像立像	元来田んぼにあったが現在は個人宅に
No. B-14	曽於市大隅町 中之内 唐尾	昭和62年(1987年)	農民型 胸像	55 × ×	笠被り和服で右手メシゲ左手椀、現代風の顔	彩色なし。薄目の軽石で作成	□有 ☒無 単体彫り 農民型胸像	シラス崖にがまを掘り祀る。背面に八木正志作の石板
No. B-15	曽於市大隅町 中之内 吉井	昭和時代	僧型 立位	36 × ×	シキ被り僧衣で袴をはき右手メシゲ左手椀を持つ	彩色なし	□有 ☒無 単体彫り 僧型立像	個人宅にあり、シキは小さくふ福耳である
No. B-16	曽於市大隅町 大石 飛佐	不詳	農民型 座位	40 × ×	シキ被り衣類は不明であるが両手共メシゲ様の物	彩色なし	□有 ☒無 単体彫り 農民型座像	個人宅の玄関土間にあり5～6年くらい前に購入
No. B-17	曽於市大隅町 上坂元	不詳	農民型 座位	28 × ×	シキ被り長袖和服と袴姿で両手でメシゲを掴む	彩色なし	□有 ☒無 単体彫り 農民型座像	個人宅アジサイ畑奥にB-18と並列し同一作者か?
No. B-18	曽於市大隅町 中之内 榎木段	不詳	僧型 立位	36 × ×	シキ被り福耳で長袖和服袴姿で右手メシゲ左手椀	彩色なし。袴には片足3本ずつの縦線あり	□有 ☒無 単体彫り 僧型立像	水田の一段高い所にあり以前国分の骨董市で購入

1-2 曽於市末吉町の田の神石像

番号 撮影日	住所 置場所	製作年月日	像型・形態	サイズcm	持ち物	彩色	祠	その他
No. 1 平成27年08月01日	曽於市末吉町 深川 堂園 山中の広場	安永6年(1777年)	田の神舞神職型 座位	69 × 44 × 33 市有形民俗文化財	シキ被り布衣に裁着け袴姿で右手メシゲ左手椀	顔が白く塗られている。後方からは男性根	□有 ☒無 単体彫り 田の神舞神職型	左足を前に出し、右膝に穴があり花瓶になっている
No. 2 平成27年08月01日	曽於市末吉町 深川 宇都之上 公民館敷地	不詳	田の神舞神職型 椀像	74 × 40 × 28	シキ被り襦袢様の長袖着物で右手メシゲで左手椀	彩色なし	□有 ☒無 単体彫り 田の神舞神職型	右足を前に出し舞型だが顔面中央部セメント補修
No. 3 平成24年05月07日	曽於市末吉町 南之郷 楠 神社横水田	不詳	田の神舞神職型 立位	69 × 30 × 25	シキ被り布衣に裁着け袴姿で右手メシゲ左手椀	彩色なし	□有 ☒無 単体彫り 田の神舞神職型	左足を前に出し、笑顔が美しい
No. 4 平成26年11月09日	曽於市末吉町 南之郷 富田 水田	不詳	田の神舞神職型 立位	84 × ×	シキ被り布衣括り袴姿で右手メシゲ顔横に振り上げる左手椀	彩色なし	□有 ☒無 単体彫り 田の神舞神職型	左足を前に出し、いい表情である
No. 5 平成27年08月01日	曽於市末吉町 南之郷 人家横の高台	不詳	僧型	90 × ×	笠被り長袖羽織・長衣姿で両手で抱し笠には網目線刻	彩色なし	□有 ☒無 単体彫り 僧型立像	網目線の笠は珍しい。No13に似ている。
No. 6 平成27年08月01日	曽於市末吉町 深川 深川南 人家の庭	不詳	農民型 立位	42 × 30 × 23	シキを被り、和服と袴姿で両手に尖ったものを持つ	彩色なし	□有 ☒無 単体彫り 農民型立像	比較的新しいものと思われる
No. 7 平成27年08月01日	曽於市末吉町 深川南 山中顕彰館敷地内	明和6年(1769年)	田の神舞神職型 立位	85 × 45 × 40	シキ被り布衣括け袴姿で右手メシゲ顔横に上げ左手椀	彩色なし。笠冠布衣型	□有 ☒無 単体彫り 田の神舞神職型	右足を前に出して舞型。富田の田の神と似ている
No. 8 平成27年08月01日	曽於市末吉町 二之方 寺田 水田	天明3年(1783年)	農民型 座位	52 × 40 × 25	シキを被るが、風化が強く顔や衣服の詳細は不明	彩色なし	□有 ☒無 単体彫り 農民型座像	鼻は残るが目・口は触ると判かる位。顔はセメント付
No. 9 平成27年08月01日	曽於市末吉町 岩崎 池山 公民館敷地	不詳	田の神舞神職型 立位	82 × 42 × 35	シキ被り長袖上衣裁着け袴姿で右手メシゲ左手スリコギ	彩色なし。後方からは男性根	□有 ☒無 単体彫り 田の神舞神職型	池山公民館前の敷地にある
No. 10 平成27年08月01日	曽於市末吉町 諏訪方 上高松 神社境内	不詳	不明 座位	51 × 40 × 35	軽石製で風化が強く顔や着物は不明	彩色なし	□有 ☒無 単体彫り 不明	被り物は後で付けられた。大正12年ころには現在地
No. 11 平成27年08月08日	曽於市末吉町 岩崎 岩南 道路沿い	不詳	不明 立位	73 × 35 × 27	シキ被り長袖上衣に裁着け袴でメシゲ柄のみ左手破損の有無	彩色なし	□有 ☒無 単体彫り 不明	風化強く顔の表情不明(廃仏毀釈？)しゃがむ姿勢
No. 12 平成27年08月01日	曽於市末吉町 岩崎 岩南 道路沿い高台	不詳	不明 上半身のみ	52 × 43 × 25	風化がひどくほとんど判別不能	彩色なし	□有 ☒無 単体彫り 不明	

番 号 撮影日	住 所 置場所	製作年月日	像型・形態	サイズcm	持ち物	彩色	祠	その他
No. 13 平成27年08月08日	曽於市末吉町 南の郷 山口殿 道路沿い高台	不詳	僧型 立位	88 × ×	笠被り長袖羽織・長衣姿で両手欠損し笠には網目線刻	彩色なし。No5に似ている	☐有 ☒無 単体彫り 僧型立像	2013年5月26日の現在地に移設。No5に似ている
No. 14 平成27年11月07日	曽於市末吉町 歴史民俗資料館	不詳	田の神舞神職型 立位	67 × 36 × 27	シキを被り長袖和服裁着け袴姿で右手メシゲ左手欠損	彩色なし。顔が丸い	☐有 ☒無 単体彫り 田の神舞神職型	以前は岩崎池山上に祀られていたが、山下氏から寄贈
No. 15 平成27年11月07日	曽於市末吉町 歴史民俗資料館	嘉永5年(1852年)	田の神舞神職型 立膝座像	50 × 32 × 28	シキ被り胸空き半袖上衣と裁着け袴姿右手メシゲ左手椀	彩色なし	☐有 ☒無 単体彫り 田の神舞神職型	以前は新武田にあったもので顔は温和
No. 16 平成27年11月22日	曽於市末吉町 深川 道下 錬心舘入口	不詳	田の神舞神職型 立位	51 × 40 × 30	シキを被り長袖和服袴姿で右手にメシゲ左手は不明	衣が茶色に着色された跡あり	☐有 ☒無 浮き彫り 田の神舞神職型	シキが光背の様に見える。顔は口元付近が欠けている
No. 17 平成27年11月22日	曽於市末吉町諏訪方猪之川内 女体神社横高台	不詳	農民型 座位	47 × 34 × 25	欠けたシキ被り右手メシゲ左手椀で腹前帯に十字あり	彩色なし	☐有 ☒無 単体彫り 農民型座像	女体(めたい)神社にありシキ右膝を立て顔の三分の一は欠ける
No. 18 平成27年08月08日	曽於市末吉町諏訪方猪之川内 女体神社横高台	不詳	僧型 立位	66 × 38 × 28	頭丸めシキ被り広袖上衣裁着け袴で右手破損左手椀	彩色なし	☐有 ☒無 単体彫り 僧型立像 裁着け袴	女体神社の近く2体の右側で顔面と右手は風化か不明

番　号 撮影日	住　所 置場所	製作年月日	像型・形態	サイズcm	持ち物	彩色	祠	その他
No.B－ 1	曽於市末吉町深 川後迫(左側) 末吉市資料館	不詳	農民型 座位	55 ×　×	シキ被り笑顔で 広袖和服裁着け 袴姿で右手メシ ゲ左手椀	網目笠様のシキ キ。彩色なし	□有 ⊠無 単体彫り 農民型座 像	個人宅敷地内 に庭奥にNo2 と並列
No.B－ 2	曽於市末吉町深 川後迫(右側) 末吉市資料館	宝暦4年(1754 年)	農民型 座位	54 ×　×	シキを被り両手 はあるが持ち物 は欠落。左足立 て座位	彩色なし	□有 ⊠無 単体彫り 農民型座 像	個人宅敷地内 に庭奥にNo1 と並列。曽於市 で最古
No.B－ 3	曽於市末吉町中 之内川床柳井谷	明治時代に祖 父が作成	不明 不明	52 ×　×	胴体は草刈機 で無数に傷が あり、シキは確 認できず	彩色なし	□有 ⊠無 単体彫り 不明	軽石製の素朴な 田の神で10年以 上雨がけ崩れ埋ま るも掘り起こす
No.B－ 4	曽於市末吉町深 川小倉	不詳	農民型 座位	69 ×　×	シキを被り長袖 和服で右手メ シゲ左手椀風 化が強い	彩色なし	□有 ⊠無 単体彫り 農民型座 像	コケの付着が 強く風化劣化 が強い
No.B－ 5	曽於市末吉市南 之郷仮屋②	不詳	僧型 座位	62 ×　×	シキを被り僧衣 で持ち物は両 手とも欠落して いる	彩色なし	□有 ⊠無 単体彫り 僧型座像	正座をしている ように彫られて いる
No.B－ 6	曽於市末吉市南 之郷仮屋③	不詳	僧型 座位	86 ×　×	シキを被り僧衣 で右手メシゲ 左手杓を持つ	彩色なし	□有 □無 単体彫り 僧型座像	腰ひもが明瞭 に彫られ両足 は胡座をかく
No.B－ 7	曽於市末吉町諏 訪方白毛	天明2年(1782 年)	田の神舞神職 型 立位	76 ×　×	笠状のシキ被り 布衣と裁着け 袴姿で右手メ シゲ左手椀	彩色なし	□有 ⊠無 単体彫り 田の神舞 神職型	個人宅敷地。 全体的にはっ きりした丸みの ある田ノ神
No.B－ 8	曽於市末吉町諏 訪方郷原	不詳	農民型 座位	50 ×　×	シキ被り長袖 和服姿で両手 持ち物は不明	彩色なし	□有 ⊠無 単体彫り 農民型座 像	軽石製でシキ と顔面・両手の 一部は破壊 (廃仏毀釈?)
No.B－ 9	曽於市末吉町諏 訪方中原	明和9年(177 2年)	田の神舞神職 型 座位	60 ×　×	シキ被り布衣に 裁着け袴姿で 右手メシゲ左 手スリコギ	彩色なし	□有 ⊠無 単体彫り 田の神舞 神職型	個人宅で顔は 眉・目・鼻・口共 明瞭、田村の田 の神(B12)似
No.B－10	曽於市末吉町諏 訪方田村	安永3年(177 4年)	農民型 立位	85 ×　×	シキ被り長袖 和服裁着け袴 姿で右手欠損 左手椀	彩色なし	□有 ⊠無 単体彫り 農民型立 像	個人宅のブロッ ク塀の中側に2 体ありその左側
No.B－11	曽於市末吉町南 之郷坂元	不詳	農民型 立位	49 ×　×	シキ被り布衣と 裁着け袴姿で 右手メシゲ左 手椀	襟元とメシゲ にも赤色残る	□有 ⊠無 単体彫り 農民型立 像	顔が小さく衣に はわずかに赤 色が残る
No.B－12	曽於市末吉町諏 訪方田村	不詳	農民型 座位	77 ×　×	シキ被り広袖上 衣裁着け袴 姿で右手メシゲ 左手スリコギ	彩色なし	□有 ⊠無 単体彫り 農民型座 像	個人宅のブロッ ク塀の中側に2 体ありその右側 B－9と似る

番号 撮影日	住所 置場所	製作年月日	像型・形態	サイズcm	持ち物	彩色	祠	その他
No. B−13	曽於市末吉町二之方川内後	不詳（記載あるも判読不能）	農民型 立位	82 × ×	シキを被り長袖上衣裁着け袴姿で右手スリコギ左手メシゲ	彩色なし	□有 ⊠無 単体彫り 農民型立像	個人宅にありもちものが左右逆で「接、中、位」の文字
No. B−14	曽於市末吉町岩崎飯塚	不詳	不明	57 × ×	シキを被るも顔面や両手の持ち物は破壊されている	彩色なし	□有 ⊠無 単体彫り 不明	個人宅敷地の竹藪に中に置く（廃仏毀釈の性か）
No. B−15	曽於市末吉町南之郷高岡上	不詳	田の神舞神職型 座位	65 × ×	シキを被り長袖和服・ズボン姿で右手メシゲ左手椀	笑顔が良く左指には爪まで丁寧に削られる。彩色なし	□有 ⊠無 単体彫り 田の神舞神職型	笠に網目線刻（縦6本、横6本＋1本の蜘蛛の巣状）あり
No. B−16	曽於市末吉町中園	不詳	農民型 座位	57 × ×	シキを被り長袖上衣裁着け袴姿で右手メシゲ左手破損	彩色なし	□有 ⊠無 単体彫り 農民型座像	個人宅ないの庭にあり丸顔で可愛らしい田の神
No. B−17	曽於市末吉町諏訪方法楽寺	安永6年(1777年)	僧型 座位	74 × ×	シキを被り僧衣で袴をはく。右手メシゲ左手椀	彩色なし	□有 ⊠無 単体彫り 僧型座像	法楽寺公民館横の廃墟の個人宅丸顔で袴の線刻あり
No. B−18	曽於市末吉町岩崎内堀	明和8年(1771年)	農民型 座位	50 × ×	シキを被り長袖和服裁着け袴姿で右手メシゲ左手スリコギ	彩色なし	□有 ⊠無 単体彫り 農民型座像	個人宅地内で膝突きの座像で前垂れが大きく飛び出す
No. B−19	曽於市末吉町岩崎虎丸	不詳	僧型 座位(胡坐)	38 × ×	シキを被り僧衣で右手にメシゲ左手にスリコギ持つ	彩色なし	□有 ⊠無 単体彫り 僧型座像	自然石に彫られ個人宅地にあり。下半身は胡座かく
No. B−20	曽於市末吉町 歴史民俗資料館	昭和40年代後半(推定)	農民型 立位	12 × ×	シキを被り長袖和服・ズボン姿で右手メシゲ左手椀	全身黒茶色	□有 ⊠無 単体彫り 農民型立像	近年寄贈されガラスケースに3体収められている
No. B−21	曽於市末吉町 歴史民俗資料館	昭和40年代後半(推定)	農民型 座位	11 × ×	シキを被り長袖和服・ズボン姿で両手で瓢箪を持つ	全身黒茶色	□有 ⊠無 単体彫り 農民型座像	近年寄贈されガラスケースに3体収められている
No. B−22	曽於市末吉町 歴史民俗資料館	昭和40年代後半(推定)	農民型 立位	11 × ×	シキを被り長袖和服・ズボン姿で両手でメシゲ持つ	全身黒茶色	□有 ⊠無 単体彫り 農民型立像	近年寄贈されガラスケースに3体収められている
No. B−23	曽於市末吉町 個人宅	不詳	農民型 片膝立て座位	47 × ×	シキを被り右手は破損し左手にメシゲを持つ	衣類は赤色痕あり	□有 ⊠無 単体彫り 農民型座像	個人宅奥庭にあり記載はないが江戸後期以降の作か
No. B−24	曽於市末吉町岩崎岩南	不詳	僧型 立位	20 × ×	シキを被り僧衣で右手にメシゲ左手に椀を持つ	なし。下半身は高熱で融解したようにも見える	□有 ⊠無 僧型立像	個人宅の庭にあり陶器製の小さいもの

c. 大隅半島　1-2曽於市末吉町の田の神石像　453

番 号 撮影日	住 所 置場所	製作年月日	像型・形態	サイズcm	持ち物	彩色	祠	その他
No. B-25	曽於市末吉町池之原	不詳	僧型 座位	50 × ×	シキを被り全体的に傷みが強く衣類や持ち物は不明	彩色なし（顔面は削られ廃仏毀釈の性か）	□有 ☒無 単体彫り 僧型座像	以前は地中に埋没していたが重機で掘り起し現在地に
No. B-26	曽於市末吉町下市	不詳	農民型 立位	60 × ×	シキを被り長袖和服・ズボン姿で右手メシゲ左手椀	彩色なし（顔面は削られ廃仏毀釈の性か）	□有 ☒無 単体彫り 農民型立像	個人宅敷地にあり、B-7に似る
No. B-27	曽於市末吉町南之郷三枝前	不詳	僧型 立位	97 × ×	網目模様の笠を被り僧衣で両手夫々穴ある持ち物なし	彩色なし	□有 ☒無 単体彫り 僧型立像	スマートな田の神で富田の2個と財部川畑の田の神と似る
No. B-28	曽於市末吉町深川字都之上	不詳	農民型 座位	52 × ×	シキ被り長袖上衣裁着け袴姿で右手メシゲ左手椀	彩色なし	□有 ☒無 単体彫り 農民型座像	B-1と似個人宅敷地。シキ前側一部破損ふくよかな顔
No. B-29	曽於市末吉町二之方百入橋	不詳	農民型 座位	72 × ×	頭巾様のシキを被り長袖和服で右手メシゲ左手椀	シキは前面から見ると頭巾にも見える。彩色なし	□有 ☒無 単体彫り 農民型座像	像の形態から大正も昭和初期の作と思われる
No. B-30	曽於市末吉町南之郷中園	不詳	僧型 座位	28 × ×	シキを被り僧衣で姿で右手メシゲ左手椀	類似した田の神像が市内の骨董品屋にある。彩色なし	□有 ☒無 単体彫り 僧型座像	近所宅地内で近年の作と思われる
No. B-31	曽於市末吉町南之郷仮屋①	不詳	農民型 座位	42 × ×	シキ被り長袖和服・ズボン姿右手メシゲ左手スリコギ	胴体部と持ち物に赤色の彩色痕あり	□有 ☒無 単体彫り 農民型座像	個人宅の小高い丘に①〜③あり。足小さいが右足立て

454　資料　田の神石像・全記録　2章　鹿児島県の田の神石像

1-3 曽於市財部町の田の神石像

番　号 撮影日	住　所 置場所	製作年月日	像型・形態	サイズcm	持ち物	彩色	祠	その他
No. 1 平成25年08月12日	曽於市財部町 南俣 飯野 飯野憲園敷地	不詳	神像型椅像 椅像	64 × 53 ×30	烏帽子を被り 狩衣姿で両手 輪組で穴なし	彩色なし	□有 ☒無 単体彫り 神像型椅 像	顔は風化強く、 袴をはく。以前 は200m先の 個人の敷地に
No. 2 平成25年08月12日	曽於市財部町 南俣 門前 水田脇山裾野	不詳	僧型 立位	52 × 35 ×	シキを被り長袖 和服姿で右手 メシゲ左手玉 かお握り	彩色なし	□有 ☒無 単体彫り 僧型立像	人家の山裾で分 かりにくい。衣類 や手足共に明確 に彫られている
No. 3 平成25年08月12日	曽於市財部町 南俣 南(左側) 道路沿い	不詳	僧型 座位	72 × 46 ×30	頭を丸めて笠 状のシキ被り両 手破損で持ち 物は不明	顔のみ薄赤 茶色	□有 ☒無 単体彫り 僧型座像	昔天子馬場に あったもの。構 造改革でH5 年現在地移転
No. 4 平成25年08月12日	曽於市財部町 南俣 南(右側) 道路沿い	不詳	農民型 座位	58 × 48 ×25	シキ被り長袖 和服で 右手メシゲの 柄で左不明	彩色なし	□有 ☒無 単体彫り 農民型座 像	昔南集落の和 田宅から現在 地に。「たんご」 5月に祀りあり
No. 5 平成25年08月12日	曽於市財部町 北俣 谷川内 道路沿い高台	不詳	神像型座像 座位	42 × 34 ×22	纓の付いた冠 を被り衣冠束 帯で両手輪組 で穴なし	彩色なし	□有 ☒無 単体彫り 神像型座 像	左足は欠けて いる。両手で笏 を持っていた 可能性あり
No. 6 平成25年08月12日	曽於市財部町下 財部大川原(左) 公民館敷地	安永9年(178 0年)	農民型 立位	64 × 53 ×30	笠を被り長袖 和服裁着け袴 姿で右手メシ ゲ左手椀	顔と手は白、 上着は青色、 シキはベンガ ラ色	□有 ☒無 単体彫り 農民型立 像	昔かい彩色す る風習あり
No. 7 平成25年08月12日	曽於市財部町下 財部大川原(右) 公民館敷地	不詳	自然石	135 × 70 ×70	なし	田の神と白文 字でその周囲 を赤色で囲む	□有 ☒無 自然石	No6と一緒に 並ぶ
No. 8 平成25年08月12日	曽於市財部町 南俣 新田 公民館敷地	昭和5年(1930 年)	農民型 座位	150 × 75 ×45	甑シキ被り長 袖和服袴姿で 右手メシゲ左 手飯盛り椀	彩色なし	□有 ☒無 単体彫り 農民型座 像	台座には米俵 が3つ並ぶ。開 田を記念し大 津清次郎作
No. 9 平成25年08月12日	曽於市財部町 下財部 赤坂 道路沿い	大正9年(192 0年)	農民型 立位	77 × 37 ×32	シキ被り長袖 和服裁着け袴 で右手メシゲ 左手稲穂	なし彩色	□有 ☒無 単体彫り 農民型立 像	風化が強く表 情は不明。2つ の石碑と並ぶ
No. 10 平成25年09月14日	曽於市財部町 北原 刈原田 公民館敷地	文化8年(181 1年)	田の神舞神職 型 立位	78 × 44 ×25	甑のシキ被り長 袖和服・袴で 両手でメシゲを 持ち躍動感	衣が薄い茶色	□有 ☒無 単体彫り 田の神舞 神職型	その手前に農 民型の小さな 田の神あり(27 ×10×6)
No. 11 平成25年09月14日	曽於市財部町北 山閉山田(左) 公民館敷地	安永8年(177 9年)	田の神舞神職 型 立位	53 × 40 ×26	大シキ被り広 袖和服裁着け 袴で右手メシ ゲ左手椀	彩色なし	□有 ☒無 単体彫り 田の神舞 神職型	閉山田公民館 敷地にNo12と 並ぶ。以前は 個人宅敷地に
No. 12 平成25年08月12日	曽於市財部町北 山閉山田(右) 公民館敷地	不詳	自然石	38 × 28 ×15	自然石に顔だ けが分かる像 が彫ってあり手 足等不明	彩色なし	□有 ☒無 浮彫り 不明	風化強く顔以 外は表情は不 明No11と並び 以前個人宅

c. 大隅半島　1-3 曽於市財部町の田の神石像　455

番号 撮影日	住所 置場所	製作年月日	像型・形態	サイズcm	持ち物	彩色	祠	その他
No. 13 平成25年09月14日	曽於市財部町北俣 熊野神社 / 神社境内	不詳	農民型 / 椅像	60 × 32 × 30	額のシキを被り半袖和服袴で右手欠け左手メシゲ	彩色なし	□有 ⊠無 単体彫り 農民型椅像	風化が強く顔の表情は不明で左手は欠損
No. 14 平成25年09月14日	曽於市財部町下財部 踊橋 / 山裾の高台	不詳	農民型 / 立位	66 × 30 × 20	大笠被り右手メシゲ左手稲穂持ち縦縞模様の襲襠う	笠は金色で顔は肌色眉は黒色。体部着色跡	⊠有 □無 単体彫り 農民型立像	珍しい恰好した田の神で、シキも円盤状に見える
No. 15 平成25年09月14日	曽於市財部町下財部 踊橋 / 道路沿い	不詳	僧型 / 座位	65 × 35 × 20	笠を被り長袖和服・袴で右手メシゲ左手椀を持つ	彩色なし	⊠有 □無 単体彫り 僧型座像	風化が強くて顔の表情は不明。メシゲと椀の一部破損
No. 16 平成27年11月07日	曽於市財部町南俣 七村 / 水田	不詳	神像型座像 / 座位	35 × 44 × 35	頭部は欠損し衣冠束帯で右手不明左手笏?	彩色なし	□有 ⊠無 単体彫り 神像型座像	頭部には代わりに丸い石が載せられている
No. 17 平成27年11月07日	曽於市財部町南俣 七村(左側) / 道路沿い高台	不詳	農民型 / 立位	95 × 40 × 30	シキを被り右手にメシゲで左手は欠落。表情不明	彩色なし	□有 ⊠無 単体彫り 農民型立像	No18と並列
No. 18 平成25年09月14日	曽於市財部町南俣 七村(右側) / 道路沿い高台	不詳	自然石	36 × 33 × 26	シキと顔面は浮き彫りされるも表情は不明	彩色なし	□有 ⊠無 自然石に浮き彫り 不明	No17と並列。風化が強い
No. 19 平成27年11月07日	曽於市財部町南俣 平原 / 道路沿い	文政5年(1822年)	祠堂型	107 × 50 × 50	なし。平原地区五神講(山の神、田の神、馬頭観音、火の神、水神)有	彩色なし	□有 ⊠無 祠堂型	石祠で春は里に下りて田の神となり秋の収穫後は山の神
No. 20 平成27年11月07日	曽於市財部町南俣財部郷士館 / 館内	寛政2年(1790年)	農民型 / 立位	67 × 32 × 31	シキを被り長袖上衣に袴姿で右手鈴左手メシゲ	衣の襟元とメシゲに赤色残る	□有 ⊠無 単体彫り 農民型立像	顔は破壊されて表情は不明(廃仏毀釈の性か)
No. 21 平成27年11月07日	曽於市財部町南俣財部郷士館 / 館内	明治32年(1899年)	農民型 / 座位	38 × 23 × 12	笠を被り顔は温和で眉・鼻・目・口は明瞭で胡座	眉と目は墨による着色あり	□有 ⊠無 単体彫り 農民型座像	軽石製で館内にある
No. 22 平成27年11月07日	曽於市財部町下財部 正ヶ峰 / 水田の道路沿い	明治15年(1882年)	農民型 / 座位	90 × 75 × 45	シキを被り和服・袴姿で右手メシゲ左手椀持つ	彩色なし	□有 ⊠無 単体彫り 農民型座像	畑仕事の優しいおじさんの話では三代前の直座衛門作
No. 23 平成27年11月07日	曽於市財部町下財部 川内 / 集会所敷地内	不明	農民型 / 立位	55 × 25 ×	シキを被り和服・袴姿で右手メシゲ左手椀を持つ	顔・手・胸は肌色で持ち物は灰色	⊠有 □無 単体彫り 農民型立像	盗作帽子のために鉄製の柵あり
No. 24 平成27年11月07日	曽於市財部町北俣 荒川内 / 道路沿い	安永9年(1780年)	神像型座像 / 座位	40 × 35 × 23	頭部と右は欠損し左右はなにかを持つも不明	なし	□有 ⊠無 単体彫り 神像型座像	大正8年の山の神と一緒に祀られる。破損は廃仏毀釈?

番 号 撮影日	住 所 置場所	製作年月日	像型・形態	サイズcm	持ち物	彩色	祠	その他
No. 25 平成27年11月08日	曽於市財部町北俣 浦興禅寺 人家の入り口	不明	農民型 座位	37 × 26 ×20	笠を被り右手にメシゲ左手に柴の束を結んだ縄	なし。以前15 0m先の田に埋まるも2012年移設	☒有 ☐無 単体彫り 農民型座像	俵の上に座る。柴を背負った田の神は大変珍しい
No. 26 平成27年11月08日	曽於市財部町下財部 吉ヶ谷 公民館敷地	安政2年(1855年)	神像型 座位	55 × 45 × 30	鳥帽子被り狩衣姿で両手宝珠持ち蓮花台座に座る	彩色なし	☒有 ☐無 単体彫り 神像型像	平成17年2月立派な祠に馬頭観音として祀る、以前は田の神として祀っていた

No.B−1	曽於市財部町南俣川原	不詳	僧型 立位	81 × ×	縄目笠を被り僧衣で両手は持ち物は破損している	末吉の前川内から持ってきた。彩色なし	☐有 ☒無 単体彫り 僧型立像	個人宅にあり、末吉三枝前と富田の田の神に似る
No.B−2	曽於市財部町下財部川内	不詳	僧型 立位	66 × ×	笠を被り僧衣で右手にメシゲ左手に玉を持つ	彩色なし	☐有 ☒無 単体彫り 僧型立像	個人宅にあり、笠とメシゲの前の部分が欠けている
No.B−3	曽於市財部町下財部吉ヶ谷(夏木)	大正8年(1919年)	僧型、田の神舞型 立位	85 × ×	笠被り右手メシゲ左手鈴か椀。上部田之神と明記	彩色なし	☐有 ☒無 浮き彫り 僧型田の神舞型	右手のメシゲは頭上上にあげ左足を斜め上にあげ踊る
No.B−4	曽於市財部町下財部中谷	記載ないが昭和5年頃との事	僧型 座位	40 × ×	頭頂部に頭巾か毛髪があり両手で柄の長いメシゲ	彩色なし	☐有 ☒無 単体彫り 僧型座像	個人宅で管理され小さな田ノ神で微笑ましい笑顔がよい
No.B−5	曽於市財部町下財部大石	不詳	僧型 座位	37 × ×	柄の長いシキを被り僧衣で両手でメシゲを持つ	顔は白く塗られ他は灰色	☐有 ☒無 単体彫り 僧型座像	大石公民館内に祀られてシキとメシゲのヘラの一部欠損
No.B−6	曽於市財部町北俣水の手(城山) A	不詳	僧型 座位	22 × ×	シキを被り僧衣で両手は組んでいる	なし	☐有 ☒無 単体彫り 僧型座像	AからCは同時期の作と思われる

c.大隅半島　1-3曽於市財部町の田の神石像　457

番号 撮影日	住所 置場所	製作年月日	像型・形態	サイズcm	持ち物	彩色	祠	その他
No. B－7	曽於市財部町北俣 水の手(城山) B	不詳	農民型 / 立位	20 × ×	シキを被り右手にメシゲ左手に椀を持つ	彩色なし	□有 □無 単体彫り 農民型立像	右手横に俵が5段階に積まれている
No. B－8	曽於市財部町北俣 水の手(城山) C	不詳	僧型 / 立位	28 × ×	シキを被り僧衣で右手にメシゲ左手に椀を持つ	彩色なし	□有 ☒無 単体彫り 僧型立像	
No. B－9	曽於市財部町北俣 水の手(城山) D	不詳	僧型 / 立位	8 × ×	シキを被り僧衣で右手にメシゲ左手は不明	黄色っぽい陶器製	□有 ☒無 単体彫り 僧型立像	
No. B－10	曽於市財部町北俣水の手(城山)	明和8年(1771年)	農民型 / 座位	60 × ×	シキを被り長袖上衣裁着け袴姿で右手メシゲ左手椀	彩色なし	□有 ☒無 単体彫り 農民型座像	個人宅で他に小さい神3体あり。ふくよかな耳の大きな田の神
No. B－11	曽於市財部町北俣閉山山田 / 熊野神社	不詳	女性像 / 立位	34 × ×	おかっぱの髪結で着物姿で右手メシゲ左手椀を持つ	赤色彩色痕あり	□有 ☒無 単体彫り 女性像	以前は持ち回りで顔面は風化し鼻筋は確認できる
No. B－12	曽於市財部町下財部 堤	不詳	僧型 / 座位	29 × ×	大きな網目状のしきを被り僧衣で右手メシゲ左椀	彩色なし	□有 ☒無 単体彫り 僧型座像	個人宅で顔面はしっかり彫られている
No. B－13	曽於市財部町南俣 本町	不詳	僧型 / 立位	72 × ×	笠被り長衣の僧衣で両手欠け右手メシゲ左手椀痕跡	顔白色で衣濃い青色(市内に5体陶器製の最大級)	□有 ☒無 単体彫り 僧型立像	個人宅床の間大きな陶器製75年以上前に現在の家に
No. B－14	曽於市財部町南俣 畠中	不詳	僧型 / 椅像	50 × ×	シキ被り僧衣で両手組み足を屈めて踊っている様	彩色なし	□有 ☒無 単体彫り 僧型椅像	個人宅庭先に大黒様と祀られている
No. B－15	曽於市財部町南俣 七村	不詳	不明 / 胸像	35 × ×	三分の一欠けたシキを被り衣は不明で右手スリコギ	彩色なし	□有 ☒無 単体彫り 不明	軽石製なのか風化が著しい
No. B－16	曽於市財部町南俣 上村	元禄9年(1696年)	近世墓(墓石)	70 × ×	自然石に両手を胸に組んだ立位の人間像あり	彩色なし(昔光神の家が盗まれた時間違って持ち帰る)	□有 ☒無 自然石に浮き彫り 不明	地元では田の神として祀られ宴会を開催していた
No. B－17	曽於市財部町北俣 坂元	不詳	僧型 / 椅像	25 × ×	頭巾被り僧衣右手メシゲ頭上に掲げ左足斜め曲げる	なし(左手の持ち物は不明)	□有 ☒無 単体彫り 僧型田の神舞型	個人宅土手にあり大変小さいが年2回田の神祭りを実施
No. B－18	曽於市財部町北俣 湯田	不詳	農民型 / 座位	56 × ×	シキ被り長袖上衣裁着け袴姿で右手メシゲ左手椀?	衣の部分には赤色の彩色痕あり	□有 ☒無 単体彫り 農民型座像	顔・右手首・柄の半分以上が廃仏毀釈の性か損壊す

458　資料　田の神石像・全記録　2章　鹿児島県の田の神石像

番　号 撮影日	住　所 置場所	製作年月日	像型・形態	サイズcm	持ち物	彩色	祠	その他
No. B−19	曽於市財部町 北俣　湯田	不詳	農民型 座位	50 ×　×	シキを被り長袖 和服裁着け袴 姿で右手メシ ゲ左手椀	彩色なし	□有　⊠無 単体彫り 農民型座 像	個人宅に小さ な仏石と共に 祀るシキとメシ ゲ一部破損
No. B−20	曽於市財部町 北俣　刈原田	不詳	農民型 立位	23 ×　×	髪形かシキ被り 長袖和服袴で 右手メシゲ左 手椀	彩色なし	□有　⊠無 単体彫り 農民型立 像	刈原田公民館 敷地内にある

c. 大隅半島　1-3 曽於市財部町の田の神石像　459

2 曽於郡大崎町の田の神石像

番号 撮影日	住所 置場所	製作年月日	像型・形態	サイズcm	持ち物	彩色	祠	その他
No. 1 平成27年05月10日	曽於郡大崎町横瀬 穂園 道路沿い	不詳	農民型 立位	41 × 20 × 16	シキ被り長袖和服裁着け袴姿で右手メシゲ左手椀	彩色なし	□有 ☒無 単体彫り 農民型立像	現在地に移転しており、比較的新しいものと思われる
No. 2 平成27年05月10日	曽於郡大崎町井俣 田中 道路沿い	文化11年(1814年)	旅僧型 立位	78 × 37 × 34	シキ背中まで頭巾状に被り、僧衣で右手スリコギ左手メシゲ	顔は白色で頬紅あり。メシゲと袖の一部が赤色	□有 ☒無 単体彫り 旅僧型大隅型	右足を上げた旅僧型で、田中集落子供育成会が整備
No. 3 平成27年05月10日	曽於郡大崎町井俣 田中 道路沿い	不詳	農民型 立位	38 × 15 × 13	シキを被り、和服長袖で右手メシゲ持つが左手不明	顔が白色	□有 ☒無 単体彫り 農民型立像	No2と並んである
No. 4 平成27年05月10日	曽於郡大崎町井俣 田中 自宅床の間	不詳	田の神舞神職型 立位 市有形民俗文化財	55 × 40 × 27	シキ背中まで頭巾状、布衣と括り袴で右手メシゲ左手鈴	顔と胸元は白色、その他は濃い群青色	□有 ☒無 単体彫り 田の神舞神職型	先祖代々から受け継ぐとの話。とても親切な家族！
No. 5 平成27年05月10日	曽於郡大崎町持留 上持留 堤防沿い野原	昭和11年(1936年)	農民型 座位	58 × 50 × 25	甑シキを被り、長袖和服で右手メシゲ左手は不明	彩色なし	□有 ☒無 単体彫り 農民型座像	持留川沿いの草むらに記念碑や水神様と並ぶ
No. 6 平成27年05月10日	曽於郡大崎町野方 曲(まがり) 道路沿い	昭和34年(1959年)	僧型 立位	50 × 28 × 28	シキ被り長袖和服と袴姿で右手メシゲ左手スリコギ	彩色なし	□有 ☒無 単体彫り 僧型立像	国道沿いの高台に開田記念碑と一緒に並ぶ。端正な顔立ち

3-1 肝属郡肝付町の田の神石像

番号 撮影日	住所 置場所	製作年月日	像型・形態	サイズcm	持ち物	彩色	祠	その他
No.　1 平成27年05月17日	肝属郡肝付町 宮下 南宮下 道路沿い	慶応4年(1868年)	旅僧型 立位	85 × 40 × 35	総髪シキ被り広袖上衣裁着け袴脚絆巻き右手メシゲ左スリコギ	両手と持ち物、袖の一部に薄い茶褐色	□有 ☒無 単体彫り 旅僧型大隅型	道路沿いの一角に、石祠と石塔と並ぶ
No.　2 平成27年05月17日	肝属郡肝付町 宮下 下宮下 道路沿い	不詳	旅僧型 立位	68 × 43 × 30	総髪点彫りシキ被り広袖上衣裁着け袴で右手スリコギ左手メシゲ	彩色なし	□有 ☒無 単体彫り 旅僧型大隅型	以前の場所から移動した。宝珠印付いた頭陀袋下げる
No.　3 平成27年05月17日	肝属郡肝付町 後田(うしろだ) 道路沿い	昭和30年(1955年)	農民型 椅像	48 × 25 × 17	シキ被り長袖和服ズボン履き右手おにぎり左手メシゲ腰掛ける	彩色なし	□有 ☒無 単体彫り 農民型椅像	にこやかな顔立ちで水田の真ん中に、完成記念碑と石造物群と並ぶ
No.　4 平成27年05月17日	肝属郡肝付町 前田 道路沿いの一角	慶応2年(1866年)	旅僧型 立位	73 × 46 × 33	点彫りシキ被り広袖上衣裁着け袴で右手スリコギ左手メシゲ	彩色なし	□有 ☒無 単体彫り 旅僧型大隅型	風化が強く顔の表情などは不明。首はセメント付け
No.　5 平成27年05月17日	肝属郡肝付町 新富 花牟礼 道路沿い	明治14年(1881年)	旅僧型 立位	60 × 35 × 28	点彫りシキ被り広袖上衣僧姿で右手大スリコギ左手メシゲ	衣に赤茶色残る	□有 ☒無 単体彫り 旅僧型大隅型	壊れた石仏と並ぶ。スリコギが大きい。頭丸める
No.　6 平成27年05月17日	肝属郡肝付町 野崎 塚崎 貯水池横	延享3年(1746年)	僧型立像瓢箪持ち 立位 市有形民俗文化財	93 × 42 × 30	総髪シキ長く背に垂らし広袖和服袴姿で左腹部に下げる。右手メシゲ左手宝珠	瓢箪と木の葉の様な物を前腹部に下げる。彩色なし	□有 ☒無 単体彫り 僧型立像瓢箪持ち	目は細く眠るような隠やかな顔立ちで東串良町の物と同じ
No.　7 平成27年05月17日	肝属郡肝付町 野崎(左側) 道路沿い山裾	明和8年(1771年)	僧型立像鍬持ちツト背負い 立位 県有形民俗文化財	79 × 35 × 35	長袖・長衣着流し袴付け之、紐状帯で前を結い鍬の柄立てる	彩色なし	□有 ☒無 単体彫り僧型立像鍬持ちツト背負い	背のシキの下にワラヅトを背負いメシを挿い
No.　8 平成27年05月17日	肝属郡肝付町 野崎(右側) 道路沿い山裾	寛保3年(1743年)	僧型立像鍬持ちツト背負い 立位 県有形民俗文化財	87 × 40 × 30	長袖・長衣着流し袴付け之、紐状帯で前を結い鍬の柄立てる	彩色なし。大隅半島でこのような特徴を持つ田の神で最古	□有 ☒無 単体彫り僧型立像鍬持ちツト背負い	背のシキの下にワラヅトを背負いメシを挿い
No.　9 平成27年05月17日	肝属郡肝付町 野崎 津曲 水田高台	明治30年(1897年)	僧型立像瓢箪持ち 立位	94 × 35 × 33	総髪でシキ長く背部に垂らし右手メシゲ左手スリコギで瓢箪	と木の葉の様な物を前に下げる。袖と標文に茶褐色	□有 ☒無 単体彫り 僧型立像瓢箪持ち	2俵の俵の上に立ち、石塔と並んである
No.　10 平成27年05月17日	肝属郡肝付町 波見 波見下 公民館敷地	不詳	旅僧型 立位	80 × 35 × 30	総髪点彫りシキ被り広袖和服裁着け袴姿右手スリコギ左手メシゲ	彩色なし。耕地整理記念碑や石祠と並ぶ	□有 ☒無 単体彫り 旅僧型大隅型	胸に宝珠印の頭陀袋下げる
No.　11 平成27年05月17日	肝属郡肝付町 南方 小野 道路沿い草むら	不詳	神像型座像 座位	58 × 55 × 20	被り物不明で狩衣姿袴姿で右手メシゲ左手スリコギ垂直持ち	彩色なし	☒有 □無 単体彫り 神像型座像	旧内之浦町に4体あり、すべてがこのような石祠
No.　12 平成27年05月17日	肝属郡肝付町 南方 大平見 道路沿い草むら	宝暦4年(1754年)	神職型座像 座位(あぐらかく)	60 × 50 × 35	被り物不明布衣裁着け袴姿で右手メシゲ左手スリコギ垂直持ち	顔面と頭頂部は真っ黒	□有 ☒無 単体彫り 神職型座像	胡座かく

番　号 撮影日	住　所 置場所	製作年月日	像型・形態	サイズcm	持ち物	彩色	祠	その他
No.　13 平成27年06月07日	肝属郡肝付町 南方　乙田 道路沿い	寛保2年(1742年)	神像型椅像 椅像	53 × 32 × 27	欠けたシキ被り布衣を着け左手メシゲらしき物右手は不明	彩色なし	⊠有 □無 単体彫り 神像型椅像	神職型座像大隅の原型と思わる。膝を前に腰掛ける
No.　14 平成27年06月07日	肝属郡肝付町 北方 道路沿い	不詳	神職型座像 座位(あぐらか〈)	57 × 48 × 28	被り物は不明で布衣と袴姿で右手スリコギ垂直持ち	自然現象なのか顔は真っ黒	⊠有 □無 単体彫り 神職型像	頭部は改作か？
No.　15 平成27年06月07日	肝属郡肝付町 新富　本城下 道路沿い	安永6年(1777年)	旅僧型 立位	80 × 40 × 33	総髪点彫りシキ広袖和服裁着け袴姿で右手スリコギ左手メシゲ	彩色なし	□有 ⊠無 旅僧型大隅型	スリコギ垂直メシゲ真横向き。宝珠印ある頭陀袋下げる
No.　16 平成27年06月28日	肝属郡肝付町 新富 人家の庭の高台	不詳	旅僧型 立位	38 × 20 × 16	シキ被り広袖和服に裁着け袴姿で右手にスリコギ左手メシゲ	彩色なし。偶然No16の場所に行き見せて貰う	□有 ⊠無 単体彫り 旅僧型大隅型	元は持ち回りの田の神だったとのこと
No.　17 平成27年06月28日	肝属郡肝付町 新富 水田の道路沿い	不詳	旅僧型 立位 角先さんの紹介	50 × 27 × 24	シキ被り広袖和服裁着け袴姿で脚絆巻き右手スリコギ左手メシゲ	彩色なし	□有 ⊠無 単体彫り 旅僧型大隅型	左足を上げた旅僧型。探すのに大変な思いでした

462　資料　田の神石像・全記録　2章　鹿児島県の田の神石像

3-2 肝属郡東串良町の田の神石像

番号 撮影日	住所 置場所	製作年月日	像型・形態	サイズcm	持ち物	彩色	祠	その他
No. 1 平成27年05月09日	肝属郡東串良町 岩弘 岩弘中 水路沿い高台	不詳	旅僧型 立位	82 × 40 × 35	点刻シキ長袖上衣裁着け袴で脚絆巻き右手スリコギ左手メシゲ	衣は薄い赤茶色で頭陀袋に宝珠の印	□有 ☒無 単体彫り 旅僧型大隅型	草藪の高台に他の石造物と並び膝を軽く曲げ旅僧型
No. 2 平成27年05月09日	肝属郡東串良町 池之原 道路の水路沿い	不詳	農民型 立位	130 × 48 × 48	シキを被り野良着姿で右手メシゲ、左手スリコギ持ち裸足	彩色なし。米俵2俵の上に立ち背にワラツト持つ	□有 ☒無 単体彫り 農民型立像	出会いさまの田の神で、S30年頃盗難され33年3月戻る
No. 3 平成27年05月09日	肝属郡東串良町 川西 吉元 公民館	不詳	旅僧型 立位	62 × 36 × 32	点刻シキ長袖上衣裁着け袴で脚絆巻き右手欠損左手メシゲ	襟元と左袖に一部茶褐色残る	□有 ☒無 単体彫り 旅僧型大隅型	風化強く表情は不明。シキは一部破損す
No. 4 平成27年05月09日	肝属郡東串良町 川西 公民館	明治36年(1903年)	僧型立像瓢箪持ち 立位	75 × 40 × 30	点彫りシキ背に垂らし長袖上衣裁着け袴で右手スリコギ左手メシゲ	全体に薄い赤茶色	□有 ☒無 単体彫り 僧型立像瓢箪持ち	瓢箪と木の葉状の物下げて脚絆巻く。風化強い
No. 5 平成27年05月09日	肝属郡東串良町 新川西 道路沿い	文化4年(1807年)	僧型立像瓢箪持ち 立位	97 × 42 × 34 県有形民俗文化財	総髪点彫りシキ背に垂らし長袖上衣袴で右手スリコギ左手宝珠	目は細く眠るような顔立ちで一部に朱色残る	□有 ☒無 単体彫り 僧型立像瓢箪持ち	米俵上に立ち瓢箪と木の葉状物下げロは八の字
No. 6 平成27年05月09日	肝属郡東串良町 新川西 仁仁 道路沿い	大正6年(1917年)	旅僧型 立位	72 × 42 × 34	点彫りシキ長袖上衣裁着け袴で顔面破損右手スリコギ左手メシゲ	口紅だけ赤色に衣の袖が赤茶色	□有 ☒無 単体彫り 旅僧型大隅型	道路一角に仕切られて、No7と並ぶ
No. 7 平成27年05月09日	肝属郡東串良町 新川西 唐仁 道路沿い	明治30年(1897年)頃	旅僧型 立位	70 × 48 × 35	点彫りシキ被り総髪長袖上衣裁着け袴姿右手スリコギ左手メシゲ	口紅があり顔は風化強い頭陀袋に宝珠の印	□有 ☒無 単体彫り 旅僧型大隅型	道路一角に仕切られて、No8と並ぶ
No. 8 平成27年05月09日	肝属郡東串良町 川東 中園 道路沿い	明治42年(1909年)	旅僧型 立位	90 × 40 × 33	点彫りシキ被り総髪長袖上衣裁着け袴姿右手スリコギ左手メシゲ	黒髪にストライプの袴で頭陀袋に宝珠のマーク	□有 ☒無 単体彫り 旅僧型大隅型	道路一角に仕切られる。口紅とほほ紅女性にも見える
No. 9 平成27年05月09日	肝属郡東串良町 川東 永峯 道路沿い高台	明治31年(1898年)	農民型 椅座	98 × 67 × 35	シキ被り長袖和服に褌状前掛垂らし右手メシゲ左手スリコギ	オレンジの口紅あり	□有 ☒無 単体彫り 農民型椅像	右足を少し立てている
No. 10 平成27年06月07日	肝属郡東串良町 川東 溜水 八幡神社境内	不詳	僧型 立位	15 × 9 × 6	シキ被り広袖上衣に袴で右手メシゲ左手スリコギ持つ	横の説明石には僧型と記載され、全体的に肌色	☒有 □無 単体彫り 僧型立像	外に設置してある田の神では最小で微笑んでいる
No. 11 平成27年06月07日	肝属郡東串良町 安留 道路沿い	明和8年(1771年)	僧型立像鍬持ちツト背負い 立位	82 × 36 × 30 町有形民俗文化財	総髪でシキを頭巾風に被り両手でヘラクワ杖に背にワラツト	彩色なし	□有 ☒無 単体彫り僧型立像鍬持ちツト背負い	結紐を前にして長く垂らしている後方からは男性様

c.大隅半島　3-2 肝属郡東串良町の田の神石像　463

3-3 肝属郡錦江町の田の神石像

番 号 撮影日	住 所 置場所	製作年月日	像型・形態	サイズcm	持ち物	彩色	祠	その他
No. 1 平成27年06月28日	肝属郡錦江町 城元 錦江町役場敷地	不詳	神職型 立位	45 × 34 × 20	シキ被り長袖和服袴姿で右手にメシゲ左手にスリコギを持つ	全体が薄赤色	□有 ⊠無 単体彫り 神職型立像	お腹が膨らんで持ち物は垂直に持つ
No. 2 平成27年06月28日	肝属郡錦江町 馬場 水田の道路沿い	享保年間(1716～1736年)の作といわれる	神職型 立位 町有形民俗文化財	86 × 73 × 45	シキ被り布衣に袴姿で右手メシゲ左手にスリコギ持つ	彩色なく持ち物は垂直	□有 ⊠無 単体彫り 神職型立像	根占などにある田の神像に似るので享保年間の作?
No. 3 平成27年06月28日	肝属郡錦江町 田代 川原 上柴立つ公民館	不詳	神職型 立位	75 × 50 × 40	シキ被り布衣に括り袴で右手スリコギ左手メシゲ垂直に持つ	彩色なし	□有 ⊠無 単体彫り 神職型立像	
No. 4 平成27年06月28日	肝属郡錦江町 馬場 半下石 道路沿い	昭和3年(1928年)	旅僧型(頭陀袋なし) 立位 町有形民俗文化財	75 × 44 × 40	総髪シキ被り長袖和服姿右手スリコギ左手メシゲ右足草履左下駄	彩色なし	□有 ⊠無 単体彫り 旅僧型	履物が左右で異なり、県下でも非常に珍しい
No. 5 平成27年08月16日	肝属郡錦江町 神川 公園内	安永6年(1777年)	神職型 立位 町有形民俗文化財	75 × 70 × 50	後に長いシキ被り袖広羽織袴姿で右手メシゲ左手スリコギ	羽織に朱色が一部残る。右足を前に出す	□有 ⊠無 単体彫り 神職型立像	左足の先が欠けているがシキが後方に伸びて面白い
No. 6 平成27年06月28日	肝属郡錦江町 神川 福祉センター内	安永2年(1773年)	神職型 立位 町有形民俗文化財	80 × 60 × 40	シキ被り布衣括り袴で右手スリコギ左手メシゲ垂直に持つ	彩色なし	□有 ⊠無 単体彫り 神職型立像	何度も移転してここに落ち着いたと記載あり

3-4 肝属郡南大隅町の田の神石像

番 号 撮影日	住 所 置場所	製作年月日	像型・形態	サイズcm	持ち物	彩色	祠	その他
No. 1 平成27年06月28日	肝属郡南大隅町 根占 川北 道路沿い	享保16年(1731年)	神職型立像 立位	82 × 55 × 30 県有形民俗文化財	シキ被り布衣に括り袴で右手にメシゲを左手にスリコギ	彩色なし。台に団子と餅を刻む	□有 ☒無 単体彫り 神職型立像	県下では19番目に古いもの鬼丸神社横の道路沿い
No. 2 平成27年08月16日	肝属郡南大隅町根占横別府栗之脇 道路沿い	平成22年(2010年)	農民型 椅像	70 × 40 × 40	シキ被り羽織とふんどし姿の老人が右手メシゲ左手スリコギ	表情笑顔。彩色なし	□有 ☒無 単体彫り 農民型椅像	下半身は裸足であぐらをかいて座る
No. 3 平成27年08月16日	肝属郡南大隅町佐田馬籠川田代 水田	不詳	農民型 立位	50 × 35 × 23 39×19	風化強くシキを被り羽織で両足は裸足で立つ	彩色なし	□有 ☒無 浮き彫り 農民型立像	高台の水田の道路沿いにポツンと立つ
No. 4 平成27年08月16日	肝属郡南大隅町根占辺田 大川 道路沿い	不詳	農民型 座位	45 × 28 × 25	シキ被り右手メシゲで左手椀と思われるが風化強く不明	彩色なし	□有 ☒無 単体彫り 農民型座像	大きな木の根元にあり。風化強く顔の表情など不明

4 志布志市の田の神石像

番号 撮影日	住 所 置場所	製作年月日	像型・形態	サイズcm	持ち物	彩色	祠	その他
No. 1 平成27年05月30日	志布志市有明町 蓬原 宇都 道路沿い	大正10年(1921年)	農民型 立位	103 × 40 × 30	シキ背まで被り長袖上衣野良着姿裸足右手メシゲ左スリコギ	彩色なし	□有 ⊠無 単体彫り 農民型立像	穏やかな表情で、足の指まで忠実に掘り出してある
No. 2 平成27年05月30日	志布志市有明町 蓬原 中野 道路沿い敷地	安永5年(1776年)	僧型 座位	47 × 38 × 26	総髪で笠状のシキ被り広袖上衣に姿で両手で大きなメシゲ	彩色なし	□有 ⊠無 単体彫り 僧型座像	袖の大きな羽織と襷のある袴をはく。記念碑と並ぶ
No. 3 平成27年05月30日	志布志市有明町 蓬原 中野 人家の奥の山裾	宝暦3年(1753年)	神職型 座位 市有形民俗文化財	67 × 48 × 30	頭巾被り布衣と袴姿で右手メシゲ左手スリコギを立てて持ち	右足を上に上げて胡坐かく。持ち物と襟元・紐赤茶色	⊠有 □無 神職型座像大隅型	布衣の座像で、豊原の田の神に次いで2番目に古い
No. 4 平成27年05月30日	志布志市有明町 蓬原野井倉高吉 公園内敷地	不詳	田の神舞神職型 椅像	112 × 70 × 67	笠被り長袖上衣に裁着け袴で襷掛け、右手鈴左手メシゲ	頭髪あり、背に帯状の紐さがり、顔が白く塗られている	□有 ⊠無 単体彫り 田の神舞神職型	開田記念碑上に立つ。持ち物垂直は古い大隅の特徴
No. 5 平成27年05月30日	志布志市有明町 蓬原野井倉豊原 水田	寛保3年(1743年)	神職型 座位 県有形民俗文化財	76 × 65 × 40	頭巾被り布衣と袴で右手メシゲ左手スリコギ立て	右足をあげて胡座かく。彩色なし	□有 ⊠無 単体彫り 神職型座像大隅型	有明町内で最古。持ち物は垂直に立てて持つ
No. 6 平成27年05月30日	志布志市志布志町安楽上門 道路沿い	不詳	神職型 座位	35 × 27 × 20	シキ状の笠被り和服に袴姿で右手メシゲ左手椀立てて持つ	笠は黄色顔と胸は白で衣は緑色	⊠有 □無 単体彫り 神職型座像大隅型	ブロックで囲まれた祠に祀られる。以前は回り田の神
No. 7 平成27年06月07日	志布志市志布志町 田之浦白木八重 道路沿い	不詳	神職型 座位	36 × 34 × 22	頭巾被り長袖和服と姿で右手メシゲ左手スリコギ立てて持つ	彩色なし	□有 ⊠無 単体彫り 神職型座像大隅型	山奥の難しい場所にあり
No. 8 平成27年06月07日	志布志市志布志町内之倉 森山 田中神社境内	弘化4年(1847年)	神職型 座位	118 × 80 × 63	シキ様笠被り広袖上衣に袴で右手スリコギ左手メシゲ立てて持つ	彩色ないが、頭丸めて面長顔である	□有 ⊠無 単体彫り 神職型座像大隅型	市内10体あるが最大級。10体のうち5体が文化財指定

5-1 鹿屋市の田の神石像

番号 撮影日	住所 置場所	製作年月日	像型・形態	サイズcm	持ち物	彩色	祠	その他
No. 1 平成27年03月29日	鹿屋市上高隈町重田 階段上った高台	不詳	神舞神職型 立位	76×32×28	烏帽子被り羽織と袴で右手メシゲ左手破損背中は襷掛け	風化強く顔の表情などは不明、顔は薄い赤茶色	□有 ☒無 単体彫り 神舞神職型	水神と並んでいる。風化が激しい。一部はセメントで補修
No. 2 平成27年03月29日	鹿屋市上高隈町中津神社 高台	不詳	田の神舞神職型 立位	80×70×36	烏帽子を被り羽織・袴姿で背中は襷掛けで、両手で襷を掴む	顔と手は白、烏帽子・羽織・袴は赤色で黒の縞	□有 ☒無 単体彫り 田の神舞神職型	烏帽子を被り神官の恰好をした「神職型」
No. 3 平成27年03月29日	鹿屋市下高隈町川原田(左側) 道路沿いの高台	不詳	不詳 上半身のみ	54×31×25	丸顔で風化が強く、被り物と着物は不明で両手は破損	彩色なし。鹿屋バラ園では神舞神職型で紹介	□有 ☒無 単体彫り 不明	土手の上にNo4と並んでおり、風化強く像型も不明
No. 4 平成27年03月29日	鹿屋市下高隈町川原田(右側) 道路沿いの高台	不詳	不詳 上半身のみ	41×35×34	苔が強く判読は不能で、両手は破損?	彩色なし。鹿屋バラ園では神舞神職型で紹介	□有 ☒無 単体彫り 不明	土手の上にNo3と並ぶ。風化強く苔がついて像型も不明
No. 5 平成27年03月29日	鹿屋市下高隈町柚木原 民家の入り口	不詳	神舞神職型 立位	67×46×32	風化強いが烏帽子を被り上衣袴姿で両手は破損し持ち物不明	彩色なし	□有 ☒無 単体彫り 神舞神職型	風化が強く顔は判読できない。許可を得て撮る
No. 6 平成27年03月29日	鹿屋市高隈町仮屋(左側) 水田	不詳	神職型 上半身のみ 風変わりな神職	65×50×42	シキを被り裸で腹が出て右手メシゲ左手に鈴を持つ	彩色なし	□有 ☒無 単体彫り 神職型 (胸像)	上半身のみでお腹がたっぷり出ている
No. 7 平成27年03月29日	鹿屋市高隈町仮屋(中側) 水田	文化5年(1808年)	神舞神職型 立位	90×40×40	烏帽子被り羽織袴姿で右手鈴左手破損風化強く表情不明	彩色なし	□有 ☒無 単体彫り 神舞神職型	頭部は右に傾いて載せてある感じ
No. 8 平成27年03月29日	鹿屋市高隈町仮屋(右側) 水田	不詳	不詳 椅像	42×33×30	頭部なく両手は破損し羽織・袴姿?	彩色なし	□有 ☒無 単体彫り 不明	頭部はないが体からはNo7と同じ像型かも知れない
No. 9 平成27年03月29日	鹿屋市下高隈町吉ケ別府 水田	不詳	神舞神職型 立位	75×46×43	烏帽子被り羽織・袴で両手破損で持ち物不明	胸元が赤茶色	□有 ☒無 単体彫り 神舞神職型	首がセメントで付けてある。神舞神職型と思われる
No. 10 平成27年03月29日	鹿屋市祓川町川東 高台	安永9年(1780年)	田の神舞神職型 立位	47×33×25	シキ被り長袖和服姿で風化強く顔の表情不明で両手破損	彩色なし	□有 ☒無 単体彫り 田の神舞神職型	水田の中の高台に祀られており、右に顔が曲がる
No. 11 平成928年05月07日	鹿屋市下高隈町上別府 民家道路沿い	明和2年(1765年)	神舞神職型 立位	65×25×26	烏帽子被り袂短い上衣に長い腰板袴姿で右手破損左手孔作る	着物薄い赤茶色	□有 ☒無 単体彫り 神舞神職型	通常右手に鈴を持つ。福相顔歯見せて笑う
No. 12 平成27年03月29日	鹿屋市上高隈町鶴 水田	江戸時代(推定)	神舞神職型 立位	××	烏帽子被り長袖上衣と長袴姿で腰かがめ立つ。持ち物不明	彩色なし	□有 ☒無 単体彫り 神舞神職型	2回目でやっと見つけるも藪中で近着けず

番号 撮影日	住所 置場所	製作年月日	像型・形態	サイズcm	持ち物	彩色	祠	その他
No. 13 平成27年04月05日	鹿屋市上野町 寺田（左側） 水田道路沿い	不詳	田の神舞神職型 立位	68 × 40 × 40	甑シキ被り布衣括り袴姿で右手にメシゲ、左手は破損	全体的に薄茶色	□有 ⊠無 単体彫り 田の神舞神職型	水田の道路沿いにNo14一緒に並んでいる
No. 14 平成27年04月05日	鹿屋市上野町 寺田（右側） 水田道路沿い	享保年間(1716〜1736年)？	旅僧型（左足前に） 立位	70 × 42 × 40	髪ありシキ被り僧衣頭陀袋下げ右手スリコギ左手メシゲ	襟が赤茶色	□有 ⊠無 単体彫り 旅僧型大隅型	No13と並んで、米のお供えと、ペットボトルがある
No. 15 平成27年04月05日	鹿屋市上野町 野里小学校前 道路沿い	不詳	田の神舞神職型 座位	45 × 33 × 22	シキ被り布衣に括り袴姿で右手メシゲ左手には鈴様な物	彩色なし	□有 ⊠無 単体彫り 田の神舞神職型	顔は摩耗強く判読不能
No. 16 平成27年04月05日	鹿屋市野里町 山下 道路沿い	寛延4年(1751年)	田の神舞神職型 立位 県有形民俗文化財	77 × 33 × 24	シキ頭巾風に背に垂らし布衣に括り袴姿右手メシゲ左手鈴	桃色の美しい柔らかい凝灰岩の丸彫り	□有 ⊠無 単体彫り 田の神舞神職型	メシゲ・鈴持ちの神舞型の田の神は大隅に8体あり
No. 17 平成27年04月05日	鹿屋市野里町 大津 道路沿い	不詳	田の神舞神職型 立位	55 × 36 × 25	シキ頭巾風に背に垂らし布衣に括り袴姿で右手メシゲ左手鈴	彩色なし	□有 ⊠無 単体彫り 田の神舞神職型	道路脇の水神様と並ぶ
No. 18 平成27年04月05日	鹿屋市上野町 岡泉 水田	享和3年(1803年)	僧型立像鍬持ちツト背負い 立位	90 × 38 × 30	シキ頭巾風に被り両手ヘラクワ杖に背メシゲしたワラツト	顔は白で衣は赤茶色が残る	□有 ⊠無 単体彫り僧型立像鍬持ちツト背負い	広袖の長衣を振流して前で帯紐を結ぶ
No. 19 平成28年07月19日	鹿屋市獅子目町 集落入り口 道路沿い	不詳	旅僧型 立位	67 × 25 × 30	点彫りシキ被り広袖上衣に裁着け袴と右手スリコギ左手メシゲ彩色なし	左足を少し前に出し脚絆で頭陀袋かけ。	□有 ⊠無 単体彫り 旅僧型大隅型	この地区に、西区と東区の2個の、田の神あったが盗難にあう
No. 20 平成27年04月05日	鹿屋市南町 牟田畑 道路沿い	嘉永2年(1849年)	旅僧型 立位	65 × 35 × 30	総髪点彫りシキ被り広袖上衣裁着け袴右手スリコギ左手メシゲ	左足前に出し頭陀袋かけ。彩色なし	□有 ⊠無 単体彫り 旅僧型大隅型	農作業の安全・五穀豊穣・婚礼の縁起物として先祖代々から祀られる
No. 21 平成27年04月05日	鹿屋市南町 山下 高台	文化11年(1814年)	旅僧型 立位	68 × 33 × 24	総髪点彫りシキ被り広袖上衣裁着け袴で右手スリコギ左手メシゲ	両足曲げ頭陀袋かけ。彩色なし	□有 ⊠無 単体彫り 旅僧型大隅型	山下自治公民館の南東側の高台にある
No. 22 平成27年07月04日	鹿屋市祓川町 道路沿い空き地	不詳	型不明 座位	40 × 45 × 40	頭部欠損で風化強く型など不明	彩色なし	□有 ⊠無 単体彫り 不明	
No. 23 平成27年07月04日	鹿屋市南町 伊敷 道路沿い空き地	明治9年(1876年)	旅僧型 立位	46 × 26 × 36	総髪点彫りシキ被り広袖上衣裁着け袴で右手スリコギ左手メシゲ	頭陀袋かけ。彩色なし	□有 ⊠無 単体彫り 旅僧型大隅型	水神と並んである
No. 24 平成28年07月19日	鹿屋市北田 鹿屋中央公民館 公民館敷地	不詳	田の神舞神職型 立位	86 × 40 × 30	シキを被り布衣と裁着け袴姿で右手メシゲで左手スリコギ	足を開いて躍動的である。彩色なし	□有 ⊠無 単体彫り 田の神舞神職型	

468　資料　田の神石像・全記録　2章　鹿児島県の田の神石像

番号 撮影日	住所 置場所	製作年月日	像型・形態	サイズcm	持ち物	彩色	祠	その他
No. B-1	鹿屋市下高隈町 谷田 丘の中腹	年代不詳	神舞神職型 立位	78 × 50 ×	烏帽子被り大袂 の上衣に襞多い 長袴姿で右手 鈴左手は不明	彩色なし	☒有 □無 単体彫り 神舞神職 型	田を見下ろす 丘の中腹の厚 い板石の祠に ある

c. 大隅半島　5-1 鹿屋市の田の神石像　469

5-2 鹿屋市串良町の田の神石像

番　号 撮影日	住　所 置場所	製作年月日	像型・形態	サイズcm	持ち物	彩色	祠	その他
No.　1 平成27年04月18日	鹿屋市串良町 細山田 堂園 川沿いの道路	不詳	農民型 椅像	50 × 37 × 30	シキ被り長袖和服の野良着右手メシゲ左手スリコギ右膝立て	野良着が薄く赤茶色残る。	□有 ☒無 単体彫り 農民型椅像	串良川右岸の木像に石造物群と並び額のシワが印象的
No.　2 平成27年04月18日	鹿屋市串良町 細山田 立小野 川沿いの道路	不詳	農民型 椅像	60 × 45 × 38	風化強くシキ半分欠けて長袖和服と裁着け袴姿で両手も欠損	彩色なし	□有 ☒無 単体彫り 農民型椅像	川沿いの道路沿いに石造物群と並ぶ
No.　3 平成27年04月18日	鹿屋市串良町細山田生栗須左側 道路沿いの水田	不詳	農民型 椅像	63 × 46 × 30	風化が強くシキ欠けて長袖和服と裁着け袴姿で両手も欠損	彩色なし	□有 ☒無 単体彫り 農民型椅像	耕地整理記念碑とNo4と一緒に並ぶ。首はセメント付け
No.　4 平成27年04月18日	鹿屋市串良町細山田生栗須右側 道路沿いの水田	不詳	農民型 上半身のみ	45 × 33 × 27	シキ被るも風化強く、着物不明で両手は欠損で農民風顔立ち	彩色なし	□有 ☒無 単体彫り 農民型胸像	耕地整理記念碑とNo3と一緒に並ぶ。首はセメント付け
No.　5 平成27年04月18日	鹿屋市串良町 細山田 北原 道路沿い高台	不詳	型不明 上半身のみ	60 × 65 × 40	全体に苔が生えて、風化強く両手欠損で着物も不明	彩色なし	□有 ☒無 単体彫り 型不明像	串良川右岸橋近くの高台で一見ゴリラみたいな顔있あり
No.　6 平成27年04月18日	鹿屋市串良町 細山田 下中 道路沿い高台	不詳	農民型 椅像	64 × 55 × 26	シキ被り長袖上衣と野良着姿で右手メシゲ左手膝上で左膝立	彩色なし	□有 ☒無 単体彫り 農民型椅像	下中公民館横の一角に六地蔵塔と並ぶ
No.　7 平成27年04月18日	鹿屋市串良町 有里 山下 公民館	不詳	農民型 立位	57 × 33 × 24	大きなシキを被り羽織・袴姿で両手で柄の長いメシゲ持つ	彩色なし	□有 ☒無 単体彫り 農民型立像	公民館鳥居奥に水神石碑と並ぶ
No.　8 平成27年04月18日	鹿屋市串良町 有里 中яб 公民館敷地	天保5年(1834年)	田の神舞神職型 椅像 市有形民俗文化財	72 × 58 × 48	笠状シキ被り広袖上衣裁着け袴姿で右手スリコギ左手メシゲ	彩色なし	□有 ☒無 単体彫り 田の神舞神職型	右足立てて躍動的。公民館敷地から水田を見渡す
No.　9 平成27年04月18日	鹿屋市串良町 岡崎 岡崎上 道路沿い	文化2年(1805年)	旅僧型 立位 市有形民俗文化財	100 × 40 × 33	点彫りシキ被り広袖上衣裁着け袴姿で右手スリコギ左手メシゲ	左足を前に出す。上衣の下の方は薄い赤茶色	□有 ☒無 単体彫り 旅僧型大隅型	町内最古で、僧侶の格好をして片足を上げて歩いている格好
No.　10 平成27年04月18日	鹿屋市串良町 有里中甫木 池近く道路沿い	不詳	旅僧型 立位 市有形民俗文化財	80 × 54 × 40	総髪点彫りシキ被り広袖上衣裁着け袴姿で右手スリコギ左メシゲ	彩色なし	□有 ☒無 単体彫り 旅僧型大隅型	水神など石造物と並ぶ。頭陀袋下げ衣着て紐前で結ぶ
No.　11 平成27年07月04日	鹿屋市串良町細山田山郷下 道路沿い	不詳	石祠型	74 × 50 × 48 台座48×48×20	なし	彩色なし	□有 ☒無 石祠型	水神様に見えるが、住民の方は田の神様とのこと
No.　12 平成27年04月18日	鹿屋市串良町上小原中山(左) 道路沿い敷地	不詳	旅僧型 立位	62 × 47 × 33	総髪点彫りシキ広袖上衣に裁着け袴で右手スリコギ左スリコギ	左足前で頭陀袋下げる。彩色なし	□有 ☒無 単体彫り 旅僧型大隅型	No13や他の石造物と中山川の左岸に並ぶ

番号 撮影日	住所 置場所	製作年月日	像型・形態	サイズcm	持ち物	彩色	祠	その他
No. 13 — 平成27年07月04日	鹿屋市串良町上小原中山（右） — 道路沿い敷地	明治24年（1891年）	農民型 — 立位	76 × 34 × 23	丸シキ被り長袖上衣野良着で右手メシゲ左手スリコギを持つ	彩色なし	□有 ☒無 単体彫り 農民型立像	No12などと並ぶ。スリコギは立てて持つ

c.大隅半島　5-2鹿屋市串良町の田の神石像　471

5-3 鹿屋市輝北町の田の神石像

番号 撮影日	住所 置場所	製作年月日	像型・形態	サイズcm	持ち物	彩色	祠	その他
No. 1 平成27年07月25日	鹿屋市輝北町 宮園 山裾高台	不詳	田の神舞神職 型 椅像	63 × 35 × 33 市有形民俗文化財	シキ被り長袖長衣で帯紐前で結び右手持ち物なく左手スリコギ	肩嚢を掛け首前で結び顔はゆがめる。彩色なし	□有 ☒無 単体彫り 田の神舞 神職型	スリコギ持ちは大隅の特徴で養着型は珍しい
No. 2 平成25年08月15日	鹿屋市輝北町 諏訪原 道路沿いの水田	不詳	田の神舞神職 型 椅像	70 × 30 × 28	瓶のシキを被長袖和服に襞のある袴姿で右手スリコギ左手椀	腰掛けている。彩色なし	□有 ☒無 単体彫り 田の神舞 神職型	衣にひだのある袴をはき、微笑んでいる
No. 3 平成24年01月29日	鹿屋市輝北町 下平房 公民館敷地	不詳	田の神舞神職 型 立位	68 × 40 × 33	笠状のシキ被り広袖上衣に裁着け袴姿で右手破損左手メシゲ	顔を横にして可愛らしい。頬紅と口紅あり	□有 ☒無 浮き彫り 田の神舞 神職型	活性化センター敷地の高台にある
No. 4 平成24年02月09日	鹿屋市輝北町 谷田 中福良 道路沿い敷地	不詳	田の神舞神職 型 立位	58 × 40 × 25 市有形民俗文化財	瓶シキ被り広袖上衣に裁着け袴姿で右手スリコギ左手メシゲ	彩色なし	□有 ☒無 単体彫り 田の神舞 神職型	他の多くの石造物群と並ぶ
No. 5 平成26年03月20日	鹿屋市輝北町 柏木 道路沿い	不詳	不明 座像	50 × 34 × 30	頭部、両手及び左足は欠落	彩色なし	□有 ☒無 単体彫り 不明	以前は近くの水田にあったとの事
No. 6 平成27年07月25日	鹿屋市輝北町 白別府 水田	不詳	田の神舞神職 型	34 × 26 × 17	シキを被り長袖上衣に袴姿で両手でメシゲを掲げて持つ	彩色なし	□有 ☒無 単体彫り 田の神舞 神職型	草刈中の男性が連れて行って下さる
No. 7 平成27年07月25日	鹿屋市輝北町 楢久保 水田	不詳	神職型座像 座位	48 × 38 × 26 26×18	風化強く表情などは不明で両手で笏を持つ	彩色なし	□有 ☒無 浮き彫り 神職型座 像	多くの水田の奥の軽い高台にあり
No. 8 平成27年07月25日	鹿屋市輝北町 下平房 人家の庭	不詳	型不明 立位	33 × 22 × 18	一部欠シキ被り風化強く両手欠損上衣に袴姿	彩色なし	□有 ☒無 単体彫り 不明	道を聞きに行った人家の庭先にあり
No. 9 平成27年07月25日	鹿屋市輝北町 歌鷹 道路沿い崖	不詳	旅僧型 立位	58 × 35 × 20	シキ被り広袖上衣裁着け袴姿で右手メシゲで左手スリコギ	彩色なし	□有 ☒無 単体彫り 旅僧型大 隅型	右足前に出す。風化強く両手一部欠損

5-4 鹿屋市吾平町の田の神石像

番号 撮影日	住所 置場所	製作年月日	像型・形態	サイズcm	持ち物	彩色	祠	その他
No. 1 平成27年05月03日	鹿屋市吾平町 下名 真角 水路の道路沿い	安永4年(1775年)	旅僧型 立位	74 × 40 × 28 市有形民俗文化財	総髪点彫りシキ 広袖上衣裁着け 袴右手スリコギ 左メシゲ右足前	彩色なし	□有 ☒無 単体彫り 旅僧型大 隅型	町内最古で石 塔、水神の石造 物と並ぶ。宝珠 印の頭陀袋
No. 2 平成27年05月03日	鹿屋市吾平町 上名 中福良 八幡神社境内	明和8年(1771年)頃か	僧型立像鍬持 ちツト背負い 立位	96 × 42 × 38 市有形民俗文化財	シキを頭巾風に 被り両手でヘ ラクワを杖にし背 中にワラツト	顔にベンガラ 色残る。左肩の 紐でワラツトが 結んである	□有 ☒無 単体彫り 僧型立像鍬 持ツト背負	大きな袖の着物 を着流して 長い紐の帯を 垂らす
No. 3 平成27年05月03日	鹿屋市吾平町 麓(左側) 道路沿い	不詳	僧型立像鍬持 ちツト背負い 立位	78 × 34 × 34	総髪でシキを被 り広袖上衣に袴 姿で両手でヘラ クワ杖にする	彩色なし	□有 ☒無 単体彫り 僧型立像鍬 持ツト背負 い	No2と雰囲気 が異り模倣して 作成か？背中 にワラツト
No. 4 平成27年05月03	鹿屋市吾平町 麓(右側) 道路沿い	不詳	女性像 座位	68 × 40 × 28 46×30	髪を結って着物 姿で右手に大き なメシゲ左手に おむすび	彩色なし	□有 ☒無 浮彫り 女性像座 像	舟型石に浮 彫り、羽織に着 物姿の女性像 と思われる
No. 5 平成27年05月03日	鹿屋市吾平町 上名苦野(左側) 道路沿い高台	不詳	僧型 座位	65 × 40 × 28	シキを被り右手 にスリコギ、左手 メシゲを持ち頭 部に小仏像	彩色なし	□有 ☒無 単体彫り 僧型座像	No7の車田の 田の神と同じ 作者
No. 6 平成27年05月03日	鹿屋市吾平町 上名苦野(右側9 道路沿い高台	不詳	旅僧型 立位	55 × 40 × 33	シキ被り広袖上 衣裁着け袴姿で 右足前出し右手 スリコギ左メシゲ	彩色なし	□有 ☒無 単体彫り 旅僧型大 隅型	No5と並んで ある。額にシワ あり頭丸める
No. 7 平成27年05月03日	鹿屋市吾平町 上名 車田 道路沿いの敷地	不詳	旅僧型(右足を 上げる) 立位	85 × 43 × 40	シキ頭巾風に被 り袖長上衣裁着 け袴姿で右手ス リコギ左メシゲ	頭部と山水に 仏像あり。彩色 なし	□有 ☒無 単体彫り 旅僧型 裁着け袴	田の神像左横 に修験道の修 行場を表す山 水。渦巻きシキ
No. 8 平成27年05月03日	鹿屋市吾平町 大牟礼 水田の高台	江戸後期、19世 紀初頭	旅僧型 立位	76 × 40 × 28	総髪点彫りシキ 広袖上衣裁着け 袴姿で右手スリ コギ左手メシゲ	彩色なし	□有 ☒無 単体彫り 旅僧型大 隅型	吾平町は僧型 最も多いう。宝 珠印の頭陀 袋下げ右足前

6 垂水市の田の神石像

番 号 撮影日	住 所 置場所	製作年月日	像型・形態	サイズcm	持ち物	彩色	祠	その他
No. 1 平成27年09月20日	垂水市新城神貫 (かみぬき)神社 神社境内	年代不詳	不明 不明	40 × 43 × 25	頭部なく、破損 強く像型など不 明	彩色なし	□有 ☒無 単体彫り 不明	田の神1号
No. 2 平成27年09月20日	垂水市新城神貫 神社 神社境内	享保19年(173 4年)	不明 不明	38 × 34 × 20	頭部なく、破損 強く像型など不 明	彩色なし	□有 ☒無 単体彫り 不明	田の神1号
No. 3 平成27年09月20日	垂水市新城 田中川内 水田	文政13年(18 30年)	庚申像(カネ サッドン) 立位	135 × 70 × 67×50×25	左右3本の手六 げん、三叉戟、 宝剣、宝輪、宝 棒、斧など持つ	彩色なし	□有 ☒無 自然石に 浮彫り 庚申像	足で邪鬼のあまの じゃくを踏みつけ る像があるが農業 の神として信仰
No. 4 平成27年09月27日	垂水市牛根 麓 (長松) 蕎麦屋駐車場	年代不詳	僧型 座位	53 × 40 × 28	総髪シキ頭巾風 に被り長袖和服 と袴姿で両手で 大きなメシゲ	彩色なし	□有 ☒無 単体彫り 僧型座像	シキと右足の 部位破損。以 前付近は水 田。田の神8号
No. 5 平成27年09月27日	垂水市中俣 脇田 畑の高台	年代不詳	田の神舞神職 型 立位	58 × 43 × 25	頭巾風シキ被り 布衣に裁着け袴 姿で右手欠損で 左手椀	右足を前に出 す。彩色なし。	□有 ☒無 単体彫り 田の神舞 神職型	風化強く顔の 表情不明で右 手にメシゲ？ 田の神号
No. 6 平成27年09月20日	垂水市田神(たの かみ)原田 道路沿い	天明2年(178 2年)	田の神舞神職 型 座位	58 × 50 × 38	頭巾風にシキを 被り布衣に裁着 け袴姿で右手メ シゲで左手椀	右足を立てる。 彩色なし。	□有 ☒無 単体彫り 田の神舞 神職型	風化強く顔の 表情は不明。 田の神2号
No. 7 平成27年09月27日	垂水市田神 原 田 道路沿い水田	安永5年(1776 年)	神像型座像 座位	45 × 48 × 38	頭部は破損し衣 冠束帯で両手 輪組で笏を持つ	彩色なし	□有 ☒無 単体彫り 神像型座 像	田の神3号
No. 8 平成27年09月27日	垂水市田神 田上城入口 道路沿い	年代不詳	田の神舞神職 型 立位	56 × 38 × 25	シキを被り布衣 に裁着け袴姿で 右手メシゲで左 手鈴を持つ	彩色なし	□有 ☒無 単体彫り 田の神舞 神職型	背面他の田の 神は漢数字な のにアラビア数 字。田の神4号
No. 9 平成28年03月19日	垂水市新城 田平(たびら) 道路沿い水田	年代不詳	不明 座位	52 × 36 × 14	シキを被り両手 輪組で風化強く 着物・顔面は不 明	彩色なし	□有 ☒無 不明	IN情報による。 右にも破壊が 強い田の神様 あり
No. 10 平成28年03月19日	垂水市市来 下市来 水田道路沿い	年代不詳	田の神舞神職 型 座位	48 × 36 × 34	シキ被り長袖和 服褶袴姿で両手で メシゲ。風化強く 表情不明	彩色なし	□有 ☒無 単体彫り 田の神舞 神職型	田の神5号 顔面は破損が 強い
No. 11 平成28年03月19日	垂水市牛根 麓(脇添) 人家びわ畑の中	年代不詳	不明 立位	43 × 30 × 25	シキ被り両手欠 損で風化強く顔 面・着物は不明	彩色なし	□有 ☒無 不明	田の神7号 シキの一部も 破損されている 以前は水田
No. 12 平成27年09月27日	垂水市牛根 麓 小中野 畑の中	年代不詳	不明 不明	36 × 35 × 26	風化強く顔や着 物など判読不能 で両手を組んで いるようにも	彩色なし	□有 ☒無 不明	田の神9号 以前は水田

番　号 撮影日	住　所 置場所	製作年月日	像型・形態	サイズcm	持ち物	彩色	祠	その他
No.　13 平成28年03月19日	垂水市牛根 中浜 荒れた畑の中	年代不詳	田の神舞神職 型 座位	30 × 30 × 18	シキ被り長袖和 服姿で両手でメ シゲを持つ	彩色なし	□ 有　☒ 無 単体彫り 田の神舞 神職型	田の神12号 以前は水田 だったとのこと
No.　14 平成28年03月20日	垂水市牛根 深港 道路沿い	年代不詳	不明 不明	50 × 30 × 18	風化強く顔や着 物は判読不可 能	彩色なし	□ 有　☒ 無 不明	田の神10号 全体的に風化 強く判読は出 来ない

No.　B-1	垂水市牛根 浮津	年代不詳		× 　 ×	なし	□ 有　☒ 無		田の神11号

c. 大隅半島　6 垂水市の田の神石像　475

d．その他
1　熊毛郡屋久島町の田の神石像

番　号 撮影日	住　所 置場所	製作年月日	像型・形態	サイズcm	持ち物	彩色	祠	その他
No.　1 平成28年11月06日	熊毛郡屋久島町 尾之間 道路沿い高台	不詳	僧型 立位	40 × 35 × 26	総髪シキ被り広袖上衣裁着け袴姿で右手メシゲ左手不明	彩色なし	□有 ⊠無 単体彫り 僧型立像 裁着け袴	耕地整理碑と並ぶが、鹿児島で作ったものを持って来た
No.　2 平成28年11月06日	熊毛郡屋久島町 平内 道路沿い高台	不詳	農民型 椅像	50 × 30 × 27	帽子被り総髪でシキ被り長袖上衣に裸足の足出す	彩色なし	□有 ⊠無 単体彫り 農民型椅像	セメントで作られ薩摩藩の作風で記念碑と並ぶ
No.　3 平成28年11月06日	熊毛郡屋久島町 湯泊 旧道上の藪の中	不詳	農民型 立位	45 × 30 × 20	風化強く欠シキ被り長袖上衣裁着け袴で右手スリコギ左手メシゲ	後方からは男性根。彩色なし	□有 ⊠無 単体彫り 農民型立像	明治頃加治木町から盗んできたとかで首はセメント付け

参考文献

小野重朗『田の神サア百体』西日本新聞社、1980年

小野重朗『民俗神の系譜―南九州を中心に―』法政大学出版局、1981年

寺師三千夫『薩摩のタノカンサー』鹿児島文化放送研究会、1967年

寺師三千夫『さつま今昔―田の神信仰の史的背景と意義』NHK鹿児島放送
　　局、1983年

鶴添泰蔵『田の神まつり』国書刊行会、1977年

青山幹雄『宮崎の田の神像』鉱脈社、1997年

霧島市教育委員会編『シリーズ霧島を知る①　歴史散歩―古からの足跡をたど
　　る―』霧島市教育委員会、2007年

霧島市教育委員会編『シリーズ霧島を知る②　霧島市の田のかんさあ』霧島市
　　教育委員会、2010年

霧島市教育委員会編『シリーズ霧島を知る③　霧島市の石仏』霧島市教育委員
　　会、2009年

伊佐市郷土史編さん委員会『伊佐の田之神さあ』伊佐市郷土史編さん委員会、
　　2013年

薩摩川内市川内歴史資料館編『川内の田の神』薩摩川内市川内歴史資料館、
　　2008年

えびの市歴史民俗資料館編「田の神さあ」『ひむか歴史ロマン街道形成推進事
　　業調査報告書』えびの市歴史民俗資料館、2002年

加治木町教育委員会編『加治木の田の神さあ』加治木町教育委員会、1993年

垂水市教育委員会編『垂水市の文化財、垂水市資料集（五）』垂水市教育委員
　　会、1984年（2011年増刷）

下鶴弘『始良地方の田の神について（第3回ふるさと歴史講座資料）』始良市
　　歴史資料館、1998年

名越護『鹿児島藩の廃仏毀釈』南方新社、2015年

長島町教育委員会社会教育課『長島町の文化財めぐり（観光パンフレット）』
　　長島町教育委員会

山田慶晴『川内市のアベック田の神石像』1978年

山田慶晴『川内市にある田ノ神石像の歴史』1979年

山田慶晴『川内川下流域の田の神石像』1981年

山田慶晴『一石双体田の神さあ』1984年

下野敏見『田の神と森山の神（隼人の国の民俗誌）』岩田書院、2004年

屋久町郷土誌編さん委員会編『屋久町郷土誌　第4巻―自然・歴史・民俗―』
　　屋久町、2007年

南九州市教育委員会文化財課編『南九州市文化財ガイドブック（知覧地区）』
　　南九州市教育委員会、2010年

南九州市教育委員会文化財課編『南九州市文化財ガイドブック（川辺地区）』
　　南九州市教育委員会、2012年

南九州市教育委員会文化財課編『南九州市文化財ガイドブック（頴娃地区）』
　　南九州市教育委員会、2016年

出水市教育委員会社会教育課編『出水の石碑・石造物』出水市教育委員会、
　　2001年

阿久根市郷土史編集委員会編『阿久根の文化財』阿久根市郷土史編集委員会、
　　1982年

鹿児島市教育委員会編『鹿児島市史跡めぐりガイドブック』鹿児島市教育委員
　　会、2016年

著者紹介

八木幸夫（やぎ ゆきお）医学博士

1948年、宮崎県生まれ。鹿児島大学医学部卒業後、鹿児島大学大学院修士課程を修了し、現在は鹿児島県霧島市福山町にて有床診療所を経営している。午前中は検査や診察を行い、午後からは患者さんの自宅などへの往診や訪問診察に追われている。ただ、午後からの田舎の風景を目にすることが、大変息抜きにもなっており、田の神石像に出会えたのもその時である。

住所：〒899-4501 鹿児島県霧島市福山町福山4516番地

田の神石像・全記録
―南九州の民間信仰―

発行日　2018年4月20日 第1刷発行

著　者　八木幸夫

発行者　向原祥隆

発行所　株式会社　南方新社
　　　　〒892-0873　鹿児島市下田町292-1
　　　　電話　099-248-5455
　　　　振替　02070-3-27929
　　　　URL http://www.nanpou.com/
　　　　e-mail info@nanpou.com

印刷・製本　モリモト印刷株式会社

定価はカバーに表示しています　乱丁・落丁はお取り替えします
ISBN978-4-86124-375-2　C0039
© Yagi Yukio 2018　Printed in Japan